Pinnacle Studio HD

Simon Gabathuler

Pinnacle Studio HD

Pinnacle Studio Ultimate
Pinnacle Studio Ultimate Collection

Version 14

Markt+Technik Verlag

Bibliografische Information der Deutschen Nationalbibliothek
Die Deutsche Nationalbibliothek verzeichnet diese Publikation
in der Deutschen Nationalbibliografie; detaillierte bibliografische
Daten sind im Internet über http://dnb.d-nb.de abrufbar.

10 9 8 7 6 5 4 3 2 1

12 11 10

ISBN 978-3-8272-4573-1

© 2010 by Markt+Technik Verlag,
ein Imprint der Pearson Education Deutschland GmbH,
Martin-Kollar-Straße 10–12, D-81829 München/Germany
Alle Rechte vorbehalten
Lektorat: Birgit Ellissen, bellissen@pearson.de
Korrektorat: Marita Böhm
Herstellung: Elisabeth Prümm, epruemm@pearson.de
Covergestaltung: Marco Lindenbeck, webwo GmbH (mlindenbeck@webwo.de)
Satz: mediaService, Siegen (www.media-service.tv)
Druck und Verarbeitung: Kösel, Krugzell (www.KoeselBuch.de)

Printed in Germany

Inhalts-
verzeichnis

Vorwort

Liebe Leserin, lieber Leser,

schon Version 14? Denken Sie vielleicht. Richtig, es handelt sich bereits um Version 14 des Videoschnittprogramms Pinnacle Studio. Von Version 12 wurde direkt auf Version 14 gewechselt und 13 einfach ausgelassen. Den Grund dafür können Sie sich sicherlich denken. In vielen Ländern ist die Zahl 13 eine Unglückszahl.

Pinnacle Studio HD Version 14 bringt einige neue Funktionen mit, und die Programmierer haben einiges in die Leistungsfähigkeit der Software investiert. Manche Funktionen wurden komplett überarbeitet. Um den unterschiedlichen Bedürfnissen der Anwender gerecht zu werden, wird das Programm in drei Versionen ausgeliefert. Deren Möglichkeiten und Unterschiede sind natürlich ebenfalls Thema dieses Buches. Neu ist unter anderem, dass bereits mit der kleinsten Version, Studio HD, High Definition Videos verarbeitet werden können. Dies war bei den Vorgängerversionen noch nicht der Fall.

Ich habe die Entwicklung von Pinnacle Studio seit Version 7 intensiv mitverfolgt. Seit dieser Zeit biete ich zusammen mit meinem Team Schulungen, Workshops und Kurse für Pinnacle Studio HD und Videoschnittsoftware im Allgemeinen an. Aufbauend auf meiner mehrjährigen Tätigkeit in der Videoindustrie, produziere ich inzwischen selbst professionell Videos. Um für Sie einen möglichst engen Praxisbezug herzustellen, habe ich in diesem Buch alle Funktionen aus meiner Sicht als Filmer beschrieben.

Die zum Teil etwas kompliziert anmutenden Funktionen beschreibe und erkläre ich immer so einfach wie möglich. Sie sollen mühelos in die Software einsteigen können. Das Buch dient Ihnen sowohl als Video-Workshop mit Schritt-für-Schritt-Anleitungen als auch als Nachschlagewerk.

Für die Arbeit mit diesem Buch sind keine besonderen Voraussetzungen nötig. Sie sollten nur gewisse Grundkenntnisse in Bezug auf Computer und Programmbedienung besitzen und beispielsweise wissen, was mit Drag&Drop gemeint ist, wie man die Maustasten bedient, den Windows-Explorer öffnet und ein neues Verzeichnis erstellt.

Auf lange Beschreibungen habe ich verzichtet. Sie können anhand der Abbildungen die jeweiligen Schritte genau nachvollziehen. Es gibt keine unnötigen technischen Tiefen, dafür wird jedem wichtigen Detail Beachtung geschenkt.

Damit Sie das Thema eines Kapitels nicht aus den Augen verlieren, erkläre ich nicht immer alle Varianten und Möglichkeiten eines Werkzeugs. Sobald Sie sich mit Pinnacle Studio HD besser auskennen, können Sie meine Erklärungen auf Ihre Anwendung übertragen und die Tools selbst ausprobieren.

Ich empfehle Ihnen, zuerst mit einem Beispielprojekt zu arbeiten, damit Sie die Philosophie und Arbeitsweise von Pinnacle Studio HD kennenlernen. Es ist dann auch weniger schlimm, wenn Sie mal aus Versehen etwas löschen oder nicht mehr finden.

Wenn Sie Anregungen zum Buch haben, erreichen Sie mich unter der E-Mail-Adresse *info@mut.de*. Bitte geben Sie auch den Titel des Buches und die ISBN-Nummer an. Weitere Infos über den Autor finden Sie unter *www.godiz.ch*.

Nun wünsche ich Ihnen viel Spaß beim Lesen und vor allem viel Freude am Filmen und Bearbeiten Ihrer Videos!

Simon Gabathuler

1

Einleitung

Die verschiedenen Programmversionen

In diesem Abschnitt werden die Varianten von Pinnacle Studio HD Version 14 mit ihren Unterschieden und Möglichkeiten vorgestellt.

Grundsätzlich existieren zwei verschiedene Softwareversionen: Pinnacle Studio HD Version 14 und Pinnacle Studio Ultimate Version 14. Darüber hinaus liegt noch eine dritte Version vor, die Pinnacle Studio Ultimate Collection, bei der es sich um Pinnacle Studio Ultimate Version 14 und einen erweiterten Funktionsumfang mit Programmen von Drittherstellern handelt.

Abbildung 1.1: Pinnacle Studio HD Version 14

Abbildung 1.2: Pinnacle Studio Ultimate Version 14

Abbildung 1.3: Pinnacle Studio Ultimate Collection Version 14

Pinnacle Studio HD Version 14 richtet sich an die Anwender, die ihre Videos schnell und ohne weitere Effekte zusammenschneiden und auf DVD oder Band ausgeben möchten.

Pinnacle Studio Ultimate Version 14 enthält zusätzliche Funktionen, um ein Video interessanter zu gestalten, zu restaurieren usw.

Pinnacle Studio Ultimate Collection Version 14 wendet sich an Anwender, die noch mehr aus ihren Filmen machen möchten, und beinhaltet sehr interessante Plug-ins von Drittherstellern, auf die im *Anhang A, „Pinnacle Studio Ultimate- und Pinnacle Studio Ultimate Collection-Plug-ins"* näher eingegangen wird.

Folgende Tabelle zeigt die Unterschiede in den drei Produkten auf.

Funktion	Pinnacle Studio HD	Pinnacle Studio Ultimate	Pinnacle Studio Ultimate Collection
Skalierbare Bedieneroberfläche	Ja	Ja*	Ja
Windows 7-kompatibel Läuft unter Vista und XP	Ja	Ja	Ja
Importieren von Video- und Fotodateien von nahezu beliebigen dateibasierten Video- und Digitalkameras, Datenträgern* oder Handys	Ja	Ja	Ja
Natives Einspielen und Bearbeiten von HDV & AVCHD	Ja	Ja	Ja
SmartMovie für einfachste Filmerstellung	Ja	Ja	Ja
Hinzufügen von Markierungen auf die Timeline	Ja	Ja	Ja
Drehen von Videos/Fotos	Ja	Ja	Ja
Vorlagenbasiertes Compositing auf mehreren Spuren (Montage)	Ja	Ja	Ja
Timeline-Lautstärkeüberwachung und Master-Lautstärkekontrolle	Ja	Ja	Ja
Werkzeuge zum Verbessern von Video- und Audiomaterial	Ja	Ja	Ja
Pan und Zoom zur Animation von Standbildern	Ja	Ja	Ja
Echtzeiteffekte mit Vorschau	Ja	Ja	Ja
Hi-Fi-Musikgenerator	Ja	Ja	Ja
Integriertes DVD-Authoring und Brennen	Ja	Ja	Ja
Direktes Hochladen auf Yahoo! Video und YouTube	Ja	Ja	Ja
Flash-Export	Ja	Ja	Ja
Erstellen von MP3-Dateien	Ja	Ja	Ja
Exportieren als Videodatei, auf Tape oder Brennen von DVDs mit Menü	Ja	Ja	Ja
Brennen von AVCHD auf Standard-DVD	Ja	Ja	Ja
Bild-in-Bild- und Chroma-Key-Effekte	Ja	Ja	Ja
Blu-ray-Authoring mit Motion-Menüs	Nein	Ja	Ja
Keyframe-Effekte	Nein	Ja	Ja
Dolby-5.1-Encoding	Nein*	Ja**	Ja**
Motion-Titel-Erstellung	Nein	Ja	Ja

Funktion	Pinnacle Studio HD	Pinnacle Studio Ultimate	Pinnacle Studio Ultimate Collection
Enthält 2 Plug-ins von Red Giant: ToonIt und Knoll Light Factory	Nein	Ja	Ja
Enthält 4 Plug-ins von Red Giant: Shine, Magic Bullet Looks, 3D Stroke und Particular	Nein	Nein	Ja
Grünes Hintergrundtuch	Nein	Nein	Ja
* Kostenpflichtige Produktaktivierung über das Internet erforderlich			
** Kostenlose Produktaktivierung über das Internet erforderlich			

Tabelle 1.1: Funktionsvergleich der drei Varianten von Pinnacle Studio Version 14

In diesem Buch werden Pinnacle Studio HD, Pinnacle Studio Ultimate und Pinnacle Studio Ultimate Collection in der Version 14 beschrieben. Wenn eine Funktion auftaucht, die nur in Pinnacle Studio Ultimate und Pinnacle Studio Ultimate Collection enthalten ist, erscheint folgender Hinweis:

Pinnacle Studio Ultimate & Pinnacle Studio Ultimate Collection

> Diese Funktion ist nur in Pinnacle Studio Ultimate und Pinnacle Studio Ultimate Collection Version 14 verfügbar.

Wenn eine Funktion auftaucht, die nur in Pinnacle Studio HD Ultimate Collection enthalten ist, erscheint folgender Hinweis:

Pinnacle Studio Ultimate Collection

> Diese Funktion ist nur in Pinnacle Studio Ultimate Collection Version 14 verfügbar.

Digital-Analog-Digital-Konverter

Für die Digitalisierung von einer analogen VHS- oder Super-VHS-Quelle bietet Pinnacle zwei unterschiedliche Konverter in je zwei Bauarten.

Von den Konvertern sind je zwei Versionen erhältlich, eine Variante kann in den PC eingebaut werden, die andere wird über USB angeschlossen.

Pinnacle Studio HD

Abbildung 1.4:
Studio Movieboard PCI

Je ein VHS- und Super-VHS-Eingang und -Ausgang sowie ein FireWire-Anschluss stehen zur Verfügung. Audio wird über die Soundkarte des PCs angeschlossen.

Abbildung 1.5:
Studio Moviebox USB

Die Box wird über USB an den PC angeschlossen und verfügt über analoge Eingänge für VHS, Super-VHS und Stereo-Audio. Zudem befindet sich zusätzlich ein FireWire-Anschluss für das Überspielen von einem MiniDV-Camcorder.

Pinnacle Studio HD Ultimate

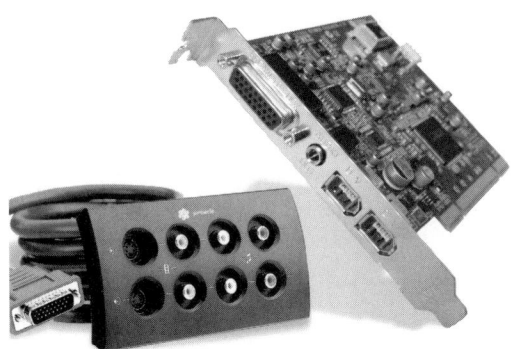

Abbildung 1.6:
Studio Movieboard Plus PCI

Hier befindet sich je ein VHS- und Super-VHS-Eingang und -Ausgang an einer Box, die auf den Tisch gestellt werden kann. Die Karte verfügt über zwei FireWire-Anschlüsse. Audio wird direkt über die Box angeschlossen.

Abbildung 1.7:
Studio Moviebox Plus USB

Die Box wird über USB 2.0 an den PC angeschlossen und verfügt über Ein- und Ausgänge für VHS, Super-VHS und Audio. Zusätzlich befindet sich an der Box ein FireWire-Anschluss.

Hardware und Optimierung

Um mit Pinnacle Studio HD gut arbeiten zu können, sollte Ihr PC optimal konfiguriert sein. In diesem Kapitel erfahren Sie, welche Hardwarevoraussetzungen die Arbeit mit Pinnacle Studio HD stellt und wie die Software konfiguriert werden kann.

Ein Videoschnittprogramm verlangt von einem PC weitaus mehr Leistung als z.B. Word oder Excel. Darum kann es bei Systemen, deren Leistungsstärke gerade die Mindest-voraussetzungen erfüllt, zu Problemen kommen. Allerdings taugt auch ein leistungs-starkes System nicht unbedingt etwas, wenn es falsch konfiguriert oder eingesetzt wird. Die nächsten Abschnitte geben Ihnen Hilfestellung bei solchen Fragen, damit Sie Ihren PC an die Erfordernisse von Pinnacle Studio HD anpassen können. Generell sollten Sie regelmäßig auf der Internetseite von Pinnacle Systems (*www.pinnaclesys.de*) nach neuen Versionen von Pinnacle Studio HD Ausschau halten und die neuesten Windows-Updates installieren.

Wenn Pinnacle Studio HD das erste Mal gestartet wird und eine Verbindung zum Internet besteht, kann das Programm auf der Website von Pinnacle Systems prüfen, ob bereits ein Update verfügbar ist. Weiteres dazu erfahren Sie im Verlauf dieses Kapitels.

PC-Grundvoraussetzungen

Um mit Pinnacle Studio HD Version 14 arbeiten zu können, muss die PC-Hardware die technischen Voraussetzungen erfüllen und schnell genug sein. Nachfolgende Liste zeigt Ihnen, welche Hardware notwendig ist. Grundsätzlich gilt: Eine höhere PC-Leis-tung bietet größeren Komfort bei der Videobearbeitung. Die Systemvoraussetzungen unterscheiden sich bei einem Windows XP-, Vista- und Windows 7-PC. Pinnacle Studio HD läuft ausschließlich unter diesen drei Betriebssystemen, alle anderen werden nicht unterstützt.

- Windows® 7, Windows Vista® (SP2), Windows XP (SP3), lauffähig auf 32-und 64-Bit-Architektur
- Intel Core 2 Duo 2,4 GHz erforderlich für AVCHD (oder entsprechendes AMD-System), Intel Core 2 Quad 2,66 GHz oder Intel Core i7 erforderlich für AVCHD 1920 (oder entsprechendes AMD-System)
- 1 GByte RAM empfohlen, 2 GByte erforderlich für AVCHD
- DirectX® 9- oder DirectX® 10-kompatible Grafikkarte mit 64 MByte (128 MByte oder höher empfohlen), 256 MByte für HD- und AVCHD-Bearbeitung erforderlich
- Soundkarte – DirectX® 9-kompatibel oder höher
- 3,2 bis 3,6 GByte freier Festplattenspeicher zur Installation der Software
- DVD-ROM-Laufwerk zur Installation der Software
- Optional: CD-Brenner zum Erstellen von Video-CDs oder Super-Video-CDs (S-VCDs)
- Optional: DVD-Brenner für die Erstellung von DVD, HD-DVD und AVCHD-Discs auf Standard-DVD-Medien
- Optional: Blu-ray-Brenner für die Erstellung von Blu-ray Discs (kostenlose Produkt-aktivierung über das Internet erforderlich)
- Optional: Soundkarte mit Surround-Sound-Ausgabe erforderlich für Vorschau von Surround-Sound-Mischung (kostenpflichtige Produktaktivierung über das Internet erforderlich)

Grafikkarte

Die Grafikkarte ist bei Studio von großer Bedeutung. Bei der Echtzeitvorschau, beim Rendern und der Wiedergabe von Video spielen der Prozessor der Grafikkarte, die GPU, und die Softwaretreiberversion eine entscheidende Rolle. Beim ersten Start von Studio werden die installierte Grafikkarte und Treiberversion getestet. Es erscheint allenfalls eine Meldung, falls beides nicht ausreicht. Folgende Arbeitsspeicher werden von der Grafikkarte für ein problemloses Arbeiten benötigt:

Windows XP

- 64 MByte für Standard Definition – nur Video
- 128 MByte für High Definition bis zu 720 p
- 256 MByte für High Definition bis zu 1080 i/p und AVCHD

Windows 7 und Vista

- 128 MByte für Standard Definition – nur Video
- 256 MByte für High Definition bis zu 1080 i/p und AVCHD

Durch Einsatz einer Grafikkarte mit mehr Speicherkapazität als oben angegeben kann die Leistung in Kombination mit HD erhöht werden. Für beste Ergebnisse bei HD und bei Verwendung mehrerer Plug-ins empfiehlt sich der Einsatz einer Grafikkarte mit 512 oder 1024 MByte RAM.   *Hinweis*

Da einige Grafikkarten 16 MByte der Speicherkapazität für den internen Gebrauch reservieren, können Videos unter Umständen nicht mit der erwarteten Auflösung bearbeitet werden. So kann beispielsweise die Grafikkarte NVIDIA Quadro mit 128 MByte nur SD-Bearbeitung unterstützen oder eine Quadro mit 256 MByte nur HD bis zu 720 p bearbeiten.

Shared-Memory-Grafikkarten, die über keinen eigenen Speicher verfügen und stattdessen auf den Systemhauptspeicher zurückgreifen müssen, können HD nicht bearbeiten. Zu diesen Grafikkarten gehören die Intel Onboard-Grafikkarten i845, i860, i915, i940 und nVidia TurboCache-Grafikkarten.

Bearbeiten von High Definition Video – AVCHD

Bei AVCHD (Advanced Video Codec High Definition) handelt es sich um das neueste High-Definition-Format für Consumer- und Semiprofi-Camcorder. Dieses Format basiert auf dem H.264-Codec und bietet neben einer hohen Kompressionsrate den Vorteil von nur minimalen Qualitätseinbußen. Das Ergebnis sind kleinvolumige, großartige HD-Videodateien, die allerdings für die Wiedergabe und Bearbeitung ein komplexeres Kompressionsschema aufweisen – aus diesem Grund wird für die Bearbeitung dieser Dateien ein entsprechend leistungsfähiger Computer benötigt. Bitte beachten Sie bei der Bearbeitung von AVCHD-Dateien die folgenden Punkte:

Mindestsystemvoraussetzungen

- Intel® Core™2 Duo bzw. i7, 2,4 GHz oder höher für 1440 x 1080 AVHCD-Bearbeitung empfohlen und Intel® Core™2 Quad bzw. i7, 2,66 GHz oder höher für das Format AVCHD 1920 x 1080 empfohlen (oder entsprechendes AMD-System)
- 2 GByte Systemspeicher (RAM)

- DirectX® 9- oder DirectX® 10-kompatible Grafikkarte mit mindestens 256 MByte oder höher, 512 MByte bzw. 1024 MByte empfohlen

- UDF-2.5-Treiber unter Windows XP zur Erkennung von AVCHD-DVDs (oder Blu-ray Discs)

- 64 Bit für Windows Vista bzw. Windows 7 werden empfohlen.

Bei AVCHD-Produktionen beeinflusst die Komplexität des Projekts direkt die Systemperformance, wobei unter Umständen folgende Situationen auftreten können:

- Wenn AVCHD-Clips in das Album importiert werden, kann es länger als bei SD-Material oder anderen HD-Codecs dauern, bis die Szenenbilder (Thumbnails) dargestellt werden.

- Bei der Integration von Überblendeffekten zwischen AVCHD-Videoclips kann möglicherweise erst nach dem vollständigen Hintergrund-Rendern eine Vorschau angezeigt werden.

- Bei Verwendung von Montagethemen oder beim Hinzufügen eines Bild-in-Bild-Effekts (auf der Overlayspur) kann unter Umständen erst nach dem vollständigen Rendern eine Vorschau angezeigt werden. Im Vorschaufenster wird in diesen Fällen möglicherweise ein Ausrufezeichen angezeigt, das darauf hinweist, dass das Hintergrund-Rendern noch nicht abgeschlossen ist.

- Bei der Disc-Menü-Erstellung empfehle ich Ihnen die Verwendung von Disc-Menüs OHNE bewegte Hintergründe (Motion Backgrounds) oder Kapitelminiaturen.

- Höhere Leistung bei Vorschau mit niedriger Auflösung und MPEG-2-Vorschau-Rendering. Um diese Einstellung zu ändern, wählen Sie im Menü *Setup*, dann *Video- und Audio-Voreinstellungen* und unter *Vorschau mit voller Auflösung* kein Häkchen. Die Option *Hintergrund-Rendern* auf *MPEG2-Vorschau* einstellen.

- Höhere Leistung bei deaktiviertem Hintergrund-Rendern: Möglicherweise aktivieren Sie diese Option nur dann, wenn Sie ein Projekt abschließen wollen. Wählen Sie *Setup*, dann *Video- und Audio-Voreinstellungen* und deaktivieren Sie die Option *Hintergrund-Rendern aktivieren*.

Achtung | Wichtiger Hinweis für die Wiedergabe von AVCHD-Discs:

Bitte verwenden Sie niemals AVCHD-Discs in Geräten, die nicht den AVCHD-Standard unterstützen. Das Gerät wirft unter Umständen die Disc nicht mehr aus oder löscht nach Anzeige einer Nachricht, die zur Neuformatierung der Disc auffordert, auf der Disc vorhandene Daten.

Optimierung

Zusätzlich zur richtigen Hardware ist es wichtig, dass die Software optimal konfiguriert wird. Je weniger Software auf einem PC installiert ist und gleichzeitig läuft, desto schneller ist ein PC, und je schneller die Hardware, desto schneller rechnet das System.

Die Videobearbeitung erfordert viel mehr Ressourcen als andere Software. Wie Sie im vorherigen Abschnitt gesehen haben, sind die Hardwareanforderungen zum Teil recht hoch, vor allem für das Bearbeiten von High Definition und AVCHD. Wenn Sie regelmäßig Videos auf dem PC bearbeiten, ist es unter Umständen empfehlenswert, für die

Videobearbeitung einen separaten PC zu verwenden, damit die volle Leistung ausgenutzt werden kann. Die folgende Liste zeigt, welche Software und Treiber für ein optimales Arbeiten notwendig sind:

- Windows 7, Vista oder Windows XP als Betriebssystem
- die neuesten Originaltreiber für die installierte Hardware
- Pinnacle Studio HD mit den neuesten Updates, Patches und Fixes
- evtl. ein Grafikbearbeitungsprogramm
- evtl. ein Audiobearbeitungsprogramm
- evtl. DVD- und Blu-ray-Abspielsoftware

Weitere Software wird für die Videobearbeitung eigentlich nicht benötigt. Im Gegenteil: Sie sollten so weit wie möglich auf zusätzliche Software verzichten. Folgende Programme verlangsamen das Arbeiten mit Pinnacle Studio HD Version 14:

- Antivirensoftware
- Software-Firewalls
- Internetzugang
- alle zusätzlich im Hintergrund laufenden Programme, die nicht dringend benötigt werden, z.B. Bildschirmschoner

Wenn Sie tatsächlich keine Antivirensoftware auf dem Videoschnitt-PC installiert haben, sollten Sie ihn auf keinen Fall mit dem Internet verbinden und alle Daten von Datenträgern wie CDs, DVDs, Memory Sticks und externen Laufwerken vor dem Kopieren mit einem anderen PC auf Viren und Würmer überprüfen. *Achtung*

Es ist sehr sinnvoll, die Videos auf einem „reinen" Videoschnitt-PC zu bearbeiten, der nicht ans Internet angeschlossen ist. Wenn Sie auf die oben erwähnten Programme nicht verzichten möchten oder können, rate ich Ihnen, ein Festplatten-Wechselrahmen-System einbauen zu lassen. *Tipp*

Pinnacle Studio HD benötigt im Prinzip keine Verbindung zum Internet. Für die Registrierung der Software und für Updates ist eine Internetverbindung notwendig, die Daten können aber auch über einen anderen PC eingegeben oder heruntergeladen werden. *Achtung*

Dies gibt Ihnen die Möglichkeit, verschiedene Grundinstallationen physikalisch voneinander zu trennen. Die System-Festplatte C: mit der Videoinstallation wird in eine Schublade eingebaut, die in das PC-System eingeschoben werden kann. In einer anderen Schublade mit einer zweiten Festplatte für Office-Anwendungen sind noch einmal das Betriebssystem und alle anderen Programme installiert. Vor dem Einschalten des PCs legen Sie jeweils die benötigte Festplatte ein und können so, befreit von allen nicht gebrauchten Programmen, arbeiten. Ziehen Sie, falls Sie eine solche Installation erwägen, am besten einen Experten zurate.

Das Betriebssystem und alle anderen Programme werden auf die Festplatte C: installiert. Das ist eine Konvention in der Informatik. Man kann Programme zwar auch auf einer anderen Festplatte installieren, davon rate ich Ihnen jedoch dringend ab.

Bei einem neuen PC empfiehlt es sich, das System mittels einer Sicherungssoftware komplett zu sichern. Wenn eine Software Probleme beim Arbeiten bereitet, kann innerhalb kurzer Zeit auf eine funktionsfähige Sicherung zurückgegriffen werden. Dabei ist darauf zu achten, dass keine Daten auf Laufwerk C: gespeichert werden. Das ist wichtig, denn wenn eine Sicherung zurückgespielt werden muss, würden alle Daten, die auf dem Laufwerk C: liegen, gelöscht. Unter „Daten" verstehe ich in diesem Fall alles, was auf Ihrem PC neu hinzugekommen ist: Fotos, Texte, Videos, Projekte usw. Geeignete Programme für ein solches Backup wären Acronis TrueImage oder Norton Ghost.

Eigene Dateien

Der Inhalt des Ordners *Eigene Dateien* befindet sich standardmäßig immer auf der Festplatte C:. Wenn Sie den PC mit einem Sicherungsprogramm komplett sichern, sollten Sie das bei Daten und Betriebssystem getrennt voneinander tun. Beim Wiederherstellen des Betriebssystems würden sämtliche Daten auf dem Laufwerk C: gelöscht werden. Sie können den Speicherort von *Eigene Dateien* wie folgt manuell ändern (allerdings empfehle ich Ihnen, die Projekte so anzulegen, wie es im *Abschnitt „Das erste Projekt"* beschrieben wird):

Beschreibung für Windows XP

1. Klicken Sie mit der rechten Maustaste auf *Eigene Dateien* auf dem Windows-Desktop und wählen Sie *Eigenschaften*.

Abbildung 1.8:
Der Desktopordner „Eigene Dateien"

2. Geben Sie unter *Ziel* einen Speicherort für die Daten auf einem anderen Laufwerk als C: an.

Beschreibung für Windows 7 und Vista

Bei Windows Vista gibt es leider den Ordner *Eigene Dateien* nicht mehr. Damit alle Daten auf einem anderen Laufwerk gespeichert werden können, müssen Sie den sogenannten *Dokumente*-Ordner verschieben, in dem gemeinsam genutzte Daten gespeichert werden. Falls Sie die Standardordner für Bilder, Musik, Videos usw. verschieben möchten, dann müssen Sie die Änderung für jeden Ordner vornehmen. Gehen Sie wie folgt vor, wenn Sie den Speicherort verändern möchten.

1. Wählen Sie *Start* und dann *Computer*, um den Arbeitsplatz anzeigen zu lassen.
2. Klicken Sie mit der rechten Maustaste auf den Ordner, dessen Speicherort Sie verändern möchten, und klicken Sie dann auf *Eigenschaften*.
3. Öffnen Sie das Register *Pfad*.
4. Wählen Sie *Ziel suchen ..* und geben Sie einen anderen Speicherort für die Daten an.

Die Daten werden auf das Ziellaufwerk bzw. in den Zielordner verschoben.

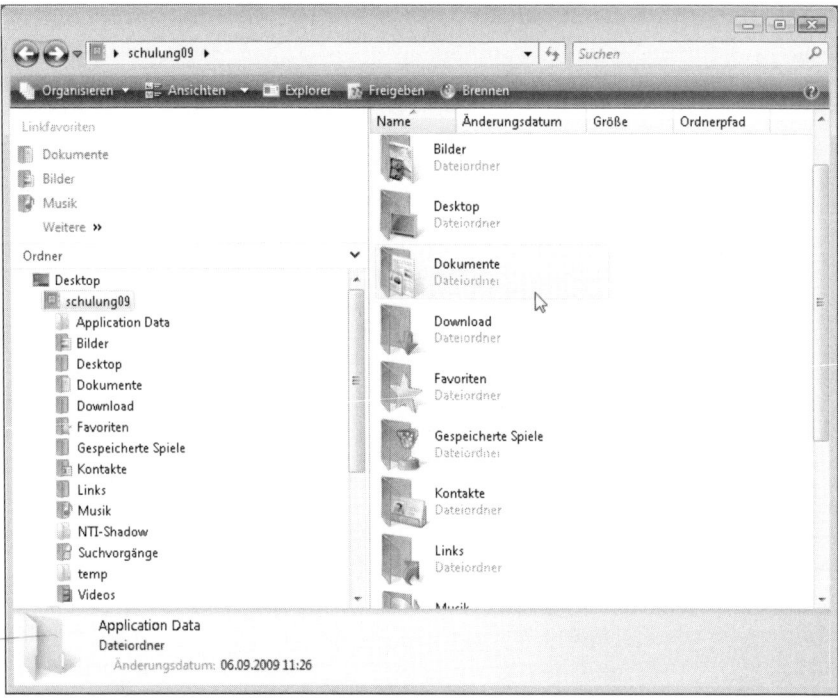

Abbildung 1.9: Arbeitsplatz in Windows 7 und Vista

Abbildung 1.10: Ändern Sie den Speicherpfad des Ordners
durch Verändern des Zielspeicherorts

Bildschirmschoner ausschalten

Sie sollten den Bildschirmschoner auf Ihrem PC ausschalten, da dies zu Störungen während des Digitalisierens oder Exportierens von Filmen führen kann. Zusätzlich können Sie Strom sparen, wenn Sie während des Renderns langer Videos den Monitor einfach abschalten, womit Sie auch ein Einbrennen des Monitors verhindern.

Festplattenkonfiguration

Die folgenden Erklärungen richten sich eher an fortgeschrittene Anwender. Es ist nicht unbedingt notwendig, dass Sie die Festplatten in Ihrem PC anpassen. Falls Sie allerdings oft und viel mit Video arbeiten, kann es sehr hilfreich sein, die Festplatten anzupassen und zu optimieren. Sicher ist Ihr PC-Fachhändler bereit, Ihnen Unterstützung zu geben, falls Sie das nicht selbst ausführen können.

Standardmäßig sollte Pinnacle Studio HD auf der Festplatte C: installiert sein. Die Projektdateien können auf eine Partition der ersten Festplatte oder auf eine eigene Festplatte gespeichert werden. Hierfür reicht eine „kleine" Festplatte mit 120 bis 320 GByte.

Als Video-Festplatte wird eine größere Festplatte empfohlen. Je mehr Videos im PC gespeichert werden sollen, desto größer muss die Festplatte sein. Eine Stunde digitales Videomaterial von einer MiniDV-Kassette benötigt ca. 13 GByte Speicherplatz.

Achten Sie darauf, dass alle Festplatten im NTFS-Dateiformat formatiert sind und eine Geschwindigkeit von mindestens 7200 rpm, Drehungen pro Minute, aufweisen. NTFS bedeutet *New Technology File System* und wird unter Windows 7, Vista und Windows XP eingesetzt. NTFS kann im Gegensatz zum FAT32-Dateisystem Daten verwalten, die größer sind als 4 GByte. Sonst könnte man keine längeren Filme oder größeren Dateien als einzelne Datei auf einer Festplatte speichern.

Ebenso ist es wichtig, dass die Festplatten genügend Daten pro Sekunde transferieren können. Die meisten Festplatten können die benötigten 4 MByte/Sek. verarbeiten. DV-Videomaterial benötigt beim Einspielen auf die Festplatte mindestens 3,6 MByte/Sek., das ergibt für viereinhalb Minuten etwa 1 GByte Speicherplatz,.

Festplatten defragmentieren

Wenn Sie Daten auf einer Festplatte löschen, entstehen Lücken zwischen noch vorhandenen Daten. Wenn Ihr PC neue Daten (z.B. Render- oder Videodateien) speichert, werden solche Zwischenräume mit sogenannten Fragmenten von Daten gefüllt. Dies führt dazu, dass eine große Datei auf verschiedene solcher Lücken aufgeteilt wird. Sie haben auf das Speichern solcher Fragmente keinen Einfluss. Wenn eine Videodatei am PC abgespielt wird, müssen Windows und Pinnacle Studio HD die Datenfragmente zusammenhängen, was zu Leistungseinbußen führt. In Windows gibt es eine Funktion namens *Defragmentieren*, welche die Festplatte aufräumt und die Daten einer Datei wieder zusammenhängend neu speichert. Es empfiehlt sich, die Festplatten von Zeit zu Zeit zu defragmentieren, um die Leistung des Systems zu erhöhen. Sie sollten das Laufwerk C: und auch die Video- und Render-Festplatten defragmentieren.

Achtung | Beim Defragmentieren werden Ihre Daten auf der Festplatte verschoben. Das Defragmentieren kann bei größeren Festplatten recht lange dauern.

Um eine Festplatte zu defragmentieren, gehen Sie wie folgt vor:

Beschreibung für Windows XP

1. Öffnen Sie mit einem Doppelklick den Arbeitsplatz auf dem Desktop.

2. Klicken Sie mit der rechten Maustaste auf das Laufwerk, das Sie defragmentieren wollen, und wählen Sie den Eintrag *Eigenschaften*.

3. Wechseln Sie in das Register *Extras* und klicken Sie auf *Jetzt defragmentieren*.

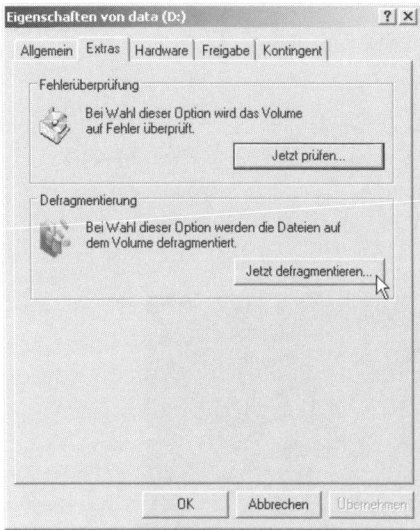

Abbildung 1.11:
Starten der Defragmentieren-Funktion
in Windows XP

Beschreibung für Windows 7 und Vista

1. Klicken Sie auf *Start* und dann auf *Computer*.

2. Klicken Sie mit der rechten Maustaste auf das Laufwerk, das Sie defragmentieren wollen, und wählen Sie dann den Eintrag *Eigenschaften*.

3. Wechseln Sie in das Register *Tools* und klicken Sie auf *Jetzt defragmentieren*.

4. Klicken Sie evtl. auf *Fortsetzen*, wenn eine Bestätigung verlangt wird.

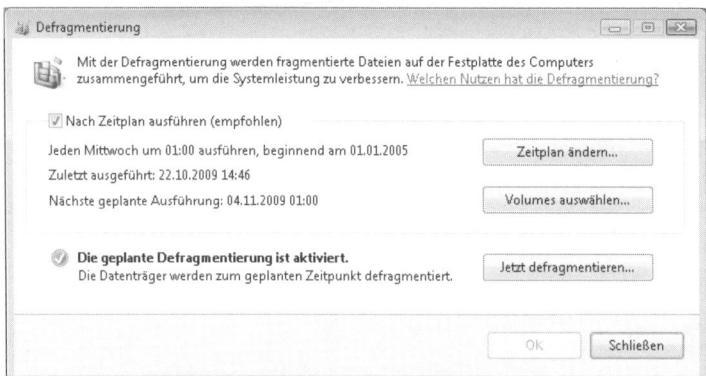

Abbildung 1.12: Defragmentierung in Windows Vista starten

5. Klicken Sie auf *Jetzt defragmentieren*, um den Vorgang zu starten.

Zuerst wird das Laufwerk überprüft und danach beginnt der eigentliche Vorgang. Dies kann je nachdem, wie groß ein Laufwerk ist und wie viel zu defragmentieren ist, ziemlich lange dauern. Warten Sie, bis der Vorgang beendet ist. Sie können ihn allerdings auch mit *Unterbrechen* oder *Anhalten* stoppen.

Die Installation

Pinnacle Studio HD wird mit einem Datenträger ausgeliefert.

So führen Sie die Installation durch:

1. Legen Sie die *Install DVD* in ein DVD-Laufwerk ein. Nach dem Einlegen sollte die Installation automatisch starten, und es erscheint das erste Dialogfenster.

    Sollte der Installationsvorgang bei Ihnen nicht von selbst starten, wechseln Sie in den *Arbeitsplatz*, öffnen mit einem Doppelklick das DVD-Laufwerk und führen einen Doppelklick auf die Datei *setup.exe* aus. Danach startet die Installation in jedem Fall.

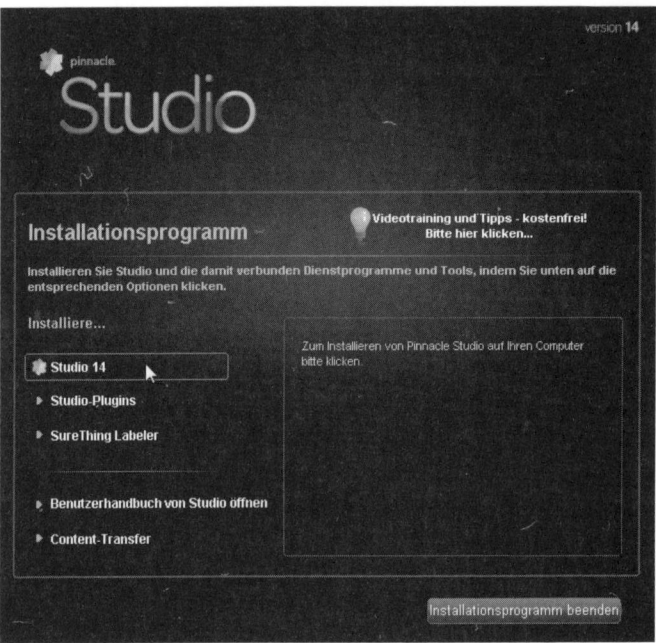

Abbildung 1.13: Installationsprogramm von Studio 14

2. Starten Sie die Installation von Studio 14, indem Sie mit der linken Maustaste auf *Studio 14* klicken.

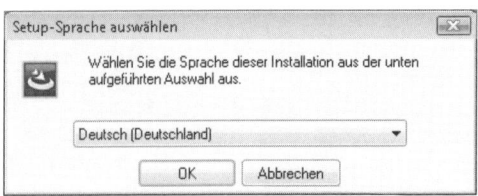

Abbildung 1.14:
Nach dem Starten des Installations-
vorgangs können Sie eine Sprache
wählen

3. Wählen Sie eine Sprache aus der Liste aus und klicken Sie auf *OK*.

Abbildung 1.15: Geben Sie hier die erforderlichen Daten ein

4. Tragen Sie im nächsten Fenster die erforderlichen Daten ein. Wichtig ist die Seriennummer, die Sie mit dem Programm erhalten haben.

   Zusätzlich sollten Sie die Option *Ich möchte per E-Mail über Neuigkeiten und Angebote von Pinnacle Systems informiert werden* per Klick aktivieren, denn nur so gehören Sie zu dem ausgewählten Kreis, der aktuelle Informationen über Neuerungen von Pinnacle Studio HD ohne Umwege erhält.

5. Klicken Sie auf *Jetzt registrieren*, wenn Sie sich gleich bei Pinnacle registrieren möchten, oder auf *Bitte später erinnern*, wenn Sie dies später erledigen wollen. Für die Registrierung ist eine Internetverbindung notwendig.

Abbildung 1.16: Starten Sie die Installation durch einen Klick auf „Weiter“

6. Klicken Sie mit der linken Maustaste auf *Weiter*, um die Installation zu starten.

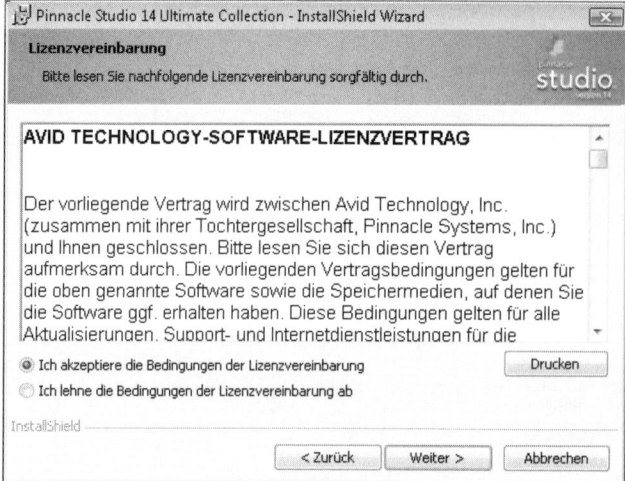

Abbildung 1.17: Nach Bestätigung der Lizenzvereinbarung kann die Installation fortgesetzt werden

7. Sie müssen der Lizenzvereinbarung zustimmen, damit die Installation fortgesetzt werden kann. Wählen Sie also *Ich akzeptiere die Bedingungen der Lizenzvereinbarung* und klicken Sie dann auf *Weiter*.

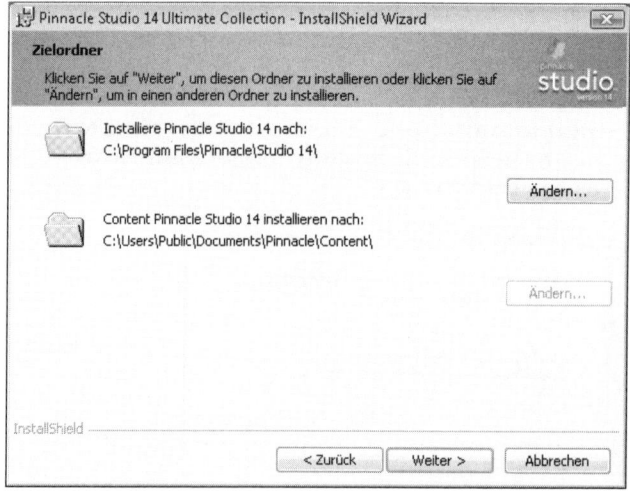

Abbildung 1.18: Wählen Sie die Zielverzeichnisse für die Installation

8. Belassen Sie die Installationspfade. Es ist am sinnvollsten, das Programm auf C:\ und in die vorgeschlagenen Ordner zu installieren. Klicken Sie auf *Weiter*.

Abbildung 1.19: Wählen Sie, für welche PC-Benutzer die Software installiert werden soll

9. Wählen Sie, für wen Studio auf Ihrem PC installiert werden soll. In der Regel können Sie die Option *Jeden, der diesen Computer verwendet (alle Benutzer)* wählen. Klicken Sie auf *Weiter*.

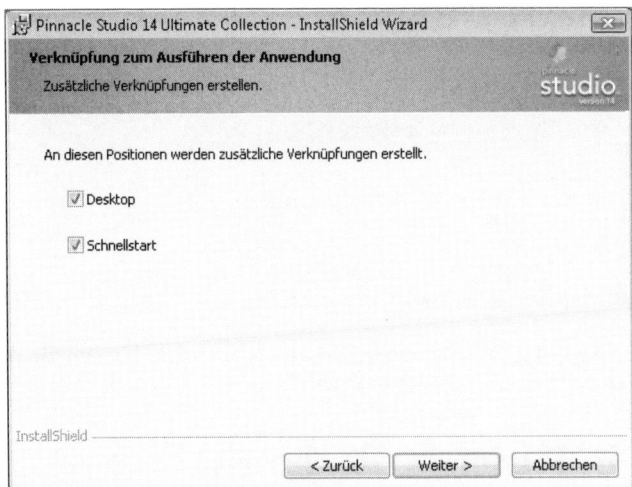

Abbildung 1.20: Erstellen von Verknüpfungen

10. Hier wird gefragt, wo Studio Verknüpfungen zum Starten der Software erstellen soll. In der Regel können Sie beide Optionen auswählen. Klicken Sie auf *Weiter*.

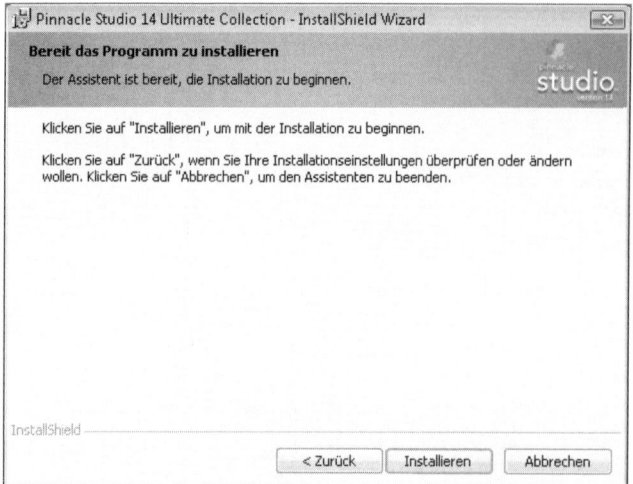

Abbildung 1.21: Starten Sie die Installation durch einen Klick auf „Installieren"

11. Sie können nun den Kopiervorgang der Dateien auf die Festplatte starten, indem Sie auf *Installieren* klicken. Warten Sie, bis die Installation beendet ist.

Pinnacle Studio HD starten

Nach der Installation befindet sich ein Icon auf Ihrem Desktop, mit dem Sie Pinnacle Studio HD starten können.

Abbildung 1.22:
Klicken Sie mit der Maus doppelt auf das Symbol, um Studio zu starten

Sie können Studio auch über das Startmenü von Windows aufrufen, klicken Sie dazu auf *Start/Programme/Pinnacle Studio 14/Pinnacle Studio 14*.

Grundsätze in Pinnacle Studio HD

Für die Arbeit mit Pinnacle Studio HD sind einige Grundsätze nennenswert, die Ihnen die Philosophie und Möglichkeiten des Programms näherbringen. Pinnacle Studio HD Version 14 hat gegenüber den Vorgängerversionen einige Veränderungen und Neuerungen erfahren, auf die im Folgenden kurz eingegangen wird.

Seid der Version 10 von Studio wurde die Codebasis komplett erneuert, die auf das professionelle Videoschnittprogramm Liquid Edition von Avid gründet. Sie bringt eine Reihe von Veränderungen im Gegensatz zur Version 9 mit sich, die aber im Programm nicht sofort ersichtlich sind, da das Aussehen der Programmoberfläche nur wenig geändert wurde. Sie müssen sich nicht weiter darum kümmern, dass die Basis auf Avid

Liquid aufgesetzt wurde, aber es interessiert Sie vielleicht, dass nun alle Funktionen, Effekte und Filter auf einer professionellen Videoschnittlösung beruhen, die auch in TV-Studios und Produktionsfirmen eingesetzt wird. Die neuen Funktionen werden im Laufe dieses Kapitels beschrieben.

Pinnacle Studio HD Version 14 updaten

Allen, die Pinnacle Studio HD erworben haben, bietet Pinnacle neue kostenlose Updates an, damit das Programm immer den aktuellsten Hardwareanforderungen entspricht. Schließlich kommt ständig neue Hardware auf den Markt, die unter Umständen mit Pinnacle Studio HD nicht kompatibel ist. Über die Website *http://www.pinnaclesys.de* stellt Pinnacle Updates zur Verfügung. Ebenso können Anpassungen in der Software nachgeliefert werden. Sie sollten also regelmäßig nach neuen Updates Ausschau halten. Pinnacle Studio HD enthält eine Funktion, die selbst nach Updates suchen kann, dafür ist allerdings eine Internetverbindung notwendig. Gehen Sie wie folgt vor:

1. Wählen Sie im Menü von Pinnacle Studio *Hilfe* und danach *Software-Updates* aus der Liste aus.

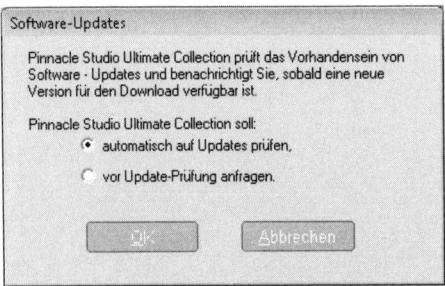

Abbildung 1.23: Einstellung für die Software-Updates

2. Klicken Sie auf *OK*, um automatisch nach Updates suchen zu lassen.

3. Falls ein Update zur Verfügung steht, wird die Internetseite geöffnet. Laden Sie das Update auf Ihre Festplatte.

4. Doppelklicken Sie auf die neu heruntergeladene Datei, um das Update zu installieren.

Neue Funktionen von Pinnacle Studio HD Version 14

Im Folgenden finden Sie eine Übersicht über die neuen Funktionen in Pinnacle Studio HD, Pinnacle Studio Ultimate und Pinnacle Studio Ultimate Collection gegenüber der Vorgängerversion Pinnacle Studio 12.

Neben den im Folgenden vorgestellten neuen Funktionen in Pinnacle Studio HD wurde auch viel Wert auf die Leistung der Software gelegt. Diese läuft stabiler und benötigt im Allgemeinen etwas weniger PC-Ressourcen. Ebenfalls wurde die Bearbeitung von AVCHD verbessert.

Neue Funktionen in allen drei Programmversionen

▨ Pinnacle Studio HD Version 14 ist mit Windows 7 kompatibel und kann auf 32-Bit- und 64-Bit-Systemen installiert werden.

▨ Das Aussehen der Programmoberfläche wurde gegenüber den Vorgängerversionen geringfügig verändert. Die Farbe ist ein wenig abgedunkelt worden, und die Symbole sehen etwas anders aus. Allerdings hat sich an der Philosophie und Arbeitsweise nichts verändert.

Abbildung 1.24: Programmoberfläche von Studio HD Version 14

▨ Eine völlig neue Funktion ist der Studio Import. In der Version 14 wurde das Einlesen, Kopieren und Übertragen von Videos, Musik und Fotos vereinheitlicht. Diese Aufgaben sind jetzt nur noch über das Studio Import Tool möglich. Egal von welcher Quelle Sie Material einlesen möchten, Sie öffnen immer das Studio Import Tool. Das Studio Import Tool bietet zudem die Möglichkeit, Daten in Ordner zu sortieren, die nach Datum und Zeit der Aufnahme automatisch benannt werden. Näheres dazu lesen Sie im *Kapitel 2 „Importieren"*.

▨ Im Studio Import Tool befindet sich eine neue Funktion für Stop Motion, also Trickfilm-Einzelbildaufnahmen. Der Vorteil dieser Funktion liegt darin, dass Studio immer das letzte Bild anzeigt, damit man beim Aufzeichnen von Trickfilmsequenzen schneller arbeiten kann. Weitere Infos zu dieser Funktion finden Sie im *Kapitel 2 „Stop Motion"*.

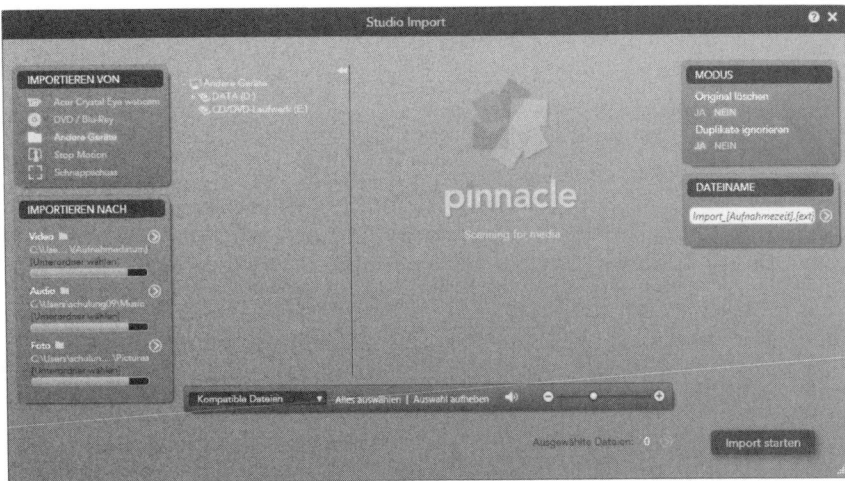

Abbildung 1.25: Studio Import zum Einlesen von Videos, Musik und Fotos

Das Album wurde vollständig überarbeitet. Neu ist, dass es nicht mehr als Buch dargestellt wird, sondern eher als Pool oder ähnlich einem Verzeichnisinhalt. Die Clips und Übergangseffekte usw. werden in einer Liste dargestellt, die mit der Maus gescrollt werden kann.

Abbildung 1.26: Das Album ist nicht mehr als Buch dargestellt, sondern kann nun gescrollt werden

Sobald Sie ein Videoclip auf die Timeline legen, erhält dieser Clip im Album ein kleines Häkchen, damit Sie schnell sehen, welchen Clip Sie bereits verwendet haben. Das funktioniert jetzt auch bei AVCHD- und TOD-Dateien von einer Harddisk- oder Flash-Memory-Kamera.

Das über einen Rechtsklick erreichbare Kontextmenü wurde in einigen Bereichen erweitert. Damit stehen neue Funktionen zur Verfügung, die das Finden von Clips vereinfacht. Weiteres dazu finden Sie im *Kapitel 15 „Tipps & Tricks"*.

Der Stabilizer-Effekt bei den Videoeffekten wurde umfassend überarbeitet. Mit diesem Effekt können Sie verwackelte Videos stabilisieren. Der Effekt wurde vom professionellen Videoschnittprogramm von Avid, dem Media Composer, übernommen.

▓ Eine neue Funktion ist der Projektcontainer. Dies ist eine erweiterte Funktion des Albums und zeigt alle bereits verwendeten Videos, Fotos, Audioclips und Titel in einer Übersicht an.

Abbildung 1.27: Projektcontainer mit allen verwendeten Clips

▓ Erweiterte Funktionen der Montagethemen. Schriftart und Größe eines Titeltextes können jetzt in einem Montagethema angepasst werden. Zudem wurde die Funktionalität der Montagethemen erweitert. Neue Montagethemen sind in Version 14 dazugekommen, insgesamt liegen jetzt 132 Montagethemen vor.

▓ Neue Exportformate sind in *Schritt drei, Film erstellen*, hinzugekommen. Sie können jetzt direkt aus Studio QuickTime-Filme im MOV-Format sowie die folgenden Videoformate PS3, Wii, Xbox sowie MP3-Audiodateien exportieren. Eine weitere Möglichkeit ist, dass Sie Videos als AVCHD-Clips exportieren können, um sie danach wieder zurück auf eine Festplattenkamera zu kopieren. Weitere Infos dazu finden Sie im *Kapitel 13 „Film erstellen"*.

▓ In *Schritt drei, Film erstellen*, kann jetzt ein Teilstück eines Films exportiert werden. Mittels Markern auf der Timeline wird angegeben, welches Teilstück der Timeline exportiert werden soll. Weiteres dazu finden Sie im *Kapitel 13 „Film erstellen"*.

Neue Funktionen in Pinnacle Studio Ultimate und Pinnacle Studio Ultimate Collection Version 14

▓ Eine neue Funktion ist der Motion-Titeleditor. Damit ist es möglich, Videos, Fotos und natürlich Texte einfach mittels einer einfachen Timeline zu animieren.

▓ Pinnacle Studio Ultimate und Ultimate Collection enthalten folgende Plug-ins von Drittherstellern, mit denen zusätzliche Effekte erzielt werden können. Mit dem Roto-Effekt von Red Giant ToonIt kann ein Video oder Fotoclip als gezeichneter Trickfilm dargestellt werden. Mit Knoll Light Factory können Lichtreflexe auf ein Clip gelegt werden. Weitere Infos zu den einzelnen Plug-ins entnehmen Sie *Anhang A, „Pinnacle Studio Ultimate- und Ultimate Collection-Plug-ins"*.

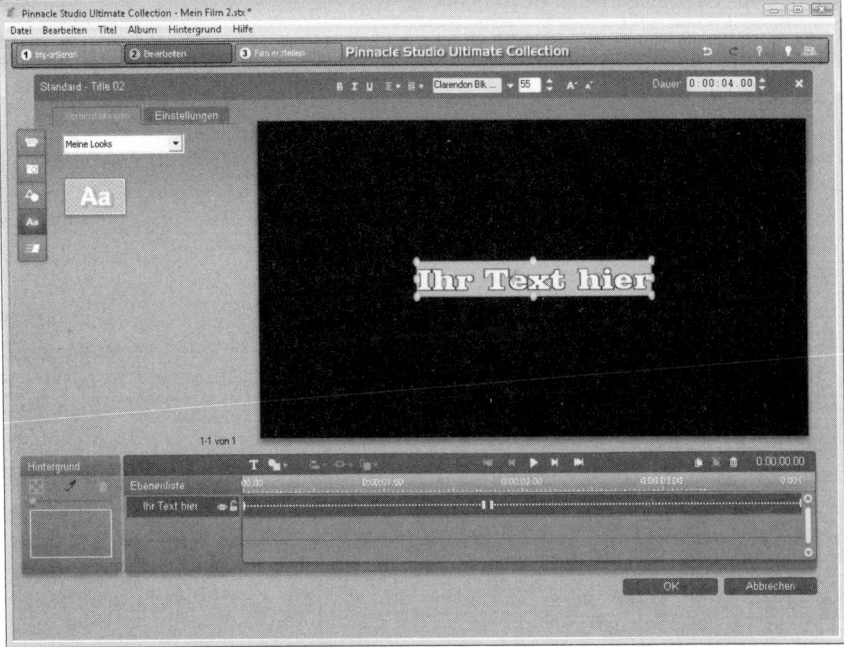

Abbildung 1.28: Der neue Motion-Titeleditor

Neue Funktion der Pinnacle Studio Ultimate Collection Version 14

In der Ultimate Collection Version 14 gibt es vier weitere Plug-ins, um Videos, Fotos und Titelclips zu verändern. Dazu gehören der Shine-Effekt, 3DStroke, Particular von Red Giant und der Looks-Effekt von Magic Bullet. Weitere Infos zu den einzelnen Plug-ins finden Sie im *Anhang A, „Pinnacle Studio Ultimate- und Ultimate Collection-Plug-ins"*.

Echtzeit und Rendern

Die Echtzeitvorschau ist eine wichtige Funktion von Studio 14. Nachfolgend wird kurz erklärt, was mit Echtzeit eigentlich gemeint ist.

Echtzeit

Der PC nimmt uns Arbeiten mit sehr rechenintensiven Aufgaben ab. Eine Textverarbeitung ist für den PC weniger aufwendig zu rechnen als z.B. ein Computerspiel oder eben die Videobearbeitung. Die Textverarbeitung arbeitet mit relativ kleinen Dateien, die Videobearbeitung hingegen mit sehr großen. Eine 60 Seiten umfassende Word-Datei benötigt ca. 280 KByte Speicherplatz, eine Stunde Video (MiniDV mit 720 x 576 Pixel) dagegen ca. 13 GByte, (13 000 000 KByte), also etwa 46 000-mal mehr Speicherplatz.

Da nun eine Videoschnittsoftware mit sehr großen Dateien und vielen Daten arbeitet, ist der Benutzer darauf angewiesen, dass z.B. eine Videosequenz in normaler Geschwindigkeit abgespielt wird. Wenn das der Fall ist, wird das Video in „Echtzeit" angezeigt. Sicherlich sagen Sie nun, das ist ja logisch.

Früher waren die PCs nicht leistungsstark genug, darum wurde das Videomaterial sehr stark komprimiert, damit es ruckelfrei abgespielt werden konnte. Das neue Videoformat HDTV (High Definition Television) arbeitet mit einer noch höheren Auflösung von bis zu 1980 x 1080 Pixel und erzeugt um ein Vielfaches größere Videodateien auf der Festplatte.

Der Begriff Echtzeit bekommt eine ganz andere Bedeutung, wenn das Video durch Effekte und Übergänge ergänzt wird. Wird z.B. bei einem einminütigen Videoclip eine Farbkorrektur durchgeführt, muss der PC das Video komplett neu rechnen, im Prinzip erhält jedes Pixel im Video eine neue Farbe: Für PAL wären das 720 x 576 Pixel (414 720) mal 25 Bilder in der Sekunde mal 60 in der Minute.

Die Videoschnittsoftware muss also 622 080 000 einzelnen Pixeln eine neue Farbe geben. Echtzeit heißt in diesem Fall, dass die Umrechnung eines jeden Pixels während des Abspielens des Videos erfolgt. Wird nun über diesen einminütigen Videoclip im Videoschnittprogramm ein Titel angezeigt, muss das Programm zusätzlich diesen Titel ins Bild rechnen. Es geht nun also um zwei Effekte. Je mehr Effekte, Übergänge, Videoclips, Audioclips usw. gleichzeitig angezeigt werden müssen, umso mehr muss auch gleichzeitig gerechnet werden.

Grundsätzlich stehen Ihnen zwei Möglichkeiten zur Verfügung, um diese aufwendigen Rechenaufgaben zu lösen.

Wenn Ihr PC über eine AGP- oder PCI-Express-Grafikkarte mit mindestens 64 MByte Arbeitsspeicher verfügt, die darüber hinaus kompatibel zu Pinnacle Studio HD ist (dies sind nur Grafikkarten der Herstellerfirmen ATI und NVIDIA), können diese Rechenaufgaben in Echtzeit über die Grafikkarte ausgeführt werden. Wenn Sie mit High-Definition-Video arbeiten, ist eine Grafikkarte mit mindestens 256 MByte Arbeitsspeicher notwendig. Weitere Infos zum Thema Kompatibilität finden Sie auf der Pinnacle-Homepage: *http://www.pinnaclesys.de*.

Ihr PC verfügt nicht über die Echtzeitvorschau und muss alle Effekte zuerst rechnen und auf der Festplatte zwischenspeichern? Das ist kein Problem, dauert einfach nur etwas länger und Sie müssen warten, bis der Rechenvorgang beendet ist, damit Sie die Effekte ruckelfrei betrachten können.

Rendern

Unter Rendern versteht man eigentlich nichts anderes als Rechnen. Effekte, Übergänge usw. werden vom PC in neue Dateien zusammengerechnet.

Beim Rendern entstehen also neue, temporäre Daten (Render-Dateien), damit die ursprünglichen Daten unverändert bleiben. Im Grunde heißen diese Daten nur temporär, da sie jederzeit vom PC neu berechnet werden können. Sobald die Render-Dateien gelöscht werden, muss Pinnacle Studio HD sie neu erstellen.

Einführung in Pinnacle Studio HD

Grundsätzlich wird in jedem Videobearbeitungsprogramm immer gleich gearbeitet. Als Erstes muss das gefilmte Videomaterial, Fotos und Musik von der Kamera oder einer Festplatte auf den PC übertragen werden. Dann kann mit dem Bearbeiten begonnen werden. Unter Bearbeiten oder Schneiden versteht man die Herstellung des eigentlichen Films. Dazu gehören das Schneiden des Videomaterials, das Bearbeiten

von Audio, Titeln, Effekten, Übergängen usw. – ja sogar das Hinzufügen von Disc-Menüs. Der letzte Schritt ist dann die Ausgabe auf ein Medium, das am Fernseher oder PC betrachtet werden kann.

Diese logische Reihenfolge wird auch in Pinnacle Studio HD eingehalten und entsprechend ist das Programm aufgebaut. Die Bearbeitung erfolgt in drei Schritten:

1. Importieren

2. Bearbeiten

3. Film erstellen

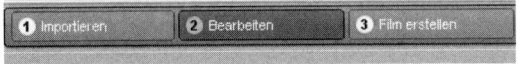

Abbildung 1.29: Die drei Arbeitsschritte in Pinnacle Studio HD

Klicken Sie auf den jeweiligen Knopf, um Pinnacle Studio HD in den entsprechenden Modus zu versetzen.

Statt sich gleich auf das Bearbeiten und Schneiden zu stürzen, sollten Sie Ihr Projekt unbedingt sauber beginnen und eine logische Datenstruktur auf der Festplatte erstellen, damit Sie später alle Daten zu einem Projekt eindeutig identifizieren können. So haben Sie einerseits Ordnung auf dem PC und andererseits können Sie Projekte einfacher löschen, sichern und kopieren.

Das erste Projekt

Verzeichnisstruktur auf der Festplatte

Beim Erstellen eines neuen Projekts ist es empfehlenswert, dieses von Anfang an gut zu organisieren. Das erleichtert das Auffinden des Projekts selbst und der entsprechenden Daten auf der Festplatte. Wenn Sie in Pinnacle Studio HD einen Film erstellen, werden Sie zusätzliche Bilder und Musikdateien darin integrieren wollen. Insofern gehören immer verschiedene Daten zu einem Projekt. Die Video-, Bild- und Musikdateien sollten daher logisch auf der Festplatte angeordnet werden. Am sinnvollsten wäre es, alle relevanten Daten zu einem Projekt in einem Unterordner zu speichern, dann werden Sie die Daten besser finden und auch wieder löschen können. Alles, was in Pinnacle Studio HD später bearbeitet wird, wird nicht in Pinnacle Studio HD selbst gespeichert, sondern von der Festplatte aus in das Pinnacle Studio HD-Projekt referenziert. Das heißt, dass Pinnacle Studio HD ständig Zugriff auf alle Dateien haben muss. Wenn Sie also einen Videoclip in Pinnacle Studio HD bearbeiten und diesen Clip später von der Festplatte löschen oder verschieben, ist auch das Projekt nicht mehr bearbeitbar. Der Film kann nicht mehr abgespielt werden. Es ist also enorm wichtig, die Datenstruktur vor dem Arbeiten mit Pinnacle Studio HD zu überdenken.

Ich empfehle Ihnen, eine präzise Ordnerstruktur für jedes Projekt anzulegen. Als Hauptordner für alle Projekte wäre ein Ordner namens *Projekte* oder *Pinnacle Studio HD* sinnvoll. In diesem Ordner wird für jedes Projekt ein neuer Unterordner erzeugt, in dem alle dazugehörigen Daten gespeichert werden. Das können Bilder, Videos, Musik usw. sein.

Erstellen Sie als Beispiel die oben erwähnte Verzeichnisstruktur, am besten auf einer anderen Festplatte bzw. Partition als C:, da dort keine Daten gespeichert werden sollen.

Anleitung für Windows XP

1. Öffnen Sie den Windows-Explorer mit einem Rechtsklick auf den *Start*-Knopf und wählen Sie *Explorer* oder doppelklicken Sie auf das Desktopsymbol *Arbeitsplatz*.

2. Klicken Sie einen Laufwerksbuchstaben an, unter dem Sie die Projekte speichern möchten, danach klicken Sie auf *Datei/Neu/Ordner*, um einen neuen Ordner zu erstellen.

3. Geben Sie dem neuen Ordner einen Namen, z.B. *Projekte*.

4. Doppelklicken Sie auf den soeben erstellten Ordner und erzeugen Sie, wie unter Schritt 2 beschrieben, einen neuen Unterordner für das erste Projekt.

5. Geben Sie dem neuen Ordner den Namen Ihres ersten Projekts.

Anleitung für Windows 7 und Vista

1. Lassen Sie sich die Festplatten des PCs anzeigen, indem Sie auf *Start* klicken und dann *Computer* auswählen.

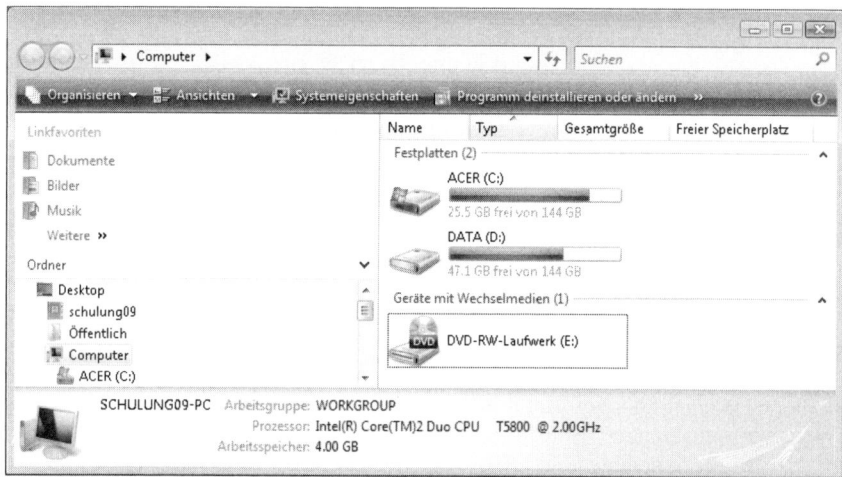

Abbildung 1.30: Doppelklicken Sie auf die Festplatte, auf der Sie das Projekt speichern möchten

2. Doppelklicken Sie auf die Festplatte oder Partition, auf der Sie das Projekt speichern möchten.

3. Klicken Sie mit der rechten Maustaste auf einen leeren Bereich und wählen Sie *Neu* und dann *Ordner*.

4. Versehen Sie den soeben erstellten Ordner mit einem Namen, z.B. *Projekte*.

5. Erstellen Sie nun in diesem Ordner für jedes Projekt einen Unterordner und benennen Sie ihn nach dem zu erstellenden Projekt.

Für jedes neue Projekt sollten Sie einen neuen Unterordner in *Projekte* erstellen. Kopieren Sie alle relevanten Daten für das Projekt in diesen Unterordner. Sie können auch weitere Unterordner in diesem Projektordner erstellen, damit Sie einen besseren Überblick über Ihre Daten haben. Wenn Sie sich gleich von Anfang an an diese Ordnerstruktur gewöhnen, fällt es Ihnen leichter, die Daten wiederzufinden und später zu löschen, um Platz auf den Festplatten zu bekommen.

Projekt erstellen

Sobald Sie Pinnacle Studio HD gestartet haben, empfiehlt es sich, eigens ein neues Projekt zu erstellen, auch wenn in Pinnacle Studio HD im Prinzip ein neues leeres Projekt geöffnet wurde. So können Sie nämlich bereits jetzt selbst festlegen, wo die Projektdatei gespeichert wird. Ein Projekt ist die Umgebung, in der ein Film geschnitten wird. Alle Videoclips, Musikdateien, Fotos usw. werden in das Projekt integriert (verknüpft bzw. referenziert). Wenn Sie einen Videoclip in Pinnacle Studio HD bearbeiten und währenddessen auf der Festplatte löschen, so ist auch das Projekt nicht mehr brauchbar, da Pinnacle Studio HD lediglich die Referenz gespeichert hat. Seien Sie also vorsichtig, wenn Sie etwas auf der Festplatte löschen. Ebenfalls wird davon abgeraten, Daten auf einer Festplatte neu zu organisieren, während Sie mit Pinnacle Studio HD arbeiten.

1. Wählen Sie aus dem Menü *Datei* und danach *Neues Projekt*. Pinnacle Studio HD erstellt ein neues leeres Projekt.

2. Speichern Sie das Projekt an einem bestimmten Ort, indem Sie aus dem Menü *Datei/ Projekt speichern* wählen. Am besten wählen Sie hier den Ordner wie oben beschrieben.

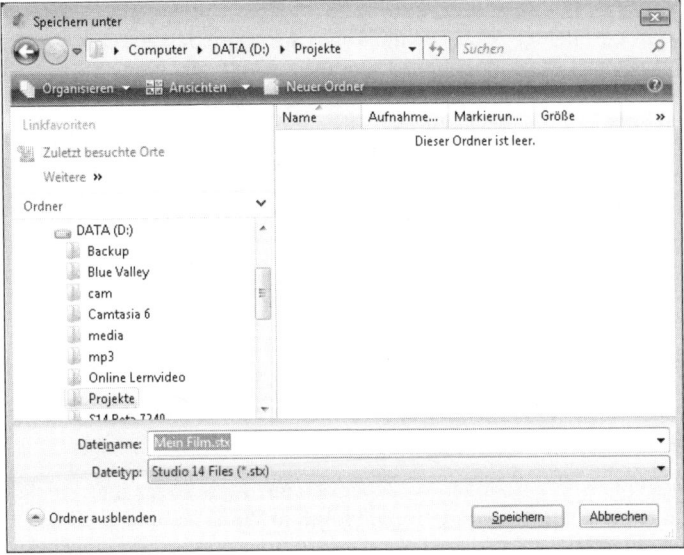

Abbildung 1.31: Der Dialog Speichern unter für Windows Vista

3. Suchen Sie auf der Festplatte Ihren Projektordner und wählen Sie ihn als Speicherort für die Projekte aus.

4. Wählen Sie einen Namen für das Projekt und klicken Sie auf *Speichern*, um den Dialog zu schließen.

Achten Sie darauf, dass zu einem Projekt immer zwei Dinge gehören. Zum einen ist das eine Datei mit der Endung *.stx*, zum anderen ein Ordner, der allerdings nicht geöffnet werden kann. Sie können das sehen, wenn Sie im Windows-Explorer den Inhalt des Projektordners anzeigen lassen. Da Pinnacle Studio HD 14 seit der Version 10 im Vergleich zu den Vorgängerversionen etwas anders arbeitet, wurden auch die Projekte anders aufgebaut. In diesem Ordner befinden sich alle projektrelevanten Daten für Pinnacle Studio HD 14, die vom Benutzer nicht verändert werden sollten.

Abbildung 1.32:
Das erste Pinnacle Studio HD 14-Projekt auf der
Festplatte betrachtet

Wenn Sie ein Projekt verschieben oder löschen möchten, so muss das immer gleichzeitig bei dem Ordner und der *.stx*-Datei geschehen.

Tipp | Sie sollten nie ein Projekt im Windows-Explorer umbenennen. Es kann nämlich vorkommen, dass ein umbenanntes Projekt von Studio nicht mehr erkannt wird und somit Ihre ganze Arbeit verloren geht. Wenn Sie aber trotzdem ein Projekt umbenennen möchten, dann können Sie dies in Studio im Menü *Datei/Projekt umbenennen* tun.

Versionen speichern

Wenn Sie große und komplexe Projekte bearbeiten, sollten Sie regelmäßig eine Version des Projekts abspeichern und eventuell auch auf einem anderen Datenträger sichern. Beim Sichern eines Projekts empfiehlt es sich, ebenfalls alle Clips (Video, Audio und Bilder) zu speichern, da das Projekt sonst nicht mehr verwendet werden kann. Wenn Sie sich an die oben beschriebene Projektverwaltung halten, können Sie einen ganzen Projektordner auf einen anderen Datenträger kopieren. So bleiben alle nötigen Daten zusammen.

Das Speichern von Versionen ist insofern nützlich, als Sie dann immer auf einen alten Stand Ihres Projekts zugreifen können.

So speichern Sie eine neue Version des Projekts ab:

1. Wählen Sie aus dem Menü *Datei* und danach *Projekt speichern als.*
2. Im *Speichern*-Dialog wählen Sie einen Speicherort.
3. Wählen Sie einen neuen Namen für die zu speichernde Version, z.B. zuerst den Projektnamen und dann das Datum.

Projekt umbenennen

Wenn Sie ein Projekt nach dem Erstellen umbenennen möchten, so machen Sie das auf keinen Fall im Windows-Explorer, sondern (wie folgt) in Pinnacle Studio HD:

1. Öffnen Sie das Projekt, das umbenannt werden soll, mit *Datei/Projekt öffnen*.
2. Suchen Sie das Projekt auf der Festplatte und klicken Sie in dem Dialog auf *OK*.
3. Wählen Sie aus dem Menü *Datei/Projekt umbenennen*.
4. Geben Sie im Dialogfenster *Projekt umbenennen* einen neuen Namen für das Projekt in das Textfeld ein.

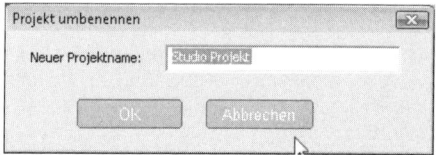

Abbildung 1.33:
Projekt umbenennen

5. Klicken Sie auf *OK*, damit die Änderung übernommen wird.

Wichtige Einstellungen

Bevor Sie mit Pinnacle Studio HD zu arbeiten beginnen, empfiehlt es sich, einige Einstellungen vorzunehmen, damit bereits von Anfang an richtig und am richtigen Ort gearbeitet wird.

Temporäre Daten

Beim Bearbeiten von Video muss Pinnacle Studio HD ständig temporäre Daten auf der Festplatte speichern. Das können sehr große Datenmengen sein. Je nach Festplattenkonfiguration sollten Sie den Ort für diese Daten selbst bestimmen, um noch mehr Leistung aus Ihrem PC herauszuholen. Wie bereits im Abschnitt zur Festplattenkonfiguration beschrieben, könnten Sie ein eigenes Laufwerk nur für die temporären Daten verwenden. Das hätte den Vorteil, dass eine weitere Festplatte für die Arbeit mit Pinnacle Studio HD eingesetzt wird und somit noch mehr Leistung erzielt würde. Falls Sie den Speicherort für diese Daten nicht selbst definieren, werden diese auf dem Laufwerk C: abgespeichert, was nur selten sinnvoll ist.

Die Verwaltung der temporären Daten übernimmt Pinnacle Studio HD selbst, darum müssen Sie sich nicht kümmern. Alle temporären Daten werden darüber hinaus immer im gleichen Ordner gespeichert und nicht zusammen mit dem Projekt. Die temporären Dateien bzw. Render-Dateien können zu jeder Zeit auf der Festplatte gelöscht werden, ohne dass etwas vom Projekt verloren geht. Allerdings müssen sie neu berechnet werden, falls der Film exportiert wird. Löschen Sie diese also erst, wenn Sie das Projekt vollständig beendet und exportiert haben.

Wählen Sie den Speicherort für die Render-Dateien wie folgt:

1. Erstellen Sie auf der Festplatte einen neuen Ordner für die temporären Dateien bzw. Render-Dateien und nennen Sie ihn z.B. *Render*.

2. Wählen Sie aus dem Menü *Setup* die *Projekt-Voreinstellungen*.

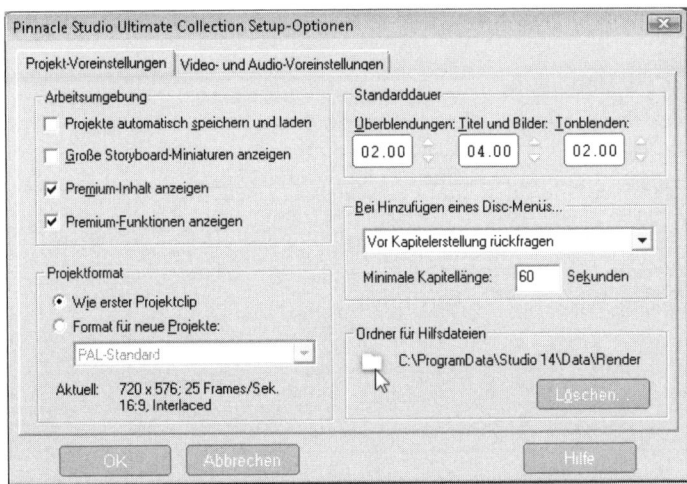

Abbildung 1.34: Projekt-Voreinstellungen

3. Klicken Sie unter *Ordner für Hilfsdateien* auf das kleine Ordnersymbol.

4. Wählen Sie aus der Liste den oben erstellten Ordner aus.

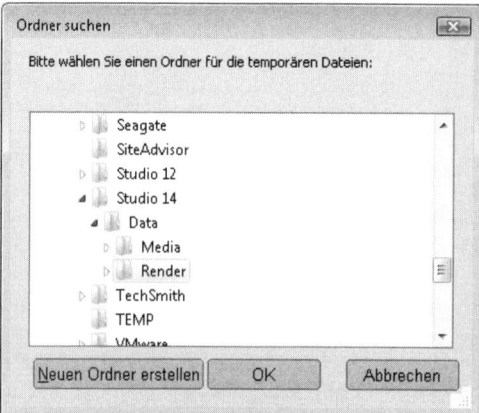

Abbildung 1.35: Ordner für temporäre Daten

5. Klicken Sie auf *OK*, um den Dialog zu beenden.

Projekt automatisch speichern

Eine wichtige Funktion von Pinnacle Studio HD ist die *Instant-Save-Funktion*. Sie dient dazu, jeden Schritt in Pinnacle Studio HD automatisch zu speichern. So verlieren Sie nichts, auch wenn der PC einmal abstürzen sollte. Diese Funktion benötigt allerdings Ressourcen auf dem PC. Um sie zu aktivieren, gehen Sie wie folgt vor:

1. Wählen Sie aus dem Menü *Setup* die *Projekt-Voreinstellungen*.

2. Unter *Arbeitsumgebung* wählen Sie die Option *Projekte automatisch speichern und laden*.

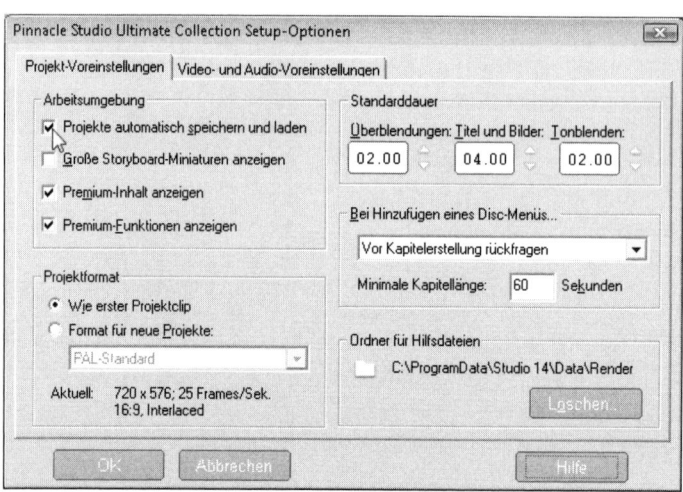

Abbildung 1.36: Projekte automatisch speichern und laden

3. Klicken Sie auf *OK*, um den Dialog zu beenden.

Premium-Inhalt und Premium-Funktionen ausblenden

Premium-Inhalt und Premium-Funktionen sind zusätzliche Pakete von Pinnacle Studio HD. Diese Pakete können Sie erst verwenden, nachdem Sie diese online über den Shop von Pinnacle Systems freigeschaltet haben. Wenn Sie diese Funktionen nicht erwerben möchten, können Sie sie ausschalten, sodass sie beim Arbeiten mit Pinnacle Studio HD nicht auftauchen. Um die Funktionen auszublenden, gehen Sie wie folgt vor:

1. Wählen Sie aus dem Menü *Setup* die *Projekt-Voreinstellungen*.

2. Entfernen Sie die beiden Häkchen bei *Premium-Inhalt anzeigen* und *Premium-Funktionen anzeigen*.

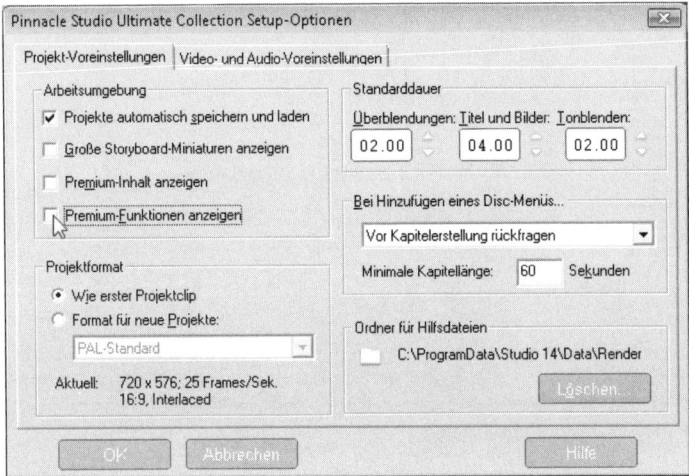

Abbildung 1.37: Premium-Inhalt und Premium-Funktionen ausblenden

3. Schließen Sie das Fenster mit einem Klick auf *OK*.

Projektformat

In Pinnacle Studio HD können Projekte in verschiedenen Videoauflösungen und Seitenverhältnissen bearbeitet werden.

4:3 und 16:9 sind Seitenverhältnisse eines Videobildes. Die erste Zahl steht für die Breite und die zweite für die Höhe des Fernsehbildes.

Wählen Sie eine Projekteinstellung, wenn Sie ein definiertes Format verwenden möchten. Falls Sie nicht wissen, welche Einstellung Sie einsetzen müssen, wird die Einstellung automatisch vom ersten Clip übernommen, der in Pinnacle Studio HD bearbeitet wird.

Das Format sollte manuell angepasst werden, wenn Sie in Pinnacle Studio HD verschiedene Formate miteinander mischen möchten. Daher müssen Sie sich vor der Bearbeitung überlegen, welches Format der Film am Schluss haben wird. Wenn Sie z.B. in einen High-Definition-Film normales SD-Videomaterial integrieren möchten, wird das SD-Material viel schlechter oder kleiner dargestellt als das High-Definition-Videomaterial. Umgekehrt müsste das High-Definition-Videomaterial verkleinert oder abgeschnitten werden.

1. Wählen Sie aus dem Menü *Setup* die *Projekt-Voreinstellungen*.

2. Klicken Sie auf *Format für neue Projekte*.

3. Wählen Sie nun aus der Liste das gewünschte Format aus.

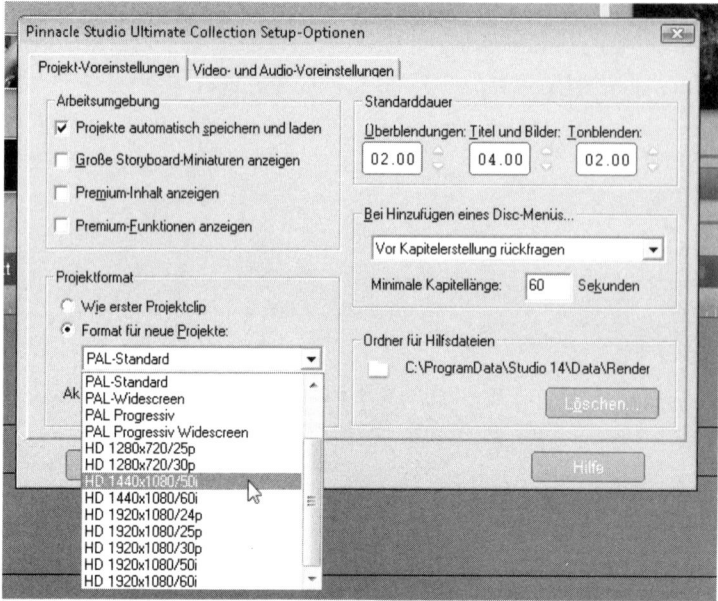

Abbildung 1.38: Projektformat für die Timeline

4. Schließen Sie den Dialog mit einem Klick auf *OK*.

Standarddauer für Übergänge, Titel und Bilder

Beim Einfügen eines Titels, Übergangseffekts oder Standbildes wird von Pinnacle Studio HD eine vordefinierte Länge verwendet. Wenn Sie bereits vor dem Einfügen wissen, wie lange ein Standbild später angezeigt werden soll, können Sie das vorher definieren. Die Länge eines einzelnen Bildes kann jederzeit nachträglich auf der Timeline angepasst werden. Diese Funktion dient lediglich dazu, dass alle neu in die Timeline eingefügten Elemente eine bestimmte Länge haben.

Wenn Sie also eine lange Diashow mit vielen Bildern erstellen möchten, definieren Sie die Standardlänge der Bilder vor dem Einfügen in die Timeline. Die Länge der Bilder, die bereits auf der Timeline sind, wird mit dieser Einstellung nicht verändert.

Verändern Sie die Voreinstellung wie folgt:

1. Wählen Sie aus dem Menü *Setup/Projekt-Voreinstellungen*.

2. Unter *Standarddauer* verändern Sie die Werte durch Klicken auf die Pfeile nach oben und unten oder geben über die Tastatur einen anderen Wert ein.

3. Schließen Sie den Dialog mit einem Klick auf *OK*.

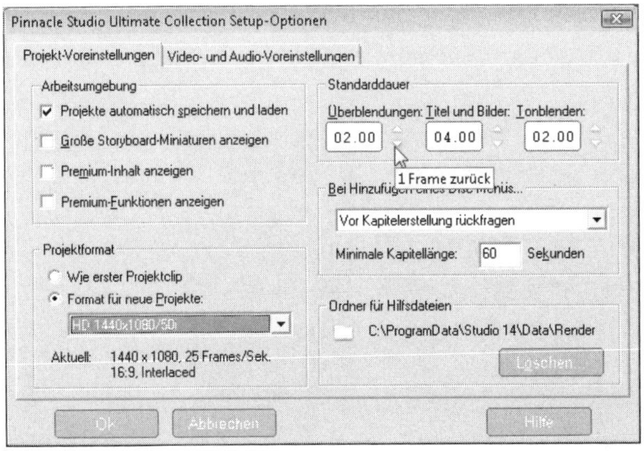

Abbildung 1.39: Anpassen der Standarddauer für Titel, Bilder und Standbilder

Videovorschau

Beim Bearbeiten von Videos ist es sehr praktisch, das Videobild auf einem externen Gerät oder einem zweiten Monitor zu betrachten. So können Sie bereits während der Bearbeitung sehen, wie das Ganze später aussehen wird. Je nachdem, über welche Hardware Sie verfügen oder ob Sie einen zweiten Monitor angeschlossen haben, sieht diese Einstellung etwas anders aus. Für das Arbeiten an einem Laptop kann der zweite Videoausgang auf einen Computermonitor umgeleitet werden, um das Videobild darauf in der Vorschau zu sehen. Allerdings muss der PC diese Funktion unterstützen.

Um die Videovorschau einzustellen, gehen Sie wie folgt vor:

1. Wählen Sie im Menü *Setup* die *Video- und Audio-Voreinstellungen*.

2. Wählen Sie die Option *Vorschau mit voller Auflösung*, wenn Sie diese so anzeigen möchten.

3. Unter *Vollbild* wählen Sie *Sekundär-VGA-Monitor*, falls Sie einen angeschlossen haben, oder wählen Sie unter *Extern* die angeschlossene Hardware aus.

Abbildung 1.40: Einstellungen der Videovorschau

4. Schließen Sie das Fenster mit einem Klick auf *OK*.

5. Um die Vorschau zu aktivieren, wechseln Sie zu Schritt *2 Bearbeiten*.

6. Klicken Sie auf den Vorschauknopf über dem Vorschaufenster, um die Vorschau anzuzeigen.

Abbildung 1.41: Vorschau aktivieren

Die Vorschau ist erst möglich, wenn mindestens ein Clip auf der Timeline liegt. Um die Vorschau zu beenden, klicken Sie auf [Esc].

Wenn Sie mit HDV-Videomaterial arbeiten und einen Monitor mit einer Mindestauflösung von 1920 x 1089 Pixel angeschlossen haben, können Sie gleich die Qualität am Bildschirm betrachten.

Hintergrund-Rendering

Das Berechnen der Effekte und Übergänge in Pinnacle Studio HD ist abhängig von Ihrer Grafikkarte. Wenn diese von Pinnacle Studio HD unterstützt wird und über genügend Speicher verfügt, werden die Effekte während des Abspielens berechnet und angezeigt. Das wird Echtzeit-Rendering genannt, da die Effekte zuvor nicht speziell berechnet werden müssen. Wenn nun die Grafikkarte oder das PC-System nicht über die nötigen Hardwarevoraussetzungen bzw. die Mindestanforderungen verfügt, müssen Effekte zuerst gerendert und als neue Videoclips auf der Festplatte gespeichert werden. Erst dann ist es möglich, diese ruckelfrei anzuzeigen. Sie können selbst testen, ob Ihr PC über genügend Leistung verfügt, indem Sie zwei Clips auf die Timeline legen und dazwischen einen Übergangseffekt einfügen. Während des Abspielens des Films sollte er nun ruckelfrei angezeigt werden. Wenn das nicht der Fall ist, sollten Sie das Hintergrund-Rendering einschalten, damit alle Effekte sofort berechnet werden. Diese Berechnung geschieht, wie der Name schon sagt, im Hintergrund und Sie können dabei weiterarbeiten.

Um das Hintergrund-Rendering einzuschalten, gehen Sie wie folgt vor:

1. Wählen Sie im Menü *Setup/Video- und Audio-Voreinstellungen*.

2. Wählen Sie unter *Hintergrund-Rendern* die Option *Hintergrund-Rendern aktivieren*.

3. Schließen Sie den Dialog mit einem Klick auf *OK*.

Abbildung 1.42: Einstellung für das Hintergrund-Rendering

Die gerenderten Dateien werden in einem speziellen Format wie das Video auf der Timeline gespeichert. Im Beispiel wird DV-Videomaterial eingesetzt, das wiederum als DV berechnet wird. Sie können den Codec auch manuell setzen, was aber dazu führen kann, dass die gerechneten Videos in schlechterer Qualität gespeichert werden als der Originalfilm.

Surround-Sound-Wiedergabe

Wenn Sie in Ihrem Film Surround-Sound bearbeiten und diesen während des Bearbeitens hören möchten, müssen Sie über ein Surround-Sound-System mit 6 Lautsprechern verfügen. Diese Einstellung hat nichts damit zu tun, ob das Audio im Film auf Surround-Sound abgemischt wird oder nicht, es geht hier lediglich um das Mithören beim Bearbeiten.

Um diese Option einzustellen, gehen Sie wie folgt vor:

1. Wählen Sie im Menü *Setup/Video- und Audio-Voreinstellungen*.

Abbildung 1.43: Surround-Sound-Wiedergabe aktivieren

2. Klicken Sie unter *Surround-Sound* die Option *Diskrete 5.1 Surround-Sound-Wiedergabe aktivieren* an.

3. Klicken Sie auf *OK*, um den Dialog zu beenden.

Musik von CD auslesen

Sie können in Pinnacle Studio HD Musik direkt von einer Audio-CD in das Projekt kopieren. Dazu müssen Sie unter Umständen in Pinnacle Studio HD zuerst einstellen, von welchem Laufwerk das geschehen soll. Diese Einstellung ist wichtig, falls Sie über mehrere CD- oder DVD-Laufwerke verfügen. Gehen Sie dazu wie folgt vor:

1. Wählen Sie im Menü *Setup/Video- und Audio-Voreinstellungen.*

Abbildung 1.44: CD-Laufwerk einstellen

2. Unter *CD-Laufwerk (für das Auslesen von Audiodateien)* wählen Sie aus der Dropdown-Liste das gewünschte CD-Laufwerk aus.

3. Schließen Sie den Dialog mit einem Klick auf *OK*.

Wenn Sie in Pinnacle Studio HD später eine CD einlesen möchten, müssen Sie diese in das gewählte Laufwerk einlegen.

Mikrofoneinstellungen

Für das Nachvertonen von Filmen müssen Sie ein Mikrofon an die Soundkarte Ihres PCs anschließen. Falls Sie über verschiedene Anschlüsse verfügen, muss in Pinnacle Studio HD angegeben werden, an welchem Anschluss das Mikrofon ist. Wenn Sie das nicht wissen, sollten Sie das Handbuch der Soundkarte oder Ihres PCs zu Hilfe nehmen. Die Anschlüsse der Soundkarte sind farbig codiert: Grün für Lautsprecherausgabe, Blau für Line-In und Pink für Mikrofonanschluss.

Für die Einstellung in Pinnacle Studio HD gehen Sie wie folgt vor:

1. Wählen Sie im Menü *Setup/Video- und Audio-Voreinstellungen.*

2. Wählen Sie aus der Liste unter *Mikrofon* den richtigen Eingang. Unter *Kanäle* wählen Sie Stereo oder Mono und unter *Samplerate* die Qualität der Aufnahme. 16-Bit mit 44.1 kHz entspricht der CD-Qualität.

Abbildung 1.45: Mikrofoneinstellungen

3. Schließen Sie den Dialog mit einem Klick auf *OK*.

Erweiterungen mit Premium-Inhalt

Pinnacle Studio HD wird mit vielen Übergängen, Effekten und Funktionen ausgeliefert, die Ihnen gleich zur Verfügung stehen. Dieser bereits bestehende Funktionsumfang kann noch erweitert werden. Die zusätzlichen Erweiterungen sind kostenpflichtig und können online freigeschaltet werden. Sie werden Premium-Inhalt und Premium-Funktionen genannt. Einige dieser Zusatzfunktionen sind bereits in Pinnacle Studio HD integriert, haben aber ein Wasserzeichen im Bild und müssen vor dem Anwenden freigeschaltet werden.

Um den Funktionsumfang auf einem PC, der am Internet angeschlossen ist, zu erweitern, gehen Sie wie folgt vor:

1. Klicken Sie auf das Symbol *Schatzkiste* in Pinnacle Studio HD, um zum Onlineshop von Pinnacle zu gelangen. Das Schatzkistensymbol erscheint automatisch immer dann, wenn Sie Effekte und Funktionen erwerben können, oder es ist oben rechts in Studio zu sehen.

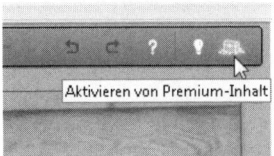

Abbildung 1.46:
Das Schatzkistensymbol erscheint dann, wenn Sie Effekte und Funktionen freischalten können

2. Wenn der PC am Internet angeschlossen ist, gelangen Sie auf eine Internetseite, von der Sie die Effekte und Plug-ins freischalten können.

3. Wählen Sie die Effekte, die Sie kaufen und freischalten möchten, folgen Sie den Bildschirmanweisungen und geben Sie die geforderten Informationen ein. Für den Erwerb dieser Effekte ist eine Kreditkarte notwendig.

Abbildung 1.47: Internetseite für das Auswählen der Effekte und Plug-ins

Falls Sie keine direkte Internetverbindung besitzen, können Sie die Effekte unter folgender Internetadresse freischalten lassen:

http://unlock.pinnaclesys.com

Geben Sie nun die gewünschten Angaben zu Ihrem Produkt ein. Die Seriennummer und den Passport können Sie sich in Studio unter *Hilfe* und dann *Passport anzeigen* anzeigen lassen. Sobald Sie die Codes erworben haben, müssen Sie diese in Studio eingeben, damit die Funktionen freigeschaltet werden. Klicken Sie dazu unter *Hilfe* auf *Aktivierungscodes eingeben*.

Abbildung 1.48:
Geben Sie hier die erworbenen Codes ein,
um die Funktionen zu aktivieren

Achtung

Es kann durchaus vorkommen, dass Sie Windows auf Ihrem PC neu installieren müssen oder Studio auf einem anderen PC installieren möchten. Danach müssen Sie natürlich auch Pinnacle Studio HD neu installieren. Nur bekommen Sie dabei leider einen neuen Passport, und alle bereits erworbenen Effekte und Funktionen lassen sich nicht mehr aktivieren. Sie müssen also auf der Internetseite von Pinnacle Ihre Daten neu generieren lassen. Gehen Sie dazu auf folgende Internetseite:

http://unlock.pinnaclesys.com/premiumcontent/
regenerate_keys.aspx?Langue_ID=4&loc=lMen1810

Die Internetseite wird geöffnet, und jetzt können Sie die nötigen Daten eingeben.

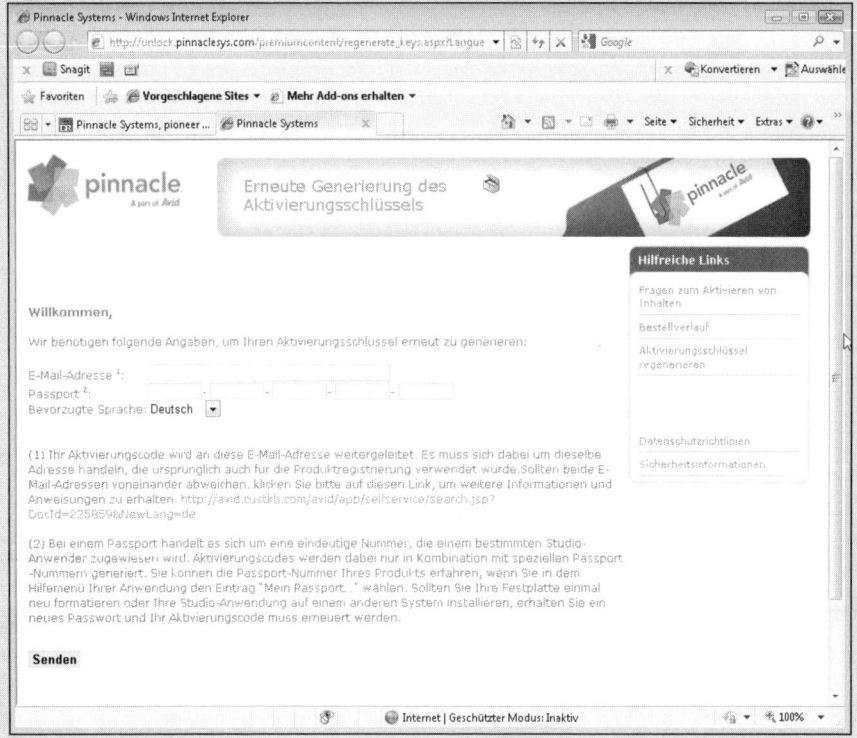

Abbildung 1.49: Geben Sie hier alle Informationen ein, um neue Aktivierungscodes zu generieren

Die neuen Codes werden Ihnen per E-Mail zugesandt.

2

Importieren

Bevor Sie mit dem Bearbeiten von Videos, Fotos und Musik beginnen können, müssen diese Daten von Ihrer Videokamera oder einem Fotoapparat auf den PC überspielt werden. Dies funktioniert mit der Importieren-Funktion von Pinnacle Studio HD. Die Importieren-Funktion wurde komplett überarbeitet und vereinheitlicht. Egal ob Sie von einer digitalen oder analogen Quelle einlesen möchten, Sie benutzen immer die gleiche Funktion.

Das Importieren bzw. Überspielen von Video bedeutet, dass die Videosequenzen in Echtzeit, d.h. in normaler Abspielgeschwindigkeit, von einem Videoband auf den PC übertragen werden. Befinden sich die Dateien bereits auf der Festplatte einer Kamera, einem Speicherchip oder einem anderen Datenträger wie DVD, Blu-ray oder Festplatte, werden die Videos und Fotos einfach auf den PC kopiert.

Die Pinnacle Studio HD Import-Funktion können Sie starten, indem Sie auf den Button *importieren* klicken oder im Menü *Ansicht* die Funktion *importieren* wählen.

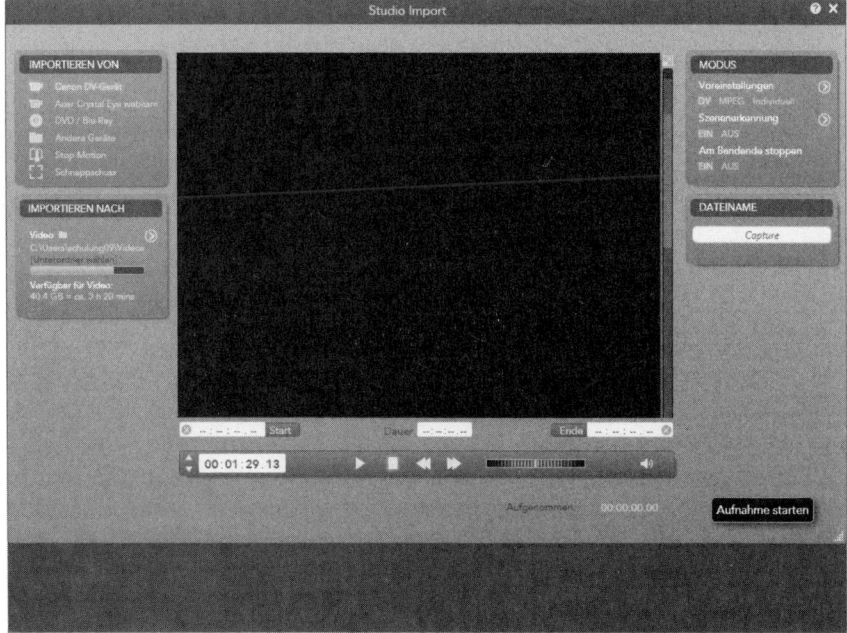

Abbildung 2.1: Studio Import Tool

Importieren von

Auf der linken oberen Ecke befindet sich die Funktion *importieren von*. Hier wählen Sie aus, von welcher Quelle Videos, Fotos und Audiodateien importiert werden sollen. Falls Ihre Kamera in der Liste nicht angezeigt wird, überprüfen Sie die Verbindung oder beenden das Import Tool und starten es noch einmal.

Abbildung 2.2:
Hier geben Sie an, von welcher Quelle Videos, Fotos und
Musik importiert werden sollen

Importieren nach

Bevor Sie eine Aufnahme beginnen, sollten Sie die PC-Festplatte und den Speicherort für die Videodateien wählen. Wählen Sie unter *importieren nach*, wohin die Daten auf dem PC kopiert oder verschoben werden sollen. Sie können für Videos, Audios und Fotos unterschiedliche Ordner angeben.

Wie bereits im Abschnitt zur Computerkonfiguration beschrieben, ist es sinnvoll, für die Videodaten eine eigene Festplatte zu benutzen. Sie sollten hier also diese Festplatte auswählen und, wenn möglich, die beschriebene Projektstrukturierung beibehalten. Speichern Sie die Videoclips in einem Unterordner des aktuellen Projekts, damit sie schneller auffindbar sind.

Alle Videoclips, die auf den PC übertragen werden, können später in verschiedenen Projekten benutzt werden. Entscheiden Sie selbst, wie Sie die Daten auf der Festplatte organisieren möchten, wenn das der Fall ist. Achten Sie unbedingt darauf, wie Sie die Videodateien benennen und wo sie abgespeichert sind, damit Sie stets den Überblick behalten und alte Projekte einfach und schnell löschen können.

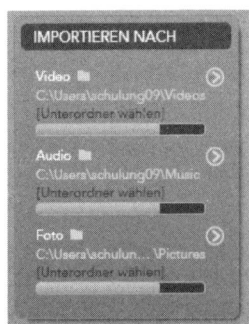

Abbildung 2.3:
Hier geben Sie an, wohin die Daten kopiert werden sollen

Es ist wichtig, dass Sie sich bewusst sind, wohin die Videodateien gespeichert werden, damit Sie die Dateien einerseits wiederfinden und andererseits nicht auf eine falsche Festplatte aufnehmen.

Wenn Sie die Videodateien auf eine externe Festplatte aufnehmen möchten, sollten Sie vorher wissen, welcher Laufwerksbuchstabe dieser Festplatte zugewiesen wurde. Wählen Sie in Pinnacle Studio diese Festplatte wie weiter unten beschrieben aus.

Achtung

Mit dem Studio Import Tool ist es möglich, die zu importierenden Daten in Unterordner zu sortieren, z.B. nach Aufnahmezeit und Datum. Während des Kopierens der Daten erstellt Studio HD automatisch Unterverzeichnisse, z.B. mit dem Namen des Datums der Aufnahme der Clips, und wählt als Dateiname der Clips die Aufnahmezeit. Dies erleichtert später das Auffinden der einzelnen Clips enorm.

Ordner auswählen

Klicken Sie auf das kleine Ordnersymbol, um einen Ordner für die Video-, Audio- und Fotodateien auszuwählen.

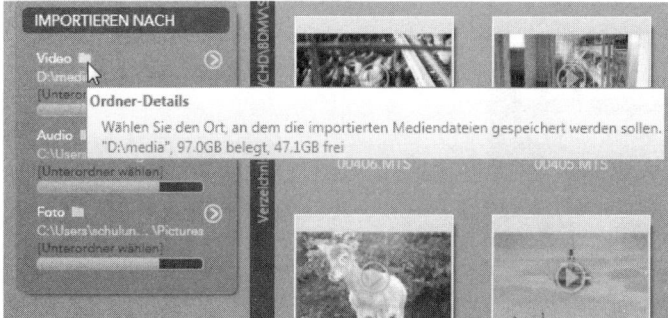

Abbildung 2.4: Mit einem Klick auf das Ordnersymbol bzw. den Verzeichnisnamen wird das Zielverzeichnis ausgewählt

Ein Fenster öffnet sich, in dem Sie den Zielordner wählen, in den die Clips kopiert werden.

Weitere Einstellungen

Klicken Sie auf das Dreieckssymbol oder auf *Unterordner wählen*, um weitere Einstellungen vorzunehmen, wie die Daten in Unterordner kopiert werden sollen.

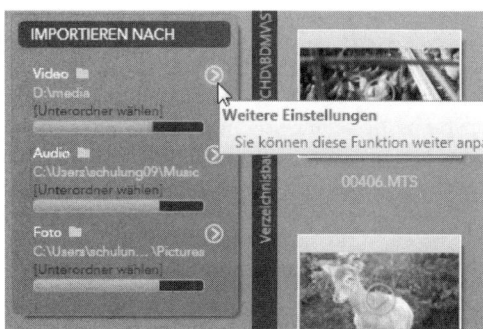

Abbildung 2.5:
Unter Weitere Einstellungen wird definiert,
wie die Unterordner automatisch erstellt
werden

In den Einstellungen können Sie jeweils unter *Unterordner* auswählen, ob beziehungsweise wie die Unterordner während des Importierens der Daten automatisch erstellt werden sollen.

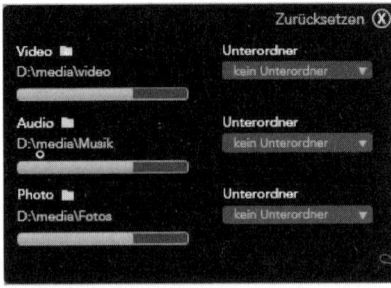

Abbildung 2.6:
Wählen Sie hier, wie die Unterordner erstellt
werden sollen

Klicken Sie auf die Dropdown-Liste bei *Unterordner*, um die Art der Unterordner auszuwählen.

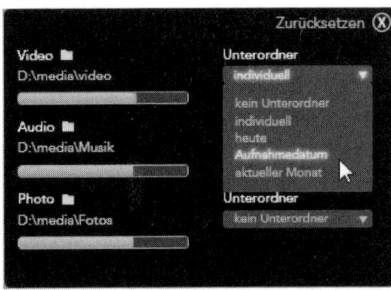

Abbildung 2.7:
Wählen Sie eine Art, wie die Unterordner
erstellt werden sollen

Mir der Option *Individuell* können Sie selbst einen Namen für die Erstellung eines neuen Unterordners angeben. Mit *heute* und *Aktueller Monat* wird der Unterordner entsprechend der Einstellung mit dem ausgewählten Datum erstellt. Mit der Option *Aufnahmedatum* wird während des Kopierens der Clips das Aufnahmedatum jedes Clips überprüft. Das Studio Import Tool erstellt während des Kopierens der Clips Unterordner mit dem Namen des Aufnahmedatums der Clips und kopiert diese.

Mit der Funktion *zurücksetzen* können Sie die Einstellungen auf die Standards zurücksetzen.

Optionen

Auf der rechten Seite befinden sich zwei weitere Optionen-Fenster, in denen Sie angeben können, wie die Daten auf den PC kopiert werden sollen. Unter *Modus* geben Sie an, ob die Daten der Quelle verbleiben oder nach dem Kopieren gelöscht werden sollen. Wenn Sie von einem Band importieren, können Sie hier angeben, in welchem Dateiformat und in welcher Qualität die Daten importiert werden sollen.

Im unteren Fenster unter *Dateiname* können Sie beeinflussen, wie die Daten benannt werden sollen.

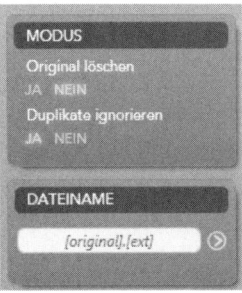

Abbildung 2.8:
Geben Sie hier an, wie die Daten auf den PC kopiert
werden sollen

Szenenerkennung

Auf der rechten Seite unter *Modus* ist eine weitere Einstellung zu sehen, sobald Sie Videos von einer analogen Quelle oder von einem MiniDV-Band übertragen. Diese Option ist nicht zu sehen, falls Sie Daten von einem Massenspeichergerät übertragen.

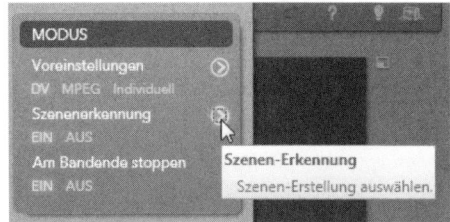

Abbildung 2.9:
Einstellung der Szenenerkennung

Klicken Sie auf das Dreieckssymbol, um die Einstellungen der Szenenerkennung anzupassen.

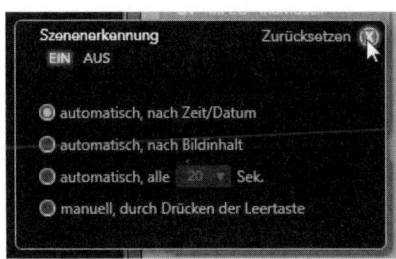

Abbildung 2.10:
Voreinstellung der Szenenerkennung

Beim Filmen wird die Kamera ständig an- und wieder abgeschaltet, um verschiedene Einstellungen aufzunehmen. Pinnacle Studio HD kann diese Szenen automatisch erkennen, sodass später ein Rohschnitt einfacher angefertigt werden kann. Hier können Sie nun einstellen, wie die Szenenerkennung während der Aufnahme erfolgen soll.

Automatisch, nach Zeit/Datum

Diese Option ist nur bei digitalen Camcordern möglich, die Aufnahmezeit und Datum mit auf das Band aufzeichnen. Diese Szenenerkennung ist die zuverlässigste, da Pinnacle Studio das Bild nicht analysieren muss.

Automatisch, nach Bildinhalt

Diese Option wird verwendet, wenn die Option *Automatisch, nach Zeit/Datum* nicht verfügbar ist. Pinnacle Studio analysiert den Inhalt des Bildes während der Aufnahme und entscheidet, wann eine neue Szene beginnt. Es kann zu Fehlern kommen, wenn z.B. die Linse beim Filmen ganz verdeckt oder ein Schwenk so schnell ausgeführt wurde, dass sich die Bildinformationen sehr rasch geändert haben. In solchen Situationen meint Pinnacle Studio aufgrund der starken Änderung der Bildinhalte, es sei eine neue Kameraeinstellung vorgenommen worden. Später ist das aber kein Problem, da die erkannten Szenen einfach hintereinandergelegt werden können.

Automatisch, alle 20 Sekunden

Wählen Sie diese Option, wenn alle erkannten Szenen gleich lang sein sollen, und geben Sie im Eingabefenster eine entsprechende Dauer in Sekunden an.

Manuell, durch Drücken der Leertaste

Mit dieser Option können Sie die Szenenerkennung komplett ausschalten und gegebenenfalls während der Aufnahme die Leertaste drücken, sobald eine neue Szene beginnen soll.

Überspielen von einer Festplatten- oder Chipkamera

Videoaufnahmen von Kameras, die nicht mehr auf Band aufzeichnen, sondern auf einen internen Speicher wie Festplatte oder Memory Chip, können mit dem Studio Import direkt auf den PC kopiert werden. Im Prinzip könnten die Videoclips oder Fotos mit jeder anderen Software, auch dem Windows-Explorer, auf den PC kopiert und dann erst in Pinnacle Studio HD importiert werden. Einfacher geht dies aber direkt in Studio, denn dabei können die Daten in entsprechende Unterordner gespeichert werden. Mit der nachfolgend beschriebenen Funktion können auch Videos, Fotos und Musikclips von einer externen Festplatte oder einem am PC angeschlossenen Chipkartenleser auf den PC kopiert werden. Gehen Sie dazu wie folgt vor:

1. Verbinden Sie Ihre Videokamera, einen Fotoapparat, eine externe Festplatte oder jedes andere sogenannte Speichermedium mittels USB, FireWire oder eSata mit dem PC.

Achtung Wenn Sie eine Videokamera am PC angeschlossen haben, müssen Sie diese vor dem Übertragen der Clips in den Abspielmodus versetzen. Ansonsten ist ein Kopieren der Daten nicht möglich. Konsultieren Sie allenfalls das Handbuch der Kamera, um genaue Hinweise zu erhalten.

2. Wählen Sie unter *Importieren von* die angeschlossene Kamera, Festplatte usw. aus. Je nach Typ und Art wird der Name der Kamera oder des Herstellers oder *Andere Geräte* angezeigt, unter dem Sie Ihre Clips importieren können.

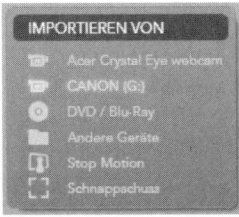

Abbildung 2.11:
Wählen Sie unter Importieren von die Kamera oder unter
Andere Medien das angeschlossene Massenspeichergerät aus

Falls Sie von einem extern angeschlossenen Massenspeichergerät Medien importieren möchten, wählen Sie *Andere Geräte*. Wählen Sie dann das Verzeichnis zu den Mediendateien aus, indem Sie den Verzeichnisbaum einblenden.

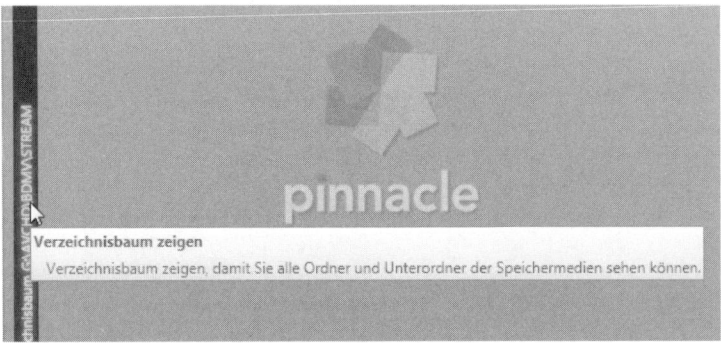

Abbildung 2.12: *Nach einem Klick auf Verzeichnisbaum werden die Verzeichnisse und Laufwerke eingeblendet*

Klicken Sie auf den Verzeichnisbaum und wählen Sie das Verzeichnis aus, in dem die Daten gespeichert sind.

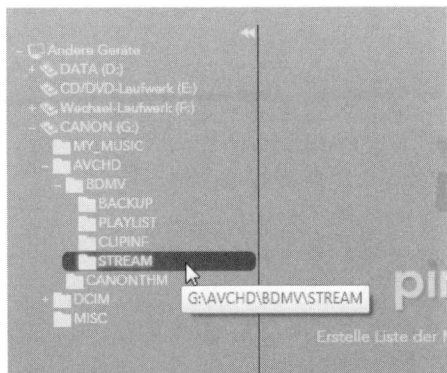

Abbildung 2.13: *Wählen Sie das Laufwerk oder Verzeichnis mit den Medienclips aus*

Im Studio Import Tool werden alle Clips des zuvor gewählten Geräts oder Verzeichnisses durchsucht und aufgelistet. Dies kann in der Regel etwas Zeit in Anspruch nehmen.

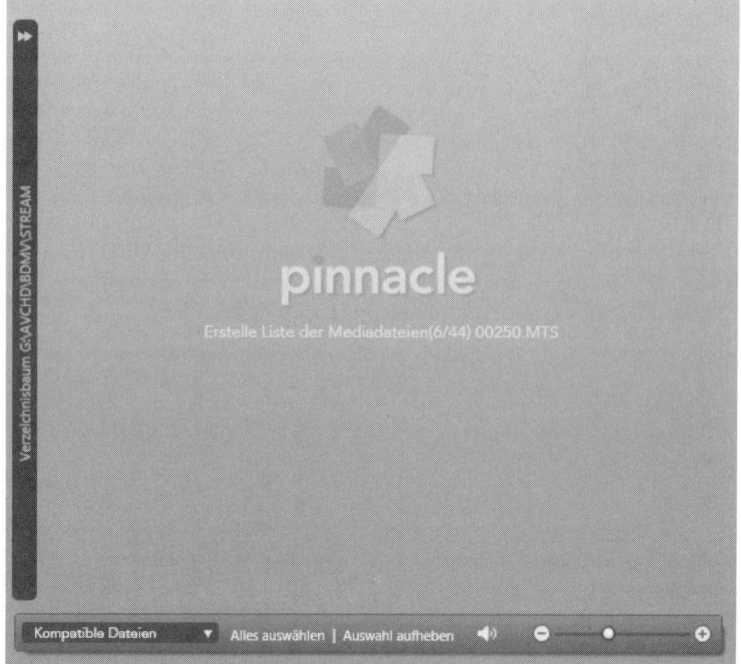

Abbildung 2.14: Pinnacle Studio HD erstellt eine Liste der Mediendateien, die importiert werden können

Klicken Sie im unteren Bereich des Studio Importers auf *Kompatible Dateien*, um zu wählen, welche Daten des angeschlossenen Geräts angezeigt werden sollen.

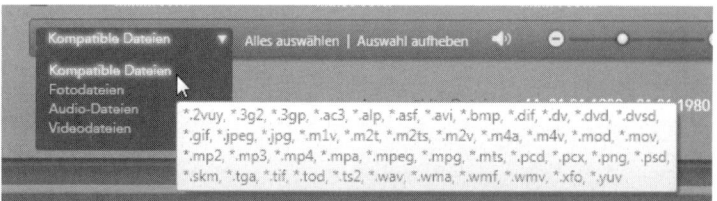

Abbildung 2.15: Wählen Sie unter Kompatible Dateien aus, welche Daten angezeigt werden sollen

Standardmäßig werden alle kompatiblen, also alle Daten, die in Studio importiert werden können, angezeigt.

3. Wählen Sie unter *Importieren nach* den Ordner aus, in den die Daten kopiert werden sollen.

4. Wählen Sie unter *Modus* aus, ob die Daten nur kopiert oder auf dem angeschlossenen Gerät nachträglich gelöscht und ob bestehende Daten ignoriert werden sollen.

5. Unter *Dateiname* können Sie angeben, ob die Daten während des Kopierens umbenannt werden sollen. Weitere Infos entnehmen Sie dem Anfang dieses Kapitels.

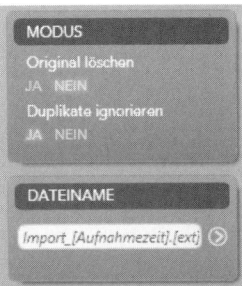

Abbildung 2.16:
Wählen Sie, ob die Daten kopiert oder verschoben werden
sollen, und ändern Sie gegebenenfalls den Dateinamen
der zu kopierenden Daten

6. Wählen Sie nun alle Clips aus, die Sie importieren möchten. Setzen Sie dazu ein Häkchen für jeden Clip oder wählen Sie *Alles auswählen*, wenn alles kopiert werden soll.

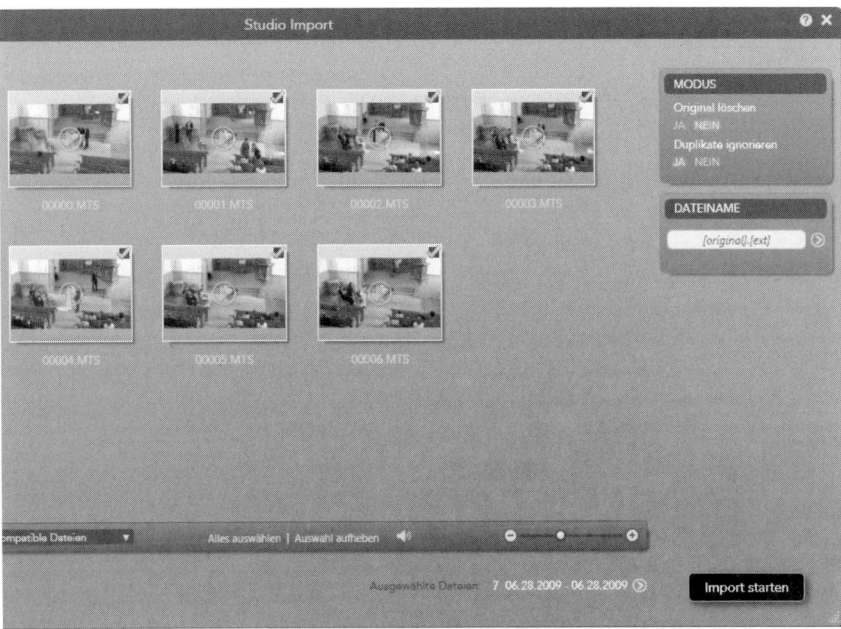

Abbildung 2.17: Wählen Sie aus, welche Clips kopiert werden sollen

7. Klicken Sie auf *Import starten*, um die Daten auf den PC zu übertragen.

Aufnahme von MiniDV-Kamera

Digitale Kameras, die auf ein MiniDV-Band aufzeichnen, werden mittels eines Fire-Wire-Kabels mit dem FireWire-Anschluss des PCs verbunden. Die Kameras können direkt aus Pinnacle Studio gesteuert werden. Das heißt, dass Sie die Kamera an den PC anschließen und danach nicht mehr berühren müssen, außer Sie wechseln das Band.

Hinweis   Die FireWire-Schnittstelle wird auch als IEEE 1394, DV-Kabel oder iLink bezeichnet, wobei es sich hier um herstellerspezifische Angaben handelt. Der Standard ist im Prinzip immer der gleiche.

Schließen Sie die MiniDV-Kamera über das FireWire-Kabel an den PC an. Sobald diese erkannt wurde, erscheint folgendes Fenster von Windows.

Abbildung 2.18:
Automatische Wiedergabe von Windows,
sobald eine Kamera über FireWire an den PC
angeschlossen wurde

Sie können dieses Fenster schließen und direkt in Studio HD die Aufnahme wie folgt starten.

FireWire

FireWire ist eine Schnittstelle für die Übertragung von Daten auf einen PC, sei dies von einer digitalen Videokamera oder einer externen Festplatte. Die Übertragungsrate von FireWire liegt bei 400 Mbps. Eine schnellere Datenübertragung kann mit FireWire 800 erreicht werden. Dabei liegt die Übertragungsrate bei 800 Mbps. Noch schnellere Übertragungen sind ebenfalls möglich, bedingen aber zusätzliche Hardware.

Abbildung 2.19: Ein FireWire-Kabel mit kleinem und großem Stecker

Beim Überspielen von Videos über ein FireWire-Kabel werden verschiedene Informationen übertragen. Zum einen sind dies das Video und Audio, zum anderen der Timecode mit sogenannten *Metainformationen*, Aufnahmezeit und Einstellungen an der Kamera.

Videobild	720 x 576 Pixel für DV-PAL
	1024 x 576 Pixel für DV Widescreen
	1280 x 720 Pixel für HDV 720 25p
	1440 x 720 Pixel für HDV 1080 50i
Originalton	(Audio) mit 16 Bit 48 kHz
Timecode	Zeitinformationen auf dem Band
Metainformationen	Metainformationen sind unter anderem die Aufnahmezeit der Videoaufnahmen

Tabelle 2.1: Informationen, die mit dem FireWire-Kabel zum PC transferiert werden

Der Vorteil liegt klar auf der Hand: Sämtliche Daten laufen durch ein Kabel.

FireWire-Geräte können sogar hintereinandergeschaltet werden, falls Sie nur einen Anschluss am PC haben. Externe Festplatten haben oft zwei FireWire-Anschlüsse, diese sind als Ein- und Ausgang nutzbar.

Alle FireWire-Geräte können während des Betriebs an ein PC-System angeschlossen werden. Windows erkennt diese Geräte und meldet den Anschluss über ein Informationsfenster; es werden keine zusätzlichen Treiber benötigt.

Um Daten über das FireWire-Kabel zu übertragen, gehen Sie wie folgt vor.

1. Klicken Sie auf den Button *importieren* oder wählen Sie das Menü *Ansicht/Importieren*, falls der Studio-Importer noch nicht geöffnet ist.

2. Wählen Sie unter *Importieren von* die über FireWire angeschlossene Kamera aus.

Abbildung 2.20:
Unter Importieren von wählen Sie die Kamera aus,
von der die Videos übertragen werden sollen

3. Unter *Importieren nach* wählen Sie einen Ordner auf der Festplatte Ihres PCs, um die eingelesenen Videos darin zu speichern. Weitere Infos zu dieser Option finden Sie am Anfang dieses Kapitels.

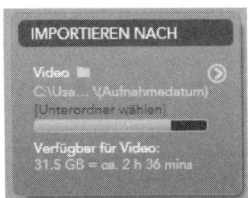

Abbildung 2.21:
Unter Importieren nach wählen Sie, wohin die Videos
auf dem PC gespeichert werden sollen

4. Klicken Sie mit der Maus auf das kleine Ordnersymbol neben *Video*, um den Zielordner zu definieren.

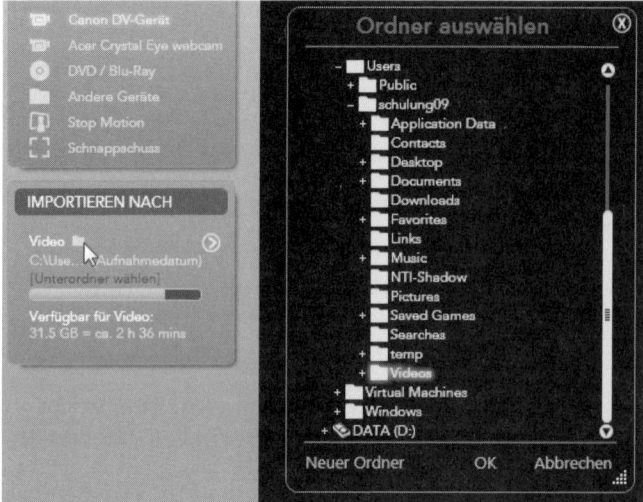

Abbildung 2.22: Wählen Sie den Ordner aus, in dem die Videos gespeichert werden sollen

5. Wählen Sie dann den Zielordner aus oder erstellen Sie einen neuen Ordner mit *Neuer Ordner*. Klicken Sie danach auf *OK*.

6. Klicken Sie auf *Unterordner wählen*, wenn Sie möchten, dass beim Einlesen automatisch in dem zuvor gewählten Ordner Unterordner erstellt werden sollen.

Abbildung 2.23: Mit dieser Option werden im gewählten Ordner weitere Unterordner erstellt

7. Unter *Modus* wählen Sie aus, in welcher Qualität die Videos übertragen werden sollen und ob eine Szenenerkennung erfolgen soll.

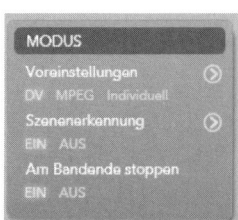

Abbildung 2.24:
Wählen Sie hier die Qualität der Übertragung aus

Aufnahmequalität

Sie können bei der Aufnahme zwischen zwei Qualitätsstandards auswählen, DV- und MPEG-Qualität.

DV-Aufnahme

Eine Aufnahme in DV-Qualität heißt, dass die Videodaten von einem digitalen Camcorder über das FireWire-Kabel auf den PC übertragen werden, und zwar ohne Qualitätsverlust. Dabei entstehen auf der Festplatte sehr große Datenmengen. Trotzdem sollten Sie Videos möglichst immer in voller Qualität aufnehmen und bearbeiten. Erst wenn der Film komplett fertig geschnitten ist, kann er komprimiert werden, z.B. für die Verwendung auf einer DVD. So können Sie die beste Qualität Ihres Films erreichen.

Für eine Aufnahme in DV-Qualität benötigen Sie 13 GByte freien Speicherplatz pro Stunde Film. Pinnacle Studio zeigt Ihnen immer an, wie viel Minuten Sie auf die Festplatte übernehmen können.

MPEG-Aufnahme

Mit dieser Option können Sie das aufgenommene Video vor dem Bearbeiten in MPEG-Qualität umwandeln lassen, allerdings sind MPEG-Daten komprimiert und entsprechen nicht der Qualität von Original-DV. Weitere Erläuterungen und Informationen zum MPEG-Dateiformat lesen Sie im *Kapitel 14 „MPEG-Videoformat"*.

Sie sollten Videomaterial immer auf höchster Stufe bearbeiten – je besser die Ursprungsqualität ist, desto besser wird das Endprodukt auf DVD oder Band.

Der Timecode

Sobald Sie den Camcorder starten, wird in der virtuellen Kamera ein Timecode angezeigt.

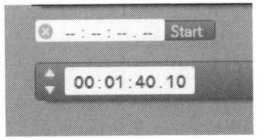

Abbildung 2.25:
Der Timecode wird beim Abspielen des Bands angezeigt

Timecode

Fachwort

Der Timecode dient dazu, jedes Bild auf einem Videoband eindeutig zu identifizieren. Mithilfe des Timecodes ist es möglich, eine Verbindung zwischen dem Videoschnittprogramm und der Videoaufnahme herzustellen.

Der Timecode ist wie folgt aufgebaut: Stunden:Minuten:Sekunden:Bilder.

In Europa verwenden wir das PAL-System mit 25 Bildern pro Sekunde. Die Zählung beginnt bei 00 und endet bei 24. Das ergibt 25 Bilder. Somit hat jedes Bild einer DV-Aufnahme eine eindeutige Nummer.

Der Timecode wird auf einer speziellen Spur auf dem Videoband gespeichert. Egal an welcher Position sich das Band beim Einlegen in der Kamera befindet, die Kamera weiß sofort die Timecode-Position, es sei denn, das Band wurde an dieser Stelle noch nicht bespielt.

Die Timecode-Informationen sind nur für digitale Aufzeichnungen von Bedeutung. Analoge Quellen wie VHS, S-VHS usw. verfügen nicht über einen Timecode.

In *Abbildung 2.25* lautet der Timecode 0:01:40:10.

Leider sind sich viele Amateurfilmer nicht bewusst, wie wichtig der Timecode ist. Es kommt oft vor, dass der Timecode auf dem Band mehrere Male bei null beginnt. Das geschieht dann, wenn das Band in einen nicht bespielten Bereich gespult und die Aufnahme gestartet wird. Wenn ein neues Band in die Kamera eingelegt wird, sollten Sie allerdings darauf achten, dass das Band bis zum Schluss mit einem durchgehenden Timecode bespielt wird. Wenn Sie sich beim Dreh entscheiden, die aufgenommenen Szenen zu betrachten, müssen Sie danach wieder ans Ende des aufgenommenen Videos spulen. Spulen Sie dabei in den Bereich, in dem noch nichts aufgenommen wurde, beginnt der Timecode wieder bei null zu zählen, das nennt man einen Timecode-Sprung.

Nach Möglichkeit sollten Sie solche Timecode-Sprünge vermeiden. Hierfür gibt es drei Vorgehensweisen.

Band vorcodieren

Legen Sie ein neues Band in die Kamera und starten Sie die Kamera im Aufnahmemodus. Starten Sie die Aufnahme (z.B. mit aufgesetztem Linsendeckel). Lassen Sie das ganze Band von vorne bis hinten durchlaufen. So erhält das Band einen durchgehenden Timecode. Spulen Sie jetzt das ganze Band zurück und beginnen Sie mit dem eigentlichen Filmen.

Vorteil: Sie können beim Filmen das Band beliebig spulen und erhalten nie einen Timecode-Sprung, da das Band bereits über einen Timecode verfügt.

Nachteil: Das Band wurde schon einmal bespielt.

10-Sekunden-Regel

Sie legen ein neues Band in die Kamera und beginnen mit dem Filmen. Bevor Sie eine Szene begutachten, starten Sie die Aufnahme erneut und lassen die Kamera für ca. 10 Sekunden laufen. Nun spulen Sie das Band zurück und sehen sich die entsprechende Szene an. Danach können Sie das Band an den Schluss spulen, allerdings sollten Sie den Spulvorgang stoppen, bevor Sie über die vorher aufgenommenen 10 Sekunden kommen. Wenn Sie nun weiterfilmen, wird die Kamera den Timecode sauber weiterführen.

Vorteil: Das Band wird nur einmal beschrieben.

Nachteil: Sie müssen daran denken, dass vor jedem Zurückspulen extra Material aufgenommen werden muss.

End Search

Gewisse Kameras verfügen über eine sogenannte End-Search-Funktion, mit der genau an das Ende der zuvor aufgenommenen Szene gespult werden kann. Ob Ihre Kamera mit einer solchen Funktion ausgestattet ist, lesen Sie in der Kamerabeschreibung nach.

Vorteil: Sie haben einen sauberen Anschluss und müssen nicht zusätzliches Video aufnehmen.

Nachteil: Diese Funktion ist oft recht mühsam zu bedienen und zeitraubend.

Bandsteuerung

Im unteren Bereich des Importers sehen Sie die Steuerelemente, um die angeschlossene Kamera zu steuern. Klicken Sie auf die entsprechenden Symbole, um das Band zu spulen.

Abbildung 2.26: Bandsteuerung

Ziehen Sie an der Shuttle-Funktion, um das Band zu spulen und gleichzeitig im Vorschaufenster das Video zu sehen.

Start- und Endzeit

Es ist nicht unbedingt notwendig, ein Band in voller Länge auf den PC zu überspielen. Sie können mit Pinnacle Studio HD angeben, von welcher Stelle des Bandes Sie die Aufnahme beginnen und beenden möchten. Dabei spult Pinnacle Studio HD das Band an die gewählte Stelle, beginnt mit der Aufzeichnung und stoppt an einer definierten Endzeit.

Spulen Sie dazu das Band an die gewünschte Position, an der die Aufnahme beginnen soll, und klicken Sie dann auf *Start* oder geben Sie einen Start-Timecode in die entsprechenden Felder ein.

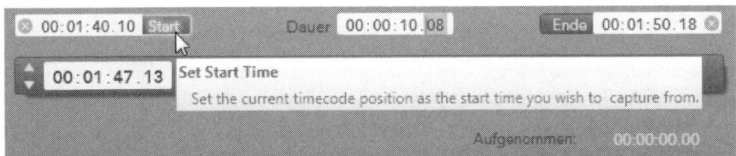

Abbildung 2.27: Mit Start und Ende kann ein Start- und Endpunkt für die Aufnahme gewählt werden

Wiedergabe-Lautstärke

Mit der Funktion *Wiedergabe-Lautstärke* können Sie angeben, wie laut das übertragene Video zu hören ist.

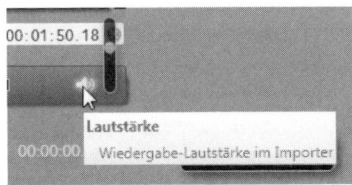

Abbildung 2.28:
Wiedergabe-Lautstärke

Dabei handelt es sich nicht um die Lautstärke, in der das Video übertragen wird, sondern lediglich darum, wie laut dies an den PC-Lautsprechern zu hören ist.

Aufnahme

Um nun die Aufnahme zu starten, klicken Sie auf *Aufnahme starten*. Die Kamera beginnt das Band abzuspielen und an den PC zu übertragen. Dieser speichert die Daten im gewählten Format auf der Festplatte ab.

Während der Aufnahme werden im unteren Bereich die einzelnen erkannten Szenen angezeigt.

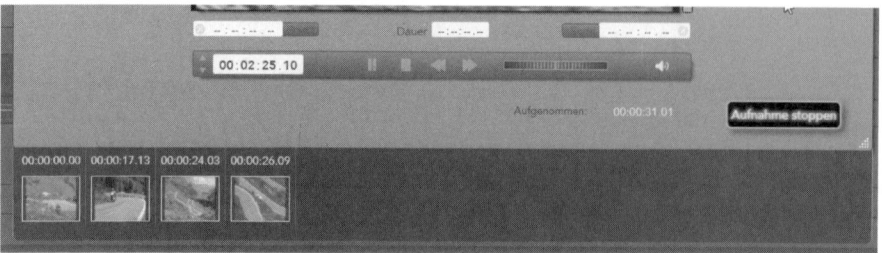

Abbildung 2.29: Szenenerkennung während der Aufnahme

Analoge Aufnahme

Als analoge Aufnahme werden Aufnahmen von Videokassetten oder Abspielgeräten in folgenden Formaten bezeichnet: VHS, VHS-C, S-VHS, S-VHS-C und Hi8. Analog ist nicht etwa gleichzusetzen mit Zelluloidfilmmaterial wie z.B. einem Super-8-Film, obwohl das auch als analog bezeichnet wird. Zelluloidfilm kann mit Pinnacle Studio natürlich nicht direkt eingelesen werden, hierfür ist es notwendig, ihn zuerst einzu-scannen.

Voraussetzung für eine analoge Aufnahme ist, dass Sie ein Abspielgerät der genannten Formate an den PC anschließen können. Das funktioniert mit einer speziellen Hardware, die dazu dient, analoges Videomaterial in digitales umzuwandeln. Ein PC versteht nur *digital*. So ist eine analoge Aufnahme nach dem Einlesen in den PC immer in digitaler Form vorhanden. Solche Analog-Digital-Wandler, auch AD-Wandler genannt, können in einem PC bereits fest eingebaut oder als externe Box an einem FireWire- oder USB-Anschluss angeschlossen sein.

Grundsätzlich ist eine Aufnahme mit einem beliebigen Wandler möglich, falls dieses Gerät Direct-Show-kompatibel ist. Pinnacle bietet diverse Hardwarelösungen in Kombi-nation mit Pinnacle Studio an, um die Umwandlung in bestmöglicher Weise vorzuneh-men. Weitere Informationen finden Sie auf der Pinnacle-Homepage *http://www.pinnacle-sys.com* oder im *Abschnitt „Die verschiedenen Programmversionen"*.

Die Abspielgeräte werden mit der Wandlerbox entweder mit einem VHS-Kabel (gelbem Cinchstecker) oder einem Super-VHS-Kabel (schwarzem S-Video-Stecker) und einem Stereokabel für das Audio (rot-weißem bzw. schwarz-weißem Cinchstecker) verbunden.

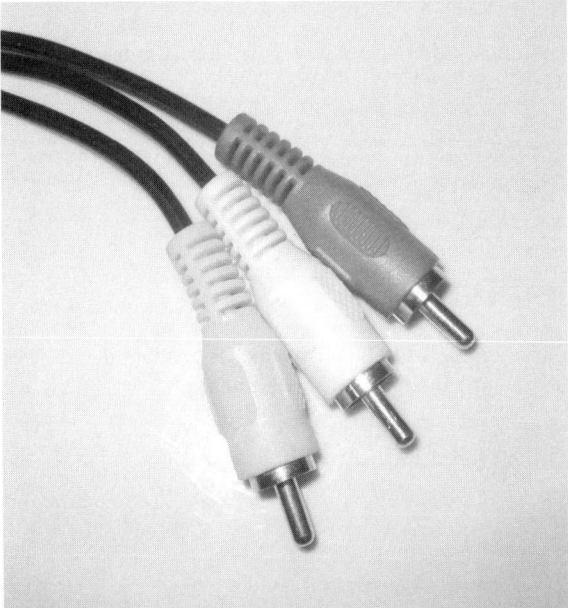

Abbildung 2.30: Cinchstecker, gelb, weiß und rot

Aufnahmegerät wählen

1. Öffnen Sie das Studio Import Tool, falls dieses noch nicht gestartet ist, indem Sie im Menü *Ansicht/Importieren* wählen.

2. Wählen Sie unter *Importieren von* das angeschlossene Gerät aus.

   Im Beispiel wurde ein Pinnacle USB-510 Analog Digital-Konverter angeschlossen. Je nachdem, was Sie für eine Hardware verwenden, erscheint hier ein anderer Name.

3. Wählen Sie im Untermenü aus, über welche Schnittstelle das Videosignal mit der Konverterbox verbunden ist.

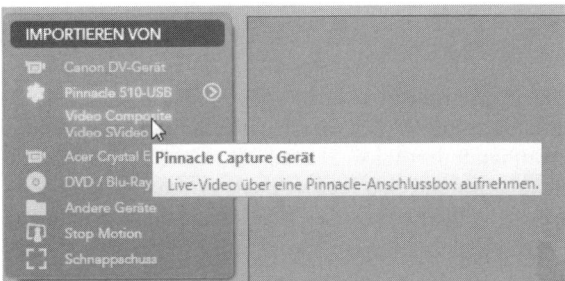

Abbildung 2.31: Wählen Sie aus, über welche Schnittstelle das Bildsignal verbunden ist

Video Composite ist der gelbe Cinchanschluss, auch als VHS-Signal bezeichnet. *Video SVideo* entspricht dem S-Video-Signal. Der rote und der weiße Cinchstecker müssen immer angeschlossen werden, wenn Audio übertragen werden soll.

Weitere Einstellungen

Unter *Weitere Einstellungen* können das Video und Audio beim Übertragen angepasst werden.

Abbildung 2.32:
Weitere Einstellungen der Analogaufnahme

In den weiteren Einstellungen können Sie mittels der vertikalen Schieberegler während der Aufnahme Farbkorrekturen an einem Video vornehmen.

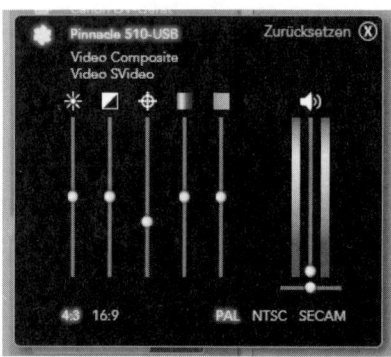

Abbildung 2.33:
Video- und Audioeinstellungen

Achtung   Seien Sie vorsichtig, wenn Sie während des Einlesens von Videomaterial die Farben korrigieren, weil sich diese Korrekturen auf das ganze Band und nicht auf einzelne Kameraeinstellungen beziehen werden. Sinnvoll ist es, diese Einstellungen zu verändern, wenn ein Videoband einen falschen Farbstich oder zu hell oder zu dunkel aufgenommen wurde. Ansonsten können die Farben später in Pinnacle Studio für jede einzelne Szene viel besser korrigiert werden. Wenn Sie versuchen, jede Szene während der Aufnahme zu korrigieren, führt das zu keiner stetigen Farbkorrektur.

Sie können die Lautstärke der Aufnahme anpassen, indem Sie den vertikalen Schieberegler nach oben oder unten korrigieren. Achten Sie dabei auf den Ausschlagpegel, damit dieser nie zu laut bzw. übersteuert wird. Der horizontale Schieber dient dazu, die Stereoinformationen bereits während des Aufnehmens zu korrigieren; wenn Sie das Gefühl haben, der linke bzw. rechte Kanal sei zu leise bzw. zu laut, korrigieren Sie das mithilfe des Reglers.

Achtung   Seien Sie auch mit den Audioeinstellungen vorsichtig, die Lautstärke und Stereoinformationen können im Nachhinein in Pinnacle Studio bequem für jede einzelne Szene korrigiert werden. Wenn Sie das Audio während der Aufnahme korrigieren, kann keine stetige Korrektur erzielt werden.

TV-Standard

Hierbei handelt es sich um die TV-Norm. Die verschiedenen Normen unterscheiden sich in Bildgröße, Anzahl der Bilder pro Sekunde und Farbinformationen und sind daher nicht untereinander kompatibel. Sie können zwar entsprechend umgerechnet werden, dies aber nur mit Qualitätseinbußen.

In Europa verwenden wir die PAL- (D, A, CH) und die SECAM-Norm (F). Die NTSC-Norm wird in den meisten amerikanischen Ländern verwendet.

Seitenverhältnis

Dies wird in Pinnacle Studio automatisch erkannt, sobald von einem Gerät aufgenommen wird.

Die Seitenverhältnisse sind 4:3 für PAL-Standard und 16:9 für PAL Widescreen und High Definition Video (HDV). Wählen Sie im unteren Bereich der Einstellungen das Bildseitenverhältnis von entweder 4:3 oder 16:9. Beim Überspielen von analogem Video handelt es sich immer um Standard-Definition-Auflösung und nicht um High Definition.

Aufnahmequalität

Die Qualität bei analogen Aufnahmen wird auf der rechten Seite unter *Modus* eingestellt.

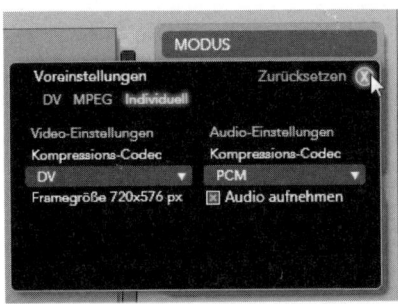

Abbildung 2.34:
Aufnahmevoreinstellungen

AVI-Aufnahme

Eine Aufnahme im AVI-Format benötigt weitaus mehr Speicherplatz auf der Festplatte als eine Aufnahme im MPEG-Format, allerdings kann damit eine wesentlich höhere Qualität erzielt werden. In voller DV-Qualität wird das Video mit einer Datenrate wie für digitales Video übertragen. Hierfür wird am meisten Speicher auf der Festplatte benötigt, und zwar 13 GByte pro Stunde. Auch wenn die Qualität des Videos dadurch nicht besser wird, wird es nicht zusätzlich komprimiert und verliert beim Einlesen nicht an Qualität. Falls Sie über genügend Festplattenspeicher verfügen, ist es sicher am sinnvollsten, die DV-Qualität zu wählen. Sobald Sie die Aufnahmequalität verringern, erhalten Sie zwar kleinere Dateien auf der Festplatte, aber damit ist immer ein Qualitätsverlust verbunden.

Sie können die Videoqualität ändern, wenn Sie nicht so große Dateien auf der Festplatte speichern möchten. Sinnvollerweise wählen Sie dafür die MPEG-Kompression, die weiter unten beschrieben wird.

MPEG-Aufnahme

Sie können bei der Aufnahme festlegen, ob die Daten im MPEG-Format aufgenommen werden sollen.

Mit dieser Option können Sie das aufgenommene Video vor dem Bearbeiten in MPEG-Qualität umwandeln lassen, allerdings sind MPEG-Daten komprimiert und entsprechen nicht der vollen DV-Qualität. Weitere Erläuterungen und Informationen lesen Sie in *Kapitel 14 „MPEG-Videoformat"*.

Sie sollten Videomaterial immer in höchster Qualität belassen, denn je besser die Ursprungsqualität ist, desto besser wird das Endprodukt auf DVD oder Band sein.

Aufnahme starten

Starten Sie nun den angeschlossenen Videorekorder und klicken Sie dann auf *Aufnahme starten*, um die Aufzeichnung zu beginnen. Dabei speichert Studio das Video in digitaler Form im gewählten Format auf der Festplatte ab, und es ist danach im Album für die weitere Bearbeitung verfügbar.

Stop Motion

Mit der Stop Motion-Funktion haben Sie die einfache Möglichkeit, einen Trickfilm zu erstellen. Der große Vorteil dieser Funktion liegt darin, dass Sie Einzelbilder aufzeichnen können, die dann in Pinnacle Studio HD hintereinander zu einer kurzen Videosequenz zusammengesetzt werden. Damit Sie einen Trickfilm erstellen können, benötigen Sie Objekte, die als Schauspieler im Film agieren. Dies können Puppen, Knetfiguren usw. sein. Sie können die Figuren auf einem kleinen Filmset platzieren und durch Einzelbildaufnahmen bewegen lassen. Erstellen Sie ein Standbild, bewegen Sie dann die Figuren ein wenig und erstellen Sie ein weiteres Standbild usw. Gehen Sie dazu wie folgt vor:

1. Erstellen Sie das Filmset und platzieren Sie die Figuren.

2. Starten Sie die Import-Funktion von Pinnacle Studio HD im Menü *Ansicht/Import*, falls diese noch nicht gestartet wurde.

3. Wählen Sie unter *Importieren von* die Funktion *Stop Motion*.

4. Wählen Sie dann im Untermenü von *Stop Motion* die angeschlossene Kamera aus.

5. Klicken Sie nun auf *Bild aufnehmen*, um ein Standbild der gezeigten Szene zu speichern.

    Im unteren Bereich können Sie auswählen, ob der Film mit acht oder zwölf Bildern pro Sekunde erstellt wird. Wenn Sie acht Bilder pro Sekunde wählen, müssen Sie acht Bilder aufnehmen, um eine Sekunde zu erhalten.

    Ein großer Vorteil dieser Stop Motion-Funktion liegt darin, dass immer die letzten drei Bilder im Hintergrund transparent dargestellt werden. Dadurch haben Sie eine bessere Kontrolle, wenn Sie auf dem Filmset die Figuren neu platzieren. Die Figuren sollten immer um den gleichen Abstand versetzt werden, damit sie sich im Film in gleicher Geschwindigkeit bewegen.

6. Klicken Sie auf *Import starten*, um die Bilder als Videoclip ins Album zu übernehmen.

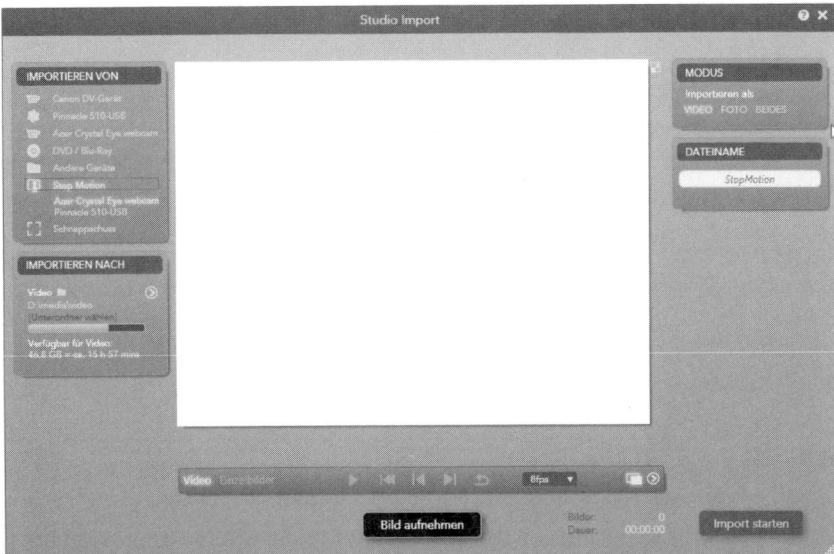

Abbildung 2.35: Stop Motion-Funktion

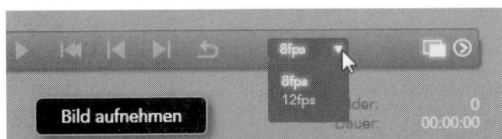

Abbildung 2.36: Wählen Sie, wie viele Bilder pro Sekunde abgespielt werden

Abbildung 2.37: Die letzten drei Bilder werden im Hintergrund transparent dargestellt

Schnappschuss

Mit der Schnappschuss-Funktion können Sie Standbilder von einem Videoband oder einer Webcam aufzeichnen und als Bilddatei auf dem PC speichern. Schließen Sie dazu einfach eine Webcam über einen USB-Anschluss an, eine MiniDV-Kamera über das FireWire-Kabel oder eine VHS/S-VHS Kassette über einen AD-Wandler, wie es unter *Analoge Aufnahme* beschrieben wird.

Abbildung 2.38:
Schnappschuss-Funktion

Gehen Sie dann wie folgt vor:

1. Wählen Sie unter *Importieren von* ein angeschlossenes Gerät aus.

2. Spulen Sie das Band an die gewünschte Stelle, von der Sie ein Standbild aufzeichnen möchten.

3. Klicken Sie dann auf *Bild aufnehmen*.

4. Klicken Sie auf *Import starten*, um die Grafiken in das Album zu übernehmen.

3

Pinnacle Studio HD-Grundlagen

Nachdem nun alle Videodateien auf der Festplatte gespeichert sind, können Sie mit dem eigentlichen Schneiden bzw. dem digitalen Bearbeiten des Videos beginnen. Alle Funktionen für das Bearbeiten des Films werden in diesem Kapitel beschrieben. Dazu gehören das Schneiden des Films, das Hinzufügen von Überblendeffekten, Musik- und Audioanpassungen, Einfügen von Standbildern und das Setzen von Filtern.

Die Bearbeiten-Oberfläche

Bevor Sie mit der Arbeit beginnen, sollten Sie die Programmoberfläche der Registerkarte *Bearbeiten* kennenlernen. Pinnacle Studio HD ist so aufgebaut, dass Sie mit wenigen Mausklicks zum Ziel kommen. Alle benötigten Elemente werden im Album angezeigt und können dann dem Film hinzugefügt werden. Die einzelnen Elemente werden im Folgenden kurz beschrieben.

Die Menüleiste

Die Menüleiste ist beim Arbeiten mit Pinnacle Studio HD immer zu sehen, egal welchen Arbeitsschritt Sie gerade ausführen.

Abbildung 3.1: Die Menüleiste von Pinnacle Studio HD

In der Menüleiste sind fast alle Funktionen von Pinnacle Studio HD aufrufbar. Sie können aber auch über ein Symbol auf der Programmoberfläche, mit einem Tastenbefehl oder einem Rechtsklick mit der Maus aufgerufen werden.

Das erweiterte Album

Das erweiterte Album auf der Registerkarte *Bearbeiten* ist das zentrale Element für alles, was im Film bearbeitet wird, und enthält sämtliche Elemente, die in den Film eingefügt werden können. Das Album ist in verschiedene Kapitel gegliedert und wechselt entsprechend die Oberfläche, sodass weitere Funktionen und Einstellungsmöglichkeiten sichtbar werden. Sämtliche Videoclips und Fotos, die in den Film eingefügt werden, müssen aus dem Album genommen werden.

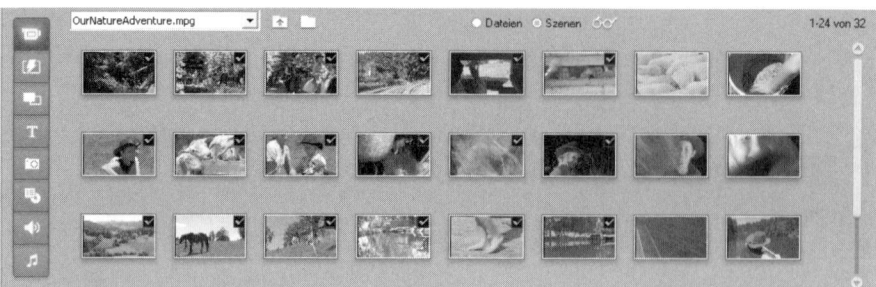

Abbildung 3.2: Das Album enthält sämtliche Videos, Titel, Bilder und Musikclips, die in Pinnacle Studio HD bearbeitet werden können

Nachfolgend eine kurze Übersicht über alle Albumeinträge.

Abbildung 3.3:
Aufgenommene Videos

Hier erscheinen alle Videoclips und Szenen, die entweder von einem Camcorder auf den PC übertragen wurden oder von der Festplatte geladen sind. Es wird immer entweder eine Videodatei, unterteilt in verschiedene Szenen, angezeigt oder es können unterschiedliche Videodateien gleichzeitig in das Album geladen werden.

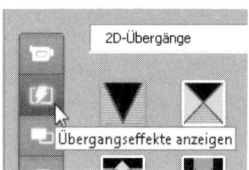
Abbildung 3.4:
Übergangseffekte

Dieser Eintrag zeigt alle Übergangseffekte an, die im Film verwendet werden können. Übergangseffekte werden immer zwischen zwei Videoclips oder Fotos eingesetzt, um deren Übergang schöner oder verständlicher zu gestalten. Eine weiche Blende ist ein typischer Übergang, der zwei Clips ineinanderblendet.

Abbildung 3.5:
Montagethemen

Mit den Montagethemen können Sie Ihre Filme noch interessanter gestalten, indem Sie mehrere Videoclips gleichzeitig darstellen, z.B. Bild-in-Bild oder wie ein Fotoalbum. Ebenso können Sie themenspezifische Effekte anwenden.

Abbildung 3.6:
Titelvorlagen

Für den Film können Sie mit Titelvorlagen arbeiten und diese nach Ihren Wünschen und Vorstellungen abändern. Ein Titel dient dazu, Ihre Filme zu beschriften und mit geschriebenen Kommentaren zu ergänzen. Sie können einen Titel komplett selbst erstellen oder eine Vorlage verwenden.

Abbildung 3.7:
Fotos und Standbilder

Wenn Sie mit Standbildern und Fotos arbeiten möchten, werden sie hier angezeigt. Diese Bilddateien müssen bereits auf Ihrem PC gespeichert sein, damit sie in das Album geladen werden können. Falls sich Ihre Bilddaten noch auf einem Memory Stick oder einer Kamera befinden, können diese direkt über das Album auf den PC kopiert werden. Mit Bildern können Sie z.B. eine Diashow erstellen.

Abbildung 3.8:
Disc-Menü-Vorlagen für DVD und Blu-ray Discs

Für das Erstellen einer DVD oder Blu-ray kann ein Disc-Menü verwendet werden. Diese Menüs werden in diesem Register angezeigt und können nach dem Fertigstellen des Films verwendet werden.

Abbildung 3.9:
Soundeffekte

Um Ihrem Film etwas mehr Schwung zu verleihen, können Sie Audio- und Soundeffekte einfügen. Pinnacle Studio HD bietet vordefinierte Geräusche, die Sie dem Film beliebig hinzufügen können.

Abbildung 3.10:
Hintergrundmusik

In diesem Register können Sie auf Musikdateien auf Ihrer Festplatte zugreifen und dem Film hinzufügen. Wählen Sie die Musik aus Ihrer Sammlung aus und benutzen Sie sie als Hintergrundmusik.

Das Storyboard

Das Storyboard dient dazu, einen schnellen Rohschnitt zu erstellen. Der Film beginnt oben links und endet unten rechts. In der Storyboard-Ansicht werden Informationen wie die Länge des Films und weitere Spuren ausgeblendet, damit Sie schnell und ein-

fach die benötigten Szenen anordnen können. So erhalten Sie einen Eindruck, wie der Film später aussehen wird. Sie können in dieser Ansicht mit dem Bearbeiten beginnen, sollten dann aber für die Feinarbeit in die Timeline-Ansicht wechseln.

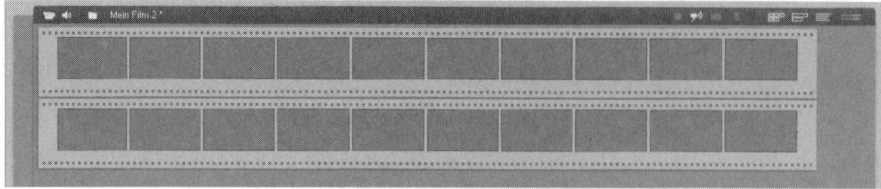

Abbildung 3.11: Die Storyboard-Ansicht dient zum Erstellen des Rohschnitts

Falls Sie das Storyboard nach dem Starten von Pinnacle Studio HD nicht sehen, so klicken Sie auf folgendes Symbol oder wählen aus dem Menü *Ansicht* den Eintrag *Storyboard*.

Abbildung 3.12:
Symbol für die Storyboard-Ansicht

Die Timeline

Wechseln Sie in die Timeline, indem Sie folgendes Symbol anklicken oder aus dem Menü *Ansicht* den Eintrag *Timeline* wählen.

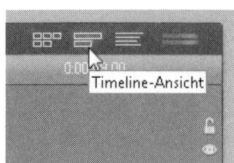

Abbildung 3.13:
Symbol für die Timeline-Ansicht

In der Timeline-Ansicht wird der Rohschnitt verfeinert und es sind weitere Video- und Audiospuren sichtbar. Eine weitere Videospur kann angezeigt werden, diese ist aber standardmäßig ausgeschaltet und kommt erst zum Zuge, wenn sie gebraucht wird. Beim Schneiden werden Sie die meiste Zeit die Timeline-Ansicht verwenden.

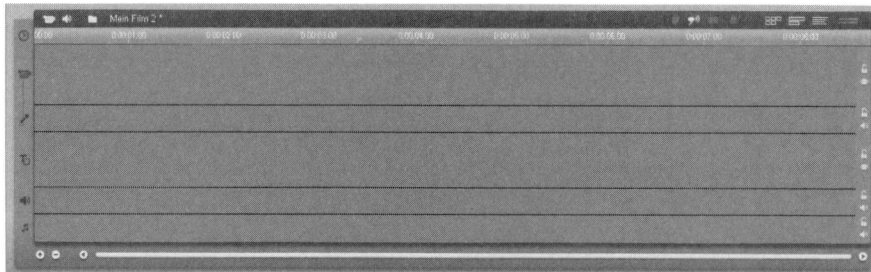

Abbildung 3.14: Die Timeline-Ansicht für das präzise Bearbeiten

Listen-Ansicht

Die Listen-Ansicht gibt eine Übersicht über den geschnittenen Film in Textform. Hier können Sie weitere Details zu den einzelnen Clips und Übergängen erhalten.

Wechseln Sie in die Listen-Ansicht mit folgendem Icon oder wählen Sie aus dem Menü *Ansicht* den Eintrag *Liste bearbeiten*.

Abbildung 3.15:
Symbol für die Listen-Ansicht

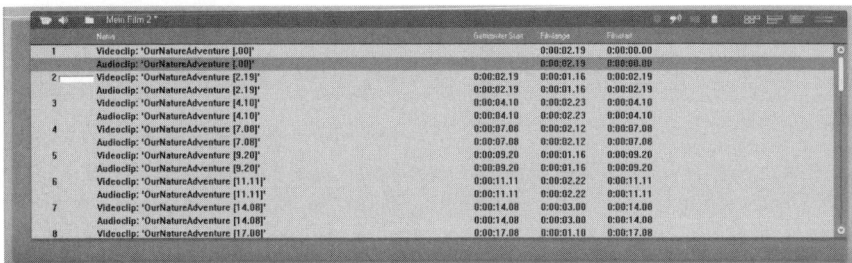

Abbildung 3.16: Die Listen-Ansicht für weitere Textdetails

Das Vorschaufenster

Das Vorschaufenster haben Sie schon beim Aufnehmen kennengelernt.

Das Vorschaufenster sieht aus wie ein TV-Monitor und zeigt Ihnen eine Vorschau des geschnittenen Films, der Effekte und DVD-Menüs. Während des Bearbeitens von Video dient dieses Vorschaufenster als Anzeige und Kontrolle der Clips und Effekte.

Abbildung 3.17:
Die Videovorschau wird im Vorschau-
fenster angezeigt

Wenn Sie einen Breitbildmonitor besitzen, erscheint oberhalb des Vorschaufensters ein Schieberegler, mit dem das Vorschaufenster skaliert werden kann. Bei einer Bildschirm-auflösung im Verhältnis von 4:3, z.B. 1024 x 768, erscheint dieser Schieberegler nicht.

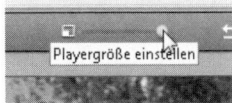

Abbildung 3.18:
Schieberegler, um das Vorschaufenster zu skalieren

Die Video-Toolbox

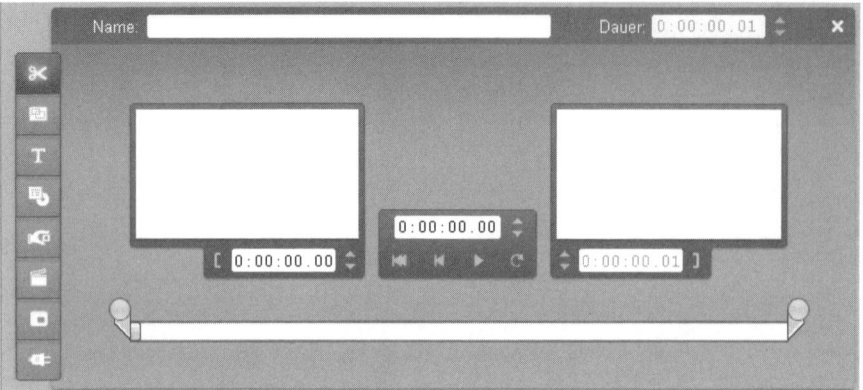

Abbildung 3.19: Die Video-Toolbox für weitere Funktionen und Effekte

Die Video-Toolbox gleicht dem Album und enthält eine Reihe von Funktionen. Mit einem Klick auf ihr Symbol wird sie geöffnet. Wenn die Video-Toolbox geöffnet ist, ist das Album nicht mehr sichtbar. Sie können sie jederzeit schließen, indem Sie auf das Kreuz oben rechts klicken.

Öffnen Sie die Video-Toolbox mit folgendem Symbol, das sich unmittelbar über der Timeline befindet.

Abbildung 3.20:
Symbol für die Video-Toolbox

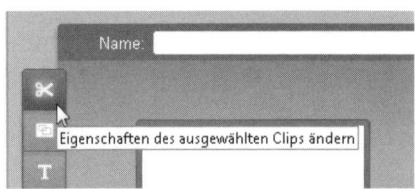

Abbildung 3.21:
Trimm-Editor

Der Trimm-Editor hilft beim Kürzen und Verlängern von Clips auf der Timeline. Mit dieser Funktion können Sie bildgenau schneiden.

Abbildung 3.22:
Montagethemen

Mit dieser Funktion können Sie bereits angewendete Montagethemen auf der Timeline anpassen.

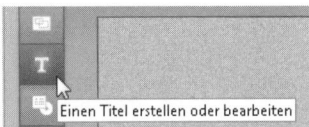

Abbildung 3.23:
Erstellen und Ändern von Titeln

Wenn Sie keine Titelvorlage verwenden wollen, dann erstellen Sie mit dieser Funktion einen neuen Titel.

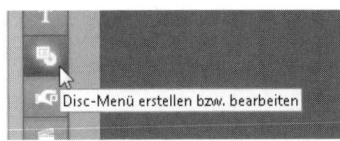

Abbildung 3.24:
Erstellen von DVD-Menüs

Hiermit können Sie DVD-Menüs ohne Vorlage erstellen. Lassen Sie Ihrer Kreativität freien Lauf!

Abbildung 3.25:
Standbilder aus dem Film oder von einem
digitalen Camcorder erstellen

Mit dieser Funktion können Sie ein Standbild aus dem Film erzeugen und in den Film integrieren oder auf die Festplatte speichern. Sie können damit aber auch ein Standbild von einem Stück Film direkt vom Camcorder erzeugen.

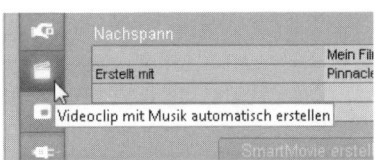

Abbildung 3.26:
SmartMovie-Funktion

Über die SmartMovie-Funktion wird Ihr Film automatisch geschnitten und einem Musikstück taktgenau angepasst. So können Sie ein Musikvideo erstellen.

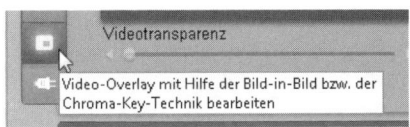

Abbildung 3.27:
Bild-in-Bild- und Chroma-Key-Effekte

Erzeugen Sie mit einer zweiten Videospur einen Bild-in-Bild-Effekt. Sie können damit zwei Bilder gleichzeitig anzeigen und abspielen lassen. Die Chroma-Key-Funktion dient dazu, von einem Video eine Farbe zu entfernen und transparent darzustellen, wie das in Hollywood-Filmen zur Erzeugung von Spezialeffekten gemacht wird, z.B. im Film *Superman*, wenn dieser durch die Luft schwebt.

Abbildung 3.28:
Videoeffekte-Sammlung

In der Videoeffekte-Sammlung befinden sich diverse Effekteditoren, mit denen Sie Ihren Film korrigieren und verändern können. Korrigieren Sie die Farben eines Clips oder verändern Sie den Film so, dass er z.B. aussieht, als wäre er auf Zelluloid aufgenommen worden.

Die Audio-Toolbox

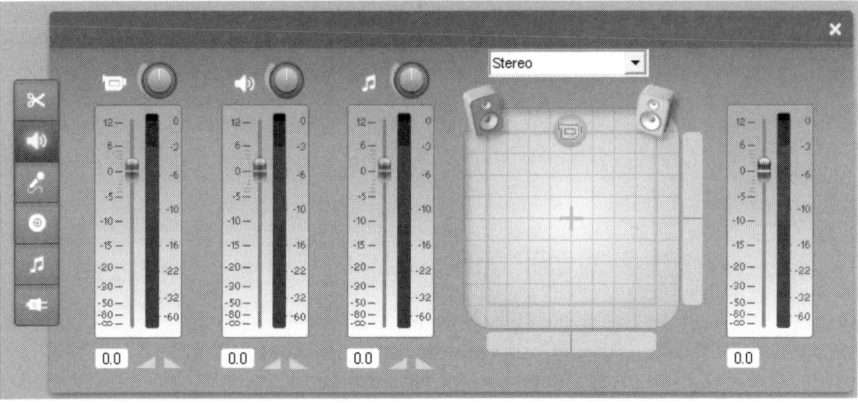

Abbildung 3.29: Die Audio-Toolbox enthält Funktionen und Effekte für die Audiobearbeitung

Im Gegensatz zur Video-Toolbox wird die Audio-Toolbox für alle Audiobearbeitungen verwendet. Übrigens wird die Audio-Toolbox über dem Album angezeigt und kann mit einem Klick auf folgendes Symbol geöffnet werden.

Abbildung 3.30:
Symbol zum Öffnen der Audio-Toolbox

Abbildung 3.31:
Audio-Trimm-Editor

Dieser Editor dient dazu, einen Audioclip auf der Timeline zu verkürzen oder zu verlängern. Sie können ihn bildgenau schneiden und anpassen.

Abbildung 3.32:
Lautstärkereglung

Verändern Sie hiermit die Lautstärken der Audioclips. Mithilfe von Schiebereglern können die einzelnen Audiospuren abgemischt werden.

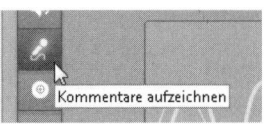

Abbildung 3.33:
Nachvertonung mit einem Mikrofon

Wenn Sie ein Mikrofon an den PC angeschlossen haben, können Sie mit dieser Funktion dem Film einen Audiokommentar hinzufügen.

Abbildung 3.34:
CD-Aufnahme

Mit dieser Funktion können Sie Musikstücke direkt von der CD in den Film integrieren. Sie wählen den gewünschten Titel aus und legen ihn auf die Timeline.

Abbildung 3.35:
Automatisch Hintergrundmusik erzeugen

Die Scorefitter-Funktion enthält bereits viele Musikstücke in Pinnacle Studio HD, die Sie nach Belieben verwenden können. Das Besondere daran ist die Länge der Musikstücke. Ein Scorefitter-Musikstück hat im Prinzip kein definiertes Ende. Sie können diese Stücke also beliebig lang laufen lassen und Pinnacle Studio HD komponiert immer einen Schluss hinzu.

Abbildung 3.36:
Audioeffekte-Sammlung

Mit den Audioeffekten können Sie Ihre Audioclips nachträglich korrigieren und verändern. Zum Beispiel kann ein Windgeräusch reduziert werden.

Speichern

Speichern Sie Ihre Projekte regelmäßig. Pinnacle Studio HD kann zwar sämtliche Arbeitsschritte automatisch speichern und nach einem Absturz das Projekt wieder öffnen, ohne dass Sie auch nur einen Schritt verloren haben. Dank der integrierten Instant-Save-Funktion müssen Sie das Projekt nicht ein einziges Mal selbst speichern. Trotzdem empfiehlt sich eine regelmäßige manuelle Speicherung. Definieren Sie zu Beginn Ihrer Arbeit, wo auf der Festplatte das Projekt gespeichert werden soll, damit Sie es später schnell finden. Weiteres dazu lesen Sie in *Kapitel 1 „Das erste Projekt"*.

Projekte und Projektdaten

Ein Projekt in Pinnacle Studio HD besteht nicht nur aus einer Projektdatei, wie dies bis Version 9 von Pinnacle Studio HD funktionierte, sondern umfasst zwei Dateien, wobei die eine Datei eigentlich ein Unterordner ist, der aber nicht geöffnet werden kann. Zu einem Projekt gehören also immer eine Datei und dieser Ordner, die beide den gleichen Namen tragen. In diesem speziellen Ordner werden zusätzliche Informationen für das Projekt gespeichert, die von Ihnen nicht verändert werden können.

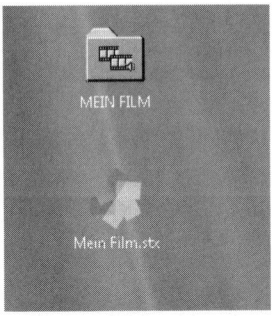

Abbildung 3.37:
Pinnacle Studio HD-Projekt mit der Projektdatei und
dem Projektordner

Rückgängig und Wiederherstellen

Beim Arbeiten kann es vorkommen, dass Sie einen falschen Clip gelöscht oder irgendeinen anderen Fehler gemacht haben. Sie haben die Möglichkeit, einzelne Befehle rückgängig zu machen bzw. wiederherzustellen. Klicken Sie hierfür auf eines der beiden Symbole mit dem gebogenen Pfeil.

Abbildung 3.38:
Der linke gebogene Pfeil macht einen Befehl rückgängig, der rechte
stellt einen rückgängig gemachten Befehl wieder her

Alternativ dazu können Sie einen Arbeitsschritt mit der Tastenkombination $\boxed{\text{Strg}}$+$\boxed{\text{Z}}$ rückgängig machen bzw. mit $\boxed{\text{Strg}}$+$\boxed{\text{Y}}$ einen zuvor rückgängig gemachten Arbeitsschritt wiederholen.

Videodateien aus einem Ordner importieren

Das Importieren von bestehendem Videomaterial dient dazu, bereits digitalisierte Videodaten in ein Projekt zu integrieren. Hierbei kann es sich auch um Daten handeln, die von einer anderen Person stammen oder aus dem Internet heruntergeladen wurden. Grundsätzlich ist es also egal, woher die Videos kommen, Hauptsache, sie befinden sich auf einer Festplatte, die im oder am Computer angeschlossen ist, und die Daten sind mit Studio HD kompatibel.

Importieren von einer Festplatte

Sie können in Pinnacle Studio HD die gängigsten Formate wie AVI, MPEG und WMV importieren.

In diesem Kapitel zeige ich Ihnen, wie Sie Videos von der Festplatte Ihres PCs in Pinnacle Studio HD laden. Wie Sie Videos und Fotos von einer Kamera oder Disc importieren, lesen Sie im *Kapitel 2 „Importieren"*.

Achtung

Für das Importieren eines Videoclips gehen Sie wie folgt vor:

1. Klicken Sie im Album auf das Register *Videos zeigen* oder wählen Sie aus dem Menü *Album* den Eintrag *Videoaufnahmen*.

2. Klicken Sie im Album auf das Ordnersymbol.

Abbildung 3.39: Symbol zum Auswählen eines Verzeichnisses und Laden eines Films

3. Wählen Sie das Verzeichnis auf Ihrem PC, in dem sich die Videodatei befindet.

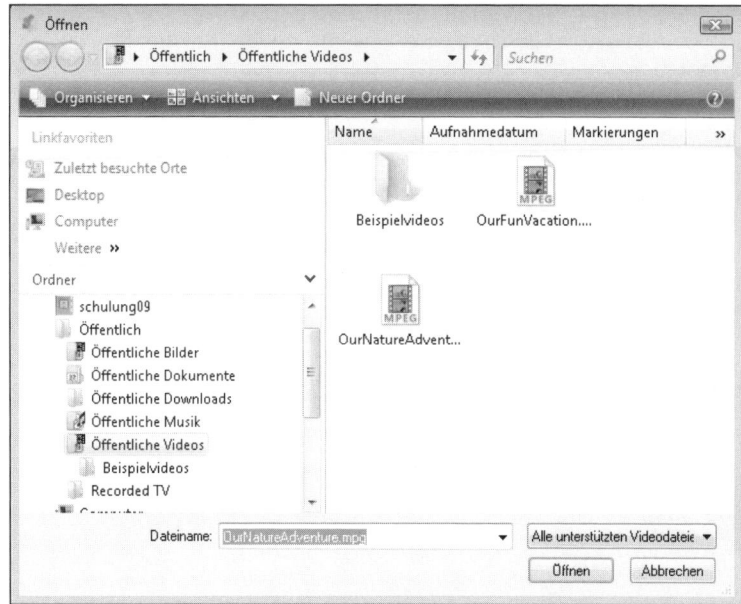

Abbildung 3.40: Wählen Sie das Verzeichnis, aus dem Sie eine Videodatei importieren möchten

4. Klicken Sie auf die Videodatei, die ins Album geladen werden soll. Sie können wahlweise mit der Maus auf die Datei doppelklicken, um sie zu öffnen, oder nach dem Anklicken auf den *Öffnen*-Knopf klicken.

    Die gewählte Datei wird ins Album geladen und alle erkannten Szenen werden angezeigt.

    Im oberen rechten Bereich des Albums wird angezeigt, wie viele Szenen beinhaltet sind. In *Abbildung 3.41* werden die Szenen 1 bis 24 von insgesamt 32 Szenen dargestellt.

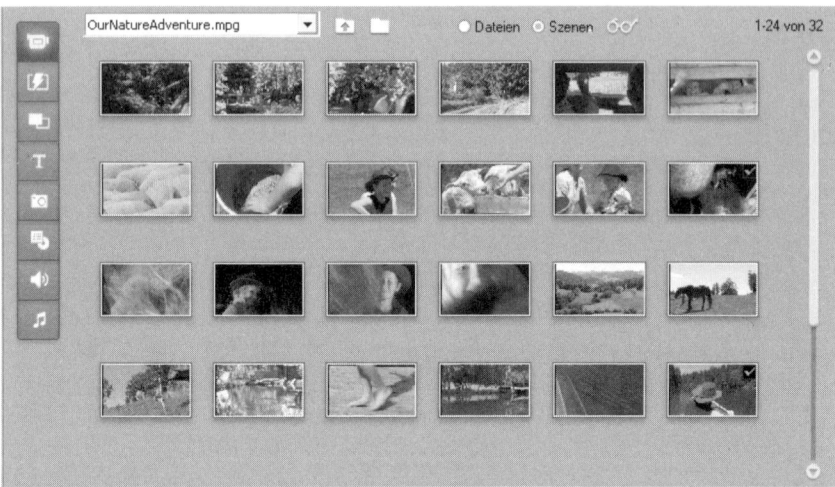

Abbildung 3.41: Das Video wird ins Album geladen und in einzelne Szenen aufgeteilt angezeigt

5. Ziehen Sie auf der rechten Seite mit der Maus am Scrollbalken, um die Clips weiter unten darzustellen.

Abbildung 3.42: Mit dem Scrollbalken werden die weiteren Clips angezeigt

Falls im aktuellen Verzeichnis auf der Festplatte weitere Videodateien gespeichert sind, können Sie mit der Maus auf die Dropdown-Liste klicken, um weitere Dateien aus dem gleichen Verzeichnis ins Album zu laden.

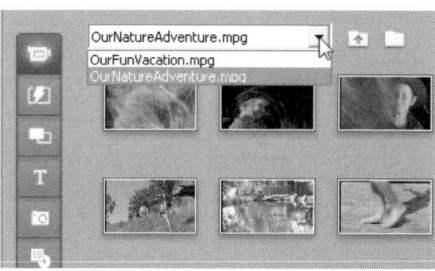

Abbildung 3.43:
Weitere Videoclips im gleichen Verzeichnis können einfach über die Dropdown-Liste geladen werden

Sobald die Datei in das Album geladen wurde, kann mit dem Bearbeiten begonnen werden. Wenn für die gewählte Datei noch keine Szenenerkennung gegeben ist, wird dieser Vorgang automatisch gestartet.

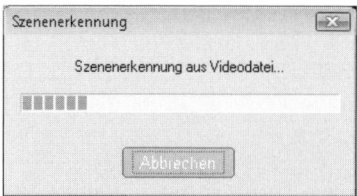

Abbildung 3.44:
Die Szenenerkennung wird automatisch durchgeführt, falls sie für eine Videodatei noch nicht besteht

Befindet sich ein Stück Film im Album, ist die Rede von einer Szene. Befindet sich   Hinweis
das gleiche Stück Film in der Storyboard-Ansicht, spricht man von einem Clip.

Albumansicht ändern

Im Album von Pinnacle Studio HD können entweder eine Videodatei, unterteilt in verschiedene Szenen, oder mehrere Videodateien aus dem gleichen Festplattenordner angezeigt werden.

Abbildung 3.45:
Buttons zur Einstellung der Albumansicht

Szenen

Hierbei wird eine Videodatei, aufgetrennt in die einzelnen Szenen, im Album dargestellt. Eine solche Videodatei stammt von einer Videokassette, die den ganzen Film in einer Videodatei auf der Festplatte speichert. Falls Sie Videos von einer MiniDV, VHS, Super-VHS oder Hi8-Kassette eingelesen haben, sollten Sie diese Funktion benutzen.

Dateien

Hierbei werden unterschiedliche Videoclips bzw. Dateien im Album angezeigt. Diese Videoclips stammen von Kameras, die jedes Mal eine neue Datei speichern, sobald die Kamera ein- und wieder ausgeschaltet wird. Falls Sie Videoclips von einer Kamera haben, die auf eine Festplatte oder einen Speicherchip aufnimmt, sollten Sie diese Funktion benutzen.

Clipvorschau ändern

Mit dem Brillensymbol im Album können Sie die Darstellungsart der einzelnen Szenen anpassen. Klicken Sie mit der Maus auf das Brillensymbol und wählen Sie eine Darstellungsart aus.

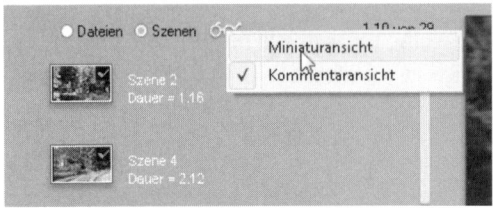

Abbildung 3.46:
Die Szenenansicht wird durch einen
Klick auf das Brillensymbol verändert

Die Rohmontage

Sobald Sie ein Video aufgenommen oder importiert haben, können Sie mit dem Aneinanderreihen der einzelnen Szenen beginnen, was als *Rohmontage* bezeichnet wird. Hierfür bietet Pinnacle Studio HD die sogenannte Storyboard-Ansicht an.

Hinweis

Der Begriff *Storyboard* stammt aus der Spielfilmindustrie und dient der Vorbereitung eines Films. Vor dem Drehen des Films wird von jeder späteren Kameraeinstellung ein Bild, ähnlich einem Comic, gezeichnet. Das Storyboard dient der Filmcrew und den Schauspielern dazu, sich einen Überblick über die einzelnen Szenen zu verschaffen. Der Film kann so wie eine Art Diashow schon vor dem Dreh betrachtet werden.

Die Storyboard-Funktion in Videoschnittprogrammen hat einen anderen Nutzen. Das aufgenommene Video wird beim Einlesen oder Kopieren auf den Computer einer Szenenerkennung unterzogen. Jede gefilmte Szene wird als Vorschauclip dargestellt und bietet einen Überblick über das gefilmte Videomaterial. So kann im Bearbeitungsprozess schnell ein Rohschnitt des Videomaterials erstellt werden.

Erstellen der Rohmontage

Die Storyboard-Ansicht sieht aus wie der Negativstreifen in einem analogen Fotoapparat. In diesen Streifen können Sie nun die gefilmten Szenen ziehen. Gehen Sie dazu wie folgt vor:

1. Wechseln Sie in die Storyboard-Ansicht, indem Sie im Menü *Ansicht* den Eintrag *Storyboard* wählen oder auf das Symbol für die Storyboard-Ansicht klicken.

2. Ziehen Sie nun alle Clips bzw. Szenen des Films per Drag&Drop in die Storyboard-Ansicht.

Abbildung 3.47:
Klicken Sie auf dieses Symbol, um in die Storyboard-Ansicht
zu wechseln

Abbildung 3.48: Die einzelnen Clips werden einfach mit der Maus in die Storyboard-Ansicht gezogen und dort platziert

Reihenfolge der Szenen ändern

Sie können die Reihenfolge der Szenen im Storyboard ganz einfach ändern, indem Sie die einzelnen Szenen mit der Maus an die gewünschte Position verschieben.

1. Klicken Sie mit der Maus auf den gewünschten Clip, um diesen zu markieren, und halten Sie die linke Maustaste gedrückt.

2. Ziehen Sie ihn an die neue Position in der Storyboard-Ansicht. Als Hilfe zum Einfügen wird Ihnen die grüne Linie als Markierung angezeigt.

Abbildung 3.49: Ziehen Sie den Clip mit der Maus an den neuen Platz

3. Lassen Sie die linke Maustaste an der Stelle im Storyboard los, an welcher der markierte Clip eingefügt werden soll.

Im Beispiel wird der vierte Clip zwischen den zweiten und dritten geschoben.

Verwendete Szenen anzeigen

Alle bereits verwendeten Szenen erhalten im Album ein kleines Häkchen, damit Sie nicht den Überblick verlieren.

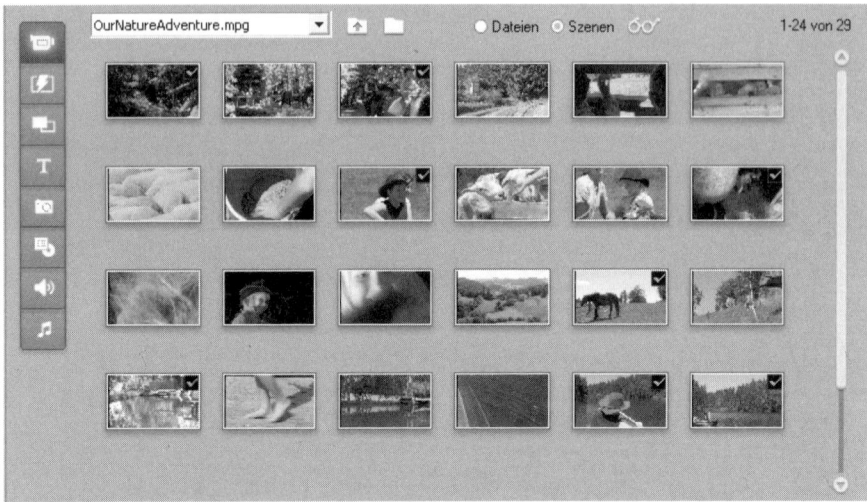

Abbildung 3.50: Die Häkchen zeigen an, dass diese Clips bereits im Storyboard verwendet wurden

Projektcontainer

Beim Projektcontainer handelt es sich um eine neue Funktion der Pinnacle Studio HD Version 14. Mit dem Projektcontainer erhalten Sie ein wichtiges Werkzeug, um noch schneller verwendete Szenen, Bilder, Menüs usw. aufrufen und wiederverwenden zu können. Sie können den Projektcontainer anzeigen lassen, indem Sie auf das kleine Ordnersymbol oberhalb der Timeline klicken.

Abbildung 3.51:
Der Projektcontainer wird durch Klicken auf das Ordnersymbol geöffnet und geschlossen

Im Projektcontainer sehen Sie verschiedene Register, mit denen Sie die einzelnen Clips anzeigen lassen können.

Sie können nun die verschiedenen Clips bzw. Filme direkt aus dem Projektcontainer in das Storyboard bzw. auf die Timeline ziehen, wenn Sie diese nochmals verwenden möchten.

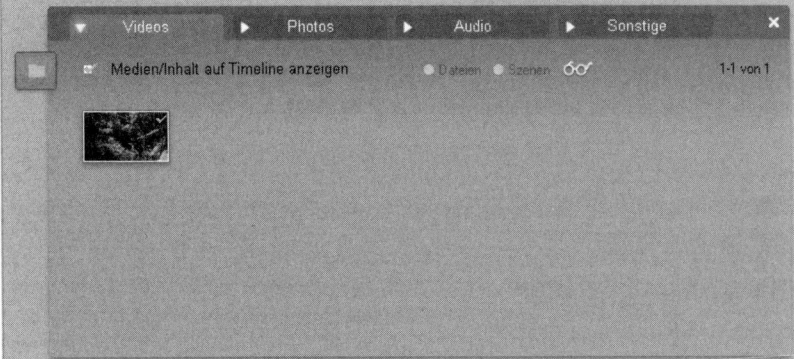

Abbildung 3.52: Inhalt des Projektcontainers mit den unterschiedlichen Registern

Szenenanzeige verändern

So verändern Sie die Größe der Storyboard-Ansicht:

1. Öffnen Sie dazu die Projekteinstellungen im Menü *Setup* und wählen Sie *Projekt-Voreinstellungen.*

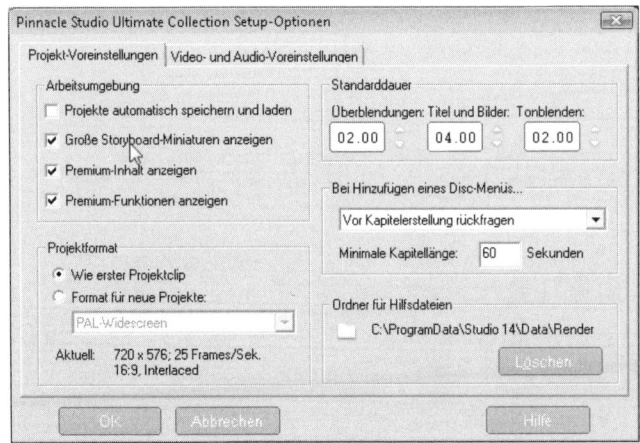

Abbildung 3.53: Wählen Sie die Option Große Storyboard-Miniaturen anzeigen, um die Ansicht zu vergrößern

2. Markieren Sie die Einstellung *Große Storyboard-Miniaturen anzeigen*, damit die Ansicht vergrößert wird.

3. Schließen Sie die Einstellungen mit einem Klick auf *OK*.

Abbildung 3.54: Die Storyboard-Ansicht wird jetzt größer dargestellt

Szenen mehrmals verwenden

Es ist möglich, die gleiche Szene mehrmals in einem Film zu verwenden. Auf diese Weise können Sie eine Wiederholung im Film erzeugen. Dazu ziehen Sie einfach den Clip in das Storyboard jeweils an die gewünschten Stellen.

Mehrere Szenen auf einmal in die Storyboard-Ansicht laden

Sie haben die Möglichkeit, mehrere Szenen auf einmal in die Storyboard-Ansicht zu laden. Gehen Sie wie folgt vor:

Alle Szenen aus dem Album

1. Klicken Sie eine Szene im Album an und wählen Sie aus dem Menü *Bearbeiten* den Eintrag *Alles auswählen* oder verwenden Sie die Tasten [Strg]+[A].

2. Alle Szenen sind nun markiert und können zusammen in die Storyboard-Ansicht gezogen werden, indem Sie eine anklicken und bei gedrückter linker Maustaste in die Storyboard-Ansicht ziehen.

Hintereinanderliegende Szenen

1. Klicken Sie die erste Szene mit der Maus an.

2. Drücken Sie die Taste [⇧] und halten Sie diese gedrückt.

3. Klicken Sie mit der Maus auf die letzte gewünschte Szene.

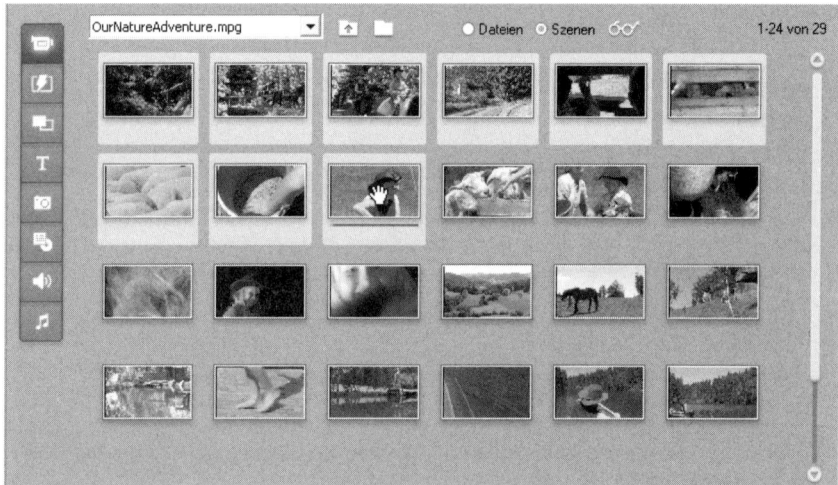

Abbildung 3.55: Im Beispiel wurden die ersten neun Szenen im Album markiert; zuerst der obere linke Clip und danach der dritte von links in der zweiten Reihe, dabei wurde [⇧] gedrückt gehalten

4. Klicken Sie eine der Szenen mit der Maus an und ziehen Sie alle in die Storyboard-Ansicht.

Einzelne Szenen aus dem Album

1. Klicken Sie mit der Maus auf den ersten Clip, der in die Storyboard-Ansicht soll.

2. Halten Sie nun immer die Taste ⌐Strg¬ gedrückt.

3. Klicken Sie jeden Clip an, den Sie in die Storyboard-Ansicht übernehmen möchten.

Abbildung 3.56: Im Beispiel sind fünf Clips ausgewählt, die im Film nicht hintereinanderliegen

4. Sobald Sie alle Clips gewählt haben, ziehen Sie diese in das Storyboard.

Löschen eines Clips

Sie können die Clips im Storyboard jederzeit wieder löschen. Durch das Löschen verschwinden die Clips aus der Storyboard-Ansicht, was aber keinen Einfluss auf die Videodatei auf der Festplatte hat. Sie arbeiten stets mit Verweisen und somit nicht mit dem eigentlichen Videoclip. So bleibt also die Videodatei auch erhalten, wenn Sie einen Clip aus dem Storyboard löschen.

1. Klicken Sie den zu löschenden Clip mit der Maus an.

2. Klicken Sie auf das Papierkorbsymbol.

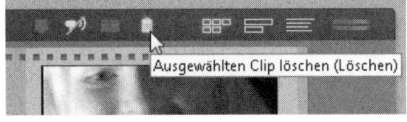

Abbildung 3.57:
Mithilfe des Papierkorbsymbols wird ein Clip
aus dem Storyboard gelöscht

Der Clip verschwindet von der Storyboard-Ansicht, bleibt allerdings im Album vorhanden. Das nennt man *non-destruktives* Bearbeiten. Das heißt, nicht die eigentliche Videodatei auf der Festplatte wurde gelöscht, sondern nur deren Referenz. Das Häkchen im Album verschwindet ebenfalls auf dem Clip, sobald dieser nicht mehr im Film verwendet wurde.

Achtung | Es ist nicht möglich, einen Clip oder eine Szene aus dem Album zu löschen, um Daten von der Festplatte zu entfernen. Ein Videoclip muss immer als Ganzes auf der Festplatte im Windows-Explorer gelöscht werden. Denken Sie daran, dass eine Videodatei, die noch in einem Projekt benötigt wird, auf keinen Fall gelöscht werden darf, da sonst das Projekt nicht mehr vollständig bearbeitet werden kann. Alle Videodaten, die in einem Projekt verwendet werden, müssen als Originaldateien auf der Festplatte bleiben.

Die Größe des Storyboards

Ist das ganze Storyboard voller Clips und werden weitere Zeilen benötigt, erscheint im rechten Bereich des Storyboards eine Bildlaufleiste, mit der nach unten bzw. nach oben gescrollt werden kann:

Abbildung 3.58:
Die Bildlaufleiste zeigt an, dass noch weitere Zeilen
vorhanden sind

Wie geht es weiter?

Es ist im Prinzip möglich, bereits in der Storyboard-Ansicht mit dem Feinschnitt zu beginnen. Ich empfehle allerdings, in eine andere Ansicht zu wechseln, sobald der Rohschnitt fertig gestellt ist. In der Storyboard-Ansicht sehen Sie keinerlei Informationen über die Dauer eines Clips und dessen Audio. Lesen Sie dazu mehr im folgenden Kapitel.

4

Der Feinschnitt auf der Timeline

In diesem Kapitel erfahren Sie, wie ein Film auf der sogenannten Timeline bearbeitet wird. Es sind nicht viele Funktionen, die Sie beherrschen müssen, aber diese paar vereinfachen das Arbeiten enorm. Die Timeline bietet Ihnen nähere Informationen und einen besseren Überblick als die Storyboard-Ansicht. So, wie die Storyboard-Ansicht für den Grobschnitt dient, findet die Timeline Anwendung für den Feinschnitt.

Der Aufbau der Timeline

Die Timeline zeigt alle verwendeten Video- und Audiospuren sowie die Effekte, Übergänge, Titel usw. Lassen Sie sich die Timeline anzeigen, indem Sie aus dem Menü *Ansicht* den Eintrag *Timeline* wählen oder auf das Symbol *Timeline-Ansicht* klicken.

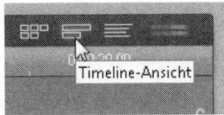

Abbildung 4.1:
Über dieses Symbol wechseln Sie in die Timeline-Ansicht

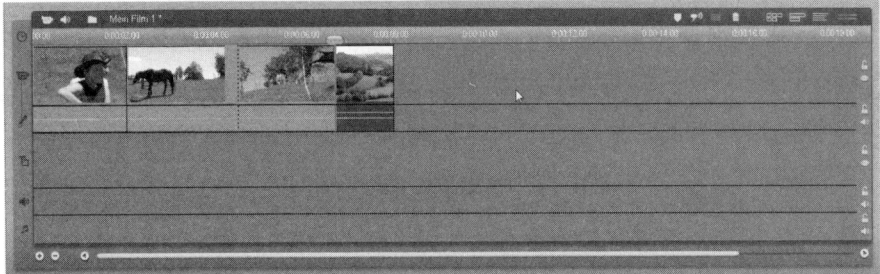

Abbildung 4.2: Die Timeline-Ansicht zeigt alle nötigen Spuren und weitere Details zu den einzelnen Szenen an

Die Timeline ist ein wenig komplexer als die Storyboard-Ansicht. Es kann jederzeit zwischen diesen beiden Ansichten hin- und hergewechselt werden, ohne dass dies Einfluss auf den bereits geschnittenen Film hat. Im Folgenden ist der Aufbau der Timeline beschrieben.

Die Zeitleiste

Zuoberst sehen Sie eine Art Lineal, die sogenannte Zeitleiste, welche die Filmlänge anzeigt.

Abbildung 4.3: Die Zeitleiste zeigt die Dauer eines geschnittenen Films an

Der Timeline Scrubber

In der Zeitleiste befindet sich der sogenannte *Timeline Scrubber*. Dieser zeigt Ihnen stets die jeweilige Position auf der Timeline bzw. im Film an. Mit dem Scrubber ist es möglich, den Film schneller oder langsamer laufen zu lassen oder eine exakte Position zu finden.

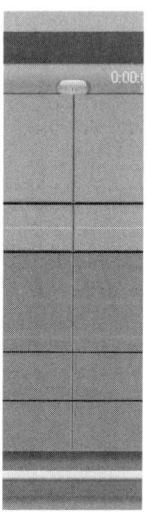

Abbildung 4.4:
Der Timeline Scrubber zeigt immer die aktuelle Position im Film an

Zur Kontrolle sehen Sie im Vorschaufenster das Bild des Videos, auf dem der Timeline Scrubber gerade positioniert ist.

Die Spuren

Darunter folgt der eigentliche Arbeitsbereich: die Videospur und die dazugehörende Originalaudiospur. In Pinnacle Studio HD ist zusätzlich eine zweite Videospur enthalten, die aber standardmäßig erst angezeigt wird, wenn sie benötigt wird.

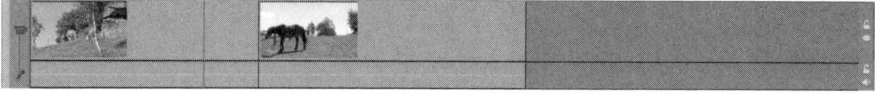

Abbildung 4.5: Die obersten beiden Spuren sind die Video- und die Originaltonspur

Die Titelspur

Abbildung 4.6: Die Titelspur enthält alle Titel für den Film, Stand-, Roll- und Lauftitel

Audiospuren

Zuunterst werden zwei Audiospuren für Musikeffekte/Audiokommentare und Film-musik dargestellt.

Abbildung 4.7: Auf den beiden Tonspuren können Sie Musik, Filmkommentare und Audioeffekte abmischen

Spuren sperren oder ausschalten

Rechts von jeder Spur haben Sie die Möglichkeit, die Spuren aus- oder einzublenden oder zu sperren. Klicken Sie auf das Schlosssymbol, um die Spur zu sperren, oder auf das Lautsprechersymbol, um die Spur stumm zu schalten. Das Sperren einer Spur führt dazu, dass sämtliche Elemente darauf nicht mehr bearbeitet werden können. Diese Funktion kann eingesetzt werden, wenn Audio und Video voneinander getrennt oder eine bestimmte Spur nicht mehr verändert werden soll. Darauf werde ich später noch ausführlicher eingehen.

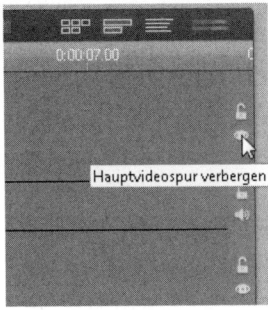

Abbildung 4.8:
Spuren können mit dem Lautsprecher stumm geschaltet bzw.
mit dem Schloss gesperrt werden

Scrubben

Einer von vielen Vorteilen bei der Videobearbeitung am PC besteht darin, dass Sie während der Arbeit nicht ständig Bänder spulen müssen, da deren Inhalt ja auf dem PC gespeichert ist. Wenn Sie bei einem Videoband den Schluss sehen möchten, muss das Band gespult werden, und dies dauert seine Zeit. Mit dem Timeline Scrubber haben Sie die Möglichkeit, auf der Timeline das Video zu spulen, und zwar viel genauer und bequemer als mit einem Videorekorder oder Bandgerät.

Je langsamer Sie scrubben, umso genauer wird die Position im Film angezeigt. Das Scrubben dient im Grunde dem Auffinden einer bestimmten Szene im Film bzw. dem Erreichen einer bestimmten Position für weitere Bearbeitungen.

Sie können den Film spulen bzw. scrubben, indem Sie mit der Maus auf den Kopf des Scrubbers klicken und die linke Maustaste gedrückt halten. Nun können Sie den Scrubber nach links oder rechts bewegen und sehen dabei im Vorschaufenster immer das Bild von der jeweiligen Position.

Abbildung 4.9:
Scrubben Sie auf der Timeline, indem Sie mit der Maus den Scrubber
nach rechts oder links bewegen

Je nachdem, wie groß die Ansicht ist, kann es sehr mühsam sein, eine gewisse Stelle im Film zu finden; das Scrubben kann auch viel zu ungenau sein, um ein einzelnes Bild in der Timeline zu lokalisieren. Sie können für Abhilfe sorgen, indem Sie die Timeline vergrößern bzw. verkleinern, wie es im Folgenden beschrieben wird.

Timeline-Ansicht vergrößern und verkleinern

Um die Ansicht der Timeline zu vergrößern oder zu verkleinern, haben Sie zwei Möglichkeiten:

Durch Ziehen mit der Maus in der Zeitleiste

1. Klicken Sie mit der Maus irgendwo in die Zeitleiste, aber nicht auf den Timeline Scrubber.

2. Sobald das Symbol mit der Uhr und den zwei Pfeilen erscheint, klicken Sie mit der Maus und ziehen nach links oder nach rechts. Ziehen nach links verkleinert die Timeline, Ziehen nach rechts vergrößert die Timeline.

Abbildung 4.10:
Der Mauszeiger verwandelt sich in eine Uhr mit zwei Pfeilen, damit
die Timeline-Ansicht vergrößert bzw. verkleinert werden kann

Wenn Sie beim Skalieren der Timeline-Ansicht mit der Maus am Bildschirmrand angekommen sind, müssen Sie die Maus neu positionieren und weiterziehen, damit weiterskaliert werden kann.

Durch Klicken auf die Symbole *Lineal vergrößern* **oder** *Lineal verkleinern*

1. Klicken Sie mit der Maus im unteren linken Bereich der Timeline auf das Plus für *Lineal vergrößern* bzw. auf das Minus für *Lineal verkleinern*, um die Timeline zu skalieren.

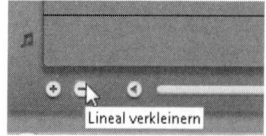

Abbildung 4.11:
Mit diesen beiden Symbolen wird die Timeline-Ansicht skaliert

Das Skalieren bzw. Vergrößern/Verkleinern ist nicht zu verwechseln mit der Zeitlupen-/
Zeitraffer-Funktion. Das Skalieren hat auf den Film keinen Einfluss, sondern dient nur
der besseren Ansicht der Timeline. Beim Bearbeiten von Videos muss der Zoom ständig
verändert werden. Je genauer geschnitten werden soll, umso größer muss gezoomt werden. Es gibt also keinen Standardzoom. Beachten Sie auch, dass die Skala der Zeitleiste
ebenfalls gezoomt wird und der Film seine Länge behält.

Wenn Sie den Zoom so groß wie möglich einstellen, sind die einzelnen Bilder des Films
sichtbar. Das sehen Sie auch daran, dass sich der Timeline Scrubber nur ruckartig verschieben lässt, und zwar Bild für Bild.

Vordefinierte Zoomwerte einstellen

Sie haben die Möglichkeit, sich die Timeline in vordefinierten Werten anzeigen zu lassen.
Damit ist gemeint, dass Sie einen bestimmten Wert für die Skala angeben können. Hierfür klicken Sie mit der rechten Maustaste in die Zeitleiste und wählen eine der vordefinierten Skalierungen.

Abbildung 4.12:
Klicken Sie mit der rechten Maustaste auf die Zeitleiste,
um diese Auswahlleiste zu erhalten

Clips auf die Timeline legen

Wie Sie bereits gelesen haben, können einzelne Filmszenen aus dem Album direkt in
die Storyboard-Ansicht geladen werden. Das ist ebenfalls in der Timeline-Ansicht
möglich. Ziehen Sie die Clips aus dem Album direkt an die gewünschte Stelle auf der
Timeline.

Ein neuer Clip kann immer vor oder nach einem bestehenden Clip auf die Timeline
platziert werden, es sei denn, Sie arbeiten mit zwei Videospuren.

Werden zwei Clips aus dem Album auf die Timeline gelegt, die im Album hintereinanderliegen, so wird dies auf der Timeline durch eine gestrichelte Linie angezeigt.

Abbildung 4.13: Clips können Sie per Drag&Drop aus dem Album in die Timeline legen

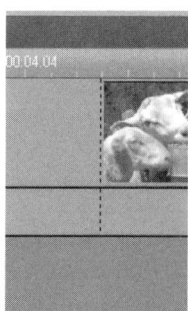

Abbildung 4.14:
Zwei Clips, die nacheinander gefilmt wurden, werden auf der Timeline durch eine gestrichelte Linie angezeigt

Achten Sie auf die Darstellung der Clips auf der Timeline: Der Clip beginnt immer links vom kleinen Vorschaubild und endet je nach Zoom nicht am rechten Rand des Vorschaubildes, sondern dort, wo ein neuer Clip beginnt. Wenn also ein Clip etwas kürzer ist, als Platz für das Vorschaubild vorhanden ist, wird er nicht ganz dargestellt. Wenn Sie den Zoomfaktor allerdings verändern, können Sie das ganze Vorschaubild sichtbar machen.

Abbildung 4.15:
Der linke Clip ist zu kurz, sodass das Vorschaubild nicht mehr ganz Platz hat. Der rechte Clip hat Platz, der Clip endet am rechten Rand

Vorschaubild verändern

Sie haben die Möglichkeit, das Vorschaubild eines Clips in der Timeline zu verändern, wenn Ihnen das erste Bild des Clips nicht gefällt. Scrubben Sie an die Stelle, an der sich das neue Bild befindet, klicken Sie mit der rechten Maustaste auf den Clip und wählen Sie *Miniatur einrichten*.

Der Clip erhält ein neues Bild.

Die zweite Videospur

Die zweite Videospur wird dann sichtbar, wenn Sie einen Videoclip aus dem Album auf die Titelspur legen. Der Videoclip bleibt dann nicht auf der Titelspur, sondern es wird eine zweite Videospur eingefügt und angezeigt.

Der Videoclip auf der unteren Spur überdeckt immer den auf der oberen Spur. Dies ist der Fall, wenn Sie entweder mit zwei Kameras gearbeitet haben oder einen sogenannten *Insert-Schnitt* erstellen möchten.

Abbildung 4.16: Die untere Spur verdeckt die obere Spur

Insert-Schnitt

Der Insert-Schnitt wird gebraucht, wenn Sie über ein bestehendes Video einen anderen Clip legen möchten, sodass im Hintergrund der Originalton der ersten Spur weiterhin zu hören ist. Am einfachsten ist es, wenn die erste Spur so bleiben kann, wie sie ist. Am besten vorstellbar ist dies am Beispiel eines Interviews, bei dem der Interviewte von einer Sache erzählt, die gleichzeitig zu sehen sein soll, während der Ton weiter zu hören ist.

Ähnlich wie der Insert-Schnitt funktionieren auch der L- und der J-Schnitt. Lesen Sie dazu mehr im Verlauf dieses Kapitels.

Ändern der Clipreihenfolge

Sie können die Reihenfolge der einzelnen Clips auf der Timeline beliebig verändern. Klicken Sie den zu verschiebenden Clip an und ziehen Sie ihn per Drag&Drop an den gewünschten Ort auf der Timeline. Sie können Clips zwischen zwei Clips auf der Timeline bzw. an den Anfang oder das Ende der Timeline ziehen.

Abbildung 4.17: Ein Clip kann auf der Timeline nach vorne oder nach hinten verschoben werden

Der Schnitt

Mit digitalem Schneiden von Videos ist die gesamte Bearbeitung eines Videos gemeint. Unter Schneiden wird im engeren Sinn das Zertrennen von Videoclips verstanden. Der Begriff Schneiden kommt daher, dass die Zelluloidfilmstreifen zerschnitten werden mussten, um Stücke aus dem Film zu entfernen oder die Reihenfolge zu verändern. Im Prinzip funktioniert die Videobearbeitung am PC ähnlich. In Pinnacle Studio HD wird meist nicht herausgeschnitten, sondern die Clips werden entsprechend angeordnet. Was nicht gebraucht wird, muss gar nicht erst auf die Timeline. Trotzdem ist es wichtig, dass die Clips zertrennt werden können.

Wo im Film geschnitten wird, entscheiden Sie selbst. Für das Schneiden stehen die im Folgenden beschriebenen Möglichkeiten zur Verfügung.

Einen Clip auftrennen und den Anfang oder den Schluss löschen

1. Scrubben Sie in einem Clip an die Position, an der geschnitten werden soll. Um die genaue Position zu finden, ist es eventuell notwendig, die Timeline etwas größer zu zoomen.

2. Sobald Sie die Position gefunden haben, klicken Sie auf der Timeline auf das Rasierklingensymbol, um den Clip in zwei Teile zu trennen.

   Der Clip wird in zwei Teile geteilt. Entscheiden Sie nun, ob das linke oder rechte Teil entfernt werden soll.

3. Klicken Sie das zu löschende Clipteil mit der Maus an und klicken Sie dann auf das Papierkorbsymbol. Alternativ zum Papierkorb können Sie auch Entf drücken.

Abbildung 4.18:
Rasierklingensymbol für das Teilen eines Clips

Einem Clip ein Mittelstück entfernen

Hierfür ist es notwendig, einen Clip in drei Teile zu teilen.

1. Scrubben Sie an die Position des ersten Schnitts und klicken Sie auf das Rasierklingensymbol.

2. Scrubben Sie an die zweite Position und schneiden Sie nochmals mit der Rasierklinge.

3. Klicken Sie mit der Maus auf das Mittelstück und löschen Sie es mit einem Klick auf das Papierkorbsymbol oder mit ⌐Entf⌐.

Abbildung 4.19: Im Beispiel wird der Clip in drei Teile geteilt und danach der mittlere Teil gelöscht

Bei beiden Varianten wird der hintere Teil des Films lückenlos nach vorne, also nach links, gezogen, damit keine Unterbrechung entsteht.

Falls ein Schnitt nicht optimal gelungen ist, haben Sie die Möglichkeit, ihn jederzeit rückgängig zu machen oder im Nachhinein mit der Trimm-Funktion zu korrigieren.

Beachten Sie, dass das Rasierklingensymbol nicht angewendet werden kann, wenn   Achtung
sich der Scrubber direkt auf einem Schnitt befindet, da an dieser Position ja bereits
geschnitten wurde.

Mit dem Rasierklingensymbol wird immer der aktuell markierte Clip geschnitten.

Audio-Scrubbing

Mit der Audio-Srubber-Funktion kann während des Scrubbens das Audio hörbar gemacht werden. Dadurch lässt sich eine Stelle auf einer Audiospur besser finden. Um das Audio-Scrubbing einzuschalten, klicken Sie auf folgendes Symbol:

Abbildung 4.20:
Symbol für das Einschalten der Audio-Scrubber-Funktion

Schwarze Ränder entfernen

Wenn im Vorschaufenster oben und unten oder links und rechts schwarze Ränder angezeigt werden, dann entspricht der Videoclip nicht genau dem Seitenverhältnis des Projekts. Sie können diese aber schnell und einfach entfernen, indem Sie den Videoclip ein wenig vergrößern. Allerdings wird dann entweder oben und unten oder links und rechts ein kleiner Teil abgeschnitten und die Videoqualtät wird durch das digitale Zoomen des Clips ein wenig verringert.

1. Klicken Sie mit der rechten Maustaste auf den Clip.

2. Wählen Sie dann den Eintrag *Bild auf Framegröße hochzoomen*.

Abbildung 4.21: Wählen Sie Bild auf Framegröße hochzoomen, um schwarze Balken zu entfernen

Wenn Sie mehrere Clips gleichzeitig anpassen möchten, dann wählen Sie diese zuerst mit der Maus aus und führen die Funktion für alle gleichzeitig aus.

Schnitttechniken

Im Film werden oft Originalton und Bild unabhängig voneinander verwendet. Denken Sie an ein Interview, in dem der Sprecher von einer Sache spricht, die im Bild gezeigt wird, oder wenn der Originalton früher zu hören ist als das dazugehörende Bild oder umgekehrt.

L-Schnitt

Hier wird das Audio des ersten Clips über dessen Länge hinaus verlängert, sodass der erste Clip aussieht wie ein „L", daher die Bezeichnung *L-Schnitt*. Das Audio des ersten Clips ist länger zu hören.

Abbildung 4.22: Der L-Schnitt verlängert das Audio über den ersten Clip hinaus

J-Schnitt

Im Gegensatz zum L-Schnitt ist hier das Audio des zweiten Clips etwas früher zu hören.

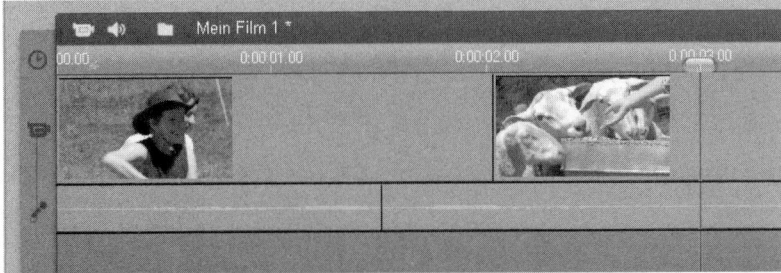

Abbildung 4.23: Der J-Schnitt verlängert das Audio des zweiten Clips

In Spielfilmen wird oft mit dem Ton eine neue Szene eingeleitet. Bevor Sie aber einen L- bzw. J-Schnitt vornehmen, müssen Sie sich darüber im Klaren sein, was bleiben und was sich ändern soll. Wenn also das Audio weiterlaufen soll und das Videobild an derselben Stelle durch etwas anderes ersetzt wird, muss die Audiospur gesperrt werden, bevor Sie den Clip auseinanderschneiden. Wenn das Videobild bleiben soll, muss analog dazu die Videospur gesperrt werden.

Ton bleibt

1. Sperren Sie zuerst die Hauptaudiospur (Originaltonspur), indem Sie auf das Schlosssymbol am rechten Rand der Originaltonspur klicken.

    Eine gesperrte Audiospur wird grau schraffiert dargestellt. Jetzt können Clips auf dieser Spur erst wieder bearbeitet werden, nachdem die Sperrung aufgehoben wurde. Zum Entsperren klicken Sie nochmals auf das Schlosssymbol am Ende der Timeline-Spur.

Abbildung 4.24:
Sperren Sie die Audiospur mit einem Klick auf
das Schlosssymbol

2. Schneiden Sie nun einen Clip mit der Rasierklinge auseinander.

Abbildung 4.25: Das Bild wurde geschnitten, Audio bleibt, wie es ist

Wie Sie sehen, ist das Video zertrennt worden, während der Inhalt der Audiospur so geblieben ist, wie er war.

3. Löschen Sie nun den linken oder rechten Teil des Clips und heben Sie die Sperrung durch nochmaliges Anklicken des Schlosssymbols wieder auf.

Abbildung 4.26: Die entstandene Lücke kann mit einem anderen Clip aufgefüllt werden

Die soeben entstandene Lücke auf der Videospur wird im Vorschaufenster schwarz dargestellt und kann nun mit einem anderen Videoclip gefüllt werden.

Trimmen

Das Trimmen dient dazu, einen bereits geschnittenen oder rohen Clip etwas präziser zu verkürzen bzw. einen geschnittenen oder getrimmten Clip wieder zu verlängern.

Kaum jemals hat ein Clip auf der Timeline ohne Bearbeitung die richtige Länge oder soll in voller Länge dargestellt werden. Es ist empfehlenswert, beim Filmen immer

etwas mehr aufzunehmen, als später im Film wirklich gebraucht wird, denn Sie können ja nicht schon im Voraus wissen, wie die Szene im fertigen Film wirkt und ob sie nicht länger dargestellt werden soll. Daher ist es ganz normal, dass von jedem Clip am Anfang und am Schluss etwas Videomaterial weggenommen wird.

Das ist mit der Rasierklinge möglich. Pinnacle Studio HD ist ein non-destruktives Videobearbeitungsprogramm, das heißt, dass die eigentliche Videodatei auf der Festplatte beim Löschen eines Clips nicht verändert wird. Wenn Sie also einen Clip in der Hälfte teilen und einen dieser Teile löschen, können Sie den gelöschten Teil mit der Trimm-Funktion wiederherstellen, ohne dass Sie den Originalclip nochmals auf die Timeline legen müssen. Sie können aber auch auf das Schneiden mit der Rasierklinge verzichten, wenn Sie einen Clip einfach trimmen, statt ihn zu schneiden.

Hierzu gibt es grundsätzlich zwei Varianten, die beide ihre Vor- und Nachteile haben. Die erste Variante empfehle ich Einsteigern, die zweite ist etwas schneller. Finden Sie selbst heraus, welche Variante Sie bevorzugen.

Trimmen mittels der Clipeigenschaft

Sie können den Trimm-Modus wie folgt öffnen:

1. Doppelklicken Sie mit der Maus auf den zu bearbeitenden Clip oder selektieren Sie den Clip und wählen Sie aus dem Menü *Toolbox* den Eintrag *Clipeigenschaften ändern*.

Abbildung 4.27: In der Clipeigenschaft kann der Clip präzise geschnitten werden

Ein Fenster wird geöffnet, in dem der aktuelle Clip angezeigt wird. Im linken Fenster ist das erste Bild und im rechten Fenster das letzte Bild des Clips sichtbar. Sie haben nun die Möglichkeit, mithilfe der beiden Schieber den Anfang bzw. den Schluss des Clips zu trimmen oder bildgenau den Anfangs- und Endpunkt zu setzen.

Beginnen wir mit dem groben Trimmen eines Clips:

1. Bewegen Sie den Mauszeiger auf den linken Schieber, klicken Sie mit der linken Maustaste und fahren Sie nach rechts. Beobachten Sie dabei die Timeline und sehen Sie, wie der Clip links verkürzt wird. Je weiter Sie nach rechts fahren, desto mehr wird vom Clip abgeschnitten.

Abbildung 4.28: Der Clip wird auf der Timeline verkürzt

2. Sobald Sie den Schieber loslassen, wird die Lücke auf der Timeline geschlossen. Analog dazu können Sie den Schluss des Clips trimmen.

   Genauer geht es, wenn Sie Bild für Bild trimmen, indem Sie den Pfeil nach oben oder unten anklicken und so den Schieber bewegen bzw. den Clip trimmen.

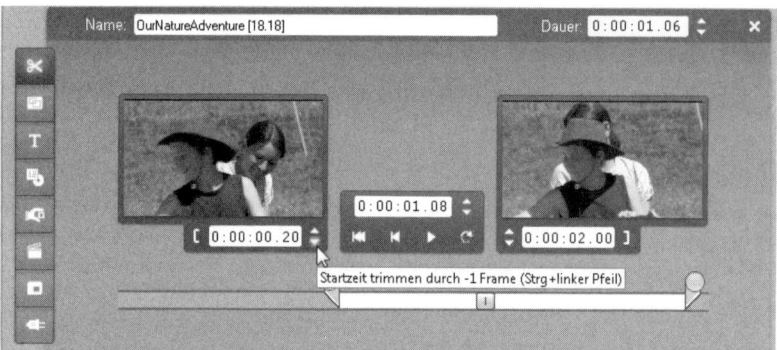

Abbildung 4.29: Klicken Sie auf die Pfeilsymbole, um den Clip Bild für Bild zu trimmen

Wenn Sie einen bereits getrimmten bzw. geschnittenen Clip im Trimm-Modus öffnen, dann befinden sich die Schieber nicht am Anfang und am Ende, sondern bereits an der getrimmten Position. Zur Übung können Sie einen Clip auf der Timeline in zwei Teile schneiden und diese danach im Trimm-Modus öffnen. Sie sehen, dass vom linken Stück der rechte Schieber (Schluss ist getrimmt) und vom rechten Stück der linke Schieber verändert ist (Anfang ist getrimmt). Das jeweils getrimmte Stück ist eben auch das geschnittene Stück. Sobald Sie bei beiden Clips die Schieber ganz nach außen zurücktrimmen, werden Sie den gleichen Clip zweimal auf der Timeline haben.

Trimmen auf der Timeline

Sie können Clips auch direkt auf der Timeline trimmen, ohne in den Trimm-Modus zu wechseln. Sie können also direkt auf der Timeline die gewünschten Clips verkürzen bzw. wieder verlängern.

1. Klicken Sie auf den zu trimmenden Clip auf der Timeline.

2. Bewegen Sie die Maus an den Anfang oder den Schluss des Clips.

3. Der Mauszeiger ändert sich in ein Pfeilsymbol. Ziehen Sie nun den Anfang bzw. den Schluss des Clips nach links bzw. rechts, um den Clip zu trimmen.

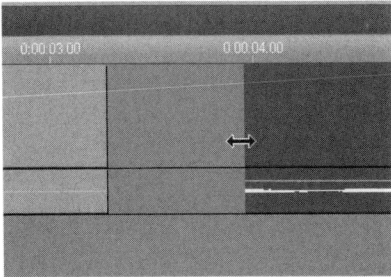

Abbildung 4.30:
Der Clip wird getrimmt

Das Maussymbol ändert sich in einen kleinen blauen Pfeil, der am Schluss eines Clips nach links und am Anfang eines Clips nach rechts zeigt. Beachten Sie, dass Pinnacle Studio HD immer den selektierten, also dunkelgrau markierten Clip als den zu trimmenden behandelt. (Für unser Beispiel heißt das, dass der rechte Clip und nicht der linke getrimmt wird.)

4. Halten Sie nun die linke Maustaste gedrückt und fahren Sie nach rechts, um den Clip zu kürzen.

Sie können nicht nach links fahren (verlängern), da ein Clip zuerst gekürzt werden muss und dieser Clip nicht länger ist. Die nachfolgenden Clips werden automatisch nachgezogen, damit keine Lücke auf der Timeline entsteht. Sie werden bemerken, dass bei einem nochmaligen Trimmen am Anfang dieses Clips der Mauszeiger zu einem Doppelpfeil wird, da der Clip ja nun um das Getrimmte wieder verlängert oder weiter verkürzt werden kann.

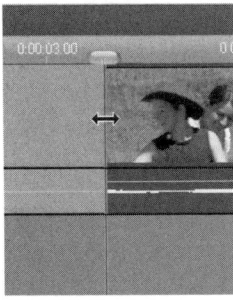

Abbildung 4.31:
Wurde ein Clip bereits getrimmt, erscheint der
Mauszeiger als Doppelpfeil

Wie viel getrimmt wird, hängt davon ab, wie weit Sie mit der Maus fahren. Um bildgenau zu trimmen, ist es also notwendig, vorher auf der Timeline zu zoomen und die Ansicht zu vergrößern.

Zur Übung können Sie die Timeline-Ansicht ganz groß zoomen und mit der Maus einen Clip Bild für Bild trimmen.

Im Prinzip könnten Sie komplett auf das Schneiden eines Clips mit der Rasierklinge verzichten, indem Sie die Clips trimmen. Falls ein Teil in der Mitte entfernt werden muss, können Sie einfach den Clip zweimal in die Timeline ziehen und jeweils den Anfang und den Schluss über die Mitte trimmen. Entscheiden Sie selbst, welche Variante Sie bevorzugen.

Markierungen

Markierungen dienen dazu, Positionen im Film wiederzufinden bzw. andere Clips wie Fotos oder Musik an eine bestimmte Position zu setzen.

Sie können Markierungen wie folgt auf einen Clip setzen:

1. Wählen Sie mit der linken Maustaste einen Clip auf der Timeline aus.

2. Positionieren Sie den Timeline Scrubber an die gewünschte Position.

3. Klicken Sie auf *Marker an Scrubberposition hinzufügen*, um einen Marker zu setzen.

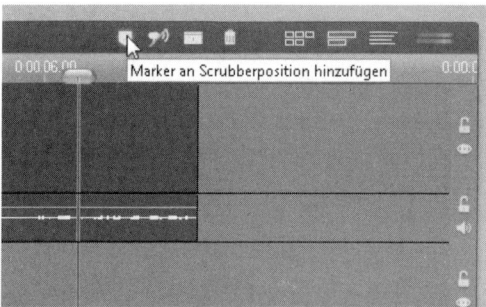

Abbildung 4.32: Klicken Sie auf Marker an Scrubberposition hinzufügen

Eine andere Möglichkeit besteht darin, die Taste [M] auf der Tastatur zu drücken, um direkt einen Marker zu setzen.

Zum nächsten Marker springen

Wenn Sie mehrere Marker gesetzt haben, dann können Sie mit den Pfeilsymbolen zum vorigen bzw. nächsten Marker springen.

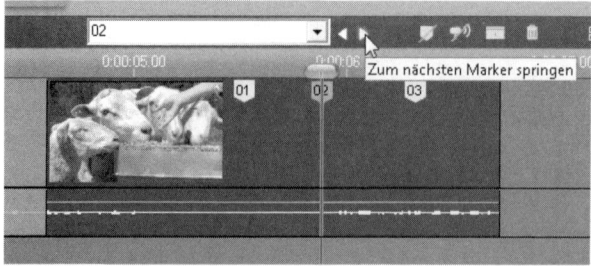

Abbildung 4.33: Zum nächsten Marker springen

Marker benennen

Geben Sie in das kleine Eingabefeld neben der Marker-Nummerierung einen beliebigen Text ein, damit Sie später die Position schneller finden können.

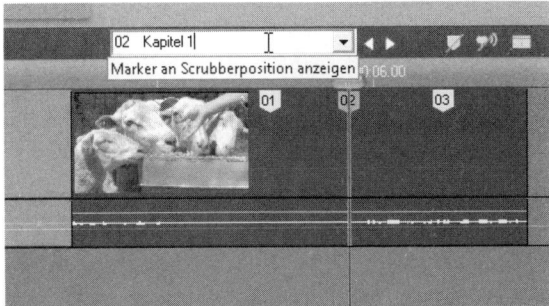

Abbildung 4.34: Marker benennen

Sie können alle Marker anzeigen lassen, indem Sie die Dropdown-Liste aufklappen. Klicken Sie einfach auf einen Marker, und der Timeline Scrubber springt an die gewünschte Position.

Abbildung 4.35: Zu Marker springen

Löschen von Markierungen

Positionieren Sie den Timeline Scrubber auf eine Marker-Position und klicken Sie mit der linken Maustaste auf *Marker an Scrubberposition löschen*.

Abbildung 4.36: Klicken Sie auf Marker an Scrubberposition löschen

Löschen eines Clips

Klicken Sie mit der Maus den zu löschenden Clip an und klicken Sie danach auf das Papierkorbsymbol oder drücken Sie [Entf].

Abbildung 4.37: Einen Clip über das Papierkorbsymbol löschen

Wenn ein Clip mitten im Film gelöscht wird, entsteht im Prinzip eine Lücke. Damit das nicht passiert, schiebt Pinnacle Studio HD alles, was dahinter liegt, nach vorne, sodass die Synchronizität gewährleistet ist. Möchten Sie aber eine solche Lücke lassen, dann drücken Sie gleichzeitig [Entf] und [Strg] oder wählen im Menü *Bearbeiten* den Eintrag *Löschen (Lücke lassen)*.

Abbildung 4.38: Nach dem Löschen bleibt eine Lücke

Mehrere Clips auf einmal löschen

Um mehrere hintereinanderliegende Clips auf der Timeline zu löschen, klicken Sie in der Timeline auf einen leeren Bereich unterhalb eines zu löschenden Clips. Ziehen Sie dann mit der Maus ein Auswahlrechteck über die zu löschenden Clips.

Abbildung 4.39: Mit der Auswahlfunktion mehrere Clips auswählen

Die Clips werden selektiert. Sobald alle Clips selektiert sind, können Sie diese über das Papierkorbsymbol löschen.

Alles auf der Timeline löschen

Wenn Sie die ganze Timeline leeren und kein neues Projekt erstellen möchten, wählen Sie aus dem Menü *Bearbeiten* die Funktion *Alles auswählen* bzw. drücken Sie [Strg]+[A]. Mit einem Klick auf den Papierkorb wird alles gelöscht.

5

Übergangs-
effekte

Übergänge nennt man alles, was sich von einem Clip zum nächsten abspielt. Einen Übergang zwischen zwei Clips ohne Effekt nennt man einen harten Übergang oder harten Schnitt. Wenn Sie also bereits einen Rohschnitt erstellt haben, befindet sich zwischen jedem der Clips auf der Timeline ein harter Übergang bzw. harter Schnitt. Dieser Übergang wird auch in den meisten Spiel- und Dokumentarfilmen bei ca. 98 % der Schnitte angewendet. Das fällt einem beim Betrachten eines Films nicht unbedingt auf. Achten Sie doch das nächste Mal, wenn Sie einen Film ansehen, darauf und analysieren Sie die Art der Übergänge.

Nachfolgend lernen Sie, wie Sie Übergänge mit einem Effekt kombinieren können. Wechseln Sie auf der Registerkarte *Bearbeiten* ins Album und wählen Sie am linken Rand das Register *Übergangseffekte anzeigen*.

 Abbildung 5.1:
Albumseite für die Übergangseffekte

Das Album öffnet die Übergangseffekte und listet Ihnen alle möglichen Übergänge in Pinnacle Studio HD auf.

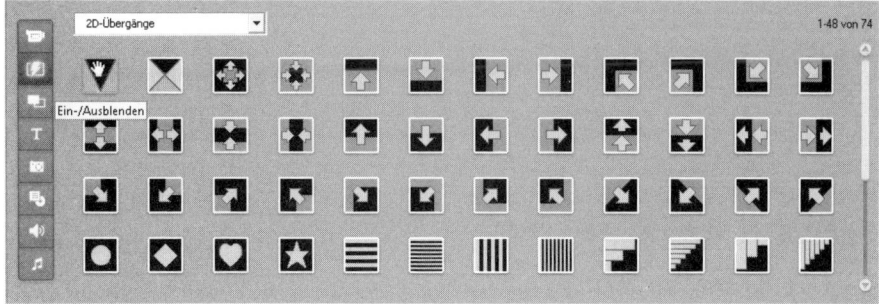

Abbildung 5.2: Im Album sind die Effekte als Vorschau sichtbar

Das Album zeigt die Übergangseffekte an, die Sie über die Kategorie im linken oberen Bereich des Albums gewählt haben. Wollen Sie zu einer anderen Kategorie wechseln, öffnen Sie die Dropdown-Liste und wählen die gewünschte Übergangskategorie. Pinnacle stellt Ihnen bereits in der Grundinstallation eine große Anzahl von Übergangseffekten zur Verfügung.

Abbildung 5.3:
Wählen Sie Effekte aus weiteren Kategorien aus

Hinweis Wenn Sie zusätzliche Übergangseffekte, z.B. ein Hollywood FX-Paket oder eine Bonus-DVD, installiert haben, sehen Sie mehr Übergänge in Unterkapiteln angeordnet.

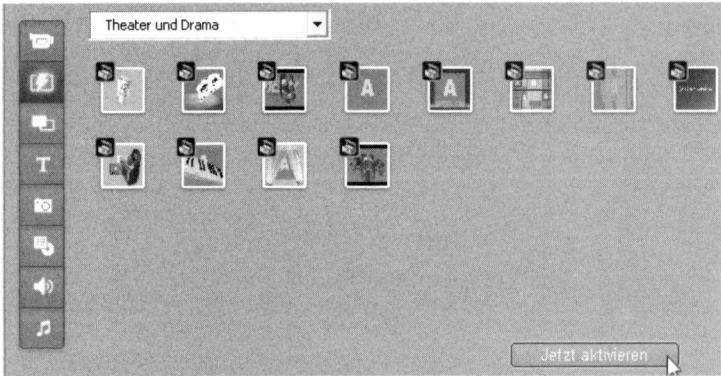

Abbildung 5.4: Die Übergangseffekte mit einem Schloss müssen zuerst freigeschaltet werden,
was kostenpflichtig ist

Hinweis Diese Übergänge müssen Sie kostenpflichtig übers Internet freischalten, damit das Wasserzeichen verschwindet, oder Sie können eines der Hollywood FX-Pakete als Datenträger im Fachhandel erwerben, um diese zu gebrauchen. Klicken Sie auf die Schaltfläche *Jetzt aktivieren*, um die Effekte online freizuschalten.

Unter *2D-Übergänge* sind die Standardeffekte gespeichert. Sie können aus den Untergruppen den gewünschten Effekt aussuchen und in Pinnacle Studio HD benutzen. Wenn Sie auf *Mehr Übergangseffekte* klicken, öffnet Pinnacle Studio HD eine Internetseite, auf der Sie weitere Effekte kaufen können.

Sobald Sie einen Effekt mit der Maus anwählen, sehen Sie im Vorschaufenster, wie der Effekt aufgebaut ist, bzw. es wird Ihnen gleich eine Demo abgespielt, die den Ablauf des Übergangs zeigt. Dabei steht der Buchstabe A für den linken Clip und der Buchstabe B für den rechten Clip auf der Timeline, die Sie mit dem gewählten Übergangseffekt ineinander überblenden lassen möchten.

Ein Übergangseffekt wird wie folgt angewendet:

1. Wechseln Sie im Album über die Register zu den Übergängen oder wählen Sie aus dem Menü *Album* den Eintrag *Übergänge*.
2. Wählen Sie eine Kategorie und aus dieser Kategorie einen Übergangseffekt.
3. Ziehen Sie den gewünschten Übergangseffekt per Drag&Drop aus dem Album in die Timeline zwischen die beiden Clips, die Sie überblenden wollen.

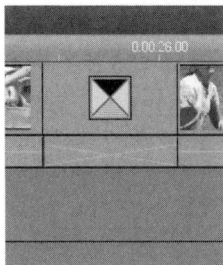

Abbildung 5.6:
Der Effekt wird zwischen zwei Clips gesetzt und
kann gleich überprüft werden

Dazu halten Sie den Blendeneffekt nur über den ersten oder den zweiten Clip und lassen dann die Maustaste wieder los. Der Übergang wird automatisch zwischen den beiden Clips positioniert. Sie sehen zwei grüne Hilfslinien, zwischen die der Effekt eingefügt wird.

Gegebenenfalls müssen Sie die Timeline etwas näher heranzoomen, damit der Effekt besser zu sehen ist. Natürlich können Sie einen Übergangseffekt auch in der Storyboard-Ansicht einsetzen; dazu gehen Sie wie folgt vor.

1. Wechseln Sie in die Storyboard-Ansicht, indem Sie im Menü *Ansicht* den Eintrag *Storyboard* wählen.
2. Öffnen Sie im Album das Register für die Übergänge.
3. Ziehen Sie einen Effekt zwischen zwei Clips auf den grauen Balken.

Abbildung 5.7:
Übergangseffekte können auch in der Storyboard-
Ansicht eingefügt werden

Sie können so immer zwischen zwei Clips einen Übergang setzen. Das ist auch am Anfang und am Schluss des Films möglich.

Länge eines Übergangs verändern

Die Länge bzw. die Dauer eines Übergangseffekts können Sie nur in der Timeline-Ansicht anpassen, da die Länge des Übergangs in der Storyboard-Ansicht nicht sichtbar ist und auch nicht ohne Weiteres verändert werden kann.

Die Länge des Effekts können Sie verändern, indem Sie den Effekt auf der Timeline mit der Maus trimmen. Klicken Sie ihn an und bewegen Sie die Maus an den Anfang bzw. an das Ende des Effekts, bis sich der Mauszeiger in einen blauen Doppelpfeil verwandelt.

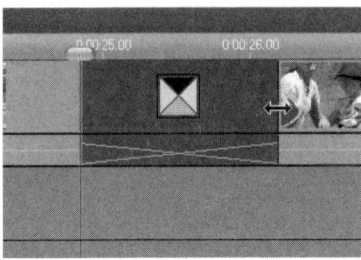

Abbildung 5.8:
Ein Übergangseffekt kann genau wie ein Clip
verlängert bzw. verkürzt werden

Fahren Sie mit gedrückter Maustaste nach links oder rechts, um den Effekt zu verkürzen oder zu verlängern.

Beachten Sie dabei, dass bei einem Übergangseffekt zwei Clips für die Dauer des Effekts miteinander verschmolzen werden. Das führt dazu, dass Pinnacle Studio HD den Film um diese Länge kürzen muss. Das wird verständlich, wenn Sie folgendes Beispiel nachvollziehen:

1. Legen Sie zwei Clips auf die Timeline und trimmen Sie sie zu einer Länge von je fünf Sekunden, sodass der Film eine Länge von 10 Sekunden hat.

2. Zoomen Sie die Timeline auf die Länge des ganzen Films, fügen Sie nun irgendeinen Übergangseffekt hinzu und beobachten Sie das Ende des Films.

   Der Film wird um ein kleines Stück verkürzt, und zwar genau um die halbe Länge des Effekts. Wenn Sie nun den Effekt verlängern, verkürzt sich der Film entsprechend.

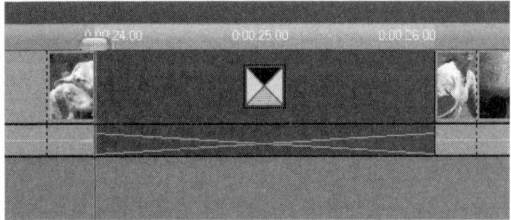

Abbildung 5.9: Der Film wird im Ganzen kürzer, je länger ein Übergangseffekt ist

Hinweis

Sie können den Effekt nicht länger als den kürzeren der beiden Clips machen. Beim Verkürzen des Effekts wird der Film wieder verlängert.

Ein Übergangseffekt braucht Zeit, da zwei Clips miteinander verschmolzen werden. Das ist kein Problem, achten Sie einfach beim Filmen darauf, dass Sie von jeder Einstellung genügend Material aufgenommen haben und dieses später beim Schneiden für die Übergänge gebraucht werden kann.

Ein Übergangseffekt kann durch einen Doppelklick auch im Trimm-Editor verändert werden. Doppelklicken Sie auf den Effekt, um den Editor zu öffnen.

Abbildung 5.10: Nach einem Doppelklick auf einen Effekt kann dieser bearbeitet werden

In der oberen rechten Ecke des Trimm-Editors wird die *Dauer* des Übergangseffekts angezeigt. Durch Anklicken der jeweiligen Anzeigeposition und durch Erhöhen oder Verringern der gezeigten Werte können Sie die Länge des Effekts verändern. Übergänge können auch in der Storyboard-Ansicht mit dem Trimm-Editor verändert werden. Den Trimm-Editor können Sie schließen, indem Sie mit der Maus auf das Kreuz klicken.

Standardlänge eines Übergangs

Wenn Sie einen Übergangseffekt auf der Timeline anwenden, hat dieser eine Standardlänge. Diese Standardlänge ist in den Optionen von Pinnacle Studio HD festgelegt worden. Sie haben allerdings die Möglichkeit, die Standarddauer für alle neu hinzugefügten Übergänge zu ändern. Die Änderungen beziehen sich allerdings nur auf die neu hinzugefügten Effekte und nicht auf diejenigen, die schon im Film angewendet wurden.

Um die Standarddauer zu ändern, gehen Sie wie folgt vor:

1. Wählen Sie im Menü *Setup/Projekt-Voreinstellungen*.

   Es öffnet sich das Dialogfenster *Pinnacle Studio Setup-Optionen*.

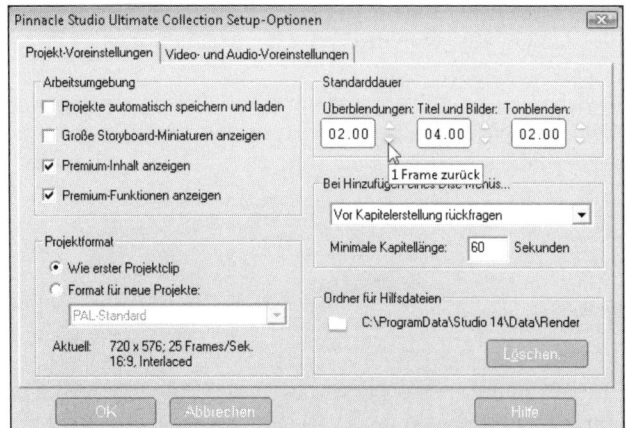

Abbildung 5.11: Hier kann die Standarddauer eines Effekts verändert werden

2. Unter *Standarddauer* können Sie die Länge für alle Übergangseffekte verändern. Das erste Zahlenpaar sind Sekunden, das zweite sind Bilder. Eine Sekunde besteht aus 25 Bildern. Diese Veränderung betrifft nur Effekte, die nach der Einstellung neu auf die Timeline gelegt werden.

3. Geben Sie die gewünschte Dauer ein und schließen Sie das Fenster mit einem Klick auf *OK*.

Effekte sinnvoll einsetzen

Hinweis

Übergangseffekte werden in der Filmsprache gezielt eingesetzt. Natürlich können Sie zwischen jeden Clip einen Effekt legen und somit ein recht buntes Resultat erhalten. Es hat sich allerdings gezeigt, dass weniger oft mehr ist. Oft lenken überflüssige Übergangseffekte vom Film ab und verwirren den Zuschauer.

Der wohl am häufigsten eingesetzte Effekt ist der sogenannte *Weiche Übergang* oder die *Weiche Blende*. Diese Blende dient z.B. dazu, dem Zuschauer mitzuteilen, dass im Film ein Orts- oder Zeitwechsel erfolgt. Wenn Sie also im Film eine Geschichte erzählen und den Ort wechseln, dann ist es sicherlich eine gute Lösung, zwei Clips langsam ineinander überblenden zu lassen.

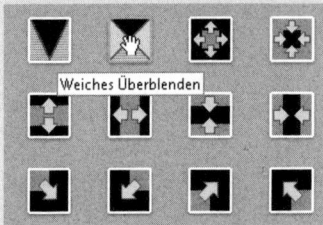

Abbildung 5.12:
Die weiche Blende wird für Orts- und Zeitwechsel eingesetzt

Sie können diesen Effekt mit dem Übergang *Ein-/Ausblenden* noch verstärken, der kurz in Schwarz blendet, statt die Clips ineinander zu überblenden. Dieser Effekt befindet sich direkt links neben dem Übergang *Weiches Überblenden*.

Alle anderen Effekte wenden Sie am besten dort an, wo sie abgestimmt auf den Filminhalt sinnvoll sind. Eine allgemeingültige Regel gibt es nicht, außer dass Sie Ihr Publikum nicht mit zu vielen Effekten verwirren oder langweilen sollten.

Übergänge können natürlich auch am Anfang und am Ende eines Films angewendet werden, um ihn ein- oder auszublenden. Ziehen Sie dazu den Effekt einfach an den Anfang oder den Schluss des Films.

Abbildung 5.13: Übergangseffekte können auch am Anfang und am Schluss angewendet werden

Übergänge und Titel

Übergänge lassen sich auf allen Videospuren und der Titelspur anwenden. Hierfür gehen Sie wie folgt vor:

1. Setzen Sie einen Titel auf die Timeline.

2. Öffnen Sie im Album das Register für die Übergänge.

3. Ziehen Sie mit der Maus per Drag&Drop einen Effekt an den linken oder rechten Rand eines Titels.

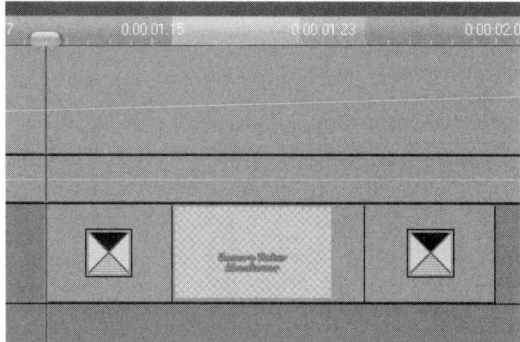

Abbildung 5.14: Einen Übergang auf einen Titel anwenden

Die Länge des Übergangs kann durch Trimmen verändert werden.

Effekt ersetzen

Falls ein bestehender Effekt auf der Timeline durch einen anderen mit derselben Länge ersetzt werden soll, ziehen Sie den neuen einfach mit der Maus auf den bestehenden. Der vorherige Effekt wird automatisch gelöscht und durch den neuen ersetzt. Die Dauer bleibt dabei unverändert.

Effekt auf mehrere Clips gleichzeitig anwenden

Sie haben in Pinnacle Studio HD die Möglichkeit, einen Effekt auf mehrere aufeinanderfolgende Clips gleichzeitig anzuwenden. Dies ist dann sinnvoll, wenn jeder Videoclip mit demselben Übergangseffekt überblendet werden soll, z.B. bei einer Diashow. Gehen Sie dazu wie folgt vor:

1. Setzen Sie mehrere Clips auf die Timeline und legen Sie zwischen den ersten und zweiten Clip einen Übergangseffekt.

2. Markieren Sie mit der Maus den Übergangseffekt und alle Clips rechts davon, auf die der Übergangseffekt angewendet werden soll.

Abbildung 5.15: Selektieren Sie mehrere Clips durch Gedrückthalten der linken Maustaste und Aufziehen eines Auswahlvierecks

3. Klicken Sie mit der rechten Maustaste auf den Übergangseffekt und wählen Sie aus der Liste *Übergangseffekt in ausgewählte Clips kopieren*.

Abbildung 5.16: Ein Effekt kann auf mehrere Clips mit einem Befehl kopiert werden

Der Effekt wird auf alle selektierten Clips kopiert. So können Sie sich eine Menge Arbeit sparen, denn auf diese Weise brauchen Sie nicht jeden Übergang manuell zu setzen.

6

Montagethemen

Bei *Montagethemen* handelt es sich um Effekte bzw. Vorlagen, die Sie an jeder Stelle Ihres Films einfügen können. Die Effekte sind nicht vergleichbar mit Übergangseffekten, sondern dienen dazu, mehrere Videoclips Bild-in-Bild darzustellen oder Videos und Fotos dreidimensional zu animieren. Grundsätzlich funktionieren die Montagethemen immer nach dem gleichen Prinzip.

Um ein Montagethema anzuwenden, gehen Sie wie folgt vor:

1. Wählen Sie im Album die *Montagethemen* mit einem Klick auf das folgende Symbol:

   Abbildung 6.1:
Montagethemen in Pinnacle Studio HD

Die verschiedenen Vorlagen sind in Kategorien zusammengefasst, die Sie im Album auswählen können.

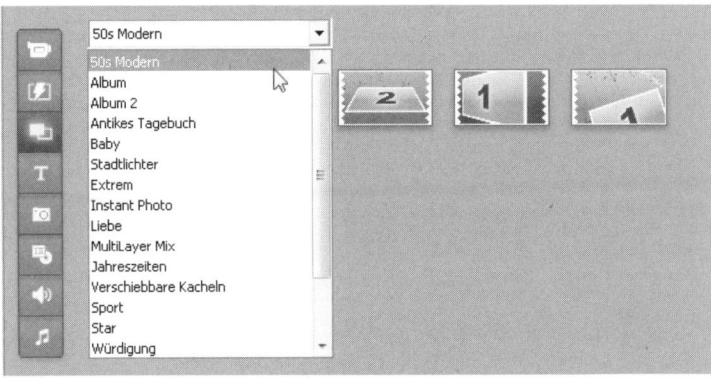

Abbildung 6.2: Wählen Sie eine gewünschte Kategorie

2. Wählen Sie nun eine Vorlage aus dem Album aus und legen Sie diese an einen beliebigen Ort zwischen zwei Clips auf der Timeline, an den Anfang oder den Schluss des Films.

   Im Beispiel wird aus der Kategorie *MultiLayer Mix* die Vorlage *MultiLayer Mix – MultiPIP – Unteres Drittel* gewählt.

Abbildung 6.3: In der Video-Toolbox sind die erweiterten Einstellungen für das gewählte Thema zu sehen

Nun haben Sie die Möglichkeit, in die sogenannten *Zielfelder* ein Video oder ein Foto zu legen. Die Zielfelder entsprechen den Nummerierungen der Vorlage. Im Beispiel werden vier Clips gleichzeitig dargestellt. *Zielfeld 1* ist der Hintergrund, die Zielfelder 2 bis 4 sind die kleinen Bilder am unteren Rand des Videos. Bei diesem Montagethema werden später im Film alle vier Filme miteinander abgespielt.

3. Ziehen Sie nun entweder Videoclips oder Fotos per Drag&Drop in die Zielfelder.

   Im Register *Video* sehen Sie das aktuell in das Album geladene Video. Mit dem Register *Photos* können Sie Standbilder von Ihrem PC in das Montagethema laden.

Abbildung 6.4: Ziehen Sie die Clips in die Zielfelder, um den Effekt anzuwenden

4. Mit dem Schieberegler *Position* können Sie die Position der drei kleinen Bilder nach oben oder unten verschieben.

5. Spielen Sie nun den Film auf der Timeline ab und Sie sehen im Vorschaufenster sofort das Resultat.

Abbildung 6.5:
Sehen Sie das Resultat in der Vorschau

Auf einfachste Weise laufen vier Videos gleichzeitig ab. Andere Videoschnittprogramme würden für diesen Effekt mindestens vier Spuren belegen und jedes der Videos müsste mit einem speziellen Effekt versehen werden. Der Aufwand ist sehr gering und das Resultat sehr effektvoll.

6. Um wieder zur Themenübersicht zu gelangen, klicken Sie mit der linken Maustaste auf das Kreuzsymbol.

Abbildung 6.6:
Schließen der Ansicht

Falls Ihnen das Montagethema nicht gefällt und Sie lieber ein anderes haben möchten, können Sie dieses wie einen normalen Clip von der Timeline entfernen. Ebenfalls können Sie das Thema mittels der Trimm-Funktion verkürzen bzw. verlängern. Tipp

Videos oder Fotos

Sie können für die Montagethemen entweder Videos oder Fotos verwenden. Im Album bzw. den Montagethemeneinstellungen wählen Sie einfach das entsprechende Register aus.

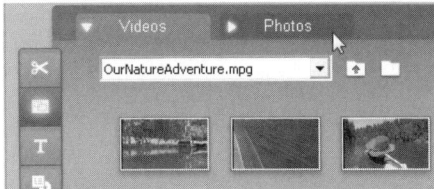

Abbildung 6.7:
Wählen Sie aus, ob Sie das Thema mit Videos und/oder Fotos verwenden möchten

Erweiterte Einstellungen

Bei manchen Themen haben Sie die Möglichkeit, weitere Einstellungen vorzunehmen. Diese variieren je nach Vorlage. Wählen Sie z.B. ein Thema aus der Kategorie *Album*, können Sie zusätzlich zu den *Zielfeldern* einen Text für die Beschriftung des Albums festlegen:

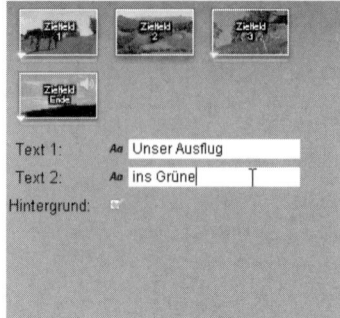

Abbildung 6.8:
Zusätzliche Einstellungen für das Thema Album

In der Vorschau sieht das dann wie folgt aus:

Abbildung 6.9:
Der Text ist in der Animation zu sehen

Schriftart anpassen

Die Schriftart kann durch Klicken auf das *Aa-Symbol* links neben dem Texteingabefeld verändert werden.

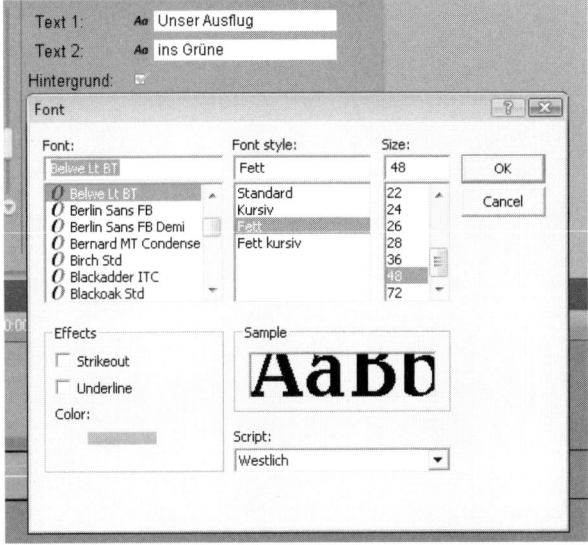

Abbildung 6.10: Die Schriftart des Textes im Montagethema anpassen

7

Titel

Titel dienen dazu, einen Film mit Textkommentaren zu ergänzen. Ein Film beginnt sinnvollerweise immer mit einem Titel und gibt eventuell auch Auskunft über die Macher. Allerdings muss ein Titel nicht unbedingt am Anfang eines Films erscheinen, sondern kann an beliebiger Stelle stehen. Ein Titel kann über das Video gelegt werden, sodass rund um die Schrift der bewegte Film zu sehen ist. Ein Titel kann aber auch vor einem neutralen Hintergrund oder Standbild stehen, ohne dass ein Video im Hintergrund zu sehen ist. In Filmen wird oft am Schluss ein Rolltitel verwendet, in dem alle Mitwirkenden am Film aufgeführt werden. Oftmals werden Titel auch verwendet, um ein Datum oder den Namen eines Ortes einzublenden. Lassen Sie Ihrer Kreativität freien Lauf.

In Pinnacle Studio HD Version 14 gibt es grundsätzlich zwei Arten von Titeln. Die einen Titel sind *statische Titel* und werden als Standardtitel bezeichnet. Deren Text lässt sich zwar bewegen, z.B. in einem Lauf- oder Kriechtitel, die Buchstaben und Wörter können aber nicht einzeln animiert werden. Eine neue Art von Titel in Pinnacle Studio HD Version 14 sind die *Motion-Titel*, die etwas anders erstellt oder verändert werden als die Standardtitel. Weitere Informationen zum Motion-Titeleditor entnehmen Sie *Kapitel 8 „Motion-Titeleditor"*.

Standardtitel von Vorlage verwenden

Im ersten Teil dieses Kapitels werden die Standardtitel von Pinnacle Studio HD beschrieben.

Wechseln Sie im Album auf der Registerkarte *Bearbeiten* ins Register *Titel*, wenn Sie einen Standardtitel aus einer Vorlage verwenden möchten. Diesen Titel können Sie nach Ihren Wünschen anpassen.

Es stehen zwei Möglichkeiten zur Verfügung, einen Titel für ein Video zu erstellen. Für Einsteiger ist es empfehlenswert, einen Vorlagen-Titel zu verwenden und diesen anzupassen. Die zweite Möglichkeit besteht darin, einen Titel komplett neu zu erstellen, wie dies in *Kapitel 3, Abschnitt „Video-Toolbox"* beschrieben ist.

Klicken Sie nun im *Album* auf *Titel*, um diese anzuzeigen, oder wählen Sie aus dem Menü *Album* den Eintrag *Titel*.

Abbildung 7.1:
Mit diesem Symbol werden die Titel im Album angezeigt

Wählen Sie in der Dropdown-Liste die Standardtitel aus.

Angezeigt werden einige Standardtitel, die Sie direkt übernehmen können. Am einfachsten ist es, eine dieser Vorlagen zu verwenden und individuell anzupassen.

Abbildung 7.2:
Im Menü Titel unter Standardtitel sind die einfachen, nicht animierten Titel

Ziehen Sie per Drag&Drop einen beliebigen Titel aus dem Album in die Titelspur auf der Timeline an die gewünschte Stelle im Film.

Tipp Ein Titel kann sowohl auf die Titelspur als auch auf die Videospur gelegt werden, wobei zwischen beiden ein Unterschied besteht.

Auf der Titelspur: Der Titel wird über bzw. vor dem Videobild dargestellt. Im Hintergrund ist das Video zu sehen. Ein solcher Titel wird als *Overlaytitel* bezeichnet, weil er über das Videobild gelegt wird.

Auf der Videospur: Der Titel ist allein, also ohne Video im Hintergrund, zu sehen. Der Titel wird auf die Videospur gelegt, wenn er einen neutralen Hintergrund oder ein Standbild als Hintergrund hat. Dieser Titel wird *Vollbildtitel* genannt.

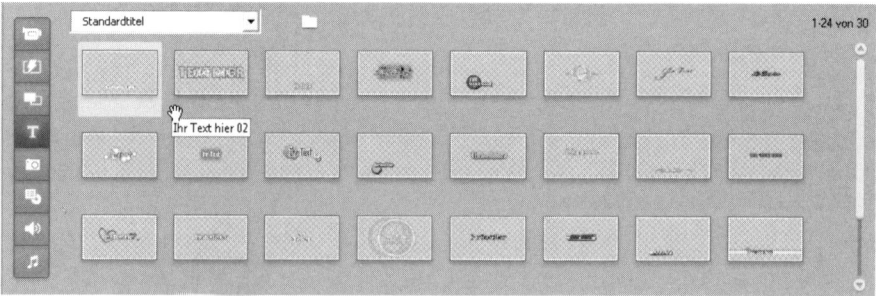

Abbildung 7.3: Im Album werden die Vorlagentitel angezeigt

Im folgenden Beispiel wird ein Titel in die Titelspur eingefügt. Ziehen Sie einfach einen gewünschten Titel mit der Maus per Drag&Drop auf die Titelspur der Timeline.

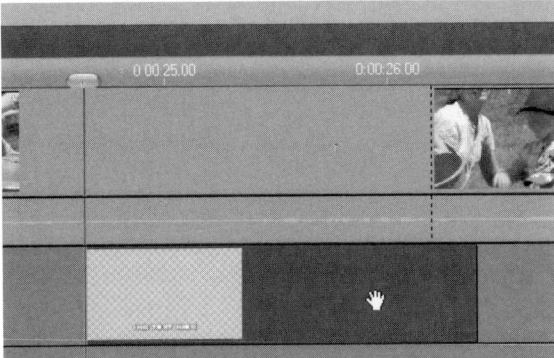

Abbildung 7.4: Ein Titel wird auf die Titelspur gelegt, wenn das Video im Hintergrund zu sehen sein soll

Damit klar ist, was transparent dargestellt wird, zeigt Pinnacle Studio HD als Hintergrund des Titels ein Schachbrettmuster an. Der Titel sieht in unserem Beispiel im Vorschaufenster wie folgt aus:

*Abbildung 7.5:
Ein Titel wird vor dem Video dargestellt.
Im Hintergrund ist das Video zu sehen*

Sie können einen Titel wie einen Videoclip mit der Trimm-Funktion verlängern oder verkürzen. Der Titel kann im Nachhinein mit der Maus an eine andere Position geschoben werden.

Titel anpassen

Die Standardtitel können entweder so verwendet werden, wie sie sind, oder besser noch Ihren Wünschen entsprechend angepasst werden. Doppelklicken Sie mit der Maus auf den Titel in der Timeline, um den Titelgenerator zu öffnen.

Im mittleren Bereich des Titelgenerators lässt sich der Text eingeben und verändern. Im rechten Bereich stehen verschiedene Layoutvorlagen zur Verfügung, die individuell angepasst und modifiziert werden können.

Abbildung 7.6: Der Titelgenerator kann mit Doppelklick auf einen Titel in der Timeline geöffnet werden

Klicken Sie mit der Maus auf den Text des Titels. Dabei wird ein Textcursor gesetzt. Schreiben Sie jetzt den neuen Titeltext. Das Layout werden wir später anpassen.

Abbildung 7.7: Ersetzen Sie den bestehenden Text durch einen eigenen

Um das Layout zu verändern, müssen Sie den Text selektieren bzw. auswählen. Wählen Sie dazu aus dem Menü Bearbeiten die Funktion *Alles auswählen* oder drücken Sie ⌊Strg⌋+⌊A⌋.

Sie haben die Möglichkeit, aus bestehenden Layoutvorlagen Schriftart, Farbe, Schatten usw. auszuwählen oder die Einstellungen manuell vorzunehmen.

Layout aus einer Vorlage

Bewegen Sie die Maus auf eine der Vorlagen im rechten Bereich, ohne zu klicken. Ein neues Fenster mit weiteren acht Varianten wird geöffnet. Sobald Sie auf eine Variante klicken, passt sich der Titel diesem Layout an.

Verändert wird das Erscheinungsbild des Textes. Schriftart und Größe bleiben bestehen.

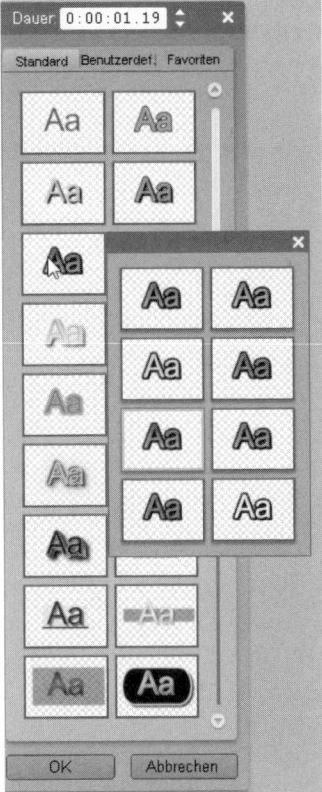

Abbildung 7.8:
Wählen Sie aus den Vorlagen ein Layout aus

Titelschrift verändern

Mit den nachfolgenden Symbolen können Sie die Schrift verändern. Die Symbole kennen Sie vielleicht schon von der Textverarbeitung her. *B* steht für Fett, *I* für Kursiv und *U* für Unterstrichen.

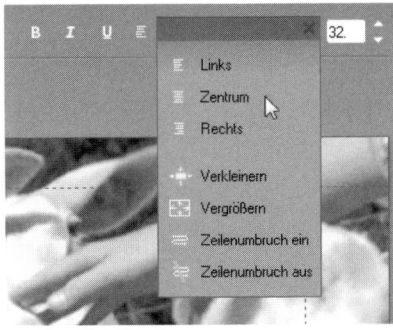

Abbildung 7.9:
Verändern Sie die Schrift und die Anordnung
des Textes

Mit dem Textblock können Sie den Text links- oder rechtsbündig oder mittig darstellen, ihn in der Höhe verkleinern oder vergrößern und den Zeilenumbruch ein- oder ausschalten. Der Zeilenumbruch sollte bei Rolltiteln ausgeschaltet werden.

Daneben können die Schriftart und -größe angepasst werden. Nur die Schriftarten, die auf Ihrem PC installiert sind, werden in der Dropdown-Liste angezeigt:

Abbildung 7.10:
Alle installierten Schriftarten werden in der
Liste angezeigt

Jeder geschriebene Text wird in einem Textrahmen dargestellt, der eine bestimmte Größe hat. Damit Ihr Titel das ganze Bild füllt, ist es notwendig, diesen Textrahmen anzupassen. Sie können den Textrahmen verändern, indem Sie ihn am Rand mit der Maus anklicken. Im Editor werden nun gelbe Punkte sichtbar, sogenannte Kontrollpunkte, mit deren Hilfe die Anpassung durchgeführt wird.

Abbildung 7.11: Ein Textrahmen kann mithilfe der gelben Punkte skaliert werden

Klicken Sie mit der Maus auf einen der Kontrollpunkte und ziehen Sie ihn bei gedrückter Maustaste in die gewünschte Richtung. Der Rahmen wird komplett neu skaliert.

Falls der Textrahmen lediglich verschoben werden muss, können Sie den Rahmen mit dem Vierpfeilsymbol verschieben. Dieses Symbol erscheint, sobald Sie mit der Maus auf den Textrahmen fahren.

Achtung

Beachten Sie die rot gestrichelten Linien am Rand des Titelfelds. Sie zeigen Ihnen den bildsicheren Bereich an. Das heißt, dass alles, was innerhalb dieser Linien geschrieben ist, auch tatsächlich auf jedem TV-Gerät angezeigt wird. Nicht alle TV-Geräte haben die gleiche angezeigte Bildfläche, und es kann vorkommen, dass bis zu 10 % des Bildes einfach abgeschnitten werden. Bei Videoprojektoren und Präsentationen auf einem PC wird der ganze Bildbereich angezeigt, ebenfalls bei Flachbildschirmen.

Wenn Sie also innerhalb der roten Linien schreiben, sind Sie auf der sicheren Seite.

Abbildung 7.12:
Ein Titel wird an dem obersten grünen
Punkt gedreht

Der oberste Punkt, der als Einziger grün erscheint, dient dazu, den Text im Bild zu drehen. Fahren Sie mit der Maus auf diesen Punkt, damit der Mauszeiger als Kreispfeilsymbol erscheint. Nun können Sie den Titel drehen, indem Sie mit der Maus klicken, die Maustaste gedrückt halten und den Text nach links oder rechts bewegen.

Layout manuell anpassen

Sie haben die Möglichkeit, das Layout des Titels individuell anzupassen. Das heißt, Sie können Textfarbe, Umrandung und Schattierung selbst definieren. Gehen Sie dazu wie folgt vor:

1. Markieren Sie den Text mit einem Mausklick und wechseln Sie in das Register *Benutzerdefiniert* oben rechts im Titelgenerator.

2. Wenn Sie zuvor ein Layout gewählt haben, das nicht verändert werden kann, sind alle Funktionen grau hinterlegt und nicht einstellbar. In diesem Fall wählen Sie ein anderes Layout aus dem Standardregister; das obere linke kann immer manuell angepasst werden.

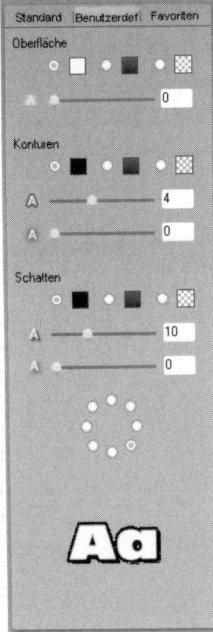

Abbildung 7.13:
Nicht alle Layouts können manuell verändert werden. In diesem
Fall wählen Sie ein anderes Layout für Ihren Titel aus

3. Verändern Sie nun Oberfläche, Konturen und Schatten des Textes. Im unteren Bereich erscheint eine Vorschau des geänderten Textes.

Oberfläche

Hier können Sie die Oberflächenfarbe des Textes und den Weichzeichnungsgrad der Schrift anpassen.

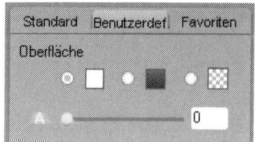

Abbildung 7.14:
Einstellung der Oberflächenfarbe eines Textes

Wählen Sie durch einen Klick die Art der Oberflächenfarbe: *Oberflächenfarbe ändern*, *Oberflächenverlauf ändern* oder *Oberfläche ist transparent*. Transparenz wird durch das Schachbrettmuster dargestellt. Wenn Sie *transparent* wählen, verschwindet allerdings der Text, was wenig sinnvoll ist. Deshalb müssen Sie der Schrift eine Umrandung hinzufügen. Lesen Sie hierzu mehr im folgenden Abschnitt.

Textfarbe ändern

Um die Farbe zu verändern, gehen Sie wie folgt vor:

1. Markieren Sie den Text Ihres Titels, den Sie verändern möchten.

2. Klicken Sie auf das linke der drei Vierecke im Bereich *Oberfläche.*

3. Nun erscheint das Farbauswahlfenster. Wählen Sie im Farbfeld die gewünschte Farbe aus oder geben Sie die Werte unter *Rot*, *Grün* und *Blau* ein.

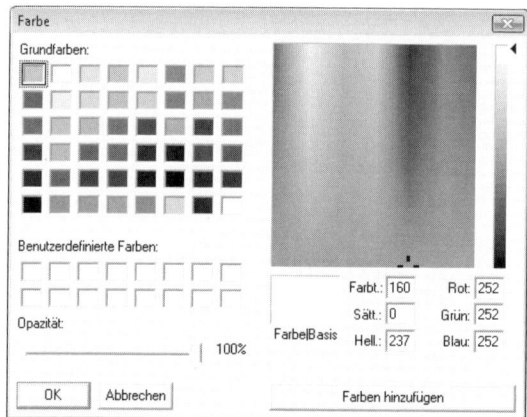

Abbildung 7.15: Über das Windows-Standardfenster Farbe wird die Farbe ausgewählt

4. Wenn Sie die Farbe für die Oberfläche übernehmen wollen, klicken Sie auf *OK*.

Farbverlauf hinzufügen

Wenn Sie die Oberflächenfarbe der Schrift mit einem Farbverlauf versehen möchten, gehen Sie wie folgt vor:

1. Klicken Sie auf das mittlere der drei Vierecke im Bereich *Oberfläche*.

2. Nun wird nicht direkt die Farbauswahl angezeigt, sondern ein kleines Fenster mit vier Farbvierecken. Klicken Sie auf jedes dieser Vierecke, um den Farbverlauf zu definieren.

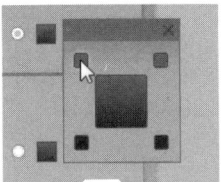

Abbildung 7.16:
Klicken Sie auf jedes der vier Vierecke, um dessen Farbe im
Farbverlauf zu definieren

Transparenz

Wenn Sie das Viereck mit dem Schachbrettmuster rechts außen anklicken, wird die Textfarbe transparent dargestellt. Wenn noch keine Umrandung zugewiesen wurde, verschwindet die Schrift; sobald eine Umrandung zugewiesen wird, wird sie wieder sichtbar.

Verwischungsgrad

Mit dem Schieberegler können Sie die Schrift verschwommen darstellen. Wenn Sie dies wünschen, wählen Sie hier einen Wert zwischen 0 für scharf und 30 für unscharf. Sinnvoll sind solche Veränderungen in der Kombination von Umrandung und Schattierung.

Konturen

Auch hier haben Sie die Möglichkeit, zwischen drei Darstellungsformen zu wählen, sie beziehen sich jedoch auf die Konturen des Textes und nicht auf die Textfarbe. Sie weisen mit dem oberen der beiden Schieberegler eine Umrandung zu, die dadurch sichtbar wird. Wünschen Sie keine Konturen, dann wählen Sie das Schachbrettmuster, also transparent.

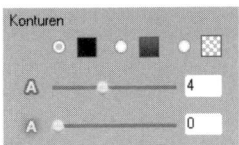

Abbildung 7.17:
Mit dieser Funktion können Sie einem Text eine
Umrandung zuweisen

Mit dem oberen Schieberegler wählen Sie die Dicke der Kontur mit Werten zwischen 0 und 10. Mit dem unteren wird der Verwischungsgrad der Kontur eingestellt.

Schatten

Mit dieser Funktion können Sie dem Text einen Schatten zuweisen. Wiederum gelten die beschriebenen Einstellungsmöglichkeiten. Die Farbauswahl bezieht sich hier auf die Farbe des Schattens, der hinter den Text gesetzt wird.

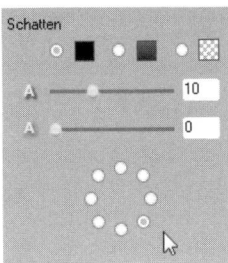

Abbildung 7.18:
Fügen Sie dem Text einen Schatten hinzu

Der erste Schieberegler verändert die Größe des Schattens mit Werten von 0 bis 30 und der zweite Schieber verändert den Verwischungsgrad.

Im Kreis können Sie angeben, wo hinter dem Text der Schatten zu liegen kommen soll. Klicken Sie mit der Maus einen Punkt an, um die Richtung zuzuweisen.

Favoriten

Im Register *Favoriten* sehen Sie, welche Layouts Sie zuletzt gebraucht haben, und können so schnell auf den gleichen Stil zugreifen.

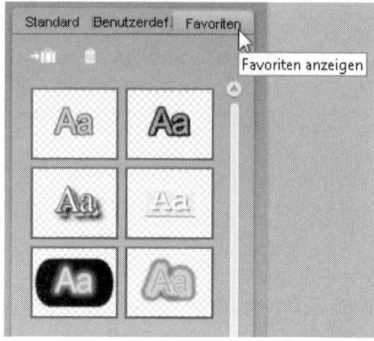

Abbildung 7.19:
Im Register Favoriten werden die zuletzt verwendeten Layouts gespeichert

Mit dem Koffersymbol können Sie das aktuelle Layout in die Favoritenliste übernehmen, sodass Sie später immer wieder darauf zugreifen können, ohne sämtliche Einstellungen erneut vornehmen zu müssen. Wollen Sie ein Layout wieder löschen, verwenden Sie das Papierkorbsymbol.

Hintergrund eines Titels

Wie Sie bereits wissen, kann ein Titel über das Video gelegt werden. Die Videosequenz wird hinter dem Titel sichtbar dargestellt. Sie können einem Titel aber auch einen festen Hintergrund zuweisen, sodass dieser nicht mehr transparent dargestellt wird. Ein Hintergrund ist bei einem Overlaytitel nicht wirklich sinnvoll, denn dann wird das Video im Hintergrund durch den Titelhintergrund verdeckt. Sinnvoller wäre es, den Titel auf die Videospur zu legen und mit einem festen Hintergrund zu versehen. Diese Variante wird für die bessere Übersicht auf der Timeline empfohlen. Sie können allerdings auch ein Standbild auf die Videospur legen und darüber einen Titel mit Transparenz setzen, dies würde zum selben Resultat führen. Wenn Sie sich für einen Hintergrund im Titel entscheiden, so wird dieser immer dieselbe Länge haben wie der Titel selbst. Dazu ein kurzes Beispiel für beide Varianten.

Links befinden sich ein Standbild auf der Videospur und ein Titel auf der Titelspur. Rechts sehen Sie einen Titel mit integriertem Hintergrundbild. Beide Varianten liefern genau das gleiche Bild, allerdings sehen Sie schnell, dass die linke Variante viel flexibler ist. Sie können den Titel ein- bzw. ausblenden, ohne dass sich das Hintergrundbild dabei verändert.

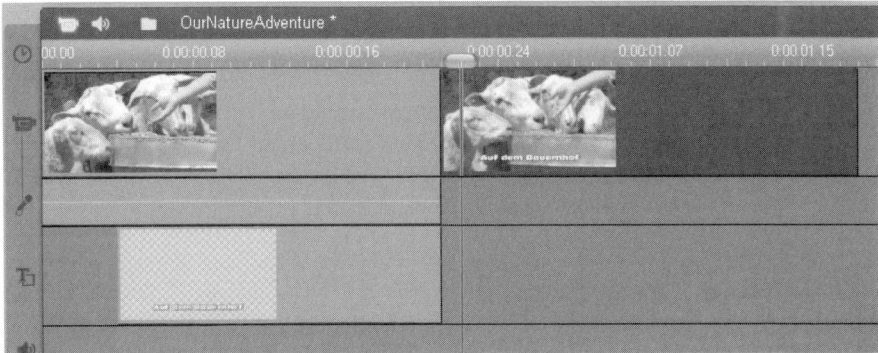

Abbildung 7.20: Dasselbe Resultat auf verschiedene Weise erreicht

Für das Verwenden eines Standbildes als Titelhintergrund wechseln Sie in das *Hintergrund*-Menü, indem Sie auf das entsprechende Symbol klicken.

Abbildung 7.21:
Symbol für das Hinzufügen eines Hintergrundbildes

Es wird eine Liste von Beispielbildern angezeigt, die in Pinnacle Studio HD bereits enthalten sind.

Abbildung 7.22:
Standbilder können als Hintergrund für Titel verwendet werden. Klicken Sie sie einfach in der Liste an

Entsprechend dem Layout der Schrift kann der Hintergrund einfarbig, mit einem Farb-verlauf oder eben transparent dargestellt werden. Wenn *transparent* gewählt wird, sprechen wir nicht von einem Hintergrund, weil dann ja wieder das Video zu sehen ist.

Zusätzlich können Sie für den Hintergrund ein Standbild aus den Vorlagen in Pinnacle Studio HD oder aus dem Fundus von Fotos oder Grafiken auf Ihrer Festplatte wählen. Wenn Sie eine Hintergrundvorlage wählen wollen, klicken Sie sie einfach in der Liste an. Sie wird sofort übernommen.

Achtung

Achten Sie beim Verwenden von Grafiken als Hintergrund auf deren Größenver-hältnisse bzw. auf die Anzahl der Pixel. Je nachdem, mit welchem Videomaterial Sie arbeiten, hat das Videobild eine andere Anzahl von Pixeln und somit ein anderes Seitenverhältnis. Wenn Sie mit einer Videokamera im Verhältnis 4:3 gefilmt haben und sie dem PAL-Standard entspricht, sollte das Bild für den Hintergrund mindestens 720 x 576 Pixel aufweisen. Wenn das Bild größer ist, spielt das keine Rolle, da Pinnacle Studio HD das Bild entsprechend verkleinert anzeigt. Wichtig hierbei ist, dass das Bild das Seitenverhältnis von 4:3 hat, da sonst Ränder an den Seiten bzw. oben und unten zu sehen sind.

Die Standardvorlagen in Pinnacle Studio HD liegen im Verhältnis 4:3 und 16:9 vor. Standardmäßig sind die 4:3-Vorlagen sichtbar. Sie können aber die 16:9-Vorlagen anzeigen lassen, was im Folgenden beschrieben wird.

Um eigene Bilder als Hintergrund zu wählen, führen Sie folgende Schritte aus:

1. Klicken Sie mit der Maus auf das kleine Ordnersymbol, um auf die Dateiebene zu gelangen. Das Dialogfenster *Öffnen* wird angezeigt.

2. Wechseln Sie in das Verzeichnis, in dem sich Ihre Bilder befinden.

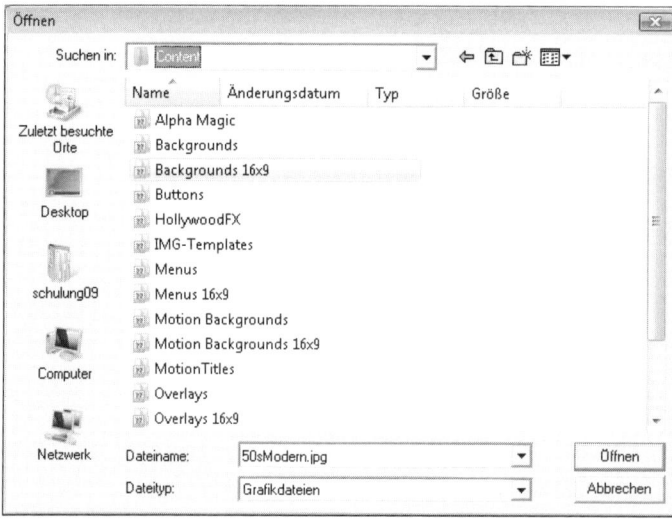

Abbildung 7.23: Wurde Pinnacle Studio HD auf Laufwerk C: installiert, befinden sich hier die Standardvorlagen für Hintergründe

3. Klicken Sie eines der Bilder an und klicken Sie dann auf die Schaltfläche *Öffnen*. Es ist völlig egal, welches Bild Sie anklicken, da alle Bilder in die Vorschau übernommen werden.

Wenn Sie 16:9-Vorlagen verwenden wollen, wechseln Sie in den entsprechenden Ordner auf der Festplatte. Dieser befindet sich eine Ordnerhierarchie über den Standardhintergründen.

Foto als Logo einfügen

Sie können zusätzlich zu einem Titel ein Foto oder Standbild einfügen. Das ist nicht zu verwechseln mit einem Hintergrundbild. Ein Foto kann wie ein Text im Titel positioniert werden. Diese Funktion können Sie einsetzen, wenn Sie ein Logo im Film verwenden möchten, das z.B. immer oben links im Bild zu sehen sein soll.

Klicken Sie auf das Fotoapparat-Symbol, um ein Bild in den Titel zu laden.

Abbildung 7.24:
Symbol für das Verwenden von Standbildern in Titeln

1. Wählen Sie über das Ordnersymbol einen Ordner auf der Festplatte aus, in dem sich die Bilder befinden.

2. Doppelklicken Sie mit der Maus auf eines der Bilder oder wählen Sie *Öffnen*, um die Bilder in die Vorschau zu laden.

3. Ziehen Sie nun das gewünschte Bild per Drag&Drop in den Titel.

Abbildung 7.25: Ein Foto oder Standbild kann einfach per Drag&Drop in den Titel gezogen werden

Die Grafik kann nun mit der Maus beliebig positioniert und skaliert werden, indem Sie sie an einem der gelben Punkte ziehen. Sie können in einem Titel auch mehrere Fotos verwenden, ziehen Sie einfach die gewünschten Bilder in den Titel.

Tipp Ein Logo über die Dauer des ganzen Films anzeigen zu lassen geht auch mithilfe der zweiten Videospur und der Bild-in-Bild-Funktion. Wenn Sie die zweite Videospur nicht für ein Logo verwenden möchten, ist es wiederum hilfreich, das Logo in einem Titel zu positionieren. Dazu folgender Tipp:

Erstellen Sie einen leeren Titel mit transparentem Hintergrund. Positionieren Sie das Logo an der gewünschten Stelle und verlängern Sie den Titel auf der Timeline über die gewünschte Dauer. Wenn Sie an einer bestimmten Stelle zusätzlich einen Text im Titel stehen haben möchten, zerschneiden Sie den Titel mit der Rasierklinge am Anfang und am Schluss. Öffnen Sie nun diesen separierten Teil im Titelgenerator und geben Sie einen Text ein. Belassen Sie aber das Logo im Bild, damit dieses immer angezeigt wird.

Erweiterte Funktionen

Reihenfolge

Vielleicht haben Sie bemerkt, dass der geschriebene Text durch das Foto verdeckt wurde. Unter Umständen möchten Sie die angezeigte Reihenfolge ändern, sodass das Foto hinter dem Text dargestellt wird. Verfahren Sie dazu wie folgt:

1. Klicken Sie das Element an, das in den Vordergrund bzw. in den Hintergrund kommen soll.
2. Wählen Sie aus dem Menü *Titel* die Funktion *Ebene* und danach wahlweise *In den Vordergrund* oder *In den Hintergrund*, um die Anzeige anzupassen.

   Die einzelnen Optionen bedeuten:

   - *In den Vordergrund*: Das gewählte Element wird als das am weitesten vorne liegende angezeigt.
   - *In den Hintergrund*: Das gewählte Element wird als das am weitesten hinten liegende angezeigt.
   - *Eine Ebene nach vorne*: Das gewählte Element wird eine Ebene nach vorne angezeigt.
   - *Eine Ebene nach hinten*: Das gewählte Element wird eine Ebene nach hinten angezeigt.

   Die beiden letzten Funktionen sind natürlich nur dann sinnvoll einzusetzen, wenn Sie mehr als zwei Elemente in den Titel eingefügt haben.

Weiteren Text einfügen

Sie können in einen Titel mehr als nur ein Textelement platzieren. Um ein neues Textelement zu erzeugen, gehen Sie wie folgt vor:

1. Klicken Sie mit der Maus auf das *T* im unteren Bereich des Titelgenerators.
2. Platzieren Sie die Maus im Titel an die Stelle, an der Sie einen neuen Text schreiben möchten, und klicken Sie einmal mit der linken Maustaste – ein neues Textfeld wird erzeugt.

Abbildung 7.26:
Über das T-Symbol wird weiterer Text in den Titel eingefügt

3. Geben Sie den neuen Text ein.

Zeichnen

Sie können im Titelgenerator Kreise, Ellipsen und Vierecke zeichnen, indem Sie wahlweise auf das Kreis- oder das Vierecksymbol klicken. Ziehen Sie dann mit der Maus an eine beliebige Stelle im Titel, um das Element zu zeichnen.

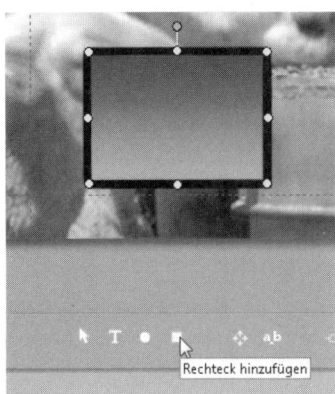

Abbildung 7.27:
Ergänzen Sie einen Titel mit Vierecken und Kreisen

Das Layout der Elemente kann auf die gleiche Weise wie Textelemente angepasst werden.

Mit einem Balken können Sie z.B. einen Text hervorheben. Sie haben einen Text in einer ähnlichen Farbe wie der des Hintergrunds geschrieben und möchten ihn nun etwas deutlicher darstellen. Zeichnen Sie ein Viereck und platzieren Sie es hinter den Text. So etwas sieht man oft in Nachrichten oder TV-Shows, wenn der Name einer Person in den Vordergrund geblendet wird. Dies wird auch *Bauchbinde* genannt.   Tipp

Abbildung 7.28:
Mit einem farbigen Balken als Hintergrund Text hervorheben

Text oder Elemente verschieben

Sie können bestehende Textelemente bzw. Bilder und Objekte im Titel verschieben, indem Sie auf das *Verschieben, Skalieren und Drehen*-Symbol klicken.

1. Klicken Sie mit der linken Maustaste auf das *Verschieben, Skalieren und Drehen*-Symbol.

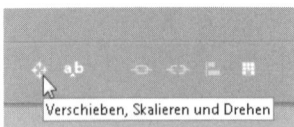

Abbildung 7.29:
Das Verschieben, Skalieren und Drehen-Symbol

2. Wählen Sie dann das Element aus, das verschoben werden soll. Handelt es sich um ein Textelement, muss es mit der Maus am Rand angefasst werden.

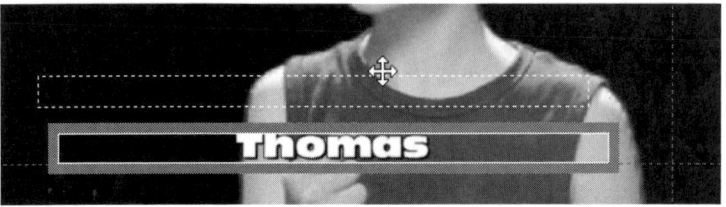

Abbildung 7.30: Halten Sie die linke Maustaste gedrückt und verschieben Sie so die Elemente im Titel

Buchstaben- und Zeilenabstand und Neigung

Sie können einen Text noch weiter verändern und anpassen, um ihn lesbarer oder schöner darzustellen. Wählen Sie dazu mit der Maus das Textelement aus, das Sie verändern möchten, und klicken Sie auf folgendes Symbol:

Abbildung 7.31:
Verändern Sie über dieses Symbol den Abstand von Buchstaben, Zeilen und deren Neigung

Das Textelement erhält fünf gelbe Kontrollpunkte, die folgende Möglichkeiten bieten: Die beiden Punkte am linken und rechten Rand dienen dazu, den Abstand zwischen den einzelnen Buchstaben anzupassen. Ziehen Sie den Punkt am linken Rand nach links, vergrößert sich der Abstand zwischen den Buchstaben, nach rechts verkleinert er sich. Die beiden Punkte oben und unten am Rand verändern den Zeilenabstand. Der fünfte gelbe Punkt oben rechts dient dazu, den Text schräg darzustellen. Klicken Sie den Punkt an, halten Sie die linke Maustaste gedrückt und ziehen Sie ihn nach rechts bzw. links.

Abbildung 7.32: Dieser Text wurde etwas schräg gestellt und der Abstand zwischen den Buchstaben vergrößert

Gruppieren und Verketten

Sie können mehrere Elemente in einem Titel miteinander verketten, um sie dann zusammen zu verschieben. Das ist dann hilfreich, wenn Sie viele Elemente in einem Titel verwenden. Bei den zu verbindenden Elementen kann es sich um Texte und Grafiken handeln. Gehen Sie dazu wie folgt vor:

1. Markieren Sie die Elemente, die Sie miteinander verketten bzw. gruppieren möchten.

   Wenn Sie sämtliche Elemente miteinander verketten möchten, wählen Sie aus dem Menü *Bearbeiten* und dann *Alles auswählen*. Wenn Sie nur einzelne Elemente miteinander verketten möchten, klicken Sie das erste mit der Maus an und dann mit gedrückter Strg-Taste alle weiteren Elemente. Bei Textelementen muss der Rahmen und nicht der Text angeklickt werden.

2. Klicken Sie nun auf das Gruppieren-Symbol, um alle ausgewählten Elemente miteinander zu verbinden.

Abbildung 7.33:
Dieses Symbol dient zum Verketten mehrerer Elemente

3. Klicken Sie nun mit der Maus eines der verketteten Elemente an und verschieben Sie es: Alle anderen Elemente werden mit verschoben.

   Um die Verkettung wieder aufzulösen, klicken Sie auf das Symbol *Gruppierung aufheben*; es befindet sich rechts neben dem Verkettungssymbol.

Ausrichten

Sie können mehrere Elemente im Titel aneinander ausrichten, um eine schönere Darstellung zu erzielen. Wählen Sie alle Elemente bei gedrückter Strg-Taste der Reihe nach mit der Maus aus und klicken Sie auf das *Ausrichten*-Symbol.

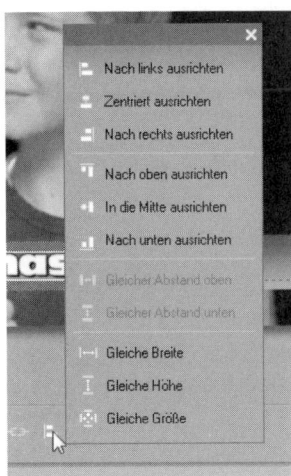

Abbildung 7.34:
Klicken Sie zum Ausrichten mehrerer Elemente auf das
Symbol mit den zwei übereinanderliegenden Balken

Eine Liste mit allen Möglichkeiten wird angezeigt. Wählen Sie die gewünschte Ausrichtung und klicken Sie auf das jeweilige Symbol.

Positionieren

Zusätzlich können die Elemente im Titel positioniert werden. Das ist nützlich, wenn man die Mitte der Bildfläche herausfinden will. Wählen Sie mit der Maus das zu positionierende Element aus und klicken Sie danach auf das *Justieren*-Symbol am unteren Rand des Titelgenerators.

Abbildung 7.35:
Über das Justieren-Symbol können Elemente im Titel genau platziert werden

Fahren Sie mit der Maus auf die gewünschte Position in der eingeblendeten Tabelle, um das Element zu positionieren. Wenn der Text im Titel mittig dargestellt werden soll, klicken Sie mit der Maus in die Mitte der eingeblendeten Tabelle.

Kopieren, Einfügen und Löschen

Sie können Elemente kopieren, um in einem Titel immer wieder den gleichen Text und das gleiche Layout zu verwenden. Dazu dienen folgende Symbole:

Abbildung 7.36:
Diese Symbole werden für das Ausschneiden, Kopieren, Einfügen
und Löschen verwendet

Das Scherensymbol schneidet ein markiertes Element aus. Es kann danach wieder mit dem *Einfügen*-Symbol eingefügt und an eine andere Stelle im Titel positioniert werden.

Das *Kopieren*-Symbol kopiert ein Element, sodass es ein weiteres Mal im Titel verwendet werden kann. Fügen Sie es mit dem *Einfügen*-Symbol wieder in den Titel ein.

Das Papierkorbsymbol löscht alle ausgewählten Elemente und entfernt sie aus dem Titel. Sie können ein Element auch selektieren und mit `Entf` löschen.

Alle diese Befehle können Sie auch über das Menü Bearbeiten wählen.

Lauf- und Rolltitel

Sicher kennen Sie aus Spielfilmen und TV-Shows die bewegten Titel. Sie haben mehrere Möglichkeiten, einen Titel im Film zu bewegen.

Die beliebtesten Varianten sind bereits im Titelgenerator eingebunden. Der Abspann, auch Rolltitel genannt, lässt den Text von unten nach oben laufen und der Kriech- oder auch Lauftitel von rechts nach links oder umgekehrt.

Standardmäßig ist der Standtitel ausgewählt.

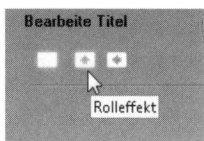

Abbildung 7.37:
Stellen Sie mit diesen Schaltflächen die Titelart ein:
Standtitel, Rolltitel und Kriechtitel

Achten Sie beim Verwenden des Rolleffekts darauf, dass Sie nach dem Text mit [↵] Tipp
genügend Leerzeilen einfügen, da der Titel sonst nicht sauber aus dem Bild rollt. Der
Text verschwindet sonst mitten im Bild, wenn er nach oben rollt.

Abbildung 7.38: Fügen Sie nach einem Rolltitel immer Leerzeilen ein, damit dieser
sauber aus dem Bild rollt

Fertige Titel speichern oder öffnen

Wenn Sie mit der Titelgestaltung fertig sind, reicht ein Klick auf *OK* aus, um den Titelgenerator zu beenden und den Titel in den Film zu übernehmen. Wenn Sie einen Titel
allerdings außerhalb des Projekts speichern möchten, um ihn später in ein anderes
Projekt zu importieren, sollten Sie den Titel wie folgt auf der Festplatte speichern:

1. Wählen Sie im Titelgenerator aus dem Menü *Datei/Titel Speichern als.*

2. Wählen Sie auf der Festplatte den gewünschten Speicherort für den Titel aus. Auf der
   Festplatte wird eine sogenannte *Title-Deko*-Datei mit der Endung *.dtl* gespeichert.

3. Einen bestehenden Titel öffnen Sie, indem Sie im Titelgenerator *Datei* und *Titel öffnen* wählen und den Titel auf der Festplatte suchen.

Übergänge in Titelspur

Wie bereits erwähnt, können Sie die Übergangseffekte auch auf die Titelspur legen. Verfahren Sie dazu genauso wie bei einem Übergangseffekt auf einem Videoclip.

Abbildung 7.39:
Übergänge lassen sich auch auf Titel anwenden,
um diese ein- bzw. auszublenden

Standardlänge eines Titels anpassen

Die Standardlänge für einen Titel können Sie im Menü unter *Setup* und *Projekt-Voreinstellungen* ändern. Standardlänge heißt, dass neu hinzugefügte Titel bereits eine bestimmte Länge auf der Timeline haben, ohne dass diese zuerst angepasst werden muss.

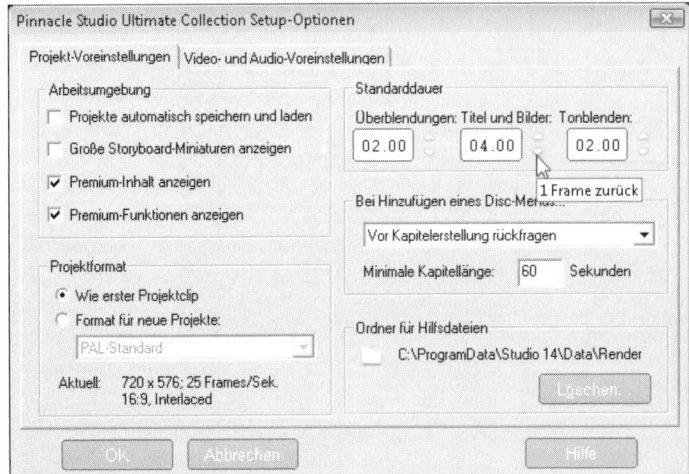

Abbildung 7.40: Verändern Sie die Standardlänge für Titel

Geben Sie in das Feld *Titel und Bilder* ein, wie lange ein neuer Titel in der Timeline dargestellt werden soll. Das gilt nur für Titel, die nach der Veränderung in die Timeline gezogen werden, und nicht für bereits bestehende.

Weitere Vorlagen erwerben

Sie können in der Dropdown-Liste im Album unter *Mehr Titel ..* weitere Vorlagen käuflich erwerben. Dazu benötigen Sie eine Internetverbindung.

Abbildung 7.41:
Weitere Titelvorlagen können online
gekauft werden

Titel neu erstellen

Sie können einen Titel komplett neu erstellen. Klicken Sie im Menü *Toolbox* auf *Titel erstellen* oder wählen Sie aus der Video-Toolbox folgendes Symbol.

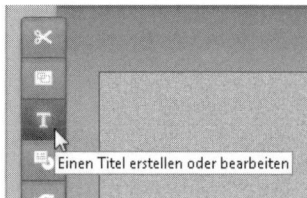

Abbildung 7.42:
Über dieses Symbol können Sie Titel neu erstellen

Sie haben grundsätzlich vier Möglichkeiten, einen Titel neu zu erstellen.

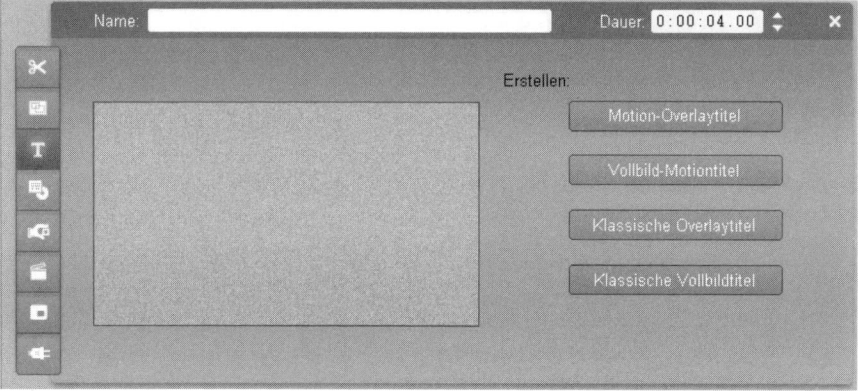

Abbildung 7.43: Mit der Titel-Funktion können Sie einen neuen Titel auf der Timeline erstellen

Motion-Overlaytitel und klassische Overlaytitel

Der Overlaytitel wird auf der Titelspur erzeugt, ein dahinter liegendes Video kann mit der Transparenz sichtbar gemacht werden. Das ist sinnvoll, wenn Sie einen Titel über ein bewegtes Video legen möchten. Mit dem klassischen Overlaytitel wird der klassische Titelgenerator geöffnet, wie es weiter oben in diesem Kapitel beschrieben wurde.

Klassische Vollbildtitel und Vollbild-Motiontitel

Ein Vollbildtitel wird auf der Videospur erzeugt und hat einen statischen Hintergrund, eine Farbe oder ein Bild. Benutzen Sie diese Art Titel bei einem nicht bewegten Hintergrund.

Grundsätzlich können Sie einen Titel noch nach dem Erstellen beliebig auf die Videospur oder die Titelspur ziehen und ihn in einen Overlay- oder Vollbildtitel ändern.

Sobald Sie eine der vier Möglichkeiten gewählt haben, öffnet sich entweder der Klassische- oder der Motion-Titelgenerator.

Titel bearbeiten mit der Video-Toolbox

Einen Titel können Sie mit einem Doppelklick in den Titelgenerator laden. Eine andere Möglichkeit besteht darin, die Video-Toolbox zu öffnen und mit dem Scrubber auf einen Titel zu scrubben. Nun können Sie mit der Schaltfläche *Titel bearbeiten* den Titelgenerator öffnen.

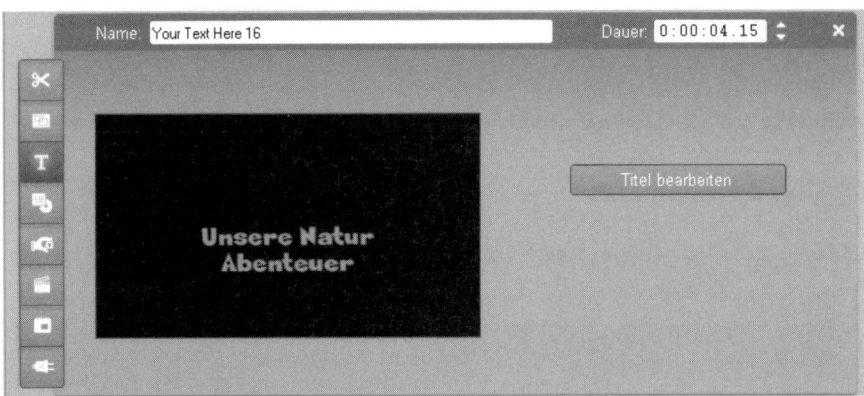

Abbildung 7.44: Klicken Sie auf die Schaltfläche Titel bearbeiten, um den aktuellen Titel in den Titelgenerator zu laden

8

Motion-
Titeleditor

Der Motion-Titeleditor ist eine komplett neue Funktion von Pinnacle Studio Ultimate und Pinnacle Studio Ultimate Collection Version 14. Diese Funktion ist in Pinnacle Studio HD Version 14 nicht enthalten. Mit dem Motion-Titeleditor haben Sie die Möglichkeit, Texte, Videos, Bilder und Grafikelemente in einem Titel zu animieren, z.B. ein Videoclip im Hintergrund und ein Textelement in Vordergrund. Bilder, Videos und Grafikelemente können beliebig kombiniert und skaliert werden, und das in einfachster Weise.

Titeleditor öffnen

Sie können den Motion-Titeleditor auf unterschiedliche Weisen öffnen.

▧ Klicken Sie mit der rechten Maustaste auf der Timeline an die Stelle, an der ein neuer Titel erstellt werden soll, und wählen Sie aus dem Menü *Zum Motion-Titeleditor verzweigen*.

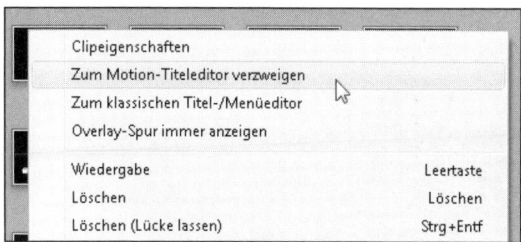

Abbildung 8.1: Öffnen Sie den Motion-Titeleditor mit einem Rechtsklick in die Timeline

▧ Wählen Sie aus dem Menü *Toolbox/Titel erstellen* und klicken Sie dann auf *Motion-Overlaytitel* oder *Vollbild-Motiontitel*.

▧ Als letzte Möglichkeit können Sie eine Motion-Titel-Vorlage aus dem Album in die Timeline einfügen. Wählen Sie im Menü *Album/Titel* und aus der Dropdown-Liste den Eintrag *Standard-Motion-Titel*. Ziehen Sie eine Vorlage auf die Timeline und öffnen Sie den Titeleditor durch Doppelklick auf den Titel.

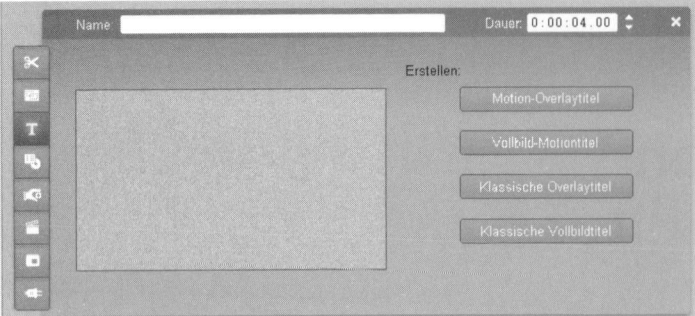

Abbildung 8.2: Öffnen Sie den Motion-Titeleditor über die Video-Toolbox

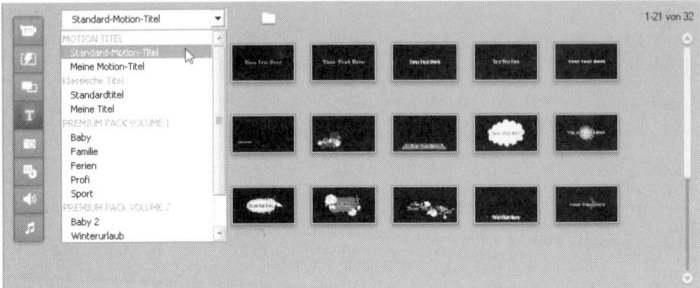

Abbildung 8.3: Motion-Titel-Vorlagen werden direkt aus dem Album geladen

Titeleditor

Der Titeleditor wird geöffnet. Je nachdem, auf welche Weise Sie den Editor geöffnet haben, ist bereits ein Textelement vorhanden. Falls nicht, können Sie individuelle Elemente hinzufügen.

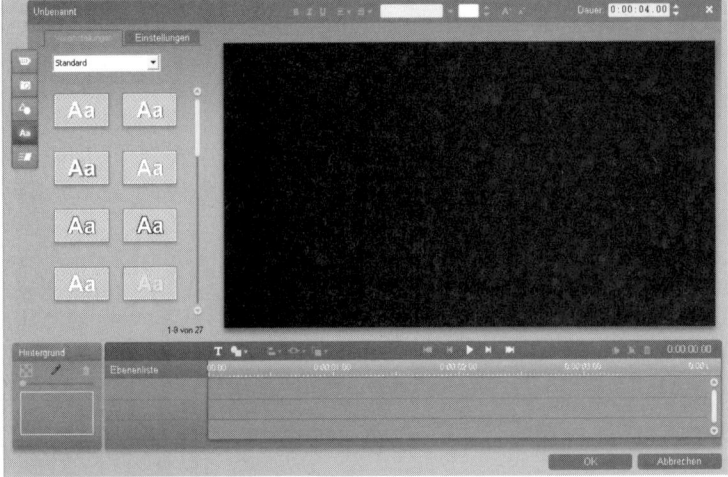

Abbildung 8.4: Der Motion-Titeleditor

Auf der linken Seite können Sie die zu verwendenden Elemente wählen, Videos, Fotos, Grafikobjekte und natürlich die Textelemente. Im unteren Bereich sehen Sie eine Timeline, auf der die einzelnen Elemente vereinfacht dargestellt und weitere Parameter gewählt werden können.

Insgesamt können bis zu acht Elemente im Motion-Titeleditor hinzugefügt und kombiniert werden.	Hinweis

Videoclips und Fotos

Im Motion-Titeleditor haben Sie die Möglichkeit, ein Videoclip oder ein Foto als Hintergrund zu verwenden, oder mehrere Clips miteinander zu kombinieren.

Wenn Sie in Pinnacle Studio HD eine dritte Videospur benötigen, können Sie einen Motion-Titel erstellen und lediglich einen Videoclip in den Motion-Titel einfügen.	Tipp

Um Videoclips oder Fotos in einem Motion-Titel zu verwenden, gehen Sie wie folgt vor:

1. Öffnen Sie den Motion-Titeleditor wie zu Beginn des Kapitels beschrieben.

2. Klicken Sie auf der linken Seite auf das Video- oder Fotosymbol.

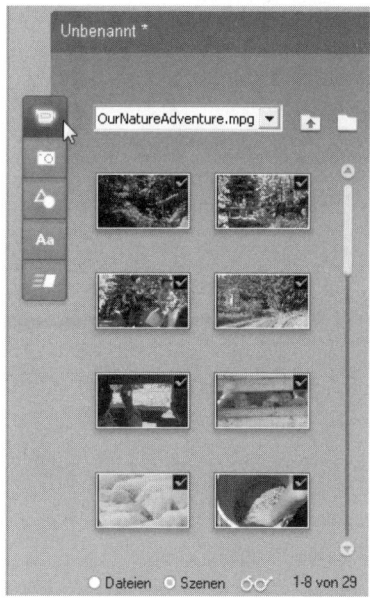

Abbildung 8.5:
Videoclips können über das Videosymbol in den
Motion-Titel eingefügt werden

3. Laden Sie das gewünschte Video mit dem Button *Videodateien aus einem anderen Verzeichnis auswählen* in den Editor, oder laden Sie unter *Photos* mit *Für Titel einen anderen Ordner auswählen* die Fotos.

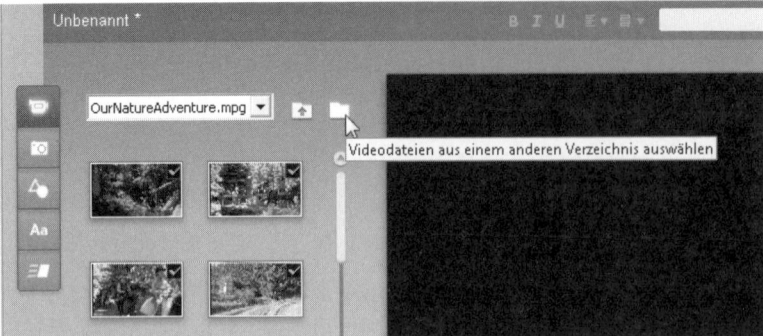

Abbildung 8.6: Videos werden über das Symbol Videodateien aus einem anderen Verzeichnis eingefügt

4. Ziehen Sie nun den gewünschten Videoclip oder ein Foto per Drag&Drop in den Titelbereich oder doppelklicken Sie auf den Clip, um diesen zu übernehmen.

Skalieren

Sie können die Größe des eingefügten Clips verändern, indem Sie mit der Maus einen der acht Ziehpunkte packen und ziehen.

Abbildung 8.7: Durch Ziehen mit der Maus an den Ziehpunkten kann die Größe verändert werden

Die Proportionen können beibehalten werden, indem Sie die Taste ⬆ betätigen, bevor und während Sie einen Ziehpunkt mit der Maus ziehen.

Positionieren

Die Clips können Sie mit der Maus im Editor positionieren, indem Sie diese mit dem Vierpfeilsymbol verschieben.

Abbildung 8.8: Positionieren Sie die Clips durch Ziehen mit der Maus

Drehen

Ein Clip kann gedreht werden, indem mit der Maus auf den orangefarbenen, abgerundeten Pfeil in der Mitte geklickt und gezogen wird.

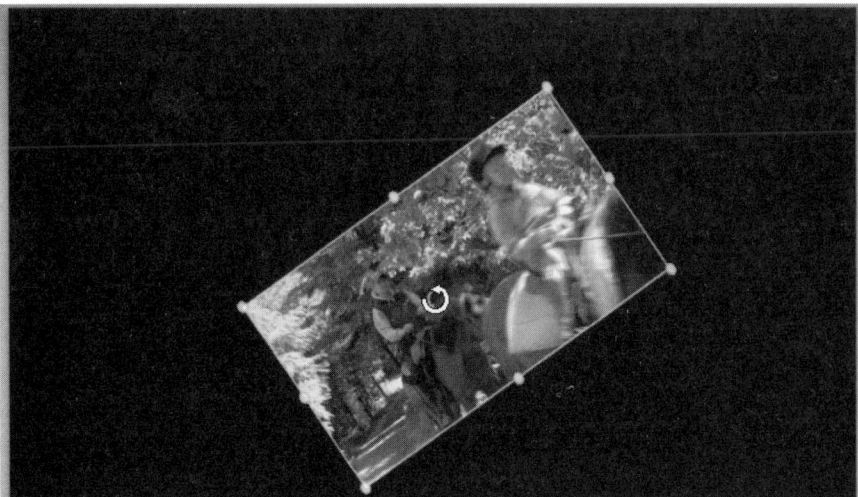

Abbildung 8.9: Clips können im Editor gedreht werden

Tipp   Es ist möglich, mehrere Videos und Fotos in den Motion-Titeleditor zu laden. Die Videos werden alle gleichzeitig abgespielt. So können mehrere Clips als Bild-in-Bild-Clips verwendet werden.

Abbildung 8.10: Mehrere Videoclips in einem Titel als Bild-in-Bild-Funktion

Objekte

Objekte sind grafische Elemente, die bereits im Lieferumfang von Pinnacle Studio HD mit dabei sind.

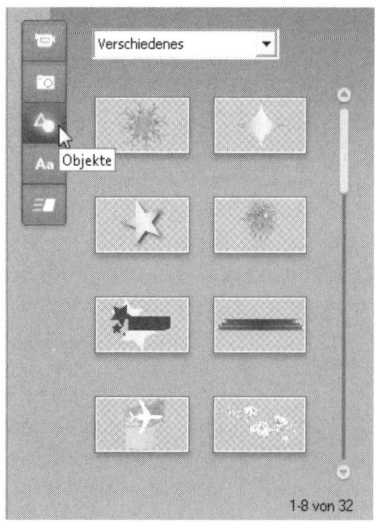

Abbildung 8.11:
Grafikobjekte im Motion-Titeleditor

Diese Objekte können wie Videoclips oder Fotos per Drag&Drop in den Titelbereich gezogen, skaliert, positioniert und gedreht werden.

Abbildung 8.12: Grafikobjekte werden per Drag&Drop oder Doppelklick in den Titel übertragen

Textelemente

Das Hauptelement eines Titels ist natürlich das Textelement. Sie können im Motion-Titeleditor Textelemente platzieren, die im Film als Beschriftungen, Titel, Untertitel usw. dienen. Jedes der eingefügten Textelemente kann im Titeleditor animiert werden.

Textelement hinzufügen

Falls noch kein Textelement im Editor zu sehen ist, können Sie ein neues wie folgt erstellen:

1. Klicken Sie auf das T-Symbol – *Text hinzufügen*.

Im Motion-Titeleditor können maximal acht Elemente eingefügt werden.	Hinweis

Abbildung 8.13:
Ein neues Textelement wird durch einen Klick auf
das T-Symbol erstellt

Im Editor erscheint ein neues Textsymbol, das gleichzeitig ausgewählt ist. Das ist an den acht Ziehpunkten zu sehen. Weitere Texte können mit dem T-Symbol zum Titel hinzugefügt werden.

Abbildung 8.14:
Ein neues Textelement wird nach dem Erstellen
automatisch ausgewählt

2. Ändern Sie nun den Text, indem Sie mit der Tastatur einen neuen Text schreiben. Durch Drücken der Eingabetaste können Sie weitere Zeilen schreiben, wie Sie dies aus einem Textverarbeitungsprogramm kennen.

Schriftart, Schriftgröße, Ausrichtung

Die Schriftart, Größe und Ausrichtung des Textes können Sie mit den Symbolen am oberen Rand des Titelgenerators ändern.

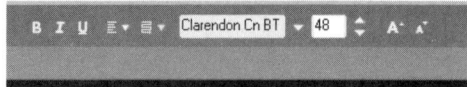

Abbildung 8.15:
Schriftart, Größe und Ausrichtung kann für
jedes Textelement verändert werden

Bevor Sie die Schriftart und Größe eines Textelements verändern können, muss dieses mit der Maus ausgewählt werden. Sie sehen, dass ein Textelement ausgewählt ist, wenn der Text grau hinterlegt ist.

Abbildung 8.16:
Ein ausgewählter, selektierter Text
ist grau hinterlegt

Wählen Sie nun eines der beiden Symbole *Schrift vergrößern*, *Schrift verkleinern* aus, um die Größe der Schrift zu verändern.

Abbildung 8.17:
Die Größe der Schrift kann durch Anklicken der Symbole
vergrößert oder verkleinert werden

Sie können die Größe exakt angeben, indem Sie die Zahl unter *Schriftgröße* anpassen.

Schriftart

Es stehen Ihnen alle Schriftarten zur Verfügung, die Sie auf Ihrem PC installiert haben. Wählen Sie einfach aus der Dropdown-Liste eine Schriftart aus, und die selektierte Schrift im Editor wird entsprechend geändert.

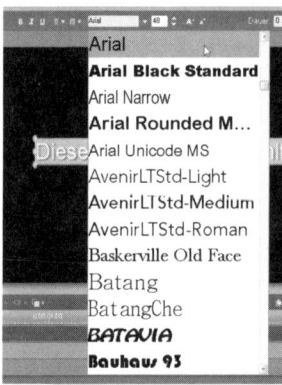

Abbildung 8.18:
Die Schriftart wird über die Dropdown-Liste verändert

Fett, Kursiv und Unterstrichen

Wenn Sie die Schrift fett, kursiv oder unterstrichen darstellen möchten, wählen Sie eines der Symbole aus.

Abbildung 8.19:
Symbole für Fett, Kursiv und Unterstrichen

Textausrichtung

Die Textausrichtung können Sie mit der Funktion *Textausrichtung* verändern.

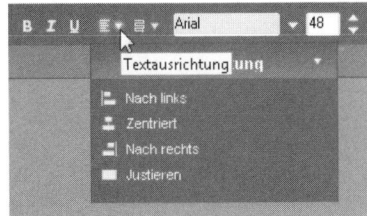

Abbildung 8.20:
Textausrichtung

Nach links bedeutet linksbündig, *Nach rechts* rechtsbündig, *Zentriert* und *Justieren* stellen einen Blocksatz dar, wenn mehrere Zeilen geschrieben sind.

Textfluss

Mit der Funktion *Textfluss* können Sie eine Schrift rückwärts darstellen, von oben nach unten, die Zeilen vertauschen usw.

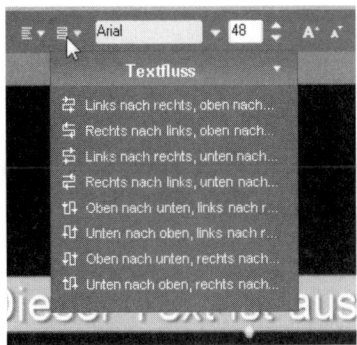

Abbildung 8.21:
Den Textfluss verändern

Dauer

Mit der Einstellung *Dauer* können Sie die Länge des Titels auf der Timeline verändern. Sie können einen Titel aber auch auf der Timeline länger oder kürzer trimmen, um die Anzeigedauer zu verändern.

Abbildung 8.22:
Die Anzeigedauer eines Titels kann im Titeleditor oder auf der
Timeline verändert werden

In *Abbildung 8.22* dauert der Titel vier Sekunden. Die erste Null steht für die Stunden, dann kommen Minuten, Sekunden und am Schluss Einzelbilder. Wenn Sie einen Titel z.B. viereinhalb Sekunden darstellen möchten, müssen Sie 0:00:04:12 eingeben, da eine Sekunde aus 25 Einzelbildern besteht.

Textlayout

Mit Textlayout oder im Titeleditor unter Looks können die Farben, Umrandungen und die Schattierung einer Schrift angepasst werden. Sie können aus vordefinierten Layouts auswählen oder das Layout manuell an Ihre Bedürfnisse anpassen.

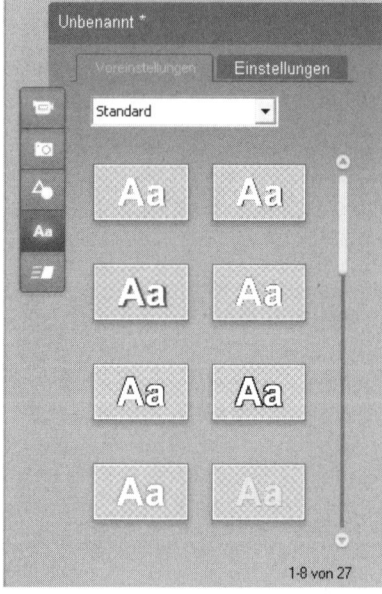

Abbildung 8.23:
Unter Looks kann das Layout von Textelementen angepasst werden

Voreinstellungen

Sie können im Register *Voreinstellungen* eine Layoutvorlage auswählen. Wählen Sie dazu ein Textelement aus und doppelklicken Sie auf eine Voreinstellung. Das Layout wird direkt übernommen.

Einstellungen

Im Register *Einstellungen* können Sie das Layout manuell anpassen (*Abbildung 8.24*).

Im oberen Bereich befinden sich drei Symbole, mit denen Sie neue Looks hinzufügen können (*Abbildung 8.25*).

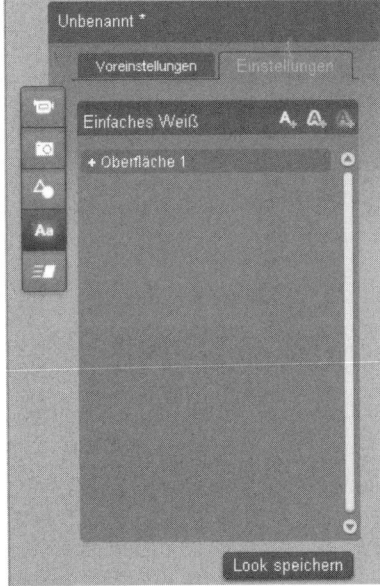

Abbildung 8.24:
Unter Einstellungen kann das Layout manuell
angepasst werden

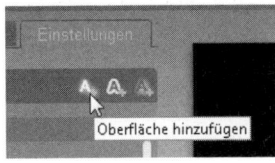

Abbildung 8.25:
Verändern Sie die Oberfläche, Umrandung oder die Schattierung

Grundsätzlich können Sie für jedes Textelement im Titeleditor eigene Looks hinzufügen. Sie können die Oberflächenfarbe eines Textelements anpassen, die Umrandung und die Schattierung beeinflussen. Gehen Sie dazu wie folgt vor:

1. Erstellen Sie im Titeleditor ein Textelement und wählen Sie dieses mit der Maus aus.

2. Klicken Sie auf *Looks* und öffnen Sie das Register *Einstellungen*.

3. Wählen Sie z.B. *Oberfläche hinzufügen*, um die Oberflächenfarbe des Textelements zu ändern.

Unter *Einstellungen* finden Sie eine Liste mit allen Looks, die für das gewählte Textelement zugewiesen sind. Wenn dem Textelement bereits der Look *Oberfläche* zugewiesen wurde, können Sie zwar einen weiteren Look *Oberfläche* hinzufügen, diese werden dann allerdings übereinander dargestellt. Wenn also ein Textelement bereits einen Look *Oberfläche* besitzt, müssen Sie nicht unbedingt einen neuen Look hinzufügen, sondern können einen bestehenden anpassen. Klicken Sie dazu einfach auf das kleine Pluszeichen vor der Bezeichnung des Looks wie in *Abbildung 8.26* dargestellt.

Hinweis

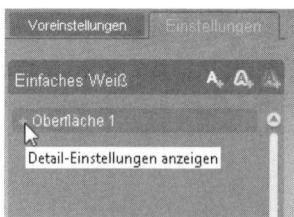

Abbildung 8.26:
Anzeigen der Detail-Einstellungen eines Looks

Abbildung 8.27:
Durch Verändern der Parameter kann das
Aussehen des Textes verändert werden

4. Ändern Sie die Parameter durch Ziehen an den Schiebereglern oder durch die Eingabe eines Werts in das entsprechende Eingabefeld.

Ein Look kann mittels Doppelklick umbenannt werden, sodass Sie die einzelnen Looks besser identifizieren können.

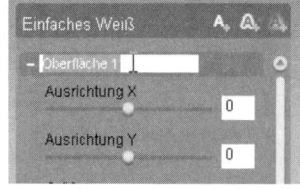

Abbildung 8.28:
Die Bezeichnung eines Looks kann durch Doppelklick
auf den Namen geändert werden

Fügen Sie nun weitere Looks mit den drei Symbolen *Oberfläche hinzufügen*, *Kontur hinzufügen* und *Schatten hinzufügen* hinzu. In der Liste der Looks erscheinen die gewählten Looks.

Ein Look kann wieder entfernt werden, indem auf das kleine Papierkorbsymbol geklickt wird. Der letzte Look kann nicht entfernt werden, da sonst das Textelement nicht mehr zu sehen ist. Im Prinzip sollte jedes Textelement mindestens den Look *Oberfläche* besitzen, da sonst die Schrift nicht zu sehen wäre.

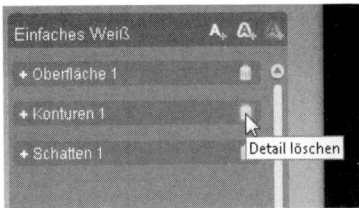

Abbildung 8.29:
Looks können durch Klicken auf das Papier-
korbsymbol gelöscht werden

Mit dem Button *Look-Speicher* können Sie Ihre Einstellungen so speichern, dass Sie das nächste Mal ein Textelement schnell mit dem gleichen Look versehen können. Der Look wird auf der Festplatte in eine *.ixLook*-Datei gespeichert. Wenn Sie den Look in dem vorgeschlagenen Ordner sichern, kann die Datei später im Register *Voreinstellungen* in der Dropdown-Liste unter *Meine Looks* einem Textelement hinzugefügt werden.

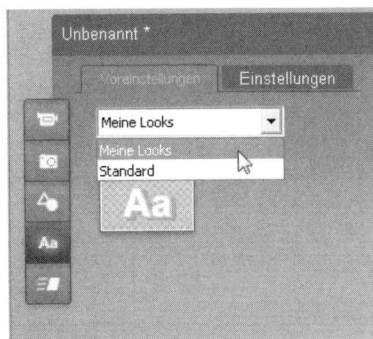

Abbildung 8.30:
Unter Meine Looks sind die eigenen Looks verfügbar

Hintergrundfarbe definieren

Für jeden Titel können Sie eine Hintergrundfarbe definieren, indem Sie eine Farbe aus-wählen. Dies geschieht über die Hintergrundfunktion in der unteren linken Ecke des Editors.

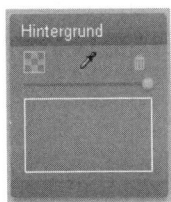

Abbildung 8.31:
Hinzufügen einer Hintergrundfarbe

Sie können eine Farbe aus einer Farbpalette wählen oder mit dem Pipettensymbol eine Farbe aus einer Grafik oder einem Videoclip kopieren. Gehen Sie dazu wie folgt vor:

1. Klicken Sie auf das Schachbrettsymbol, um die Farbpalette zu öffnen.

2. Wählen Sie aus der Palette die gewünschte Farbe aus und klicken Sie dann auf *OK*.

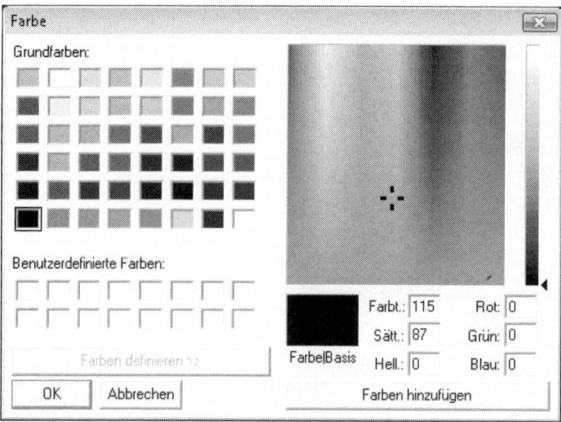

Abbildung 8.32: Farbpalette für die Farbauswahl

Die Farbe wird nun für den ganzen Titel als Hintergrund definiert. Mit dem vertikalen Schieberegler können Sie die Opaziät, also Transparenz, des Hintergrunds ändern. Ziehen Sie einfach mit der Maus den Schieberegler nach links. Das Resultat ist sofort sichtbar.

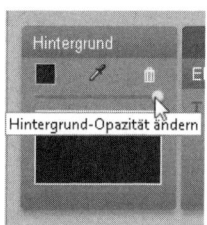

Abbildung 8.33:
Ändern der Opazität bzw. Transparenz der Hintergrundfarbe

Die Hintergrundfarbe können Sie wieder entfernen, indem Sie mit der Maus auf das *Hintergrund entfernen*-Symbol klicken.

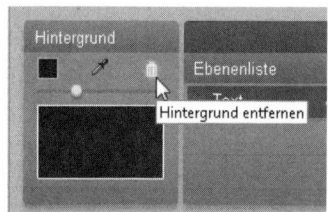

Abbildung 8.34:
Hintergrundfarbe entfernen

Objekte animieren

Sie haben nun gesehen, wie Sie Videoclips, Fotos, Grafikobjekte und Texte im Editor hinzufügen können. Diese Elemente können Sie nun individuell animieren lassen. Was sich vielleicht sehr komplex anhört, ist in der Praxis sehr einfach. Einem Objekt können grundsätzlich drei Zustände zugewiesen werden:

Eingangsanimation: Es wird definiert, wie ein Objekt oder eine Schrift erscheint. Das kann z.B. ein Text sein, der geschrieben wird wie auf einer Schreibmaschine, Buchstabe für Buchstabe, oder ein Videoclip kann durch Drehbewegungen im Editor erscheinen.

Objekte animieren

Ausgangsanimation: Es wird definiert, wie ein Objekt oder eine Schrift verschwindet oder ausgeblendet wird.

Emphase-Animation: Damit wird definiert, wie ein Objekt während der ganzen Anzeigedauer animiert wird. Eine Emphase-Animation kann mit einer Eingangs- und Ausgangsanimation kombiniert werden.

Die im Editor angewandten Objekte werden auf einer neuen Titel-Timeline angeordnet und können danach einzeln animiert werden. Die Timeline bezieht sich immer nur auf die Länge und Inhalte der Objekte im Titeleditor.

Abbildung 8.35: Timeline im Motion-Titeleditor

Mit dieser neuen Timeline können Sie den Startpunkt einer Animation festlegen und definieren, wie lange eine Animation dauern soll.

Am besten probieren Sie das einfach einmal aus:

1. Erstellen Sie eine Schrift im Motion-Titeleditor und selektieren Sie diese mit der Maus.

2. Wählen Sie nun auf der linken Seite das Symbol *Motion* für die Animation aus.

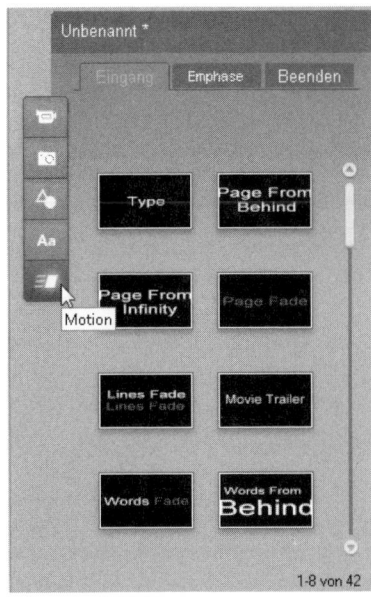

Abbildung 8.36:
Unter Motion werden die Animationen hinzugefügt

3. Wählen Sie das Register *Eingang*, um das Erscheinen des Textes zu definieren.

4. Doppelklicken Sie auf einen Effekt, z.B. *Type*, wenn der Text wie mit einer Schreibmaschine geschrieben werden soll.

Der Effekt wird nun auf das gewählte Objekt/Schrift angewendet und in der Timeline angezeigt.

Abbildung 8.37: Der gewählte Effekt wird auf der Timeline am Anfang des Clips mit einer gestrichelten Linie dargestellt

Wie Sie sehen, beginnt der Titel sofort in einer Vorschau abzuspielen. Auf der Timeline fährt ein Scrubber und zeigt die aktuelle Position im Vorschaufenster an. Auf der Timeline, in der Ebenenliste auf der linken Seite, ist der Text an oberster Stelle. Im ersten Drittel der obersten Spur ist eine gestrichelte Linie zu sehen, die stellvertretend für den soeben angewandten Effekt steht.

5. Wählen Sie nun das Register *Beenden*, um das Ausblenden oder Verschwinden des Textes zu definieren.

Abbildung 8.38: Im Register Beenden kann das Ausblenden des Textes oder eines Objekts definiert werden

6. Doppelklicken Sie auf einen Effekt.

Auf der Timeline, am Ende der obersten Spur, sehen Sie nun wieder eine gestrichelte Linie. An dieser Position wird der Text ausgeblendet und verschwindet.

Abbildung 8.39: Am Ende des Clips ist der Ausgangseffekt als gestrichelte Linie zu sehen

7. Drücken Sie auf die ⌈Leertaste⌉ oder klicken Sie auf das Wiedergabe-Symbol, um das Resultat in der Vorschau zu sehen.

Titelvorschau

Falls die Titelvorschau nicht automatisch startet, können Sie sie mit folgenden Symbolen starten.

Abbildung 8.40:
Wiedergabe und Spuloptionen

Klicken Sie auf das Dreieck, um die Vorschau abspielen zu lassen. Mit den äußeren Symbolen kann an den Anfang oder an den Schluss der Timeline gesprungen werden. Mit den beiden mittleren Symbolen kann ein Bild nach links oder nach rechts gespult werden.

Effekt löschen

Sie können einen Effekt, den Sie auf ein Objekt angewandt haben, sehr einfach wieder löschen. Klicken Sie dazu in der Timeline des Motion-Titeleditors auf das kleine Kreuzsymbol des Effekts.

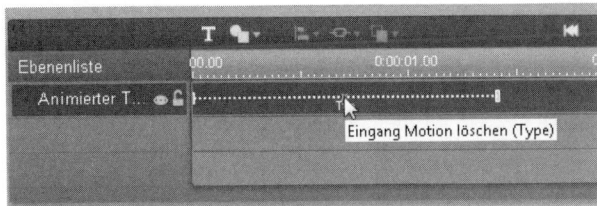

Abbildung 8.41: Effekte werden durch einen Klick auf das Kreuz gelöscht

Anzeigedauer anpassen

Die Länge des Titels können Sie unter *Dauer* im oberen rechten Bereich des Titeleditors anpassen. Wenn Sie aber den *Eingangs-* und *Beenden-Effekt* beschleunigen oder verlangsamen möchten, müssen Sie dies mit der Maus auf der Timeline tun. Gehen Sie dazu wie folgt vor:

1. Wählen Sie den Text oder das Objekt aus, dessen Effekt Sie verlangsamen oder beschleunigen möchten.

2. Bewegen Sie den Mauszeiger an den Schluss eines Eingangseffekts oder an den Anfang eines Beenden-Effekts, bis das Doppelpfeilsymbol erscheint.

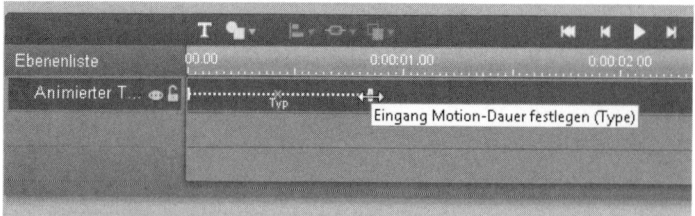

Abbildung 8.42: Ein Effekt kann in der Anzeigedauer durch Ziehen mit der Maus verändert werden

3. Ziehen Sie nun mit der Maus nach links, um einen Eingangseffekt zu verkürzen, oder nach rechts, um einen Eingangseffekt zu verlängern. Analog dazu gehen Sie bei Beenden-Effekten vor.

Je kürzer ein Effekt, also die gestrichelte Linie, dargestellt ist, umso schneller wird der Effekt ausgeführt, je länger ein Effekt, umso langsamer.

Anzeigeposition

Wenn Sie mehrere Objekte miteinander in einem Titel anzeigen lassen möchten, können Sie dies sehr einfach bewerkstelligen. Platzieren Sie einfach die gewünschten Videos, Fotos, Objekte und Schriften in den Editor. Wie Sie sehen, gibt es für jedes Objekt im Editor auf der Timeline ein neues Objekt.

Alle platzierten Objekte beginnen zur gleichen Zeit und enden nach Ablauf des Titels. Dies muss aber nicht unbedingt so sein. Sie können definieren, zu welcher Zeit welches Objekt wie erscheint und wieder ausgeblendet wird. Ziehen Sie dazu einfach mit der Maus den Anfang oder das Ende eines Objekts auf der Timeline, es funktioniert so ähnlich, wie Sie es vom Trimmen auf der Timeline von Pinnacle Studio HD kennen.

Abbildung 8.43: Nicht alle Objekte müssen zur gleichen Zeit starten

Wie Sie in *Abbildung 8.43* sehen können, erscheint als Erstes das Textobjekt, dann das Bild und zum Schluss das Video. Zum Verändern und Positionieren der einzelnen Objekte im Zeitablauf gehen Sie wie folgt vor:

1. Platzieren Sie zuerst mehrere Objekte in den Titeleditor.

2. Bewegen Sie die Maus an den Anfang oder an den Schluss eines Objekts in der Timeline, um deren Start bzw. Endpunkt zu definieren.

3. Sobald das Doppelpfeil-Maussymbol erscheint, können Sie die linke Maustaste gedrückt halten und die Maus nach links oder rechts bewegen, um die Länge des Objekts zu verkürzen bzw. zu verlängern.

Abbildung 8.44: Objekte lassen sich verkürzen und verschieben

In *Abbildung 8.44* sehen Sie drei Objekte: eine Textebene, ein Bild und ein Video. Wenn dieser Titel abgespielt wird, wird als Erstes der Text angezeigt, dann erscheint das Bild und zum Schluss das Video. Als Erstes verschwindet das Bild, dann das Video und zum Schluss der Text.

Die einzelnen Objekte lassen sich mit der Maus auch nach vorne oder an den Schluss verschieben. Fahren Sie dazu mit der Maus auf ein Objekt in der Timeline, bis der Mauszeiger in ein Vierpfeilsymbol wechselt. Ziehen Sie dann das gekürzte Objekt in der Timeline nach links oder nach rechts.

Sie können nun für jedes Element eine Animation hinzufügen. Markieren Sie einfach zuvor das Objekt in der Timeline und wählen Sie dann aus dem *Motion*-Menü einen Effekt.

Reihenfolge ändern

Sie können in einem Motion-Titel Videos und Fotos verkleinert darstellen und nebeneinander Bild-in-Bild anordnen. Eine andere Möglichkeit ist, ein Bild oder ein Video im Hintergrund darzustellen. Dabei kommt es aber darauf an, welches Objekt im Vorder- und welches im Hintergrund dargestellt werden soll. Sie können dies ändern, indem Sie in der Ebenenliste die einzelnen Objekte anders anordnen.

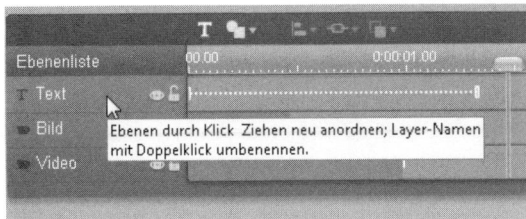

Abbildung 8.45: Die Ebenen können per Drag&Drop nach oben oder unten gezogen werden

Ziehen Sie in der Ebenenliste mit der Maus das gewünschte Objekt nach oben oder unten, um die Hierarchie der Anzeige zu verändern.

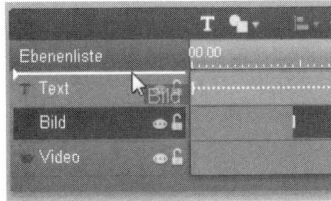

Abbildung 8.46:
Die Ebene kann beliebig angeordnet werden

Die Reihenfolge in der Ebenenliste hat direkt mit der Anzeige der Objekte im Editor zu tun. Objekte auf der obersten Ebene befinden sich im Hintergrund. Ein Objekt auf der zweiten Ebene wird über einem Objekt in der ersten Ebene angezeigt usw. Sie können ein Objekt in den Hinter- oder Vordergrund setzen, indem Sie die Ebenen nach oben bzw. nach unten verschieben oder im Editor mit der rechten Maustaste anklicken.

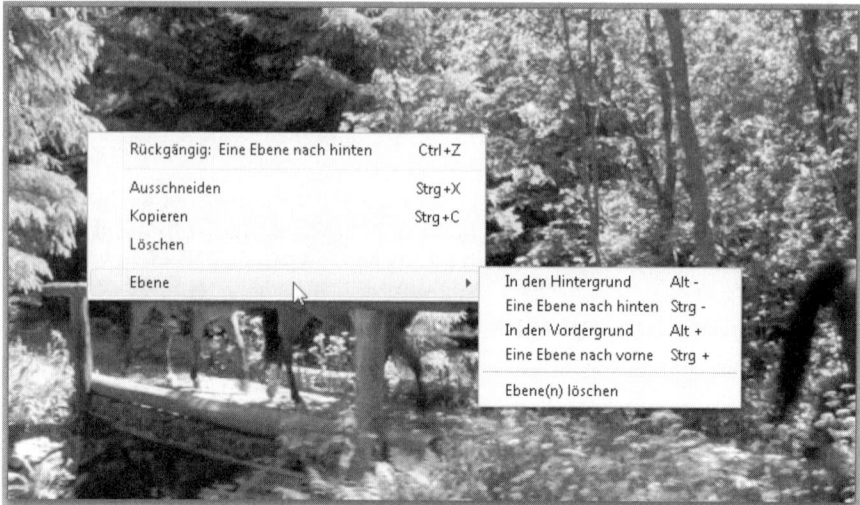

Abbildung 8.47: Ein Objekt kann mit einem Rechtsklick/Ebene in den Hinter- oder Vordergrund gesetzt werden

Wählen Sie *Ebene* und dann die gewünschte Option aus der Liste aus, um das Objekt in der Anzeigehierarchie zu verändern.

Eine weitere Variante, um ein Objekt in der Ebene zu verändern, ist über das *Ebene*-Symbol oberhalb der Timeline möglich. Wählen Sie einfach auf der Timeline ein Objekt aus und klicken Sie dann auf *Ebene*, um die Optionen anzeigen zu lassen.

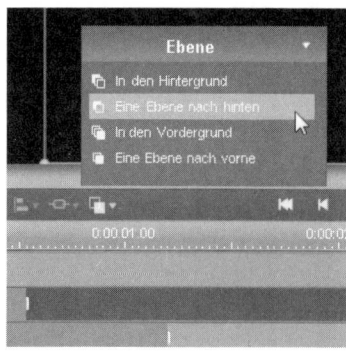

Abbildung 8.48:
Mit der Funktion Ebene können die Objekte in den Hinter- oder Vordergrund gesetzt werden

Ebene sperren und ausblenden

Einzelne Ebenen bzw. Objekte können im Motion-Titeleditor auf der Timeline ein- bzw. ausgeblendet werden. Wenn eine ganze Ebene nicht mehr verändert werden darf, kann diese zusätzlich gesperrt werden.

Klicken Sie für das Ein- bzw. Ausblenden auf das Augensymbol neben dem Ebenennamen. Für das Sperren einer Spur klicken Sie auf das Schlosssymbol.

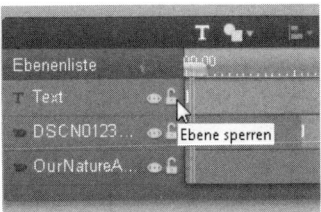

Abbildung 8.49:
Ebenen können ein- bzw. ausgeblendet oder mit dem
Schlosssymbol gesperrt werden

Objekte kopieren, einfügen und löschen

Sie können einzelne Objekte im Titeleditor kopieren, um z.B. weitere Textelemente im gleichen Layout zu erstellen. Sie können Objekte einfach mit der Windows-Standardfunktion Strg und C kopieren und mit Strg und V einfügen. Ein Objekt können Sie mit der Taste Entf löschen.

Eine weitere Möglichkeit bietet der Titeleditor mit den Funktionen *kopieren* und *einfügen* oberhalb der Timeline.

Abbildung 8.50:
Objekte können kopiert und wieder eingefügt werden

Mit dem Papierkorbsymbol können Sie Objekte aus dem Titeleditor löschen.

9

Standbilder und Diashow

Standbilder sind Fotos von einer Digitalkamera oder Grafiken, die Sie auf dem PC gespeichert haben. Sie können mit diesen Bildern und Fotos eine Diashow zusammenstellen, indem Sie sie aneinanderreihen, wie Sie das bereits mit Videoclips gemacht haben. Eine solche Diashow können Sie auf einem normalen TV-Gerät anzeigen lassen. Mit Pinnacle Studio HD erstellte Diashows können auch durch Musik und Übergänge ergänzt werden; die Bilder lassen sich darüber hinaus auf der Timeline animieren.

In Pinnacle Studio HD können zwar die Farben von Fotos verändert werden, allerdings sollten der Bildausschnitt und die weitere Bildbearbeitung in einem Grafikprogramm vorgenommen werden. Pinnacle Studio HD lässt sich dagegen hervorragend dafür einsetzen, Fotos und Bilder aneinanderzureihen und mit Übergangseffekten zu versehen.

Ein weiterer Vorteil einer erstellten Diashow mit Pinnacle Studio HD besteht darin, dass diese auf eine DVD oder Blu-ray Disc gebrannt werden kann, um sie später mit einem entsprechendem Player abzuspielen.

Einfügen von Standbildern

In Pinnacle Studio HD ist es möglich, einen Film durch Standbilder und Fotos zu ergänzen oder nur mit Bildern zu arbeiten. Sämtliche Bearbeitungsmöglichkeiten, die Sie für Videoclips kennengelernt haben, gelten auch für Fotos und Bilder auf der Timeline.

Wählen Sie das Register *Photos* im Album auf der Registerkarte *Bearbeiten* aus, um Ihre Fotos ins Album zu laden.

In Pinnacle Studio HD können folgende Bildformate importiert werden: GIF, JPG/ JPEG, BMP, TGA, TIF, PCX, PNG, WMF und das Photoshop-Format PSD.

Abbildung 9.1:
Mit diesem Symbol im Album lassen sich Fotos
und Bilder anzeigen

Wenn Sie eine Diashow mit Bildern erstellen wollen, gehen Sie wie folgt vor:

1. Wechseln Sie im Album in den Photo-Modus oder wählen Sie aus dem Menü *Album* den Eintrag *Photos*.

2. Wählen Sie über das Ordnersymbol den Speicherort auf Ihrer Festplatte aus, an dem sich die Fotos befinden.

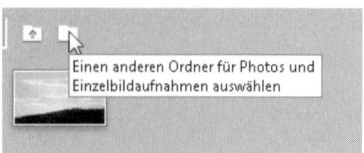

Abbildung 9.2:
Klicken Sie auf das Ordnersymbol, um Ihre Fotos
ins Album zu laden

3. Suchen Sie den Ordner auf Ihrer Festplatte, in dem sich Ihre Bilder befinden.

4. Doppelklicken Sie auf eine Grafik bzw. ein Foto im Verzeichnis. Es kommt nicht darauf an, welches Bild Sie hier auswählen, da alle Bilder aus demselben Ordner ins Album von Pinnacle Studio HD geladen werden.

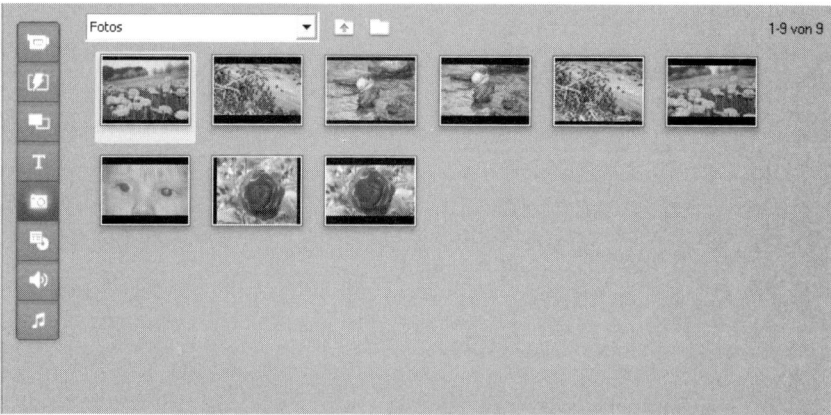

Abbildung 9.3: Alle Fotos in einem Ordner werden ins Album geladen

Achtung Laden Sie nie Fotos oder Bilder direkt von einer CD oder DVD in das Album, sondern kopieren Sie sie immer zuerst auf die Festplatte. Diese Bilder verschwinden nämlich aus Pinnacle Studio HD, wenn die CD oder DVD aus dem Laufwerk genommen wird.

Mit der Importieren-Funktion unter *Ansicht/importieren* können Sie die Fotos direkt von einer Kamera oder einem Speicherchip auf die PC-Festplatte kopieren. Die Fotos werden danach sofort in das Album importiert.

Alle Fotos im gewählten Ordner werden dargestellt. Sie können die Bilder einzeln oder zu mehreren in die Timeline legen. Das funktioniert genauso wie das Einfügen von Videoclips, Pinnacle Studio HD macht hier keinen Unterschied.

Wenn Sie ein Bild in eine leere Timeline einfügen möchten, erscheint folgendes Fenster:

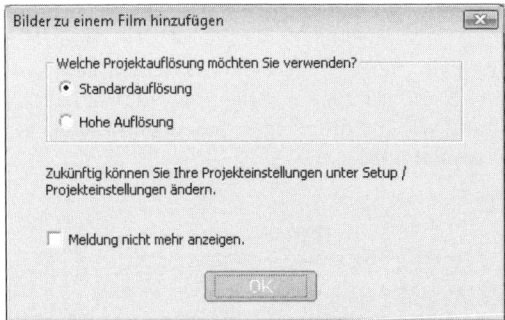

Abbildung 9.4: Einem neuen Film Bilder hinzufügen

Pinnacle Studio HD fragt danach, ob die Timeline in der Standardauflösung 720 x 576 oder in der High Definition-Auflösung 1440 x 1080 erstellt werden soll. Entsprechend werden die Bilder dann in die gewählte Auflösung skaliert.

Standbilder sind im Gegensatz zu Videoclips Bilder, die eine bestimmte Zeit stehen bleiben. Wenn also ein Foto auf der Timeline über eine Sekunde dargestellt werden soll, so wird das Bild 25-mal hintereinander angezeigt, da im PAL-System geschnitten wird (wo eine Sekunde 25 Bilder hat). Das übernimmt Pinnacle Studio HD für Sie. Sie können die Länge eines Fotos auf der Timeline im Prinzip bis ins Unendliche ziehen. Trimmen und Schneiden funktionieren wie bei einem Videoclip.

Pinnacle Studio HD passt die Größe eines Bildes auf der Timeline immer der Größe des Videobildes an. Wenn ein Foto aber nicht das gleiche Seitenverhältnis wie die Video-einstellung hat, kann es vorkommen, dass zu beiden Seiten des Bildes schwarze Ränder entstehen.

Abbildung 9.5: Hier wurde ein Bild mit dem Seitenverhältnis 4:3 in ein Projekt mit 16:9-Einstellung eingefügt. Dadurch entstehen links und rechts schwarze Ränder

Standardlänge

Wenn Sie für eine Reihe von Fotos eine bestimmte Länge auf der Timeline wünschen, ist es sehr mühsam, auf der Timeline jedes Einzelne länger oder kurzer zu machen. Um eine Standardlänge vorzugeben, gehen Sie in die Einstellungen mit *Setup/Projekt-Voreinstellungen*. Wählen Sie eine beliebige Standardlänge für die Standbilder. Hierbei handelt es sich um die gleiche Einstellung wie für die Standardlänge eines Titels, da dieser im Prinzip wie ein Standbild behandelt wird.

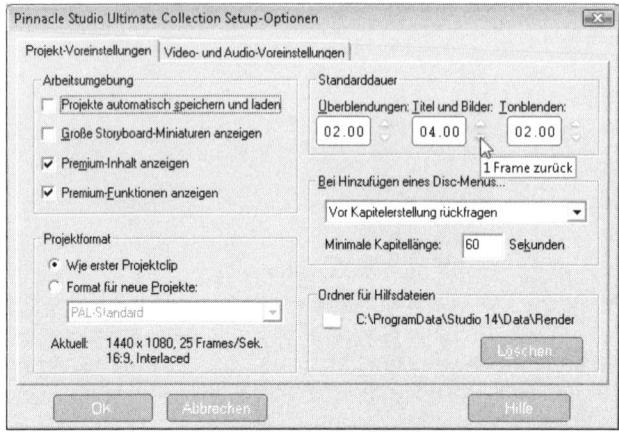

Abbildung 9.6: Einstellen der Länge eines Fotos oder Standbildes, das neu in die Timeline eingefügt wird

Diese Änderung bezieht sich nur auf Fotos, die neu auf die Timeline gezogen werden, und nicht auf bereits bearbeitete Bilder, die dort schon liegen.

Schwarze Ränder entfernen

Wenn im Vorschaufenster oben und unten oder links und rechts schwarze Ränder angezeigt werden, dann entspricht das Bild nicht genau dem Seitenverhältnis des Projekts. Sie können diese aber schnell und einfach entfernen, indem Sie das Foto ein wenig vergrößern. Allerdings wird dann entweder oben und unten oder links und rechts vom Foto ein kleiner Teil abgeschnitten.

1. Klicken Sie mit der rechten Maustaste auf ein Foto.

2. Wählen Sie dann den Eintrag *Bild auf Framegröße hochzoomen*.

Abbildung 9.7: Wählen Sie Bild auf Framegröße hochzoomen, um schwarze Balken zu entfernen

Wenn Sie mehrere Fotos gleichzeitig anpassen möchten, wählen Sie diese zuerst mit der Maus aus und wiederholen die Funktion für alle gleichzeitig.

Foto animieren

Um einen Film noch interessanter zu gestalten, bietet Ihnen Pinnacle Studio HD die Möglichkeit, ein Foto auf der Timeline zu animieren. Animation heißt, dass Sie ein Foto so bewegen können, als hätten Sie eine Kamerafahrt oder einen Zoom in das Bild eingebaut. Um diesen Effekt zu erzielen, müssen die Fotos vergrößert und bewegt werden. Ein Beispiel dazu folgt weiter unten.

Natürlich bewegt sich der Inhalt eines Fotos nicht. Je nachdem, wie das Foto animiert wird, kann es sein, dass es digital vergrößert, also gezoomt, werden muss, was einen Qualitätsverlust nach sich zieht. Jedes Foto besteht aus Bildpunkten, sogenannten *Pixeln*, die verschiedene Farben haben. Beim Zoomen eines Bildes werden diese einzelnen Bildpunkte vergrößert. Dadurch verliert das Bild an Qualität. Wie Sie wissen, hat ein Standardvideobild in der PAL-Auflösung 720 x 576 Bildpunkte (das wird auch Standard Definition genannt). Die meisten mit einer Digitalkamera aufgenommenen Fotos haben allerdings weitaus mehr Pixel als ein Videobild.

Wenn eine Grafik in einer Animation vergrößert wird, muss sie mehr Bildpunkte aufweisen als das Videobild. Sobald ein Pixel einer Grafik größer als ein Pixel im Video dargestellt wird, entsteht ein Qualitätsverlust. Die folgenden Grafiken sollen das veranschaulichen.

Abbildung 9.8: Die meisten Fotos haben eine höhere Auflösung als die Videoauflösung

Hier sehen Sie, dass das Originalbild gegenüber der Videoauflösung viel größer ist. Je nach Anzahl der Pixel bei Ihrer Kamera ist dieses Verhältnis entsprechend anders.

Abbildung 9.9: Die Fotos werden von Pinnacle Studio HD verkleinert dargestellt, sodass sie ins Vorschaufenster passen

Pinnacle Studio HD verkleinert alle Grafiken so, dass sie der Videoauflösung entsprechen .

Abbildung 9.10: So würde ein Foto aussehen, das digital gezoomt wird, bis die einzelnen Pixel zu sehen sind

Hier sehen Sie die stark vergrößerte Ansicht eines gezoomten Bildes. Die einzelnen Pixel, die als Artefakte erscheinen, sind sichtbar geworden.

Beachten Sie beim Erstellen einer Diashow Folgendes: Jede Grafik, sei sie ursprünglich auch noch so gut, wird immer auf die Größe der Videoauflösung verkleinert. Je höher die Videoauflösung ist, umso besser ist die Qualität der Diashow. Die Bilder werden in Pinnacle Studio HD aber in einen Film mit einer niedrigeren Auflösung umgewandelt und verlieren dabei an Schärfe und Qualität.

Um eine Animation zu erstellen, gehen Sie wie folgt vor:

1. Doppelklicken Sie auf ein Standbild auf der Timeline, um den Animationseditor zu öffnen.

Abbildung 9.11: Mit einem Doppelklick auf ein Bild in der Timeline wird der Animationseditor geöffnet

Sie können sich grundsätzlich entscheiden, ob Sie das Bild vergrößern bzw. verkleinern möchten oder ob sich das Bild von Anfang bis Ende animiert bewegen soll. Von einer Animation spricht man, wenn sich das Bild während des Abspielens bewegt.

2. Um das Foto zu animieren, aktivieren Sie im Editor die Option *Von Anfang bis Ende animieren.*

Zoom

Mit dem Schieberegler unter *Zoom* können Sie die Grafik vergrößern und verkleinern.

Pan

Pan bedeutet, dass der gezeigte Ausschnitt im Bild verschoben werden kann. Um den Ausschnitt zu wählen, klicken Sie mit der Maus in das linke Vorschaufenster und ziehen das Bild in die gewünschte Richtung.

Das Foto ist jetzt zwar verändert worden, aber das ist noch lange keine Animation, da sich das Bild beim Abspielen des Films nicht bewegt. Um daraus eine Animation zu machen, wählen Sie die Option *Von Anfang bis Ende animieren.* Verändern Sie nun nacheinander die Position des Fotos am Anfang und am Schluss der Animation, indem Sie zuerst die Option *Startpunkt* wählen und die Einstellungen vornehmen und danach die Option *Endpunkt* und ebenfalls die Parameter einstellen. Pinnacle Studio HD passt nun die Bilder zwischen Start- und Endpunkt automatisch an.

Wenn Ihnen die Animation nicht gefällt, können Sie durch einen Klick auf *Zurücksetzen* die Einstellungen löschen.

Wenn Sie auf der Timeline zweimal hintereinander die gleiche Grafik haben, können Sie die Einstellungen für den Startpunkt der zweiten Grafik an den Endpunkt der ersten Grafik anpassen, um so eine erweiterte Animation zu erhalten.

Sobald einer Grafik eine Animation zugewiesen wird, erhält sie unten links ein Sternsymbol.

Abbildung 9.12:
Das Sternsymbol zeigt an, dass auf diesen Clip ein Effekt
angewendet wurde

Bild drehen

Sie können die Ausrichtung des Bildes verändern, indem Sie dieses entweder nach links oder nach rechts drehen. Eine Grafik kann immer um 90 Grad nach links oder rechts gedreht werden, um das Bild im Video richtig zu stellen. Wenn Sie eine Grafik schräg darstellen möchten, laden Sie sie in einen leeren Titel und verändern deren Lage wie in *Kapitel 7* beschrieben.

Zum Drehen benutzen Sie die beiden unten gezeigten Symbole.

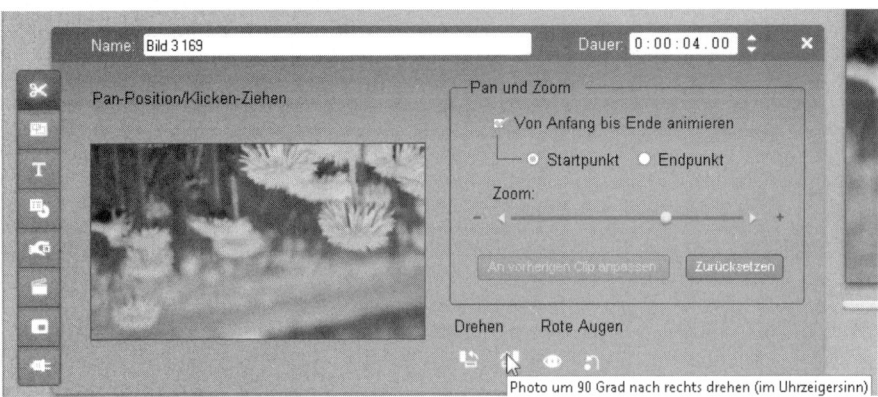

Abbildung 9.13: Mithilfe dieser beiden Symbole können Sie Bilder drehen oder auf den Kopf stellen

Rote Augen entfernen

Bei manchen Porträts sehen die Augen der fotografierten Person rot aus. Sie können solche roten Augen direkt in Pinnacle Studio HD korrigieren. Gehen Sie dazu wie folgt vor:

1. Legen Sie das entsprechende Foto auf die Timeline.

2. Doppelklicken Sie auf das Bild, um den Editor zu laden.

3. Klicken Sie auf das Augensymbol im unteren Bereich des Editors.

4. Ziehen Sie mit der Maus ein Rechteck über das Auge. Achten Sie darauf, dass das Rechteck nicht nur über die Pupille gezogen wird, sondern auch darüber hinaus. Pinnacle Studio HD braucht eine Referenz zu anderen Farben, um den Effekt anzuwenden.

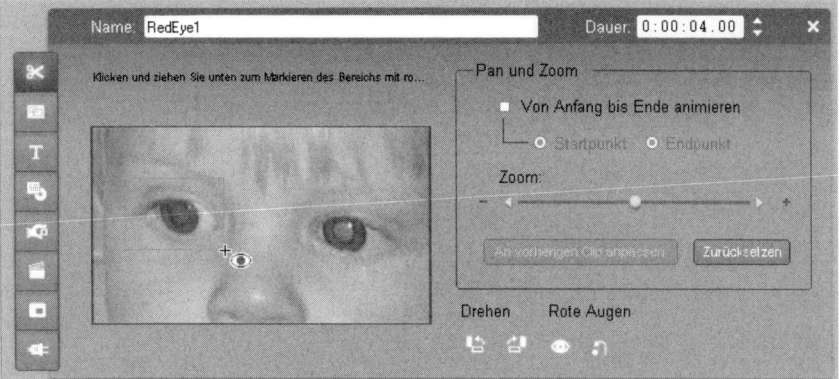

Abbildung 9.14: Ziehen Sie mit der Maus ein Rechteck um das Auge, um den Effekt anzuwenden

5. Sie können den Effekt wieder rückgängig machen, indem Sie auf das Symbol mit dem gebogenen Pfeil rechts neben dem Augensymbol klicken.

10

Musik und Audio-bearbeitung

Videos leben nicht allein von Bildern, auch der Ton spielt eine wichtige Rolle. Sie können einzelne Videoszenen mit Musik und Sounds hervorheben oder auch bestimmte Eindrücke beim Zuschauen erzeugen. Dazu können Sie in Pinnacle Studio HD Soundeffekte, Musik und Kommentare als Audioeinspielungen verwenden.

Soundeffekte

Soundeffekte sind kurze Audiostücke mit Geräuschen oder Klängen aus der Alltagswelt. Diese Effekte lassen sich beliebig in den Filmablauf einfügen, falls einmal Applaus oder das Brummen eines vorbeifahrenden Autos fehlt. Pinnacle Studio HD bietet Ihnen eine große Palette von Beispielsounds an und zusätzlich die Möglichkeit, weitere Soundeffekte über das Internet zu erwerben.

Klicken Sie auf das Soundeffekte-Symbol, um die Bibliothek im Album auf der Registerkarte *Bearbeiten* zu öffnen, oder wählen Sie aus dem Menü *Album/Soundeffekte*.

Abbildung 10.1:
Mit diesem Symbol wechseln Sie im Album zu den Soundeffekten

Sobald das Symbol gewählt wird, öffnet Pinnacle Studio HD die vorinstallierten Soundeffekte und lädt sie ins Album. Die Soundeffekte sind in verschiedenen Kategorien zusammengefasst.

Wählen Sie eine Kategorie bzw. einen Ordner mit einem Doppelklick aus und suchen Sie nach dem Soundeffekt, den Sie zu Ihrem Projekt hinzufügen möchten. Um den Effekt vor dem Einfügen anzuhören, klicken Sie mit der Maus darauf.

Falls Sie Effekte aus einer anderen Kategorie anhören möchten, klicken Sie einmal auf das Symbol *Eine Ebene nach oben*, und schon sind Sie wieder in der Übersicht.

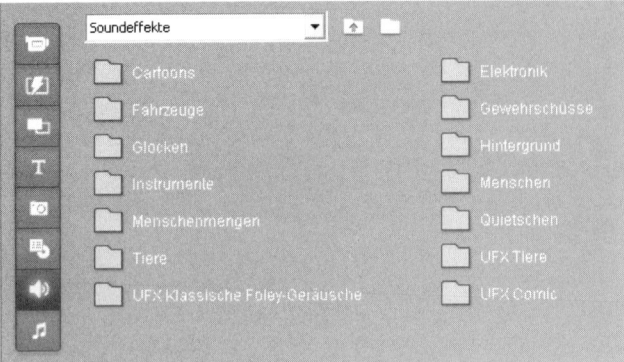

Abbildung 10.2: Wählen Sie eine der Kategorien aus, um deren Inhalt anzuzeigen

Sie können auch eigene Effekte von Ihrer Festplatte in das Album laden, indem Sie das Ordnersymbol anklicken und eine Datei auf Ihrer Festplatte wählen. Soundeffekte sind Musikdateien, die Sie von einer Audio-CD auf den PC kopiert oder mit einem Mikrofon aufgenommen haben. Soundeffekte sind ganz normale Musikstücke im MP3- und WAV-Format.

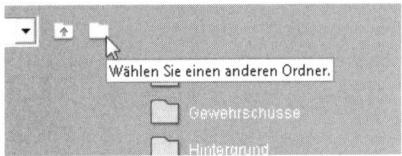

Abbildung 10.3:
Mit dem linken Symbol können Sie zur Übersicht zurückkehren, mit dem rechten Audiodateien aus einem anderen Verzeichnis wählen

Effekt anwenden

Ziehen Sie den gewünschten Soundeffekt aus der Bibliothek im Album per Drag&Drop auf die Soundeffekte-Spur in der Timeline. Der Effekt kann wie ein Titel noch im Nachhinein verschoben und getrimmt werden. Es ist auch möglich, den Effekt auf die Musikspur zu legen bzw. gleichzeitig einen zweiten Effekt auf dieser Spur zu verwenden. Sie haben zusätzlich zu den Originaltonspuren zwei Musikspuren zur Verwendung für Ihren Film.

Abbildung 10.4:
Der Soundeffekt wird auf die entsprechende Spur gelegt

Der Effekt kann auf der Timeline mit dem Handsymbol verschoben, wie üblich geschnitten und getrimmt oder in den Trimm-Editor geladen werden.

Oft sind die Soundeffekte im Verhältnis zum Originalton Ihres Films zu laut, darum muss die Lautstärke eines Effekte-Clips angepasst werden. Wie Sie das machen, erfahren Sie im nächsten Abschnitt; die Vorgehensweise ist bei Musik und Effekten gleich.

Musik

Musik dient im Film als Hintergrundkulisse oder in einem Musikvideo als primäres Element. In Pinnacle Studio HD ist es möglich, Musik von der Festplatte oder einer CD zu verwenden.

Klicken Sie im Album auf folgendes Symbol, um das Musik-Register zu öffnen, oder wählen Sie aus dem Menü *Album/Musik*.

Abbildung 10.5:
Dieses Symbol öffnet das Register für Musik im Album

Sie können alle Musikdateien ins Album laden, die bereits auf Ihrer Festplatte gespeichert sind, greifen also auf ein möglicherweise bereits bestehendes Archiv zu. Folgende Formate lassen sich im Album anzeigen: Wave-Dateien (WAV), MP3-, MPA-, AVI-, AC3-, M4A- und Windows Media-Audiodateien (WMA).

Darüber hinaus können Sie nur die Audiospur eines bereits bestehenden Videos in das Album laden. Das kann nützlich sein, wenn Sie z.B. einen Kommentar in die Kamera gesprochen haben, das dazugehörende Video aber nicht verwenden.

Abbildung 10.6: Sie können Ihre Musikdateien im Album anzeigen lassen

Öffnen Sie einen Ordner mit Musikdateien über das Ordnersymbol. Sie können die Musikdateien entsprechend den Soundeffekten per Drag&Drop in die Timeline legen und positionieren. Setzen Sie die Musik auf die Musik- oder Soundeffekte-Spur.

Wollen Sie ein Musikstück vor dem Einfügen anhören, klicken Sie mit der Maus darauf.

Wenn Sie den Film auf der Timeline anhören, sind möglicherweise bestimmte Audiospuren im Verhältnis viel zu laut oder zu leise. Um das zu regulieren, können Sie einen sogenannten Audiomix erstellen.

Audiobearbeitung

Die Lautstärke eines Musikclips kann entweder in der Timeline direkt auf dem Clip oder im Audiobearbeitungs-Modus geändert werden.

Sie haben vielleicht schon bemerkt, dass ein Audioclip überall dort in der Timeline, wo etwas zu hören ist, einen Wellenlinienverlauf bekommen hat. Hohe Wellen bedeuten laute Töne, kleine Wellen leise Töne.

Abbildung 10.7: Die Wellenlinien stehen für leise und laute Töne

Damit können Sie bereits vor dem Hören eines Clips dessen Lautstärke *sehen*. Nun können Sie die Lautstärke anpassen, denn das Brüllen eines Löwen unmittelbar vor der Kamera sollte lauter sein als das eines brüllenden Löwen, der in einer Entfernung von hundert Metern aufgenommen wurde.

Lautstärke anpassen

Klicken Sie mit der Maus auf den zu verändernden Clip. Sobald der Clip dunkel markiert ist, sehen Sie eine orange horizontale Linie, welche die relative Lautstärke anzeigt. Wenn die Lautstärke noch nicht verändert wurde, ist diese Linie auf etwa 75 % eingestellt. Bewegen Sie die Maus auf diese Linie, sehen Sie, dass der Mauszeiger zu einem Pfeilsymbol mit Lautsprecher wird.

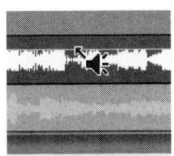

Abbildung 10.8:
Der Mauszeiger wird zu einem Lautsprechersymbol, sobald er über die orange Linie bewegt wird

Klicken Sie nun mit der Maus auf die Linie, halten Sie die linke Maustaste gedrückt und ziehen Sie diese Linie nach oben, um die Lautstärke an diesem Punkt lauter zu machen; wenn Sie die Linie nach unten ziehen, wird der Ton leiser.

Abbildung 10.9:
Die Lautstärke kann einfach verändert werden, indem die Lautstärkenlinie nach oben bzw. unten gezogen wird

Pinnacle Studio HD erzeugt einen sogenannten Justierungsziehpunkt, das ist ein Viereck auf der orange Linie, und passt die Linie horizontal an, da es annimmt, dass Sie den ganzen Clip lauter oder leiser machen möchten. Wenn der Clip an einer bestimmten Stelle wieder lauter sein soll, erzeugen Sie mit der Maus an dieser Stelle einen neuen Ziehpunkt.

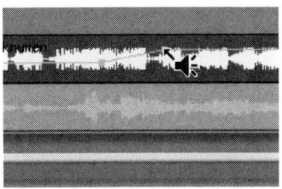

Abbildung 10.10:
Erstellen Sie für jede Veränderung der Lautstärke einen neuen
Justierungsziehpunkt

Diese Ziehpunkte können im Nachhinein wieder gelöscht oder verändert werden. Fahren Sie mit der Maus auf einen der Punkte. Das Symbol des Mauszeigers sieht nun etwas anders aus als vorher. Der Pfeil und das Lautsprechersymbol werden türkis dargestellt. Klicken und ziehen Sie, um die Lautstärke zu verändern. Um den Ziehpunkt zu löschen, ziehen Sie ihn über den Clip hinaus nach oben oder unten, bis er verschwindet.

Abbildung 10.11:
Ein Justierungsziehpunkt kann gelöscht werden, indem er über
den Clip hinausgezogen wird

Jede Veränderung der Audiolautstärke sollte kurz angehört und kontrolliert werden, was dazu führt, dass das Mischen von Audio für einen ganzen Film recht viel Zeit in Anspruch nimmt.

Wenn Sie alle Justierungsziehpunkte eines Clips auf einmal löschen möchten, klicken Sie mit der rechten Maustaste auf den Clip und wählen *Lautstärke-Änderung entfernen*.

Balance und Stereoeffekt

Sie können auch die Informationen eines Audioclips für den linken und den rechten Ausgabekanal verändern, um so eine Stereomischung zu erreichen. Klicken Sie mit der rechten Maustaste auf den zu verändernden Clip und wählen Sie *Auswahl Balance-Anzeige*.

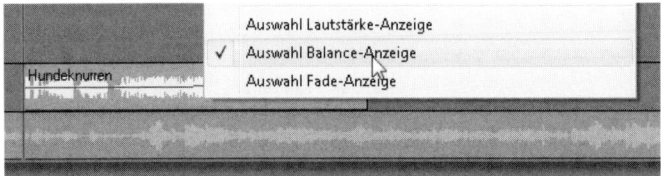

Abbildung 10.12: Klicken Sie mit der rechten Maustaste auf einen Clip, um dessen
Balance bzw. Stereoinformationen anzuzeigen

Der Clip wird grün und mit einer Linie in der Mitte dargestellt. Die Linie bedeutet hier nicht mehr die Lautstärke des Audioclips, sondern zeigt an, ob das Audio links oder rechts aus dem Lautsprecher zu hören ist. Die Linie muss sich in der Mitte befinden, da der Clip im linken und rechten Lautsprecher gleich laut zu hören ist. Erzeugen Sie nun Justierungsziehpunkte, wie Sie es für die Lautstärke getan haben. Ein Ziehpunkt unterhalb der Mitte bedeutet, dass der Ton stärker auf dem rechten Lautsprecher ausgegeben wird, bei einem Ziehpunkt über der Mitte wird der Ton stärker aus dem linken Lautsprecher ausgegeben.

Um alle Justierungsziehpunkte von einem Audioclip zu löschen, klicken Sie mit der rechten Maustaste auf den Clip und wählen *Balance-/Fade-Änderungen entfernen*.

Die Audio-Toolbox

Weitere Audiobearbeitungen und -einstellungen können Sie in der Audio-Toolbox vornehmen. Klicken Sie auf das Lautsprechersymbol in der linken oberen Ecke der Timeline, um sie zu öffnen.

Abbildung 10.13:
Mit der Audio-Toolbox stehen weitere Funktionen zur Audiobearbeitung zur Verfügung

Sie können die Audio-Toolbox auch über die Menüleiste mit *Toolbox/Lautstärke ändern* öffnen.

Über dem Album wird nun die Audio-Toolbox geöffnet. Im linken Bildbereich erscheinen weitere Funktionen für die Bearbeitung, die nachfolgend erklärt werden.

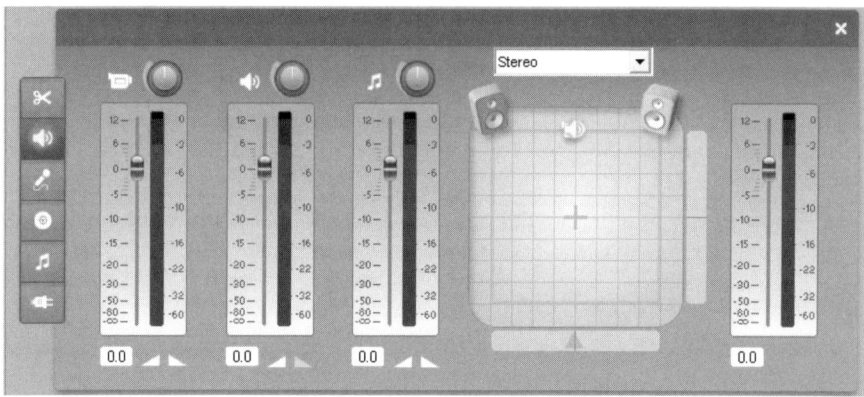

Abbildung 10.14: In der Audio-Toolbox stehen weitere Funktionen für das Bearbeiten von Musik und Effekten zur Verfügung

Lautstärke

Wie Sie bereits gesehen haben, kann die Lautstärke mit der Maus direkt in der Timeline angepasst werden. Sie können diese Anpassungen allerdings auch mithilfe der Lautstärkeregler in der Audio-Toolbox vornehmen, ähnlich wie an einem Audiomischpult.

Für jede Audiospur auf der Timeline wird ein separater Regler angezeigt, zuzuordnen am kleinen Symbol über jedem Regler.

Beim Abspielen des Films sehen Sie zudem die Lautstärke der Audioclips in der Pegelanzeige. Falls sich ein Clip im grünen und gelben Bereich befindet, ist die Lautstärke in Ordnung. Versuchen Sie, nicht in den roten Bereich zu gelangen, da der Ton dann übersteuert wird. Schieben Sie den Regler nur so weit nach oben, bis der Pegel etwa bis 0 dB ausschlägt.

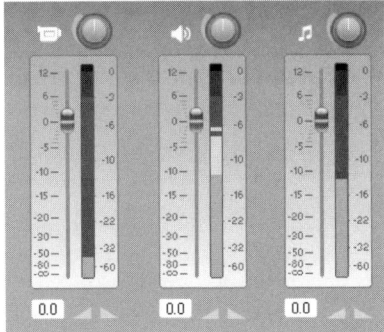

Abbildung 10.15:
Die Pegelanzeige wird neben jedem der Regler angezeigt.
Die Lautstärken sollten sich bei 0 dB einpegeln

Scrubben Sie im Film an die Position, an der das Audio korrigiert werden soll, und verschieben Sie danach den Lautstärkeregler nach oben oder unten.

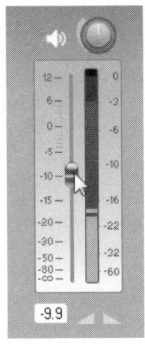

Abbildung 10.16:
Beim Verschieben eines Reglers mit der Maus erhält der entsprechende Clip
zwei Justierungsziehpunkte

Wie Sie sehen, erzeugt Pinnacle Studio HD bei dieser Variante zwei Ziehpunkte, was zu einer abrupten Lautstärkeänderung führt. Falls Sie das nicht wünschen, verändern Sie die Lautstärke direkt im Clip auf der Timeline.

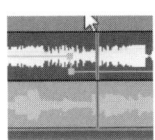

Abbildung 10.17:
Wird das Audio mittels des Schiebereglers verändert,
gibt es eine abrupte Lautstärkeänderung

Sie können die Lautstärke auch beim Abspielen des Films mit dem Regler korrigieren. Spielen Sie dazu den Film ab und ziehen Sie mit der Maus an einem der Schieberegler, um die Lautstärke zu verändern. Wenn ein Schieberegler inaktiv ist, bedeutet dies, dass an der Position des Timeline Scrubbers kein Audioclip vorhanden ist.

Eine andere Möglichkeit, die Lautstärke zu verändern, ist, in das Zahlenfeld einen Wert einzugeben, um den ein Audioclip lauter bzw. leiser eingestellt werden soll.

Abbildung 10.18: Verändern Sie die Lautstärke um einen bestimmten dB-Wert

Fade-in und Fade-out

Am Anfang oder Ende eines Audioclips kann der Ton ein- bzw. ausgeblendet werden. Dies lässt sich erreichen, indem am Anfang des Clips ein Ziehpunkt gesetzt wird, der ganz unten am Clip positioniert wird. Ein zweiter Ziehpunkt wird etwas später positioniert, und zwar an der Stelle, an der das Audio die normale Lautstärke erreichen soll. Etwas einfacher geht das wie folgt.

1. Scrubben Sie auf der Timeline an die Stelle, an der das Audio ausgeblendet sein soll.

2. Klicken Sie auf eines der folgenden Symbole der entsprechenden Audiospur.

Abbildung 10.19:
Das linke Dreieckssymbol blendet
das Audio in der entsprechenden
Spur ein, das rechte blendet es aus

3. Korrigieren Sie gegebenenfalls die gesetzten Ziehpunkte, um das Resultat zu verfeinern.

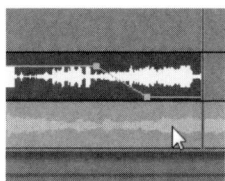

Abbildung 10.20:
Auf dem Audioclip werden zwei Ziehpunkte erzeugt,
und das Audio wird ausgeblendet

Die Dauer der Tonblende lässt sich in den Einstellungen über das Menü *Setup* unter *Voreinstellungen* anpassen.

Master-Volume

Falls Sie nach Beendigung der Arbeit an einem Soundmix das Gefühl haben, eine bestimmte Spur sei etwas zu laut oder zu leise geraten, können Sie die Lautstärke einer ganzen Spur im Nachhinein verändern. Dazu dienen die folgenden Drehknöpfe:

Abbildung 10.21:
Drehen Sie an einem dieser Knöpfe, um die
Lautstärke einer Spur insgesamt zu verändern

Klicken Sie mit der Maus und „drehen" Sie am Knopf, um die Lautstärke einer Spur zu verändern.

Wenn Sie das Gefühl haben, der ganze Film sei zu laut oder zu leise, dann müssten Sie jeden einzelnen Clip bzw. jede einzelne Spur nachkorrigieren. Dies wäre sehr viel Arbeit. Um die Lautstärke des gesamten Films zu ändern, dient der Gesamtlautstärke-

Regler auf der rechten Seite. Mit ihm können Sie die Lautstärke des ganzen Films, also aller Clips und aller Spuren, gleichzeitig regeln. Beim Verändern der Gesamtlautstärke werden auf den Audioclips keine weiteren Ziehpunkte gesetzt.

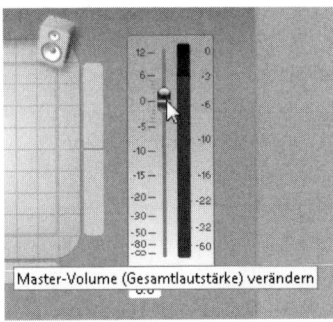

Abbildung 10.22:
Um die Lautstärke des ganzen Films zu verändern,
können Sie diesen Schieberegler verwenden

Stereo

Im rechten Bereich sehen Sie einen von oben gezeigten virtuellen Raum mit zwei Lautsprechern vorne links und rechts sowie einem Kreuz in der Mitte. Das Kreuz steht für die Position des Betrachters des Films. Das bedeutet, dass das Audio von vorne links und rechts zu hören ist. Für jede Audiospur erscheint zwischen den beiden Lautsprechern ein runder Punkt mit einem entsprechenden Symbol, je nachdem, welcher Clip auf der Timeline gewählt ist. Das Symbol ist in der Mitte der beiden Lautsprecher und bedeutet, dass das Audio im Raum aus beiden Lautsprechern gleich laut zu hören ist. Sie können nun mit der Maus dieses Symbol nach links oder rechts bewegen, um die Stereoinformation im Raum zu verändern.

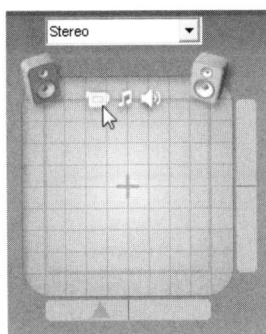

Abbildung 10.23:
Für jede der benutzten Spuren erscheint im virtuellen
Raum ein Symbol

Im Beispiel wurde die Originaltonspur nach links verschoben und die Soundeffekte-Spur nach rechts. Diese Symbole sind nur dann alle sichtbar, wenn an der Stelle des Audio-Scrubbers auch alle Spuren belegt sind. Auf der Timeline sind die Änderungen ebenfalls an der veränderten Balance-Anzeige zu erkennen. Für das obige Beispiel sieht die Timeline wie folgt aus:

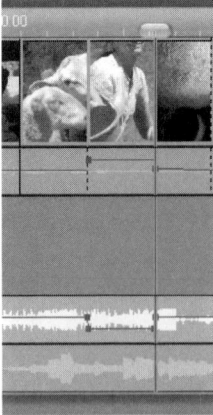

Abbildung 10.24:
Analog zur obigen Grafik wurde die Balance der drei Spuren geändert

Damit eine Balance-Änderung nicht zu abrupt ist, sollte zwischen den beiden Zieh-punkten am Anfang oder am Schluss etwas Abstand eingehalten werden, sodass die Flanke etwas schräg wird.

Surround

Wählen Sie aus der Dropdown-Liste über dem virtuellen Raum *Surround* aus, um das Audio im ganzen Raum hörbar zu machen:

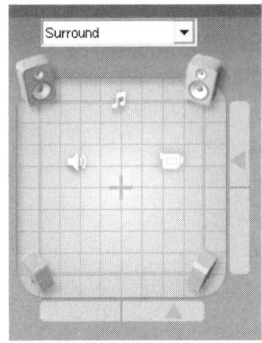

Abbildung 10.25:
Wenn Surround gewählt wurde, können Sie den Audioclip im ganzen Raum hörbar machen

Ziehen Sie dazu das Symbol beliebig umher. Beachten Sie, dass Sie für jede einzelne Spur *Surround* einschalten müssen, klicken Sie also der Reihe nach alle Spuren an und schalten Sie sie auf *Surround*.

Hinweis | Voraussetzung zum Hören von Surround ist, dass auf dem Abspielgerät, dem DVD-Player oder dem PC, ein sogenanntes Surround-Sound- oder Home-Cinema-System vorhanden ist. Dadurch erhalten Sie als Betrachter den Eindruck, mitten im Geschehen zu sein, wie man das in einem Kino erleben kann. Sie können also selbst bestimmen, von wo ein Audioclip zu hören ist. Allerdings bräuchte es für eine richtige Surround-Mischung weitaus mehr Audiospuren, als sie Pinnacle Studio HD zur Verfügung stellt, denn für jeden der Lautsprecher sollten mehrere Audioeffekte zu hören sein. Empfeh-lenswert ist das Pinnacle-Surround aber dennoch.

Beim Bearbeiten von Surround muss jeder Audioclip zusätzliche Informationen erhalten. Sie haben bereits die Lautstärke und die Stereoinformation kennengelernt. Nun braucht es aber noch eine weitere Information für vorne und hinten, nämlich die *Fade-Funktion*. Um sie in einem Clip anzeigen zu lassen, klicken Sie mit der rechten Maustaste auf den Clip und wählen *Auswahl Fade-Anzeige*.

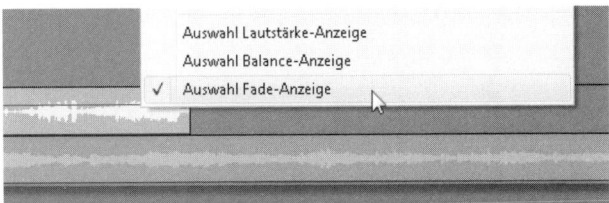

Abbildung 10.26: Zusätzlich zur Lautstärke und Balance kann auch die Fade-Anzeige genutzt werden

Wie Sie sehen, können Sie die Fade-Informationen mittels der Ziehpunkte oder im virtuellen Raum direkt bearbeiten.

Wenn Sie Fade-Informationen löschen möchten, klicken Sie mit der rechten Maustaste auf den Clip und wählen *Balance-/Fade-Änderungen entfernen*.

Für Sprache optimiert

Diese Option, die Sie ebenfalls in der Ansicht des virtuellen Raums auswählen können, fügt einen fünften Lautsprecher zwischen die beiden vorderen ein. Das ist das eigentliche 5.1-Surround. Der Punkt mit der Ziffer 1 bei 5.1 steht für den sechsten Lautsprecher, den Bass, der nur die tiefen Töne des Films ausgibt.

Der zusätzliche Lautsprecher in der Mitte wird auch *Center* genannt und dient zum Ausgeben von Sprache.

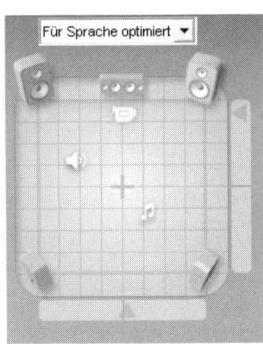

Abbildung 10.27:
Der fünfte Lautsprecher in der Mitte dient zur Ausgabe der Sprache

Mikrofonaufnahme

Sie haben in Pinnacle Studio HD die Möglichkeit, im Nachhinein einen Kommentar auf Ihren Film zu sprechen oder durch eine andere Person sprechen zu lassen. Hierfür benötigen Sie ein Mikrofon, das sich am Mikrofoneingang des Computers anschließen lässt.

Konfigurieren eines Mikrofons

Zum korrekten Konfigurieren eines Mikrofons gehen Sie wie folgt vor:

Variante für Windows XP

1. Schließen Sie das Mikrofon über die Soundkarte an den Mikrofoneingang an.

2. Wählen Sie in Windows XP *Start/Einstellungen/Systemsteuerung.*

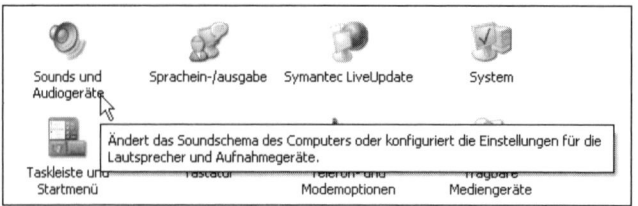

Abbildung 10.28: Das Lautsprechersymbol öffnet den Dialog zum Einstellen der Sounds und Audiogeräte

3. Doppelklicken Sie auf *Sounds und Audiogeräte.*

4. In den Eigenschaften wählen Sie im Register *Lautstärke* die Schaltfläche *Erweitert.*

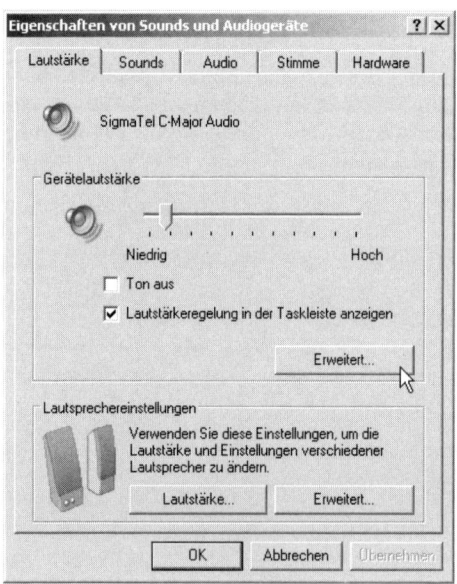

Abbildung 10.29: Über die Schaltfläche Erweitert lassen sich weitere Einstellungen vornehmen

5. Im Bereich *Lautstärke regeln für* wählen Sie *Aufnahme.*

6. Setzen Sie ein Häkchen bei *Mikrofon* und bestätigen Sie mit *OK.* Nun ist das Mikrofon aktiviert.

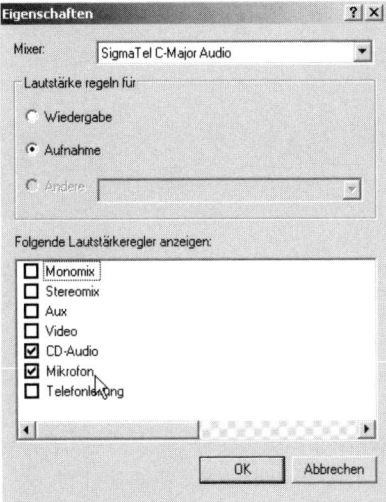

Abbildung 10.30: Setzen Sie ein Häkchen bei Mikrofon,
um diesen Eingang einzuschalten

7. Schließen Sie das Aufnahmefenster mit einem Klick auf *OK.*

Variante für Windows Vista

1. Schließen Sie das Mikrofon über die Soundkarte an den Mikrofoneingang an.

2. Wählen Sie in Windows Vista *Start/Systemsteuerung/Hardware und Sound/Audio-geräte verwalten.*

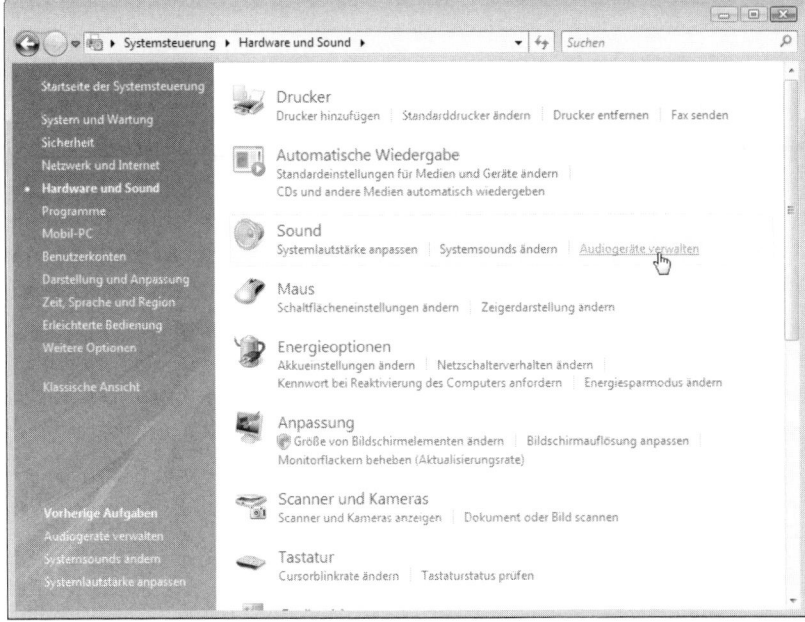

Abbildung 10.31: Hier gelangen Sie zum Dialog zum Einstellen der Sounds und Audiogeräte

3. Im Register *Aufnahme* wählen Sie das angeschlossene Mikrofon aus.

Abbildung 10.32: Wählen Sie das zu konfigurierende Mikrofon aus

4. Klicken Sie auf *Eigenschaften,* um die Einstellungen anzupassen.

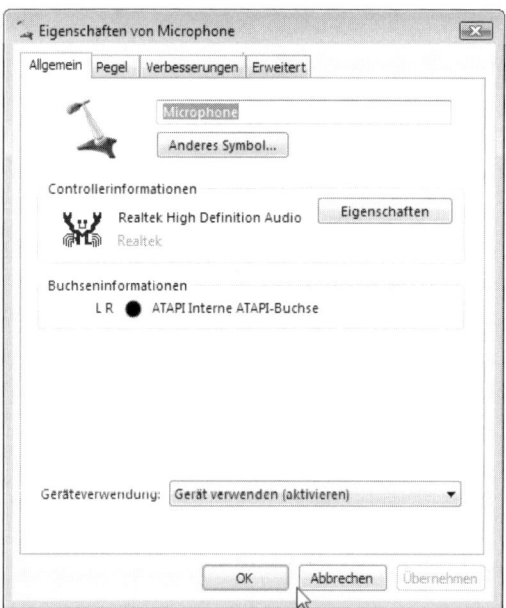

Abbildung 10.33: In den Eigenschaften werden alle Mikrofoneinstellungen vorgenommen

Je nach Soundkarte und Treiberversion variieren die Angaben und Einstellungsmöglichkeiten der Eigenschaften.

5. Achten Sie darauf, dass die Geräteverwendung des Mikrofons eingeschaltet ist.

6. Im Register *Pegel* kann die Lautstärke des Mikrofonpegels eingestellt werden. Eventuell müssen Sie diese Einstellungen erst korrigieren, wenn der Audiopegel in Pinnacle Studio HD zu schwach ist.

7. Schließen Sie das Aufnahmefenster mit einem Klick auf *OK*.

Abbildung 10.34: Verändern Sie wenn nötig den Audiopegel und Microphone und Microphone Boost

Audioaufnahme

1. Öffnen Sie in Pinnacle Studio HD die Audio-Toolbox und dann die Funktion für die Aufnahme mit einem Mikrofon oder wählen Sie aus dem Menü *Toolbox/Filmkommentare aufnehmen*.

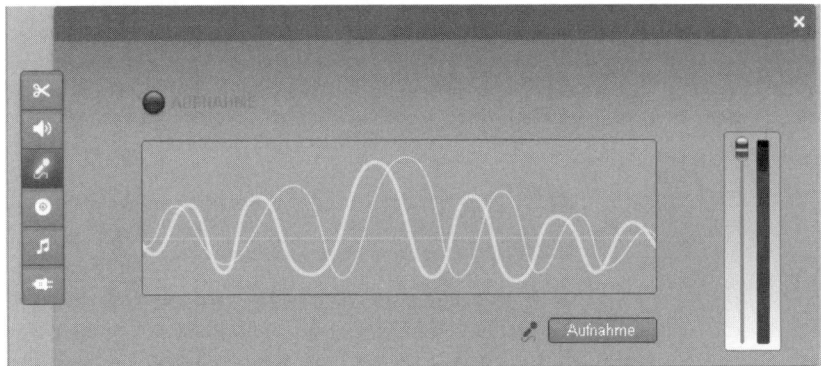

Abbildung 10.35: Modus für das Nachvertonen von Filmen mit einem Mikrofon

Tipp
Wenn Sie in das Mikrofon sprechen, sollte in der Anzeige die Lautstärke auf der rechten Seite zu sehen sein. Korrigieren Sie allenfalls die Eingangslautstärke durch das Verschieben des Reglers neben der Pegelanzeige.

Eine Aufnahme in Pinnacle Studio HD ist nur möglich, wenn sich der Timeline-Scrubber an einer Position befindet, an der die Audiokommentar-Spur nicht schon mit einem anderen Clip gefüllt ist, da Sie lediglich zwei Audiospuren zur Verfügung haben. Sie können den aufgenommenen Kommentar natürlich jederzeit im Film neu positionieren. Der Vorteil dieser Vorgehensweise ist, dass Sie Ihren Kommentar synchron zum Film abgeben können.

Die Aufnahme eines Kommentars mit Mikrofon ist nicht immer ganz einfach. Es kommt sehr stark auf die Qualität des Mikrofons an, darauf, für welchen Zweck das Mikrofon ausgelegt ist, und auf die Nebengeräusche während der Aufzeichnung.

So gibt es für den Einsatz mit Video sogenannte Richtmikrofone, die über eine gewisse Distanz in eine bestimmte Richtung aufnehmen, und es gibt die Nieren- oder Kugelmikrofone, die das Audio im Bereich des Mikrofons aufzeichnen. Falls Sie bereits ein Mikrofon besitzen, machen Sie doch eine kurze Testaufnahme und entscheiden, ob Sie mit der Qualität zufrieden sind. Ansonsten lassen Sie sich von einer Fachperson beraten, um ein optimales Ergebnis zu erzielen.

Nebengeräusche sollten wenn möglich eliminiert werden, auch das Brummen eines PCs kann in einem Film sehr nervend wirken.

Falls Sie kein Eingangssignal sehen, dann müssen Sie in Pinnacle Studio HD einstellen, welcher Audio-Eingang für das Mikrofon verwendet wird. Öffnen Sie im Menü *Setup/Video- und Audio-Voreinstellungen*. Wählen Sie dann unter Mikrofon den entsprechenden Mikrofoneingang aus, an dem das Mikrofon angeschlossen ist.

Abbildung 10.36: Einstellungen für das Mikrofon

2. Starten Sie die Aufnahme mit einem Klick auf die Schaltfläche *Aufnahme*. Warten Sie, bis der Aufnahmebutton blinkt und der Film zu laufen beginnt. Sprechen Sie nun Ihren Kommentar ein.

3. Sobald Sie fertig sind, können Sie den Vorgang mit einem Klick auf *Stop* beenden.

   Der aufgezeichnete Kommentar ist in der Timeline zu sehen und kann nun beliebig weiterverarbeitet werden.

4. Sollte die Aufnahme nicht zu gebrauchen sein, dann löschen Sie den Audioclip von der Timeline und wiederholen die Aufnahme.

5. Sie können den Kommentar auch in mehreren Abschnitten aufnehmen oder ein Stück in der Mitte neu aufzeichnen, wenn das notwendig ist.

Audio-CD importieren

Sie haben die Möglichkeit, Musik oder Geräusche direkt von einer Audio-CD in Pinnacle Studio HD zu importieren, ohne sie auf der Festplatte zwischenzuspeichern. Empfehlenswert ist es trotzdem, diese Audiodateien mit einem externen Programm auf die Festplatte zu kopieren, da sie dann immer – auch für andere Projekte – zur Verfügung stehen.

Praktisch alle Musik-CDs sind nicht für den öffentlichen oder kommerziellen Gebrauch lizenziert. Sie dürfen die Musik also nicht mit Ihren Filmen weiterverkaufen oder diese öffentlich vorführen, außer Sie erwerben entsprechende Lizenzen für meistens sehr viel Geld. Andernfalls (und das ist die Regel bei Hobbyfilmern) müssen Sie spezielle Musik erwerben, die GEMA- bzw. SUISA-frei sind. Wenn Sie ein Musikarchiv erworben haben, für das Sie die Rechte besitzen, dürfen Sie es auch kommerziell nutzen.

Achtung

Aufnehmen von einer Audio-CD

Falls Sie mehrere CD- oder DVD-Laufwerke in Ihrem PC installiert haben, müssen Sie Pinnacle Studio HD zuerst mitteilen, von welchem Laufwerk Sie Audio aufnehmen möchten. Gehen Sie dazu wie folgt vor:

1. Öffnen Sie die Einstellungen im Menü mit *Setup/Video- und Audio-Einstellungen*.

2. Unter *CD-Laufwerk* wählen Sie aus der Liste das Laufwerk aus, von dem Sie Audio aufnehmen möchten.

3. Legen Sie nun eine Audio-CD in das Laufwerk und klicken Sie in der Audio-Toolbox auf das unten gezeigte Symbol, um in den Aufnahmemodus zu gelangen, oder wählen Sie aus dem Menü *Toolbox* den Eintrag *CD-Musik hinzufügen*.

Abbildung 10.37:
Symbol für das Aufnehmen von Musik von einer CD

Falls Pinnacle Studio HD die eingelegte CD, d.h. Interpret, Album usw., nicht von selbst erkennt, müssen Sie diese Informationen manuell eingeben.

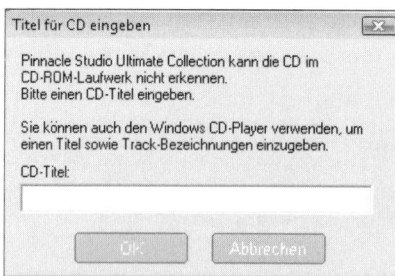

Abbildung 10.38:
Geben Sie hier einen Titel für die eingelegte
Audio-CD ein

4. Tippen Sie die Informationen in das Feld *CD-Titel* ein und bestätigen Sie mit einem Klick auf *OK*.

    Pinnacle Studio HD öffnet nun den Aufnahmemodus.

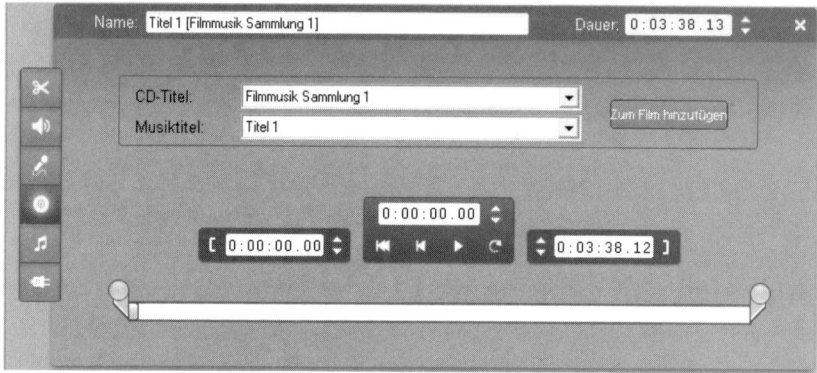

Abbildung 10.39: Im Aufnahmemodus wählen Sie einen Liedtitel unter Musiktitel aus

5. Scrubben Sie auf der Timeline an die Stelle, an der das Audio eingefügt werden soll.

6. Wählen Sie unter *Musiktitel* einen Liedtitel aus, den Sie in den Film integrieren möchten.

7. Fügen Sie das Lied über die Schaltfläche *Zum Film hinzufügen* ein.

Abbildung 10.40:
Das Musikstück wird importiert

Das Lied wird in Pinnacle Studio HD importiert. Wenn dieser Vorgang abgeschlossen ist, befindet sich das Lied auf der Timeline und kann abgespielt werden.

Automatische Hintergrundmusik

Die automatische Hintergrundmusik enthält eine spezielle Art von vordefinierter Musik, in Pinnacle Studio HD auch Scorefitter genannt. Wenn Sie ein Stück einer Audio-CD als Hintergrund verwenden, so hat jedes dieser Musikstücke einen Anfang und ein Ende, logisch. Die Scorefitter-Musikstücke können aber beliebig lang gezogen werden, und Pinnacle Studio HD komponiert das Ende so, dass es gut klingt! Am besten testen Sie die Funktion gleich selbst.

Hinweis

Bis zur Version 10 von Pinnacle Studio war dies die SmartSound-Funktion bzw. -Bibliothek. In der Version 14 sind es keine SmartSounds mehr, sondern es handelt sich nun um eine andere, Pinnacle-eigene Technik zum Erstellen automatischer Hintergrundmusik. Die von Scorefitter erzeugte Musik liegt in 48 kHz, also in besserer Qualität, vor.

Falls Sie noch SmartSounds auf Ihrer Festplatte haben, können Sie diese leider in der Version 14 nicht benutzen. Es kann gut sein, dass Pinnacle die SmartSound-Funktion in die Version 14 wieder integriert. Schauen Sie dazu im Support-Bereich von Pinnacle unter *www.pinnaclesys.de* direkt nach.

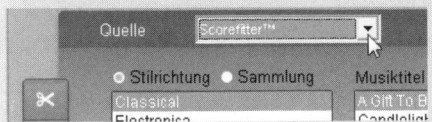

Abbildung 10.41:
Scorefitter-Musik in Pinnacle Studio HD

1. Wählen Sie in der Audio-Toolbox die Funktion *Automatisch Hintergrundmusik erzeugen* über das unten gezeigte Symbol oder im Menü *Toolbox* den Eintrag *Hintergrundmusik erstellen* aus.

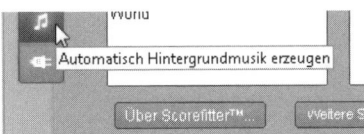

Abbildung 10.42:
Mit diesem Symbol öffnen Sie die automatische Hintergrundmusik

2. Wählen Sie Ihre Musik aus den drei Kategorien *Stilrichtung*, *Musiktitel* und *Version*. Für jede Stilrichtung stehen ein oder mehrere Musiktitel mit verschiedenen Versionen zur Verfügung.

Abbildung 10.43: Die Scorefitter-Bibliothek ist in drei Stufen eingeteilt: Stilrichtung, Musiktitel und Version

3. Doppelklicken Sie auf eine Version, um eine Vorschau zu erhalten, oder klicken Sie auf den *Vorschau*-Knopf.

4. Sobald Sie die richtige Musik gefunden haben, scrubben Sie auf der Timeline an die Stelle, an der die Hintergrundmusik positioniert werden soll, und wählen *Zum Film hinzufügen*.

Das Scorefitter-Musikstück wird auf die Timeline gelegt und ist als kurzes Stück sichtbar. Dieses Stück können Sie nun mit der Trimm-Funktion verlängern, so weit Sie möchten – Pinnacle Studio HD komponiert das Stück immer weiter.

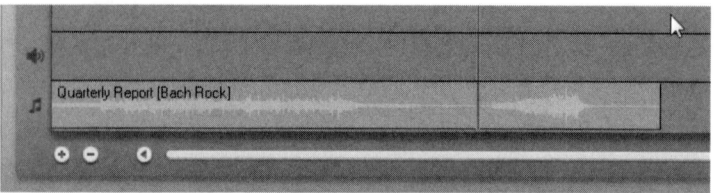

Abbildung 10.44: Das ausgewählte Stück wird auf der Musikspur angezeigt

Für die Audiobearbeitung von Scorefitter-Musikstücken gelten die gleichen Regeln wie für die anderen Musikstücke, außer dass die Scorefitter-Musik beliebig verlängert werden kann.

Falls Sie das gewählte Stück durch ein anderes ersetzen möchten, ohne die Länge nochmals zu definieren, klicken Sie den Clip auf der Timeline an und wählen aus der Scorefitter-Bibliothek ein neues Stück. Um die Änderung zu übernehmen, klicken Sie auf *Änderungen annehmen*.

Auf Ihrem PC sind einige Scorefitter-Musikstücke vorinstalliert, die Sie mit Pinnacle Studio HD erworben haben. Sie können allerdings noch mehr erwerben. Klicken Sie dazu auf den Knopf *Weitere Songs holen*.

Audioeffekte

Audioeffekte dienen dazu, aufgenommenes Audio zu verändern. Sie können z.B. Rauschen entfernen oder das Audio auf witzige Weise manipulieren. Einem Audioclip lassen sich mehrere Effekte gleichzeitig zuweisen.

Klicken Sie in der Audio-Toolbox auf folgendes Symbol oder wählen Sie aus dem Menü *Toolbox* den Eintrag *Audioeffekte hinzufügen*, um sich die Übersicht anzeigen zu lassen.

Abbildung 10.45:
Dieses Symbol öffnet die Audioeffekte-Bibliothek

Im linken Bereich unter *Audioeffekte* sind alle Effekte des ausgewählten Clips zu sehen; anfangs ist diese Liste natürlich leer, da noch kein Effekt hinzugefügt wurde.

Abbildung 10.46: Hier werden alle Audioeffekte aufgelistet, die Sie auf einen Audioclip anwenden können

In der Liste unter *Kategorie* sehen Sie eine Auflistung der möglichen Effekte, unterteilt in verschiedene Gruppen wie *Studio HD-Audioeffekte* und *Studio Ultimate-Audioeffekte*, je nachdem, welche Version von Studio HD Sie besitzen.

Fügen Sie nun einem Clip einen Effekt zu:

1. Wählen Sie in der Timeline einen Audioclip aus, auf den Sie einen Effekt anwenden möchten.

2. Wählen Sie unter *Effekt* einen Effekt aus der Liste aus und klicken Sie auf *OK*, um ihn in die Liste zu übernehmen.

Nun können Sie die verschiedenen Parameter ändern, um den Effekt an Ihre Wünsche anzupassen. Meistens ist es so, dass die Werte allein nicht viel über die Wirkung des Effekts aussagen, darum ist es notwendig, dass Sie den Audioclip jedes Mal anhören, nachdem Sie eine Veränderung vorgenommen haben.

Nachfolgend sind einige wichtige Effekte beschrieben.

Rauschunterdrückung

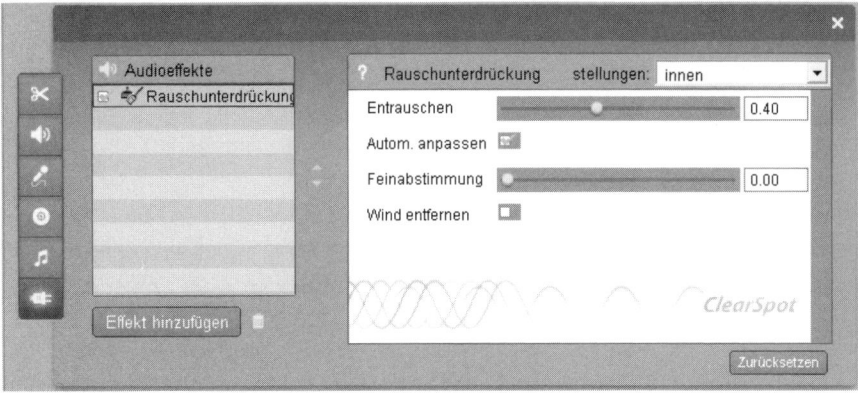

Abbildung 10.47: Mit der Rauschunterdrückung wird störendes Rauschen aus einem Audioclip entfernt

Wählen Sie eine *Voreinstellungen* oder beginnen Sie direkt mit dem Anpassen der Parameter. Ziehen Sie den *Entrauschen*-Schieberegler und prüfen Sie immer wieder das Resultat, indem Sie den Film abspielen. Sie können bei *Wind entfernen* ein Häkchen setzen. Das entfernt störende Windgeräusche, die beispielsweise bei einer Strandaufnahme entstanden sein können. Sie können alle Einstellungen wieder in den Ursprungszustand versetzen, indem Sie auf *Zurücksetzen* klicken.

Sie können einem Clip mehrere Effekte gleichzeitig hinzufügen, um so eine Kombination von Effekten zu erzielen. Klicken Sie hierbei einfach auf den Knopf *Effekt hinzufügen*, um wieder zur Übersicht zu gelangen.

Audiogeschwindigkeit

Der mitgelieferte Audioeffekt *Geschwindigkeit* kann einen Audioclip langsamer oder schneller darstellen. Diese Funktion wird normalerweise nur zusammen mit dem gleichnamigen Videoeffekt angewendet. Sie können aber auch den Geschwindigkeitseffekt nur auf den Audioclip anwenden.

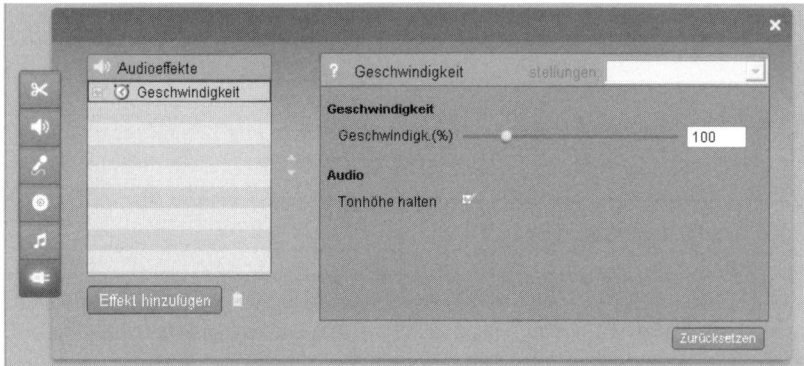

Abbildung 10.48: Mit dem Geschwindigkeitseffekt kann ein Audioclip in Zeitlupe dargestellt werden

1. Klicken Sie auf der Timeline den Audio- oder Videoclip an, von dem Sie das Audio verändern möchten. Am besten lässt sich dieser Effekt beurteilen, wenn man als Beispiel einen Clip wählt, in dem eine Person spricht.

2. Öffnen Sie die *Audioeffekte* in der Audio-Toolbox.

3. Fügen Sie den Effekt *Geschwindigkeit* hinzu.

4. Verändern Sie nun den Schieberegler *Geschwindigkeit*, um den Clip langsamer oder schneller laufen zu lassen. Hören Sie sich das Audio an, um den Effekt beurteilen zu können.

5. Setzen Sie ein Häkchen bei *Tonhöhe halten*, damit die Tonhöhe des Audioclips zwar wieder normal zu hören ist, dessen Geschwindigkeitsanpassung aber verändert bleibt.

Mit dieser Funktion können Sie z.B. einen Video- oder Audioclip in der Länge verändern.

Effekt löschen

Wählen Sie in der Liste den zu löschenden Effekt aus und klicken Sie auf das Papierkorbsymbol.

Mit den beiden Pfeilsymbolen können Sie die Reihenfolge der Clips verändern. Je nachdem, welche Effekte Sie anwenden, spielt die Reihenfolge der Effekte eine Rolle.

11

Die Video-
Toolbox

Die Video-Toolbox liefert Werkzeuge, mit denen man einen Film interessanter gestalten kann. Dazu zählen Funktionen zum Erstellen von Standbildern aus dem Film, Videoeffekte, Chroma-Key, Bild-in-Bild und vieles mehr.

Die Symbole werden hier in einer anderen Reihenfolge beschrieben, als sie im Programm auftauchen, da Sie einige Funktionen schon kennen und es keinen Sinn macht, andere an der betreffenden Stelle zu erläutern.

Öffnen Sie die Video-Toolbox mit dem folgenden Symbol oder wählen Sie aus dem Menü *Toolbox* z.B. *Einzelbild aufnehmen*.

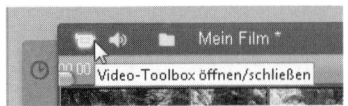

Abbildung 11.1:
Das Symbol der Video-Toolbox

Einzelbild aufnehmen

Sie können in Pinnacle Studio HD aus dem Film Standbilder aufnehmen und sie wieder in den Film einbauen oder auf der Festplatte zwischenspeichern. Daraus lassen sich unter anderem interessante DVD-Hüllen gestalten.

Standbild aus der Timeline

1. Scrubben Sie auf der Timeline, bis das gewünschte Bild im Vorschaufenster zu sehen ist.

2. Falls die Video-Toolbox noch nicht geöffnet ist, wählen Sie aus dem Menü *Toolbox/ Einzelbild aufnehmen*.

3. Klicken Sie auf den Knopf *Aufnahme*, um das aktuelle Bild zu kopieren.

4. Entscheiden Sie nun, ob das aufgenommene Standbild zum Film hinzugefügt werden soll oder ob Sie es auf der Festplatte speichern möchten.

5. Um das Bild auf die Timeline zu legen, scrubben Sie an die gewünschte Stelle und klicken auf die Schaltfläche *Zum Film hinzufügen*.

6. Wenn Sie das Bild als Datei auf der Festplatte speichern möchten, klicken Sie auf *Speichern* und wählen einen Speicherort auf der Festplatte aus. Es lässt sich auch mit anderen Programmen weiterverarbeiten.

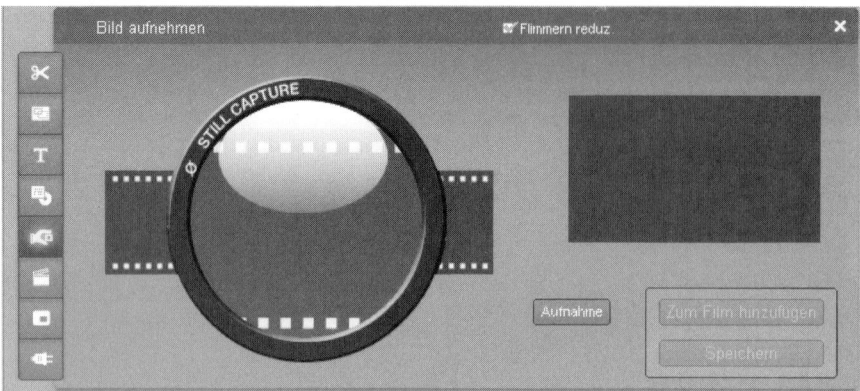

Abbildung 11.2: Klicken Sie auf Aufnahme, um ein Bild von der Timeline zu kopieren

Die zweite Videospur

Mit einer zweiten Videospur haben Sie erweiterte Möglichkeiten beim Schneiden. Sie können z.B. ein Theaterstück, das mit zwei Kameras aufgenommen wurde, synchron schneiden oder einen Videoclip als *Bild-in-Bild* darstellen usw.

Die zweite Videospur ist standardmäßig nicht sichtbar, da sie nicht von allen Anwendern benutzt wird und nicht unnötig verwirren soll. Sie wird erst angezeigt, wenn sie auch benutzt werden soll. Ziehen Sie dazu einfach einen Videoclip auf die Titelspur, und die zweite Videospur erscheint.

Abbildung 11.3:
Die zweite Videospur wird sichtbar, sobald ein Video-clip auf die Titelspur gelegt wird

Der Videoclip bleibt nicht auf der Titelspur, sondern die zweite Videospur wurde sichtbar und der Clip darauf abgelegt. Die zweite Videospur enthält ebenfalls eine Originaltonspur. Die Clips auf der zweiten Spur können auf die gleiche Weise bearbeitet werden wie die auf der ersten.

Wenn Sie nun den Film abspielen, werden Sie sehen, dass der Clip auf der unteren Spur den Clip auf der oberen Spur überdeckt. Achten Sie also darauf, welchen Clip Sie auf welche Spur legen, damit immer der richtige zu sehen ist.

Die zweite Videospur wird benutzt, wenn z.B. der Originalton der ersten Videospur weiterlaufen soll und darüber etwas anderes zu sehen ist.

Sie können die zweite Videospur wieder entfernen, indem Sie alle Clips darauf löschen. Die Spur verschwindet automatisch.

Bild-in-Bild

Mit der Bild-in-Bild-Funktion ist es möglich, Standbilder oder Videoclips auf der zweiten Videospur verkleinert darzustellen. Ein Videoclip auf der ersten Spur wird gleichzeitig als Hintergrund abgespielt. Um diesen Effekt zu erzielen, gehen Sie wie folgt vor:

1. Setzen Sie einen Videoclip auf die erste Videospur, falls das noch nicht geschehen ist.

2. Setzen Sie einen zweiten Videoclip auf die zweite Videospur und wählen Sie ihn mit der Maus aus.

3. Öffnen Sie die Video-Toolbox und danach das Symbol für *Bild-in-Bild* oder wählen Sie aus dem Menü *Toolbox/Video-Overlay-Effekte hinzufügen*.

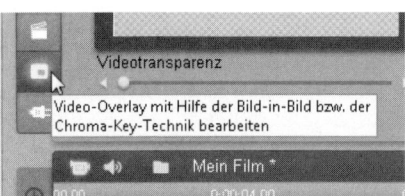

*Abbildung 11.4:
Symbol für die Bild-in-Bild-Funktion in der Video-Toolbox*

Der Bild-in-Bild-Editor wird geöffnet. Wie Sie sehen können, hat Pinnacle Studio HD das Bild auf der zweiten Videospur bereits verkleinert und im rechten oberen Eck dargestellt. Im Vorschaufenster ist dieser Effekt allerdings noch nicht zu sehen, da die Bild-in-Bild-Funktion noch nicht aktiviert wurde.

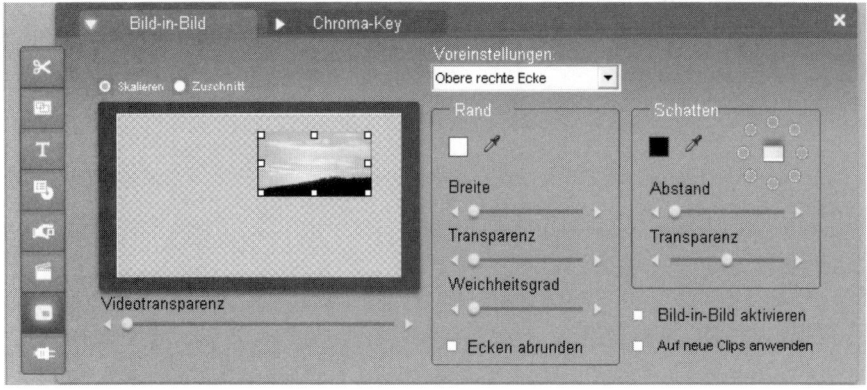

Abbildung 11.5: Mit dem Bild-in-Bild-Editor kann ein Clip verkleinert dargestellt werden

Damit dieser Effekt im Vorschaufenster zu sehen ist, klicken Sie auf die Option *Bild-in-Bild aktivieren*. Im Vorschaufenster werden nun beide Clips angezeigt.

Sie haben jetzt die Möglichkeit, das Aussehen der Bild-in-Bild-Funktion weiter anzupassen. Im linken Vorschaufenster des Editors können Sie mit der Maus das Videobild
vergrößern und verkleinern und an eine neue Position setzen. Gehen Sie dazu wie im
Folgenden beschrieben vor.

Abbildung 11.6:
Die Bild-in-Bild-Funktion wird sichtbar.
Beide Videos können nun gleichzeitig
abgespielt werden

Verschieben und Skalieren

Sie können die Position des Bildes verändern, indem Sie im Editor mit der Maus auf
das Vorschaubild klicken und das Video verschieben. Zum Skalieren fassen Sie einen
der acht Ziehpunkte an, indem Sie mit der Maus darauf klicken und die linke Maustaste gedrückt halten. Ziehen Sie die Maus nun in die gewünschte Richtung.

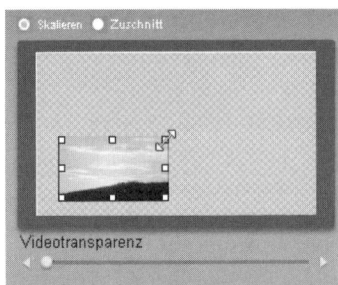

Abbildung 11.7:
Ziehen Sie an einem der weißen Punkte, um die Größe des
Clips zu verändern

Aus der Dropdown-Liste *Voreinstellungen* können Sie aus vordefinierten Positionen
auswählen. So gelangen Sie schneller zu einem Resultat, das Sie aber jederzeit anpassen
können.

Transparenz

Das verkleinerte Bild kann mit dem Schieberegler *Videotransparenz* unter dem Vorschaubild des Editors blasser bzw. transparent dargestellt werden. Beobachten Sie die
Veränderung im Vorschaufenster.

Rand

Erstellen Sie mit dieser Funktion eine Umrandung rund um den Clip, damit er besser zu sehen ist. Gehen Sie dazu wie folgt vor:

1. Klicken Sie mit der Maus auf das kleine weiße Viereck, um eine Farbe zu wählen.
2. Die Farbauswahl wird geöffnet. Klicken Sie mit der Maus die gewünschte Farbe an und schließen Sie das Fenster wieder mit einem Klick auf *OK*.

   Alternativ können Sie die Farbe mit der Pipette direkt aus dem Videobild holen. Klicken Sie mit der Maus einmal auf das Pipettensymbol und bewegen Sie danach die Maus auf das Vorschaufenster. Suchen Sie im Bild die Farbe und klicken Sie nochmals, um sie in die Auswahl zu übernehmen.
3. Wahlweise verändern Sie die Breite, Transparenz und Weichheit der Umrandung mit den entsprechenden Schiebereglern.

Schatten

Fügen Sie dem Clip einen Schatten hinzu; dazu haben Sie die gleichen Möglichkeiten wie oben beschrieben. Um den Schatten sichtbar zu machen, verändern Sie den Abstand. Legen Sie fest, wie der Schatten zu liegen kommen soll, indem Sie einen der runden Kreise wählen. Das Vorschaufenster gibt Ihnen jederzeit eine Kontrolle über die gewählten Einstellungen.

Auf neue Clips anwenden

Wenn Sie diese Option mit einem Häkchen aktiviert haben, werden alle Clips, die auf die zweite Videospur gezogen werden, mit denselben Einstellungen versehen. Wählen Sie diese Einstellung also dann, wenn mehrere Clips gleich aussehen sollen.

Zuschnitt

Damit können Sie einen Clip am Rand beschneiden und das Seitenverhältnis verändern. Sobald Sie die Option *Zuschnitt* gewählt haben, wird der Clip größer dargestellt und kann nun durch Ziehen an einem der acht Ziehpunkte beschnitten werden. Obwohl der Clip in der Vorschau auf das ganze Bild vergrößert wurde, bleibt die Skalierung der Bild-in-Bild-Funktion erhalten.

Abbildung 11.8: Mit der Zuschnitt-Funktion kann der Rand eines Clips beschnitten werden

Sehen Sie sich im rechten Vorschaufenster das Resultat an.

Die Zuschnitt-Funktion kann etwa dazu benutzt werden, einen Clip doppelt anzeigen zu lassen, wie es im folgenden Beispiel erläutert wird.

Abbildung 11.9:
Lassen Sie ein Video mit der Bild-in-Bild-
Funktion doppelt anzeigen

Tipp

Einen Clip doppelt anzeigen lassen

1. Fügen Sie den gleichen Clip zweimal untereinander in die Timeline ein, einmal auf die erste Videospur und einmal auf die Bild-in-Bild-Videospur.

2. Öffnen Sie die *Bild-in-Bild*-Funktion.

3. Klicken Sie mit der Maus im Editor auf den Clip auf der ersten Videospur und verschieben Sie ihn nach links.

4. Klicken Sie mit der Maus im Editor auf den Videoclip auf der zweiten Spur, um diesen in den Editor zu laden.

5. Verschieben Sie ihn nun etwas nach rechts, etwa so weit, wie der erste nach links verschoben wurde.

6. Aktivieren Sie die Funktion *Zuschnitt* und schneiden Sie am zweiten Clip links so viel ab, bis von beiden Clips gleich viel zu sehen ist.

7. Spielen Sie nun den Clip ab, um den Effekt in der Vorschau zu überprüfen.

Chroma-Key-Funktion

Die Chroma-Key-Funktion dient dazu, eine neutrale Farbe aus einem Videoclip zu entfernen und transparent darstellen zu lassen. Diese Funktion wird auch Blue- oder Green-Screen-Funktion genannt und ermöglichte z.B. Superman das Fliegen – der Schauspieler wurde vor einem blauen oder grünen Hintergrund gefilmt und dieser Hintergrund in der Nachproduktion durch eine Filmszene ersetzt. Für diesen Effekt benötigen wir ebenfalls die zweite Videospur. Die erste Videospur dient als Filmkulisse und Hintergrund. Auf die zweite Videospur wird der Clip mit der gefilmten Person gelegt.

1. Legen Sie irgendeinen Videoclip auf die erste Videospur.

2. Laden Sie von der Beispiel-DVD die Videosequenz *Clowns.mpg* ins Album.

3. Legen Sie die vierte Szene mit der Frau vor einem grünen Hintergrund auf die zweite Videospur. Die Timeline sollte nun etwa wie in der folgenden Abbildung aussehen.

Abbildung 11.10: Auf der zweiten Videospur befindet sich der Clip mit einem neutralen grünen Hintergrund

4. Selektieren Sie den Clip mit der Frau, sodass er aktiv ist.

5. Wechseln Sie in die Video-Toolbox und öffnen Sie den *Bild-in-Bild*-Editor.

6. Klicken Sie auf das Register *Chroma-Key*.

7. Klicken Sie auf das kleine Viereck von *Chroma-Key aktivieren* und betrachten Sie das Vorschaufenster.

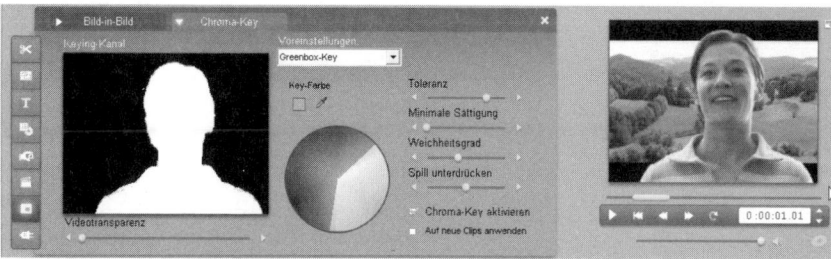

Abbildung 11.11: Der grüne Hintergrund wurde entfernt und stattdessen wird der Clip auf der ersten Videospur dargestellt

Sie können nun die beiden Clips auf der Timeline abspielen lassen. Der grüne Hintergrund wurde aus dem ganzen Clip entfernt.

Das Resultat kann mit den Schiebereglern etwas verändert werden, allerdings erkennt Pinnacle Studio HD den grünen Hintergrund sehr genau.

Tipp   Sie können diesen Effekt nachmachen, indem Sie eine Person vor ein grünes Tuch platzieren und filmen. Im Prinzip kommt es nicht darauf an, welche Farbe der Hintergrund hat, da Pinnacle Studio HD jede Farbe entfernen könnte. In Hollywood wird dagegen immer mit einem grünen oder blauen Hintergrund gearbeitet. Sie sollten allerdings grundsätzlich einige Regeln beachten, um ein sauberes Resultat zu erhalten.

- Die Kleidung der gefilmten Person sollte eine andere Farbe haben als der Hintergrund, da diese sonst ebenfalls entfernt würde.

- Der Hintergrund sollte genügend beleuchtet sein, und achten Sie darauf, dass die gefilmte Person keinen Schatten darauf wirft, da sonst Pinnacle Studio HD Probleme bekommen könnte.

- Wenn das Video auf den PC übertragen wird, sollte immer die beste Qualitätseinstellung gewählt werden, damit der Chroma-Key-Effekt möglichst gut funktioniert.

- Machen Sie vor jeder Aufnahme einen kurzen Test, damit Sie sicher sind, dass es später in Pinnacle Studio HD funktioniert.

Videoeffekte

Mit der Videoeffekte-Bibliothek haben Sie die Möglichkeit, Videoclips und Bilder zu verändern. So können Sie Farben korrigieren, das Bild stabilisieren und vieles mehr. Vergessen Sie aber nicht, dass sich ein Videoclip in der eigentlichen Qualität nicht verbessern lässt. Denken Sie also nie beim Filmen: „Na, das kann ich ja dann später alles korrigieren." Viele Effekte dienen zwar dazu, Fehler zu korrigieren, vermindern aber meistens die Qualität des Bildes. Versuchen Sie es selbst und probieren Sie die verschiedenen Einstellungen aus. Zudem finden Sie in der Effekte-Bibliothek die zusätzlichen Plug-ins der Versionen Pinnacle Studio Ultimate und Pinnacle Studio Ultimate Collection.

Öffnen Sie die Video-Toolbox und klicken Sie dort auf das *Effekte*-Symbol, um die Bibliothek zu öffnen.

Abbildung 11.12:
Symbol für die Videoeffekte-Bibliothek

Für das Anwenden auf einen Videoclip verfahren Sie wie bei den Audioeffekten. Die linke Liste zeigt alle angewendeten Effekte an, die dort auch wieder gelöscht werden können.

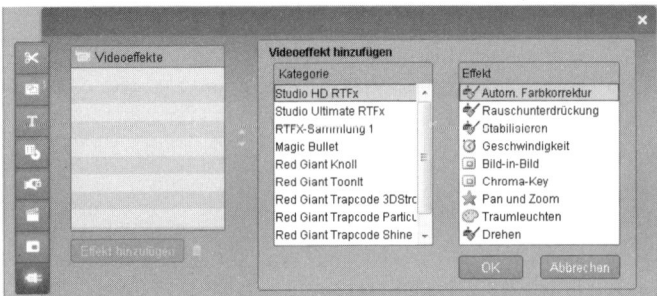

Abbildung 11.13: Die Videoeffekte-Bibliothek ist in verschiedene Kategorien aufgeteilt.
Je nach Programmversion unterscheiden sich auch die Möglichkeiten

Unter *Videoeffekt hinzufügen* sehen Sie die verschiedenen Kategorien und rechts daneben die jeweiligen Effekte.

Die beiden Funktionen *Bild-in-Bild* und *Chroma-Key* sind im Grunde auch ganz normale Videoeffekte. Wenn Sie einen Clip anklicken, dem bereits einer dieser Effekte zugewiesen wurde, erscheint er in der Liste und kann auf diese Weise verändert oder gelöscht werden.

Um einen Effekt anzuwenden, gehen Sie wie folgt vor:

1. Markieren Sie auf der Timeline den zu verändernden Clip.

2. Öffnen Sie die Videoeffekte-Bibliothek.

3. Wählen Sie den gewünschten Effekt aus der Liste *Effekt* aus und klicken Sie auf *OK*.

4. Nun erscheint je nach Effekt ein anderer Editor, in dem die einzelnen Parameter eingestellt werden können.

Sobald Sie einen Effekt anwählen, sehen Sie im Vorschaubild, was mit dem Clip geschieht. Dies ist allerdings nicht bei allen Effekten so, da zum Teil zuerst gewisse Parameter eingestellt werden müssen.

Nachfolgend sind einige wichtige Effekte näher erläutert. Es ist manchmal, oder sogar immer, notwendig, mit den einzelnen Einstellungen zu spielen, bis das beste Resultat erreicht ist.

Automatische Farbkorrektur

Wie der Name schon sagt, korrigiert dieser Filter die Farben im Bild automatisch. Sehen Sie sich das Resultat der einzelnen Clips an.

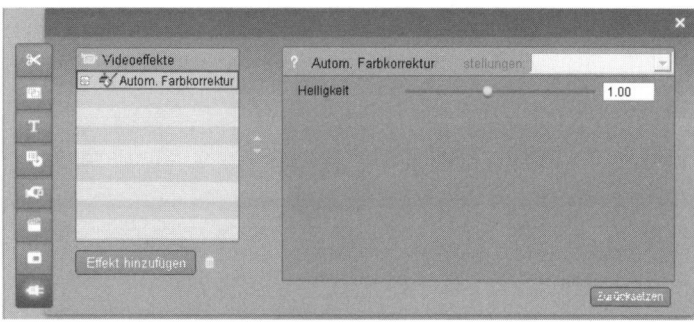

Abbildung 11.14: Die automatische Farbkorrektur

Die automatische Farbkorrektur kann durchaus sinnvoll sein, denken Sie aber an   Hinweis
Folgendes: Diese Korrektur versucht, das Bild farblich anzupassen, wenn von einer
gewissen Farbe zu viele Anteile vorhanden sind oder ein Farbstich zu erkennen ist.
Stellen Sie sich nun vor, Sie hätten einen Sonnenuntergang gefilmt und wenden diesen
Effekt an. Der rote Sonnenuntergang hat für Pinnacle Studio HD viel zu viel Rotanteil
und muss daher korrigiert werden, und zwar durch das Hinzufügen von Blauanteilen.
Dann ist natürlich nichts mehr mit Sonnenuntergang. Sie sollten also darauf verzichten, jeden Clip standardmäßig der automatischen Farbkorrektur zu unterziehen.

Die automatische Farbkorrektur kann unter Umständen die Helligkeit des Bildes verändern, dann müssen Sie den Schieberegler so verstellen, dass sie wieder stimmt.

Rauschunterdrückung

Fügen Sie diesen Effekt hinzu, falls das Bild zu rauschen beginnt. Zum Bildrauschen kann es kommen, wenn ein Clip der automatischen Farbkorrektur unterzogen wurde oder von einem alten VHS-Band stammt. Der Effekt korrigiert nur die Stellen im Bild, bei denen das Rauschen einen gewissen Schwellenwert überschreitet. Verändern Sie also gegebenenfalls den Schwellenwert mit dem entsprechenden Schieberegler.

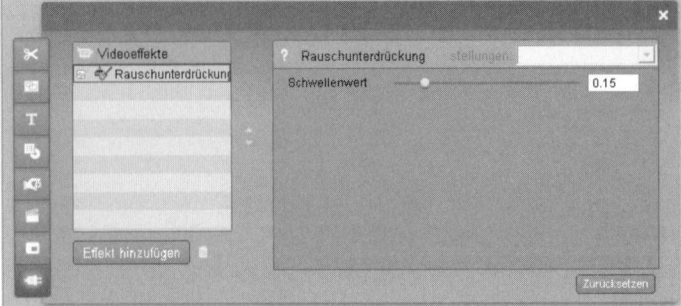

Abbildung 11.15: Die Rauschunterdrückung wird angewendet, wenn das Bild stark zu rauschen beginnt

Stabilisieren

Die Stabilisieren-Funktion dient dazu, eine verwackelte Szene zu stabilisieren. Wenn Sie also Mühe hatten, beim Filmen die Kamera ruhig zu halten, können Sie mit dieser Funktion versuchen, das Wackeln zu korrigieren.

Bei diesem Effekt vergrößert Pinnacle Studio HD das Bild um ca. 20 % und sucht sich einen bestimmten Punkt im Bild, um die Aufnahme zu stabilisieren. Durch das Vergrößern des Bildes verliert es ein wenig an Qualität und Schärfe.

Sie können das Resultat vergleichen, indem Sie einen Clip zweimal auf die Timeline legen und den Stabilisierungseffekt auf einen anwenden. Spielen Sie dann beide nacheinander ab, um das Resultat zu beurteilen.

Geschwindigkeit

Mit der Zeitlupen- und Zeitraffer-Funktion können Sie ein Video langsamer oder schneller laufen lassen.

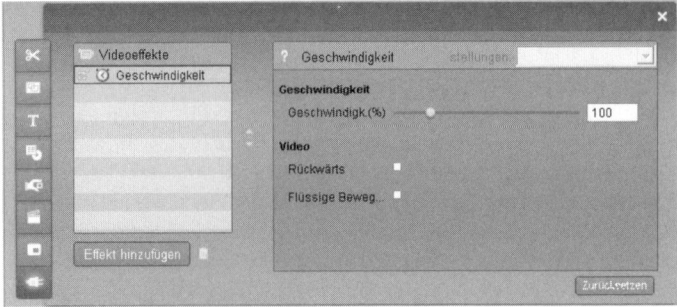

Abbildung 11.16: Zeitlupen- und Zeitraffer-Funktion für das Verändern der Abspielgeschwindigkeit eines Videoclips

Mit dem Schieberegler *Geschwindigkeit* können Sie einen Clip langsamer oder schneller laufen lassen. Werte über 100 beschleunigen den Clip, er wird im Zeitraffer abgespielt. Werte unter 100 verzögern das Abspielen des Clips, er wird in Zeitlupe abgespielt.

Was genau ist Zeitlupe?

Hinweis

Ein Videobild hat 25 Bilder pro Sekunde (PAL). Wie ist es möglich, dass Sie mit diesem Video einen Zeitlupen-Effekt erzielen können?

Beispiel: Sie möchten einen Clip halb so schnell laufen lassen. Angenommen, der Clip dauert eine Sekunde.

Wenn nun der Clip mit halber Geschwindigkeit abgespielt werden soll, so muss er letztlich 2 Sekunden dauern. Dazu bräuchten wir aber 50 Bilder.

Pinnacle Studio HD geht nun folgendermaßen vor: Jedes einzelne Bild wird doppelt so lang angezeigt. Wenn jedes Bild verdoppelt wird, haben wir schlussendlich die gewünschten 50 Bilder.

Was ist Zeitraffer?

Zeitraffer ist das genaue Gegenteil von Zeitlupe und für ein Videoschnittprogramm viel einfacher zu realisieren, da im Prinzip nur Bilder ausgelassen werden müssen. So kann aus einer Sekunde mit 25 Bildern einfach jedes zweite Bild ausgelassen werden, um einen Zeitraffer-Effekt mit doppelter Geschwindigkeit zu erzeugen.

Mit dem Setzen der Option *Rückwärts* können Sie einen Clip rückwärts laufen lassen. Dazu ist es nicht unbedingt notwendig, dass ein Clip langsamer oder schneller gemacht wird. Sie können beides aber jederzeit miteinander kombinieren.

Achten Sie beim Abspielen auf das Audio, das ebenfalls verändert wurde. Wenn Sie das nicht wünschen, müssen Sie vor dem Anwenden des Effekts die Audiospur sperren.

Drehen

Wählen Sie den Videoeffekt *Drehen* und geben Sie dann einfach an, um welchen Winkel das Video gedreht werden soll. Gleichzeitig können Sie auch die Größe des Videos anpassen.

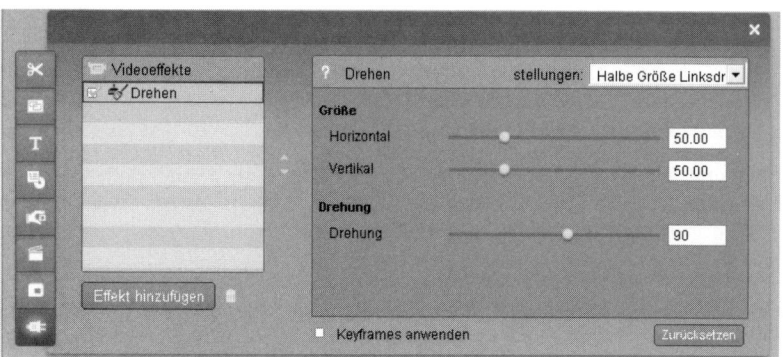

Abbildung 11.17: Drehen und Größenanpassung eines Videos

Pan und Zoom

Hiermit können Sie einen Clip, ähnlich wie bei der Bild-in-Bild-Funktion, skalieren und verschieben. *Pan und Zoom* wird oft bei Standbildern eingesetzt, die eigentlich zu groß für das Videobild sind. So können Sie zu einem Detail im Bild zoomen.

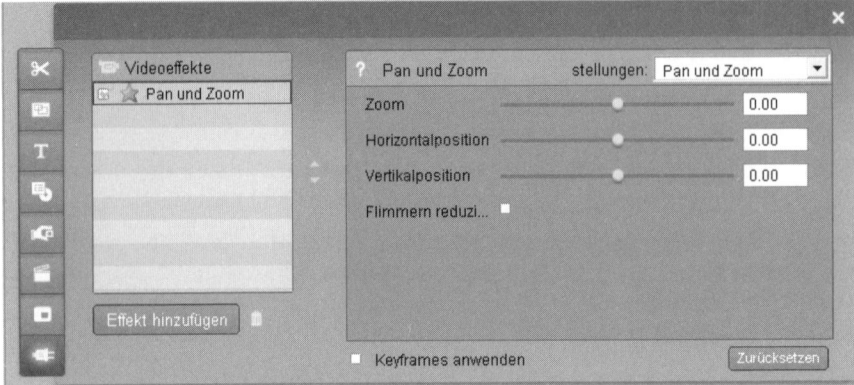

Abbildung 11.18: Die Funktion Pan und Zoom dient dazu, einen Clip zu skalieren und zu verschieben

Interessant dabei ist die kleine Option unten am Rand des Editors: *Keyframes anwenden*. Damit kann das Bild während des Abspielens im Film frei bewegt werden. Wenn Sie also wie oben beschrieben ein Detail aus einem großen Bild zeigen, können Sie den Bildausschnitt der Reihe nach zum nächsten Detail bewegen und so eine Geschichte mit bewegten Bildern erzählen.

Hierfür sind allerdings ein paar Handgriffe notwendig, die im nächsten Abschnitt beschrieben werden.

Keyframe-Animation

Pinnacle Studio Ultimate & Pinnacle Studio Ultimate Collection

Diese Funktion ist nur in Pinnacle Studio Ultimate und Pinnacle Studio Ultimate Collection Version 14 verfügbar.

Keyframes sind bestimmte Stellen im Clip, die zu einer bestimmten Zeit die Einstellungen speichern. Wenn Sie die Keyframe-Funktion aktivieren, besitzt der Clip am Anfang und am Schluss stets einen Keyframe. Verändern Sie nun die Parameter, z.B. den Zoom, werden sie lediglich an der Position des aktuellen Keyframes verändert.

Wenn Sie beim ersten Keyframe des Clips den Zoom auf 50 % eingestellt haben und die Parameter beim zweiten Keyframe nicht verändern, dann wird beim Abspielen der Clip langsam aufgezoomt.

Die Keyframes können bei fast allen Effekten angewendet werden, so lassen sich z.B. Farbverläufe erzeugen. Das Bild verändert sich dann nicht in der Größe und Position, sondern wechselt einfach die Farben.

Versuchen Sie, die Keyframe-Funktion am folgenden Beispiel nachzuvollziehen:

1. Selektieren Sie einen Clip auf der Timeline.

2. Öffnen Sie die Videoeffekte-Bibliothek und weisen Sie dem Clip den Effekt *Pan und Zoom* zu.

3. Aktivieren Sie die Option *Keyframes anwenden* durch Setzen des Markierungs-häkchens.

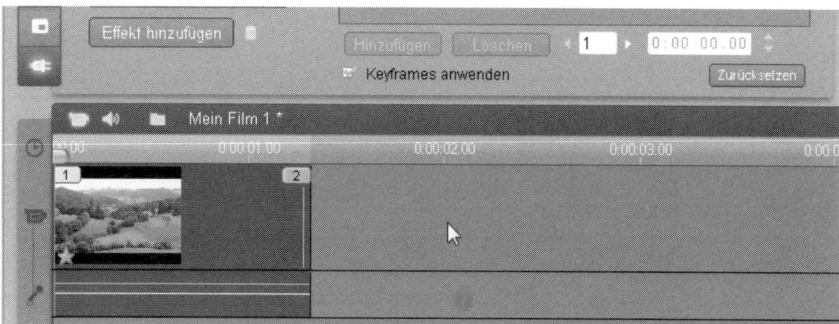

Abbildung 11.19: Dem Clip wird am Anfang und am Schluss je ein Keyframe zugeordnet

Dem Clip wurden zwei Nummern zugewiesen, die auf die beiden Keyframes hinweisen. Jeder Keyframe wird eindeutig nummeriert.

Im unteren Bereich des Editors sind nun weitere Einstellungen sichtbar geworden, die dazu dienen, zu den verschiedenen Keyframes zu navigieren. Klicken Sie auf den Pfeil nach rechts bzw. links, um den Timeline Scrubber auf die Keyframes zu setzen. Nun können Sie mit der Animation beginnen:

4. Setzen Sie den Timeline Scrubber auf den ersten Keyframe.

5. Verändern Sie den Zoom auf einen Wert von beispielsweise –50. Das Bild wird halb so groß dargestellt.

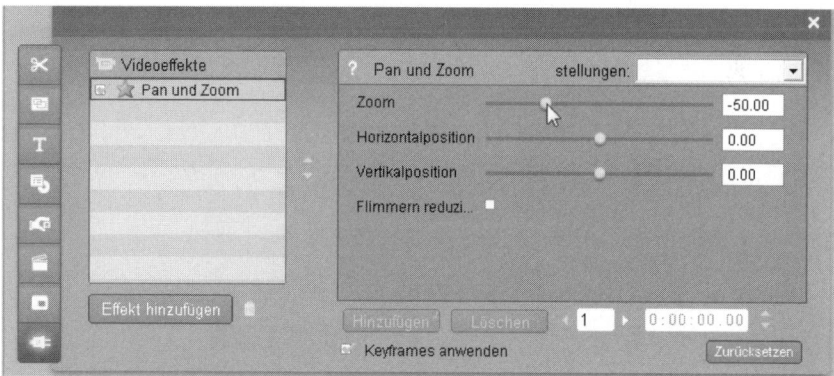

Abbildung 11.20: Verändern Sie die Parameter bei jedem Keyframe, um eine Animation zu erstellen

6. Spielen Sie nun das Video ab.

Der Clip wird gegen Ende wieder aufgezoomt, als wäre dies ein Zoom mit der Kamera. Dann können Sie beim Abspielen den Zoomwert beobachten, wie er gegen 0 gezählt wird. Das geschieht, weil zum Zeitpunkt des zweiten Keyframes keine Werte zugeordnet wurden.

Sie könnten auch die Werte beim zweiten Keyframe verändern. Pinnacle Studio HD errechnet dann automatisch die Werte dazwischen.

Keyframe hinzufügen

Sie können einem Clip weitere Keyframes hinzufügen, um die Bewegungen des Clips noch komplexer zu gestalten. Scrubben Sie in die Mitte des Clips und klicken Sie auf die Schaltfläche *Hinzufügen*, um einen weiteren Keyframe zu setzen.

Abbildung 11.21:
Sie können einem Clip mehrere Keyframes hinzufügen, um noch komplexere Animationen zu erstellen

Wie bereits gesagt, Sie können die Werte bei jedem Keyframe verändern. Ein Abspielen des Clips zeigt Ihnen immer eine Vorschau, damit Sie nicht die Kontrolle verlieren.

Keyframe löschen

Sie können einen Keyframe löschen, indem Sie ihn auswählen und dann auf *Löschen* klicken. Der erste und der letzte Keyframe können nicht gelöscht werden, da jede Bewegung beim ersten Keyframe beginnen und beim letzten enden muss. Wenn Sie auch diese entfernen möchten, weil Sie auf eine Animation verzichten wollen, dann entfernen Sie das Häkchen bei *Keyframes*.

Keyframe verschieben

Klicken Sie auf einen der beiden kleinen Pfeile, die nach oben und unten zeigen, um den Keyframe nach rechts bzw. nach links zu verschieben.

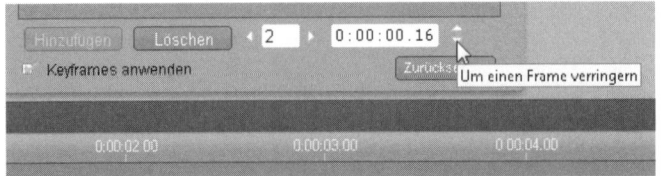

Abbildung 11.22: Klicken Sie auf diese kleinen Pfeile, um einen Keyframe auf der Timeline zu verschieben

Werte zurücksetzen

Wenn Sie die Parameter an einem Keyframe auf den Standardwert zurücksetzen möchten, navigieren Sie zu diesem und klicken auf *Zurücksetzen*.

Die Pinnacle Studio Ultimate RTFx-Bibliothek

Nachfolgend werden einige Effekte der Effekte-Bibliothek in Pinnacle Studio HD Ultimate und Studio HD Ultimate Collection erläutert, wobei nicht alle eine ausführliche Beschreibung erfordern. Es ist empfehlenswert, in einem Versuchsprojekt mit den einzelnen Effekten zu spielen.

Diese Funktion ist nur in Pinnacle Studio Ultimate und Pinnacle Studio Ultimate Collection Version 14 verfügbar.

Pinnacle Studio Ultimate & Pinnacle Studio Ultimate Collection

HFX Filter

HFX bzw. Hollywood FX ist ein weiteres Effekte-Paket, das in Pinnacle Studio HD integriert ist. Mit Hollywood FX können Clips durch dreidimensionale Effekte ergänzt werden.

1. Um den Editor zu öffnen, klicken Sie auf den Knopf *HFX Filter bearbeiten*.

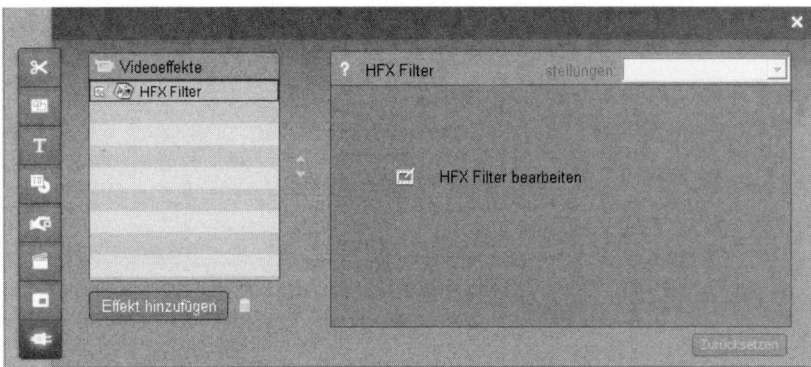

Abbildung 11.23: HFX ist ein zusätzliches Programm von Pinnacle Studio HD, mit dem dreidimensionale Effekte erzielt werden können

Der Hollywood-FX-Editor wird geöffnet.

2. Wählen Sie mit einem Doppelklick einen Effekt im unteren rechten Bereich aus. Links in der Liste erhalten Sie diverse Einstellungsmöglichkeiten, um den Effekt anzupassen.

Weitere Hollywood-FX-Effekte können gekauft und in Pinnacle Studio HD integriert werden.

3. Mit einem Klick auf *OK* können Sie die Änderungen übernehmen.

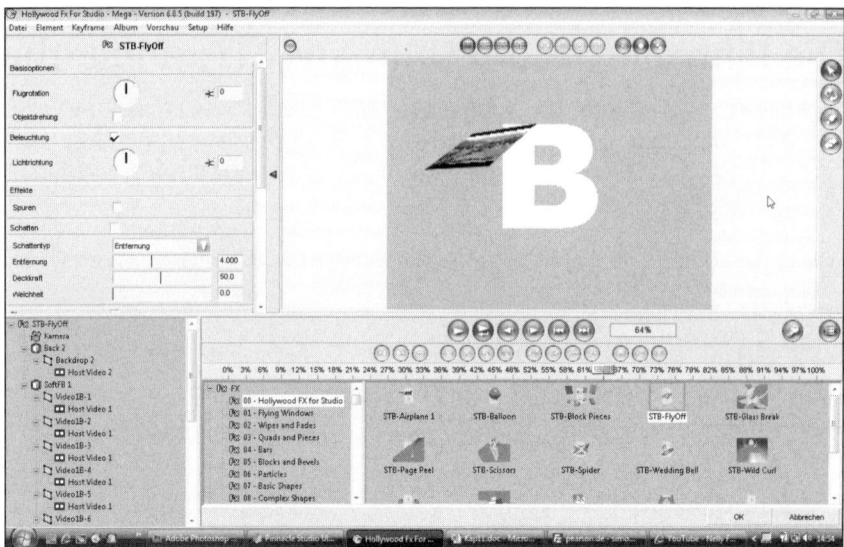

Abbildung 11.24: Hollywood-FX-Editor

Alter Film

Lassen Sie Ihren Film älter aussehen, indem Sie die Farben auf Schwarz und Weiß oder Sepia stellen und dem Film Kratzer hinzufügen. So können Sie den Eindruck erwecken, als wäre der Film vor vielen Jahren aufgenommen worden.

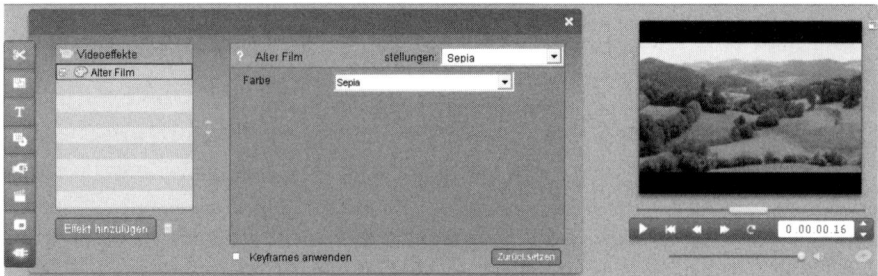

Abbildung 11.25: Dieser Effekt lässt das Video aussehen, als wäre es in der guten alten Zeit aufgenommen worden

Buntglas

Mit dieser Funktion sieht das Bild so aus, als wäre es durch ein Kirchenfenster aufgenommen worden.

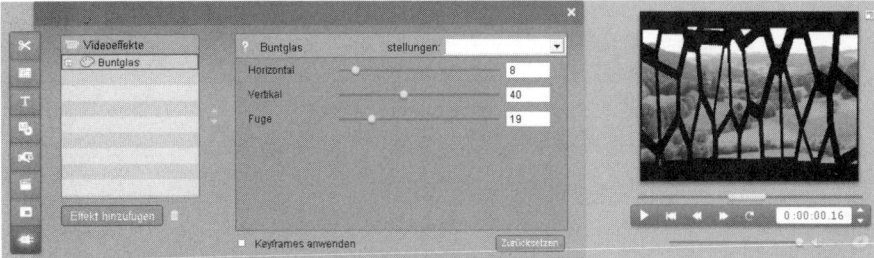

Abbildung 11.26: Buntglas-Videoeffekt

Mit den Schiebereglern *Horizontal* und *Vertikal* verändern Sie die Anzahl der Mosaikteile, der dritte vergrößert die Fugen dazwischen.

Prägung

Dieser Effekt verleiht dem Bild eine Prägung; mit dem Schieberegler können Sie die Intensität verändern und anpassen.

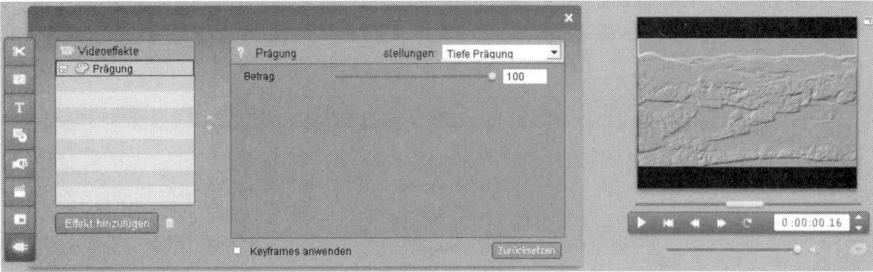

Abbildung 11.27: Prägung im Videobild

Softener

Ein Clip kann mit diesem Effekt verschwommen dargestellt werden. Es entsteht ein verträumter Eindruck.

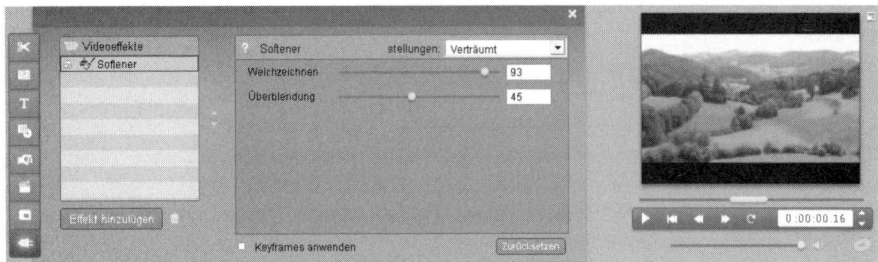

Abbildung 11.28: Dieser Effekt lässt eine Landschaft verträumt aussehen

Weichzeichnen

Mit dem Weichzeichner können Sie eine ähnliche Wirkung erreichen wie mit dem *Softener*, allerdings können Sie die Unschärfe auf einen Teilbereich des Bildes begrenzen, um diesen beispielsweise zu zensieren:

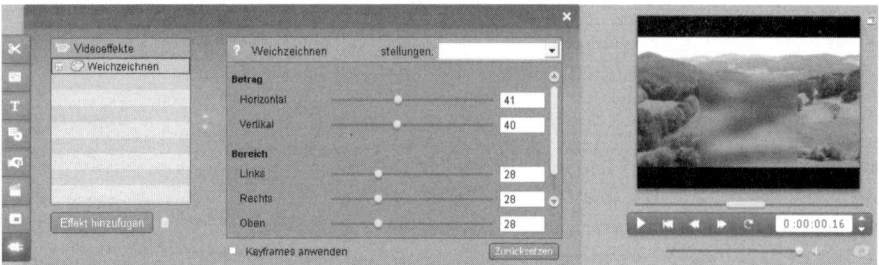

Abbildung 11.29: Dieser Effekt lässt einen Teilbereich des Bildes unscharf erscheinen

Sie können mit den Schiebereglern die Intensität der Unschärfe sowie die genaue Position im Bild bestimmen. Mit der Keyframe-Animation wäre es zudem möglich, den Unschärfebereich mit einem Objekt mitzubewegen.

2D-Editor

Die Bild-in-Bild-Funktion wurde bereits weiter oben beschrieben, im Effekte-Editor haben Sie überdies die Möglichkeit, das Bild mittels der Keyframes zu animieren. Aktivieren Sie dazu die Keyframes-Funktion.

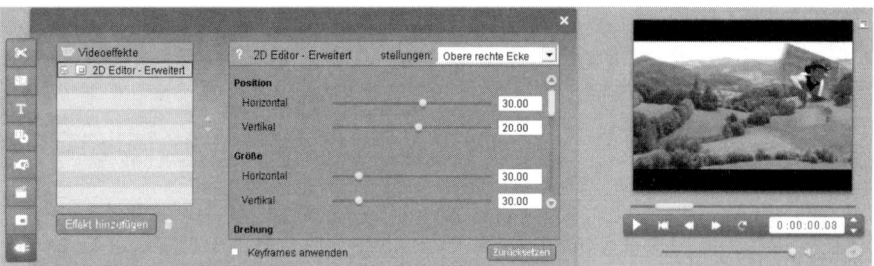

Abbildung 11.30: Der Bild-in-Bild-Effekt stellt ein Video verkleinert dar

Mit diesem Effekt wäre es überdies möglich, das Video auf der ersten Videospur so stark zu verkleinern, dass schließlich zwei Videobilder nebeneinander dargestellt werden können.

Der 2D-Editor-Effekt bietet ähnliche Möglichkeiten wie der Bild-in-Bild-Effekt.

Bewegungsunschärfe

Dieser Effekt fügt dem Bild Bewegungsunschärfe hinzu, so als hätte man die Verschlusszeit der Kamera zu klein gewählt.

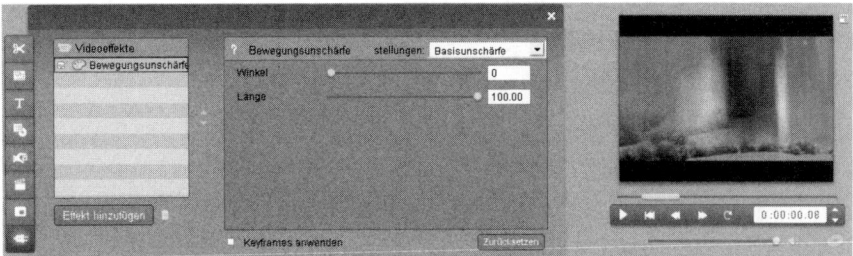

Abbildung 11.31: Videoeffekt Bewegungsunschärfe

Blendenfleck

Mit diesem Effekt wird der Eindruck erzeugt, als hätten Sie direkt in die Sonne gefilmt:

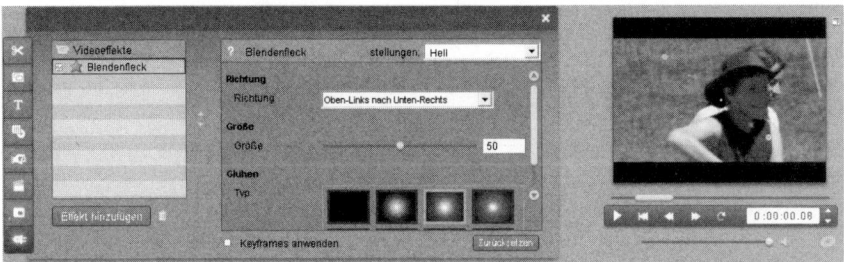

Abbildung 11.32: Blendenfleck-Videoeffekt

Verändern Sie im Editor den Typ des Glühens sowie Richtung und Größe des Blenden-flecks.

Erdbeben

Der Erdbeben-Effekt verwackelt das Video übermäßig. Dieser Effekt ist im Prinzip das Gegenteil vom Stabilisieren-Effekt.

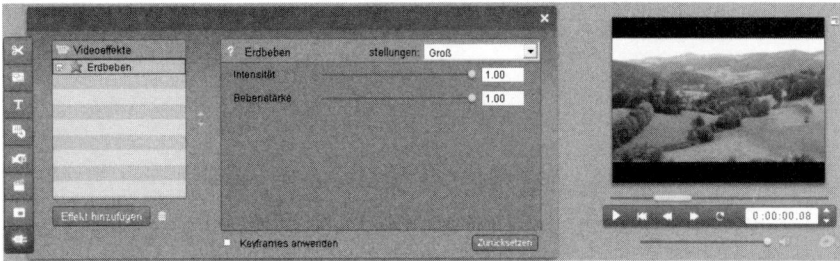

Abbildung 11.33: Der Erdbeben-Effekt lässt ein Videoclip sehr verwackelt aussehen

Imitieren Sie damit ein Erdbeben oder erwecken Sie den Eindruck, als hätte jemand beim Filmen neben Ihnen mit einem Presslufthammer die Straße bearbeitet.

Lupe

Vergrößern Sie einen Ausschnitt des Bildes, indem Sie die Lupe einsetzen. Sie können den Effekt mit den Keyframes auch über das Bild wandern lassen. Dieser Effekt eignet sich hervorragend für Sherlock-Holmes-Filme!

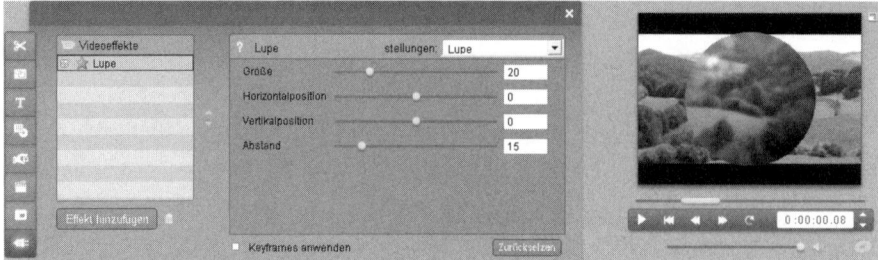

Abbildung 11.34: Der Lupeneffekt vergrößert einen Ausschnitt aus dem Bild

Wassertropfen

Dieser Effekt erzeugt in dem Bild die gleiche Wirkung wie ein Stein, der in einen See geworfen wird.

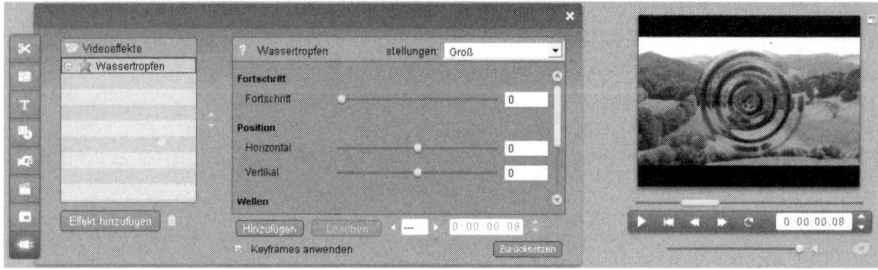

Abbildung 11.35: Dem Videobild werden kreisförmige Wasserlinien hinzugefügt

Wasserwellen

Dieser Effekt ist mit den *Wassertropfen* verwandt, nur verlaufen die Linien nicht kreisförmig, sondern gerade.

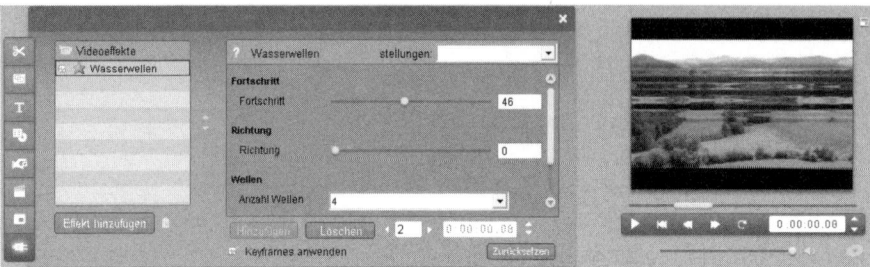

Abbildung 11.36: Fügt dem Video Wellen hinzu

Farbkorrektur

Verwenden Sie die Farbkorrektur, um ein Bild nachträglich farblich zu verbessern oder zu verändern.

Mit dem Farbkorrektur-Effekt erhalten Sie ein mächtiges Werkzeug, um die Farben im Video anzupassen. Sie können wahlweise die Rot-, Grün- und Blauwerte eines Clips verändern. Den drei Farben sind wiederum drei verschiedene Schieberegler zugeordnet: *Gain*, *Gamma* und *Schwarz*. Mit diesen drei Parametern können Sie die hellen, mittleren und dunklen Farbtöne einer jeden Farbe verändern. So können Sie in einem Bild die Farben unabhängig voneinander korrigieren.

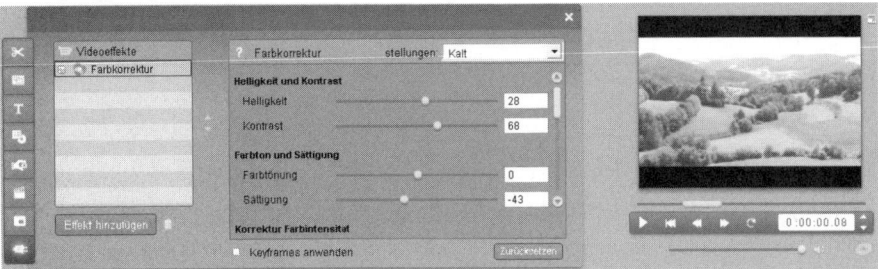

Abbildung 11.37: Mit der Farbkorrektur können Sie nachträglich Farbfehler korrigieren

Achten Sie unbedingt auf Ihre Bildschirmeinstellungen, wenn Sie Farbkorrekturen vornehmen. Sind die Farben auf Ihrem Bildschirm falsch eingestellt, ist es kaum möglich, einen Videoclip farblich anzupassen. Machen Sie daher immer den Vergleich mit einem TV-Gerät, von dem Sie wissen, dass die Farben richtig dargestellt werden.

Invertieren

Dieser Effekt lässt das Bild wie das Negativ eines Fotos aussehen. Sie können mit den drei Optionen *Luma*, *Chroma-Blau* und *Chroma-Rot* sieben verschiedene Umkehrungen erzielen, je nachdem, welche Sie miteinander kombinieren.

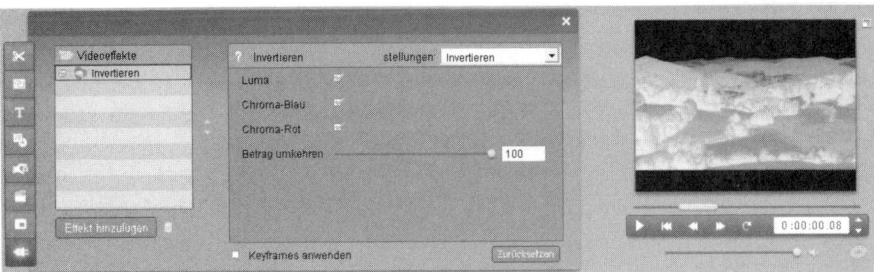

Abbildung 11.38: Mit Invertieren wird ein Clip wie ein Negativ dargestellt

Posterisieren

Durch diesen Effekt werden die Farben bis auf Schwarz und Weiß verringert und farbähnliche Gegenden zu Flächen zusammengefügt.

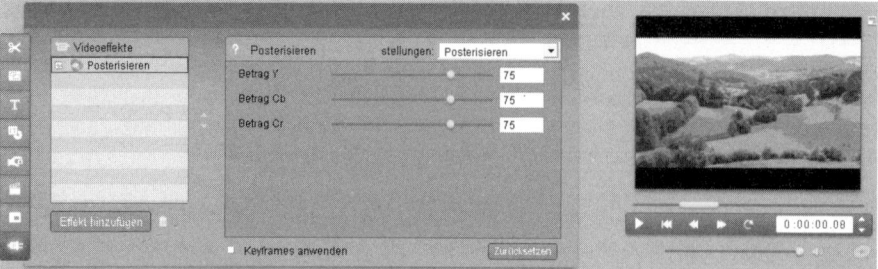

Abbildung 11.39: Der Effekt Posterisieren

Schwarz und Weiß

Bei diesem Effekt werden dem Bild die Farben entzogen, bis es nur noch schwarz-weiß dargestellt wird.

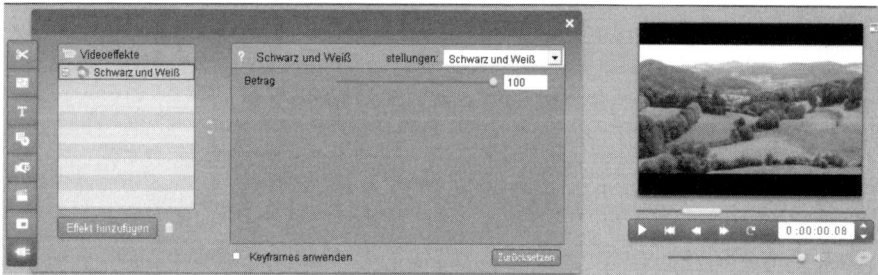

Abbildung 11.40: Ein zuvor farbiger Clip wird jetzt schwarz-weiß dargestellt

Weißabgleich

Verwenden Sie diese Funktion, um einen nachträglichen Weißabgleich durchzuführen, falls die Farben im Video nicht echt dargestellt werden. Jeder Camcorder unterscheidet zwischen verschiedenen Farbtemperaturen. Der größte Unterschied ist zwischen Tages- und Kunstlicht. Helles Tageslicht schimmert bläulich und Kunstlicht meistens gelblich. Wenn nun die Videokamera falsch eingestellt ist oder Farben nicht korrigieren kann, wird im Video eine weiße Wand leider falsch dargestellt. Solche Fehler können Sie mit der *Weißabgleich*-Funktion nachkorrigieren.

Klicken Sie mit der Pipette ins Vorschaufenster und wählen Sie einen Bereich aus, der eigentlich weiß dargestellt werden sollte. So kann Pinnacle Studio HD die Farben im Bild nachträglich anpassen.

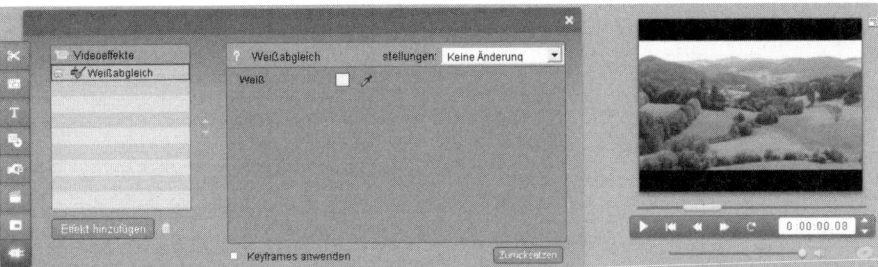

Abbildung 11.41: Korrigieren Sie Farbfehler automatisch mit dieser Funktion

SmartMovie-Funktion

Mit der SmartMovie-Funktion können Sie den Filmschnitt komplett Pinnacle Studio HD überlassen. Übergänge, Effekte usw. werden automatisch von Pinnacle Studio HD eingefügt und der Film wird auf eine von Ihnen definierte Länge geschnitten. Sie müssen nur noch entscheiden, ob Ihnen das Resultat zusagt oder nicht. Am besten testen Sie die Funktion einmal mit einem Beispielvideo. Ein großer Vorteil der SmartMovie-Funktion ist das Abstimmen von Video und Musik bei einem Musikclip. Pinnacle Studio HD schneidet das Video synchron zum Takt der Musik, was normalerweise mit sehr viel Arbeit verbunden ist. So können Sie in kurzer Zeit taktgenaue Diashows und Musikvideos erstellen.

Klicken Sie in der Video-Toolbox auf folgendes Symbol, um die SmartMovie-Funktion zu öffnen.

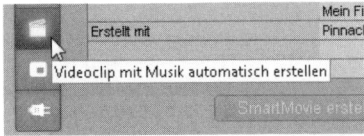

Abbildung 11.42:
Über dieses Symbol gelangen Sie zur
SmartMovie-Funktion

1. Erstellen Sie ein neues Projekt und fügen Sie alle zu schneidenden Clips in die Timeline ein.

2. Legen Sie einen Musikclip auf die Musikspur, am besten einen aus der Scorefitter-Bibliothek.

3. Ziehen Sie den Musikclip so lange, wie der Film schlussendlich sein soll. Beachten Sie, dass das Musikstück kürzer sein muss als die Clips auf der Timeline, da Pinnacle Studio HD sonst nichts herausschneiden kann.

Die Timeline sollte jetzt etwa wie in folgender Abbildung aussehen.

Abbildung 11.43: Für die SmartMovie-Funktion muss die Timeline vorbereitet werden

4. Nun müssen Sie einige Einstellungen vornehmen, damit Pinnacle Studio HD weiß, wie der Film geschnitten werden soll.

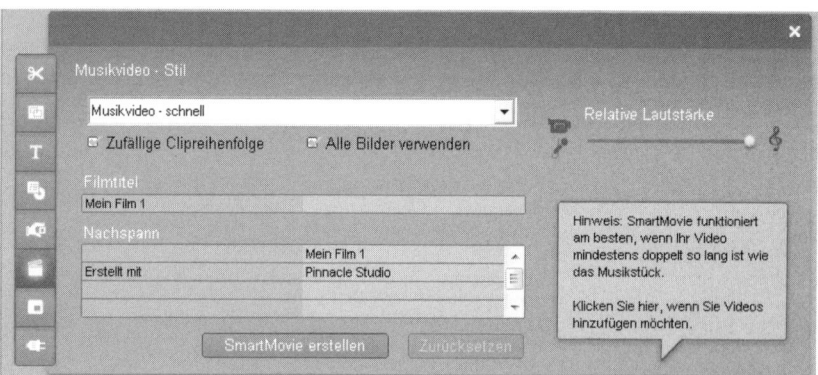

Abbildung 11.44: SmartMovie-Einstellungen

5. Klicken Sie auf die Dropdown-Liste *Musikvideo-Stil,* um einen Filmstil zu wählen. In der Sprechblase erhalten Sie Details zu den einzelnen Varianten.

6. Wählen Sie mit der Option *Zufällige Clipreihenfolge*, ob Pinnacle Studio HD die Clips auf der Timeline mischen darf oder ob die Reihenfolge beibehalten werden soll.

7. Ergänzen Sie die Einträge unter *Filmtitel* und *Nachspann*, damit Pinnacle Studio HD diese Informationen hinzufügen kann.

8. Als Letztes können Sie die relative Lautstärke zwischen der Hintergrundmusik und dem Originalton wählen. Wenn gesprochene Sprache im Film zu hören sein soll, schieben Sie den Regler nach links.

9. Starten Sie den Vorgang mit einem Klick auf *SmartMovie erstellen*.

   Pinnacle Studio HD beginnt mit dem Bearbeiten des Films. Warten Sie, bis dieser Vorgang abgeschlossen ist.

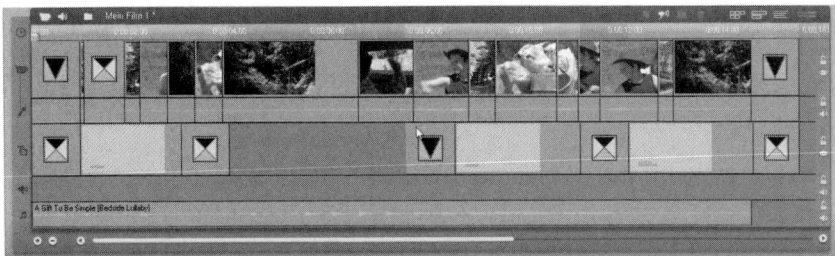

Abbildung 11.45: Nach dem Fertigstellen des SmartMovies sieht die Timeline etwa so aus

10. Der fertig geschnittene Film kann nun begutachtet werden. Entscheiden Sie, ob Pinnacle Studio HD an Ihre Schnittqualitäten herangekommen ist oder nicht.

   Ein besseres Resultat kann erzielt werden, wenn alles, was im Film wackelt und unscharf ist, vorher getrimmt und herausgeschnitten wird. Pinnacle Studio HD kann diese Fehler nicht selbst erkennen und korrigieren.

12

Disc-Menü (Authoring)

Wollen Sie Ihr fertiges Video auf eine DVD oder Blu-ray Disc brennen, dann können Sie mit dem Erstellen eines Disc-Menüs beginnen, nachdem Sie mit den Bearbeitungs-schritten auf der Timeline fertig sind – ich empfehle Ihnen, den Film vorher komplett fertig zu bearbeiten.

Es ist nicht unbedingt notwendig, für jeden Film ein Disc-Menü zu erstellen. Wenn Sie den Film zurück auf ein MiniDV-Band oder eine VHS-Kassette spielen möchten, ist ein Disc-Menü überflüssig. Sie können auch eine CD, DVD oder Blu-ray erstellen, die kein Menü enthält.

Tipp

DVD

Eine DVD (Digital Versatile Disc) ist nicht zu verwechseln mit einer CD (Compact Disc), obwohl die beiden Medien gleich aussehen und ähnlich funktionieren. Auf einer DVD können weitaus mehr Daten als auf einer CD gespeichert werden – bis zu 8,5 GByte auf einer Dual Layer DVD (also auf einer zweischichtigen DVD).

Es gibt verschiedene Formate für DVDs, das ist aber für die heutigen DVD-Brenner kein Problem mehr, die meisten können alle Formate (viele sogar das obskure DVD-RAM) brennen.

Die verschiedenen Formate sind Standards der DVD-Rohlingshersteller und konn-ten sich nicht einheitlich auf dem Markt durchsetzen.

Die Formate teilen sich auf in wiederbeschreibbare DVDs (Rewritable) und einmal beschreibbare DVDs. Für beide Varianten gibt es ein Plus- und ein Minus-Format (+ und –).

Zudem unterscheiden sich die DVD-Rohlinge, die mit einem DVD-Brenner gebrannt werden können, von den gepressten DVDs (kommerziellen DVDs). Aus diesem Grund gibt es immer wieder Probleme beim Abspielen von selbst gebrannten DVDs auf einem DVD-Abspielgerät.

Falls Sie Ihre selbst gebrannten DVDs nicht abspielen können, kann dies an Ihrem DVD-Abspielgerät liegen, oder Sie müssen einen anderen Rohlingstyp ausprobieren. Erwerben Sie nur Marken-DVD-Rohlinge, dann können Sie, wenn Sie einen kompa-tiblen Typ gefunden haben, immer wieder auf den gleichen Typ zurückgreifen. Allerdings kann es auch vorkommen, dass Sie mit Markenrohlingen Probleme haben, während No-Name-Rohlinge sehr gut funktionieren. Die Vorteile einer DVD gegenüber einem Videoband sind folgende:

- klein und handlich
- Kapitelwahl per Tastendruck, ohne Spulen
- kein Verschleiß beim Abspielen des Mediums

Wenn Sie eine DVD mit einem Menü erstellen, wird nach dem Starten der DVD meistens das Menü (je nachdem, wie Sie die DVD erstellt haben) in einer Endlosschleife so lange angezeigt, bis ein Menüpunkt ausgewählt wird. Durch Wählen eines Kapitels oder Menüpunkts wird die DVD innerhalb von Sekunden ab der gewählten Position wiedergegeben. Jeder DVD-Player besitzt eine Fernbedienung mit Tasten für das Navigieren im DVD-Menü.

Auf eine DVD mit 4,7 GByte kann ein einstündiges Video in guter DVD-Qualität gebrannt werden. Falls der Film länger als eine Stunde dauert, muss das Video stärker komprimiert werden, damit alles auf die DVD passt. Das Komprimieren übernimmt Pinnacle Studio HD automatisch.

Es gibt auch DVDs mit zwei Datenschichten, die 8,5 GByte Speicherplatz bieten. Solche Dual Layer DVDs können mit Pinnacle Studio HD erstellt werden.

Video- und Audiodaten werden im MPEG-2-Format auf einer DVD gespeichert, in sogenannten VOB-Dateien. Diese können später in Pinnacle Studio HD wieder importiert, ausgepackt und bearbeitet werden. Allerdings handelt es sich dabei um komprimierte Video-DVD-Daten.

Blu-ray

Blu-ray ist die Nachfolgedisc der DVD.

Abbildung 12.1: Logo der Blu-ray Disc

Im Gegensatz zu einer DVD haben auf einer Blu-ray Disc 25 GByte Daten Platz und auf einer doppelschichtigen Blu-ray 50 GByte. Dieser große Speicherplatz bietet den Vorteil, dass man Videos in besserer Qualität auf die Scheibe bringen kann. Blu-ray unterstützt ebenfalls das High Definition-Format. Für das Lesen und Beschreiben einer Blu-ray wird allerdings ein Blu-ray-Brenner benötigt. Auf einer einschichtigen Blu-ray Disc mit 25 GByte Speicherplatz können ca. 2 Stunden High Definition in nahezu Originalqualität gespeichert werden.

Mit Pinnacle Studio Ultimate und Pinnacle Studio Ultimate Collection haben Sie die Möglichkeit, Disc-Menüs für CDs, DVDs und Blu-ray Discs zu gestalten, wie Sie sie von kommerziellen Filmen kennen. Pinnacle Studio HD unterstützt nur CD- und DVD-Menüs. Es gibt zwei Arten von Disc-Menüs. Sie können damit einen Film in verschiedene Kapitel aufteilen oder Sie verwenden sie, wenn Sie mehrere Filme auf eine

Disc brennen wollen. Selbstverständlich können Sie auch beide Varianten miteinander kombinieren. Egal, ob Sie am Schluss eine CD, DVD oder Blu-ray erstellen bzw. brennen, die Vorgehensweise ist die gleiche.

Sie können ein Disc-Menü jederzeit einem Film hinzufügen, empfehlenswert ist das aber erst, wenn der Film komplett fertig geschnitten ist. Das Disc-Menü sollte also eigentlich erst erzeugt werden, bevor der Film auf eine Disc gebrannt wird.

Erstellen eines Disc-Menüs

Sie haben grundsätzlich zwei Möglichkeiten, ein Disc-Menü zu erstellen. Entweder Sie nehmen eine Menüvorlage aus dem Album oder Sie erstellen ein Menü von Grund auf neu. Sie können allerdings auch ein bestehendes Menü anpassen und verändern.

Ein Disc-Menü wird in der Regel an den Anfang eines Films gelegt. Das muss aber nicht unbedingt sein, Disc-Menüs können auch irgendwo in den Film integriert werden. Sobald der Film beim Abspielen bei einem Menü angelangt ist, wird dieses so lange angezeigt, bis der Betrachter der Disc einen Punkt aus dem Menü ausgewählt hat.

Disc-Menü mit einer Vorlage

Wechseln Sie im Album auf der Registerkarte *Bearbeiten* auf die DVD-Vorlagen mit einem Klick auf folgendes Symbol:

Abbildung 12.2:
Dieses Register öffnet die DVD-Menü-Vorlagen

Die DVD-Menü-Vorlagen werden ins Album geladen und angezeigt. Die Darstellung des DVD-Menüs kann auf zwei Arten erfolgen: mit einem animierten oder einem statischen Hintergrund. Die Menüs können an dem kleinen Symbol unten rechts unterschieden werden.

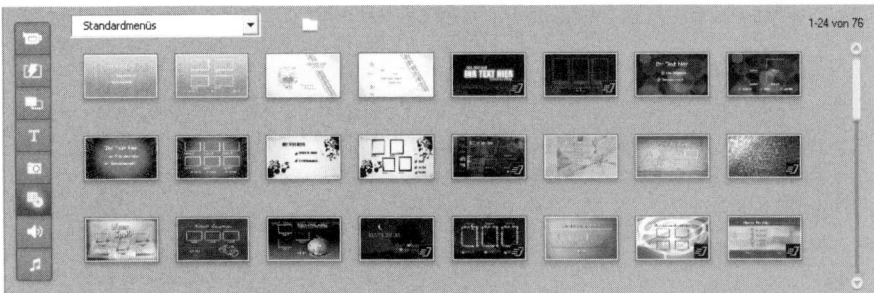

Abbildung 12.3: Die Disc-Menü-Vorlagen werden ins Album geladen und können direkt in den Film integriert werden

Menüs mit einem animierten Hintergrund spielen im Bildschirmhintergrund des Menüs einen Videoclip ab, während die Kapitel im Vordergrund angezeigt werden. Ein Disc-Menü wird nach dem Einlegen der Disc so lange abgespielt, bis der Betrachter einen Menüpunkt auswählt. Für das Erstellen eines Menüs im Film gehen Sie wie folgt vor:

1. Ziehen Sie per Drag&Drop eines der Menüs aus dem Album an den Anfang des Films auf der Timeline.

    Nach dem Einfügen eines Menüs erscheint folgendes Dialogfenster:

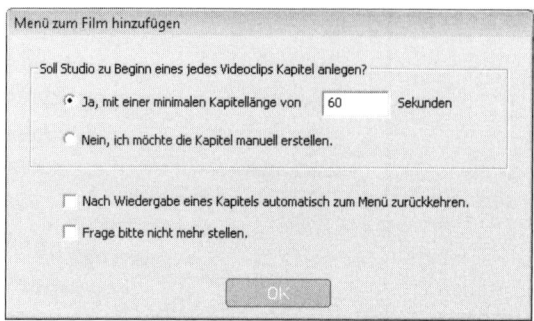

Abbildung 12.4: Nach dem Hinzufügen eines DVD-Menüs können Sie entscheiden, ob Pinnacle Studio HD automatisch Kapitel anlegen soll

2. Pinnacle Studio HD will Ihnen Arbeit abnehmen und fragt Sie, ob die Kapitel automatisch erzeugt werden sollen. Die Kapitellänge können Sie dabei selbst wählen. Allerdings ist es sinnvoller, die Kapitel im Film nach anderen Kriterien als der Zeit zu setzen. In unserem Beispiel werden die Kapitel manuell angelegt, deshalb wählen Sie *Nein, ich möchte die Kapitel manuell erstellen.*

3. Die Option *Nach Wiedergabe eines Kapitels automatisch zum Menü zurückkehren* soll dann gewählt werden, wenn die Timeline verschiedene Filme enthält. So wird nach jedem gespielten Film wieder ins Menü zurückgekehrt.

4. Falls das Dialogfenster *Menü zum Film hinzufügen* nicht mehr erscheinen soll, wählen Sie die Option *Frage bitte nicht mehr stellen.*

5. Schließen Sie das Fenster mit einem Klick auf *OK*.

    Das DVD-Authoring-Fenster wird geöffnet.

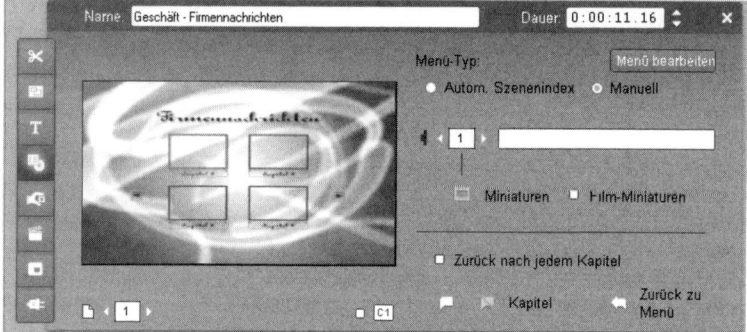

Abbildung 12.5: Im Disc-Editor können nun alle Verknüpfungen und Einstellungen vorgenommen werden

Menü-Typ

Wählen Sie die Option *Autom. Szenenindex*, falls die Kapitel auf der Timeline nacheinander, also sortiert, eingefügt werden sollen. Wählen Sie die Option *Manuell*, wenn die Reihenfolge auf der Timeline beliebig sein kann. Falls Sie *Manuell* gewählt haben, können Sie mit einem Klick auf die Option *Autom. Szenenindex* die Reihenfolge von Pinnacle Studio HD sortieren lassen.

Kapitel erstellen

Das erste Kapitel eines Films sollte auch der Anfang des Films sein. Um ein erstes Kapitel zu erstellen, gehen Sie wie folgt vor:

1. Scrubben Sie auf der Timeline an die Stelle, an der das Kapitel starten soll. Um den Anfang eines Kapitels an den Anfang eines Clips zu setzen, klicken Sie den Clip mit der Maus an. Der Timeline Scrubber wird automatisch an den Anfang des angewählten Clips gesetzt.

2. Klicken Sie auf folgendes Symbol, um das Kapitel zu setzen, oder drücken Sie $\boxed{C}$ auf Ihrer Tastatur.

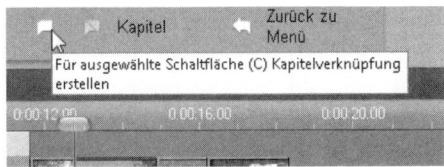

Abbildung 12.6:
Mit diesem Knopf erstellen Sie ein Kapitel
auf der Timeline

Über der ersten Videospur erscheint eine weitere Spur, sobald ein Menü eingefügt wurde. Auf dieser sind das Disc-Menü und die Kapitelverknüpfungen zu sehen. Nach dem Einfügen des ersten Menüs ist die Bezeichnung *C1* zu sehen, was für Kapitel 1 steht.

Das erste Kapitel ist nun erstellt, zu erkennen an *C1* auf der Timeline.

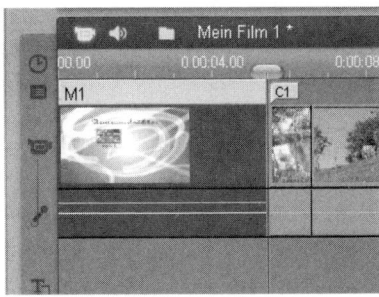

Abbildung 12.7:
Menü- und Kapitelspur

Kapitel per Drag&Drop

Sie können ein Kapitel auch auf andere Weise setzen: Ziehen Sie aus dem Menü eine Miniaturschaltfläche an die Stelle auf der Timeline, an die die Verknüpfung gesetzt werden soll.

Sobald die Maustaste losgelassen wird, wird das Kapitel gesetzt. Im Disc-Vorschaufenster ist bei Kapitel 1 das erste Bild des Kapitels eingetragen worden.

Abbildung 12.8:
Ein Kapitel kann auch per Drag&Drop
erstellt werden

Diese Schaltflächen nennt man Miniaturschaltflächen, da sie eine kurze Vorschau des Szenenanfangs anzeigen. Pinnacle Studio HD übernimmt immer das erste Bild des Kapitels und fügt es in das Menü ein. Sie können dieses Bild im Nachhinein anpassen, falls es Ihnen nicht gefällt. Scrubben Sie dazu auf der Timeline an eine andere Position und klicken Sie danach auf das Symbol neben *Miniaturen*.

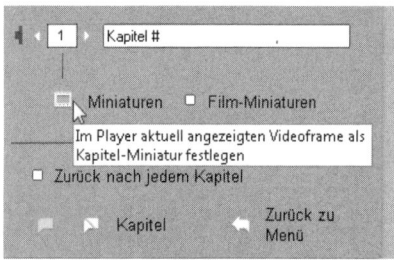

Abbildung 12.9:
Mit diesem Knopf können Sie das Vorschaubild in
der Miniaturschaltfläche ändern

Die Miniatur zu ändern ist vor allem dann sinnvoll, wenn der Film am Anfang aus einem schwarzen Bildschirm eingeblendet wird oder Ihnen das erste Bild der Szene als Miniaturbild nicht gefällt.

Weitere Kapitel

Fügen Sie ein weiteres Kapitel ein, indem Sie zuerst die nächste Schaltfläche des DVD-Menüs anwählen und dann wie oben beschrieben ein weiteres Kapitel hinzufügen. Sie können auch mit den folgenden Pfeilsymbolen zwischen den verschiedenen Miniatur-schaltflächen hin und her wechseln.

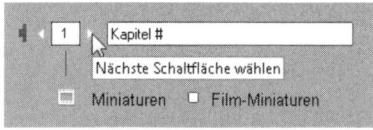

Abbildung 12.10:
Wechseln Sie jeweils vor dem Hinzufügen eines
Menüs die entsprechende Miniaturschaltfläche aus

Fügen Sie nun auf der Timeline so viele Kapitel ein, wie Sie benötigen. Im gewählten Menü sind vier Miniaturen zu sehen. Sie können allerdings mehr als vier Schaltflächen im gleichen Menü erzeugen, indem Sie dem Menü eine weitere Seite hinzufügen.

Abbildung 12.11:
Mit Nächste Seite anzeigen können weitere Seiten im Menü hinzugefügt werden

Um weitere vier leere Schaltflächen zu erzeugen, klicken Sie auf den Pfeil unter *Nächste Seite anzeigen*. Sie können so viele Seiten hinzufügen, wie Sie möchten, allerdings ist es für den Betrachter sehr mühsam, wenn zu viele Seiten im Menü sind, da die Seiten mit der Fernbedienung gewechselt werden müssen.

Kapitel umbenennen

Sie können jedem Kapitel einen Namen geben. Wählen Sie dazu die entsprechende Miniaturschaltfläche aus und ändern Sie die Bezeichnung im Textfeld.

Abbildung 12.12:
Geben Sie hier einen Namen für das Kapitel ein

Das Nummernzeichen (#) steht für die automatische Nummerierung der Kapitelnummern und wird im Menü durch eine Zahl ersetzt. Falls Sie das wünschen, geben Sie am Schluss des Textes das Zeichen wieder ein.

Rücksprung

Um nach einem bestimmten Kapitel einen Rücksprung zurück ins Menü zu erzeugen, scrubben Sie mit der Maus an eine beliebige Stelle innerhalb des Kapitels und klicken auf den Knopf *Zurück zum Menü*. Am Ende des Kapitels wird ein Rücksprung erzeugt: *M1*.

Wenn die Disc beim Abspielen zu einem Rücksprung kommt, kehrt sie zurück ins Menü.

Abbildung 12.13:
Am Ende des Kapitels kann ein Rücksprung in das Menü eingefügt werden

Kapitel löschen

Löschen Sie eine Kapitelverknüpfung, indem Sie mit der rechten Maustaste auf das zu löschende Kapitel klicken und aus der Menüliste den Eintrag *Löschen* wählen. Ebenso können Sie auch Rücksprünge löschen.

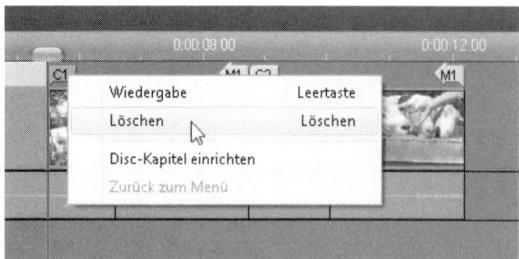

Abbildung 12.14: Löschen Sie eine Kapitelverknüpfung durch einen Klick mit der rechten Maustaste

Eine andere Variante, ein Kapitel zu löschen, funktioniert wie folgt:

Wählen Sie das zu löschende Kapitel aus und klicken Sie auf das Symbol *Aktuelles Kapitel löschen (V)* oder drücken Sie [V] auf Ihrer Tastatur.

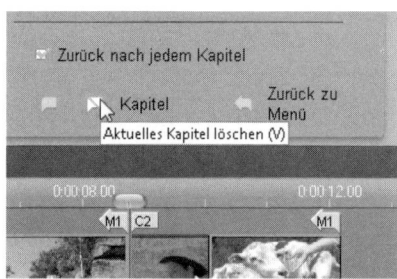

Abbildung 12.15: Mit diesem Symbol können Sie eine Kapitelverknüpfung löschen

So, wie der Hintergrund des Menüs animiert werden kann, können Sie auch die Filme in den Miniaturschaltflächen animieren. Wählen Sie dazu die Option *Film-Miniaturen*.

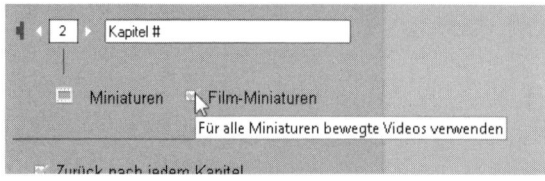

Abbildung 12.16: Die Miniaturschaltflächen erhalten einen bewegten Clip

Wie das genau aussieht, werden Sie später in der DVD-Menü-Vorschau sehen.

Weitere Einstellungen

Navigieren Sie mit den Pfeilen zwischen den verschiedenen Seiten.

Abbildung 12.17:
Wechseln Sie zwischen den verschiedenen
Seiten hin und her

Wählen Sie die Option *C1*, um die Kapitelnummern im Menü anzeigen zu lassen. Diese Anzeige dient lediglich der Übersicht und ist später auf der DVD nicht zu sehen.

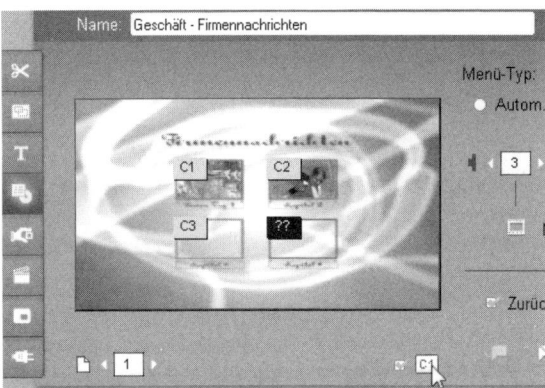

Abbildung 12.18: Mit C1 können die Kapitelnummern im Menü angezeigt werden

Um das Menü individuell anzupassen, klicken Sie auf die Schaltfläche *Menü bearbeiten*.

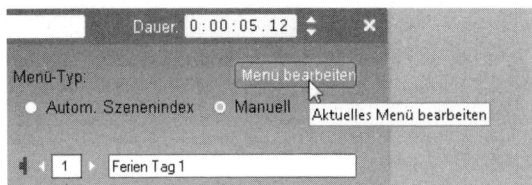

Abbildung 12.19:
Den Menü-Editor öffnen

Der Menü-Editor wird im nächsten Abschnitt ausführlich erklärt.

Menüs individuell anpassen

Um ein Menü individuell anzupassen und zu gestalten, klicken Sie im Disc-Editor auf *Menü bearbeiten*.

Der Titelgenerator wird geöffnet, darin werden auch Disc-Menüs bearbeitet. Nachfolgend sind lediglich die Funktionen beschrieben, die für ein Disc-Menü relevant sind. Die allgemeinen Funktionen des Titelgenerators wurden bereits in *Kapitel 7 „Titel"* beschrieben.

Wenn Sie ein Vorlagen-Menü komplett neu gestalten möchten, löschen Sie alle Elemente aus dem Titelgenerator heraus und bauen das Menü inklusive Layout von Neuem auf. Im Beispiel werden alle bereits bestehenden Schaltflächen gelöscht. Drücken Sie dazu [Strg]+[A] und dann [Entf] oder wählen Sie aus dem Menü *Bearbeiten* den Eintrag *Alles auswählen* und löschen Sie die Elemente mit [Entf].

Miniaturschaltflächen erstellen

1. Wechseln Sie im Titel-Editor mit einem Klick auf folgendes Symbol in die Bibliothek der Schaltflächen:

Abbildung 12.20:
Wechseln Sie mit einem Klick in die Bibliothek der Schaltflächen

Eine Liste mit verschiedenen Vorlagen wird geöffnet.

2. Wählen Sie eine der Schaltflächen und übernehmen Sie sie mit Drag&Drop ins Menü.

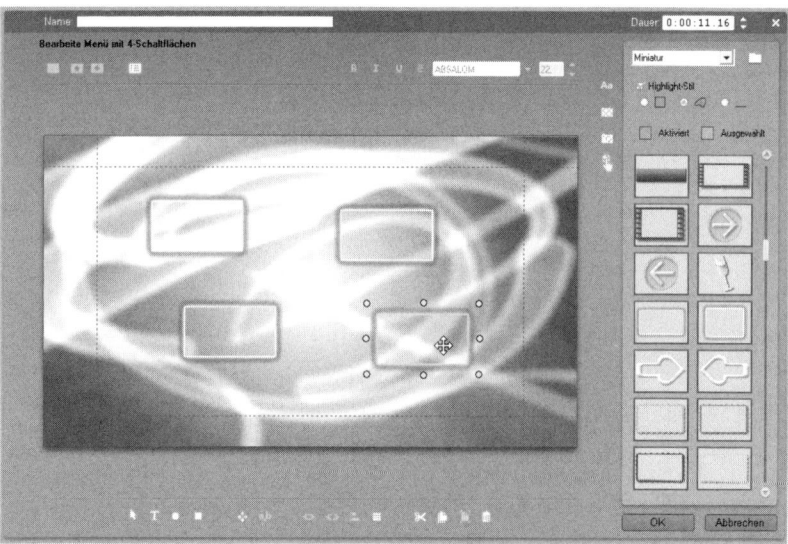

Abbildung 12.21: Fügen Sie so viele Schaltflächen ein, wie Sie brauchen (und Platz haben)

3. Für jedes Kapitel im Film ziehen Sie eine neue Schaltfläche hinzu.

   Ebenso können Sie Text, Bilder usw. hinzufügen, bis das Menü Ihren Vorstellungen entspricht.

Sie können auch eine Schaltfläche erstellen und mit einem Textfeld verketten. Kopieren Sie diese Schaltfläche dann nach Belieben, damit Sie nicht jede Schaltfläche neu erstellen müssen. Obwohl die Elemente verkettet sind, lässt sich der Text einer jeden Schaltfläche im Nachhinein individuell korrigieren.

4. Sie können die Größe einer Schaltfläche auf die gleiche Weise verändern, wie Sie das bei Fotos und Text gemacht haben.

Layout einer Schaltfläche verändern

Sie können das Aussehen einer Schaltfläche den eigenen Wünschen anpassen. Es gibt für jede Schaltfläche drei Zustände: normal, aktiviert und ausgewählt. Die verschiedenen Zustände werden durch verschiedene Farben gekennzeichnet, damit der Betrachter Ihrer DVD immer weiß, welche Schaltfläche aktuell angewählt ist. Andernfalls wäre er orientierungslos.

Abbildung 12.22:
Ändern Sie das Aussehen der Schaltflächen, um dem Betrachter eine möglichst übersichtliche Navigation zu bieten

Highlight-Stil: Wählen Sie hier aus, wie eine Schaltfläche auszusehen hat, wenn sie angewählt wird. Die mittlere Option, *Hervorhebung Schaltfläche*, passt sich der Form der Schaltfläche an, das Viereck links zeichnet ein Viereck und der Strich rechts unterstreicht die Schaltfläche. Den Unterschied sehen Sie am besten, wenn Sie eine runde Schaltfläche ins Menü integrieren:

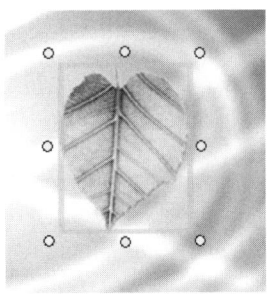

Abbildung 12.23:
Hier wurde der Highlight-Stil „Hervorhebung Rechteckfläche"
gewählt. Pinnacle Studio HD zeichnet ein Viereck um das Objekt

Abbildung 12.24:
Hier wurde der Highlight-Stil „Hervorhebung Schaltfläche"
gewählt. Pinnacle Studio HD zeichnet um das Objekt herum
eine Kontur

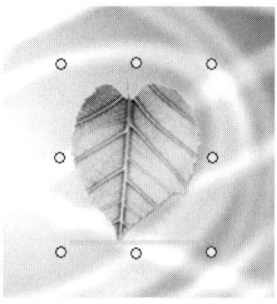

Abbildung 12.25:
Hier wurde der Highlight-Stil „Hervorhebung Unterstreichung"
gewählt. Pinnacle Studio HD zeichnet einen Strich unter das Objekt

Unter *Aktiviert* und *Ausgewählt* können Sie definieren, welche Farbe die Kontur der Schaltflächen bekommen soll, wenn diese aktiviert oder angewählt sind. Klicken Sie auf das entsprechende farbige Viereck, um die Farbe anzupassen.

In einem Disc-Menü können verschiedene Arten von Schaltflächen benutzt werden. Sie haben bis jetzt die Miniaturschaltfläche kennengelernt, die Ihnen ein Miniaturbild aus der Timeline anzeigt.

Schaltflächen-Varianten

Normale Schaltflächen

Unter einer normalen Schaltfläche wird eine ganz normale Verknüpfung verstanden, die keine Miniatur darstellt. Somit kann ein normaler Text oder ein Bild zu einer Schaltfläche werden.

1. Schreiben Sie einen Text und wählen Sie diesen aus.

2. Wählen Sie dann aus der Dropdown-Liste den Eintrag *Normal* aus, um aus dem Text eine normale Verknüpfung zu erstellen.

Das funktioniert auch mit anderen Verknüpfungen aus der Bibliothek oder einem eingefügten Standbild. Dieser Text kann nun ebenfalls als Schaltfläche benutzt und mit einem Kapitel verknüpft werden.

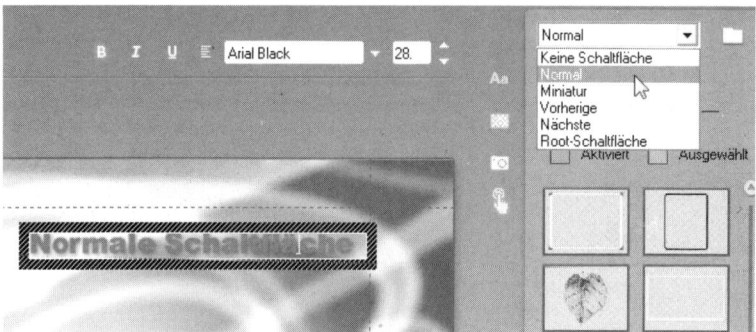

Abbildung 12.26: Sie können aus einem beliebigen Text oder Bild eine Schaltfläche für Menüs erstellen

Vorherige und Nächste

Vorherige und *Nächste* beziehen sich auf die verschiedenen Seiten eines Disc-Menüs. Wenn Sie also mehrere Seiten in einem Disc-Menü erzeugen möchten, so müssen Sie jeweils einen *Nächsten-* und *Vorherigen*-Knopf in das Menü integrieren. Sie können nun wie oben beschrieben einen beliebigen Text oder ein Bild zu einer dieser Schaltflächen machen.

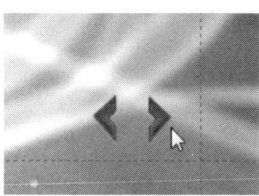

Abbildung 12.27:
Nächste und Vorige wird für mehrere Seiten verwendet

Root-Schaltfläche

Diese Schaltflächen werden benutzt, wenn auf der Timeline mehrere Disc-Menüs eingesetzt sind. Mit einer *Root-Schaltfläche* können Sie mit einem Tastendruck wieder in das Hauptmenü navigieren, das ist das erste auf der Timeline.

Bewegter Hintergrund

Wie Sie bereits erfahren haben, kann der Hintergrund eines Disc-Menüs mit einem Videoclip animiert werden. Sie können auch eine Szene Ihres Films als Hintergrund wählen. Hierzu müssen Sie den Hintergrund des Disc-Menüs transparent machen. Wechseln Sie auf das *Hintergründe*-Symbol und wählen Sie *Hintergrund ist Transparent*, falls diese Option nicht schon eingestellt ist.

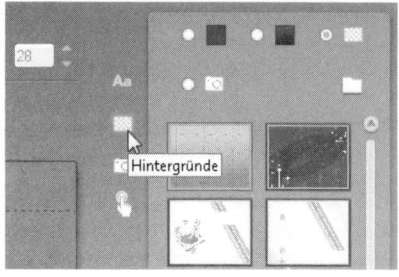

Abbildung 12.28:
Für einen animierten Hintergrund müssen Sie diesen durch einen Klick auf das Schachbrettsymbol transparent machen

Schließen Sie nun den Disc-Menü-Editor mit einem Klick auf *OK* unten rechts.

Filmsequenz als Hintergrund darstellen

Ein Disc-Menü kann wie ein Titelclip auf der Timeline verlängert und verkürzt werden. Ein Disc-Menü wird beim Abspielen so lange dargestellt, bis der Betrachter ein Kapitel wählt. Wenn nun im Hintergrund eine Videosequenz zu sehen sein soll, muss das Menü ebenfalls die gleiche Länge haben.

Verlängern Sie das Disc-Menü auf der Timeline und fügen Sie dann einen Videoclip aus dem Album in die zweite Videospur ein; wenn diese nicht zu sehen ist, legen Sie den Clip auf die Titelspur.

Abbildung 12.29: Das animierte Video wird auf die zweite Videospur gelegt

Trimmen Sie gegebenenfalls den eingefügten Videoclip und verkürzen bzw. verlängern Sie das Menü auf die gleiche Länge.

Hintergrundmusik einfügen

Sie können auf den Audiospuren auch Musik als Hintergrund abspielen lassen, egal ob das Menü animiert ist oder nicht. Fügen Sie dazu einfach eine Musik in eine der beiden Musikspuren ein und passen Sie die Lautstärke an. Achten Sie darauf, dass beides, Musik und Video, die gleiche Länge wie das Menü aufweist, da sonst beim Abspielen Lücken entstehen. Das Menü wird beim Abspielen immer wiederholt, so auch die Musik. Achten Sie darauf, dass die Musik und das Menü nicht zu kurz sind und die Musik einen Anfang und einen Schluss hat. Sonst tönt es komisch und es entstehen unschöne Sprünge.

Disc-Menü-Vorschau

Bevor eine Disc erstellt wird, sollten Sie die Verknüpfungen und Rücksprünge des erstellten Menüs testen, um sicherzugehen, dass alles richtig gemacht wurde. Wechseln Sie dazu im Vorschaufenster mit einem Klick auf folgendes Symbol in die *DVD-Menü-Vorschau*:

Abbildung 12.30: Mit einem Klick auf dieses Symbol in die DVD-Menü-Vorschau wechseln

Die Fernsteuerungen von Disc-Abspielgeräten verfügen alle über einen Satz von gleichen Funktionen. Es sind dies in jedem Fall ein Knopf für Start, Menü, nach oben, nach unten, nach links und nach rechts. Auch der Disc-Abspielmodus entspricht dieser Konvention, sodass realistisch getestet werden kann. Es stehen Knöpfe wie bei einer Fernbedienung zur Verfügung.

Abbildung 12.31:
Das Vorschaufenster wechselt in den
DVD-Vorschau-Modus

Sie können nun mit den vier Navigationstasten von einer Schaltfläche zur nächsten wechseln und den mittleren Knopf anklicken, um das Kapitel anzeigen, also starten zu lassen.

Zusätzlich stehen weitere vier Knöpfe zur Verfügung:

Knopf	Funktion
Oben links	zurück ins Hauptmenü
Oben rechts	zurück ins letzte Menü
Unten links	zum vorherigen Kapitel
Unten rechts	zum nächsten Kapitel

Tabelle 12.1: Disc-Navigation

Prüfen Sie nun die Verknüpfung der Kapitel, indem Sie die Navigation mit den Tasten testen und den Film laufen lassen. Erst wenn alle Verknüpfungen richtig funktionieren, sollten Sie die DVD brennen.

Mehrere Menüs miteinander verknüpfen

Sie haben die Möglichkeit, in einem Film mehrere Disc-Menüs zu integrieren und miteinander zu verknüpfen. Das ermöglicht eine flexiblere Organisation von vielen kurzen Filmen oder Kapiteln. So können Sie z.B. mehrere Filme oder Diashows in Kapitel unterteilen.

Legen Sie das zweite Menü an den Anfang eines weiteren Films und setzen Sie Kapitel und Verknüpfungen, wie es weiter oben beschrieben wurde.

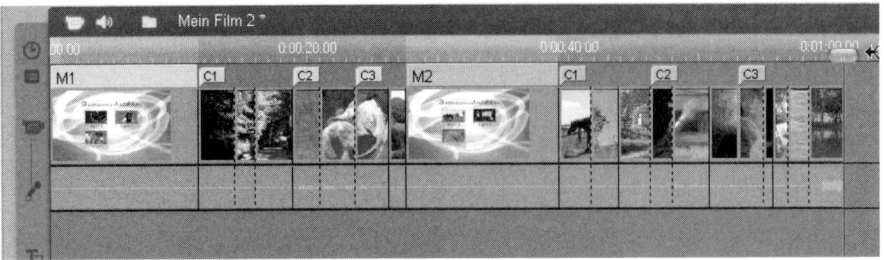

Abbildung 12.32: Auf dieser Timeline wurden zwei Menüs verwendet. Verknüpfen Sie diese wie Clips

Menüs können untereinander genauso wie Clips verknüpft werden. Achten Sie aber darauf, dass Sie aus einem Menü wieder herausnavigieren können. Wenn Sie also zwei Disc-Menüs auf der Timeline haben, so sollte das erste Menü eine Verknüpfung zum zweiten und das zweite Menü eine Verknüpfung zum ersten haben, damit wieder zurücknavigiert werden kann. Diese Verknüpfungen sind nicht zwingend notwendig, Sie sollten aber immer den Betrachter vor Augen haben, der die Disc anschaut. Für ihn sollten die Verknüpfungen so logisch und einfach wie möglich erstellt werden.

Menüs extern speichern

Sie können Disc-Menüs speichern, um sie in einem anderen Projekt zu verwenden oder als Vorlage zu speichern. Öffnen Sie dazu den Menü-Editor und wählen Sie *Datei* und dann *Menü speichern*. Falls Sie ein bestehendes Menü öffnen möchten, wählen Sie *Datei* und dann *Menü öffnen*.

Menü neu erstellen

Falls Sie keine Vorlage für Ihr Disc-Menü verwenden möchten, so können Sie es auch komplett selbst gestalten. Ebenso ist es möglich, eine Vorlage den eigenen Wünschen anzupassen. Um ein neues Menü zu erzeugen, gehen Sie wie folgt vor:

1. Öffnen Sie die Video-Toolbox und wählen Sie das Symbol *Disc-Menü erstellen bzw. bearbeiten*.

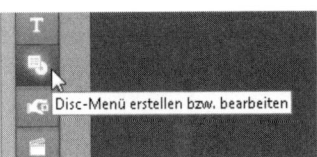

Abbildung 12.33:
Das Symbol Disc-Menü erstellen bzw. bearbeiten

2. Scrubben Sie auf der Timeline an die gewünschte Stelle, an der das Menü eingefügt werden soll.

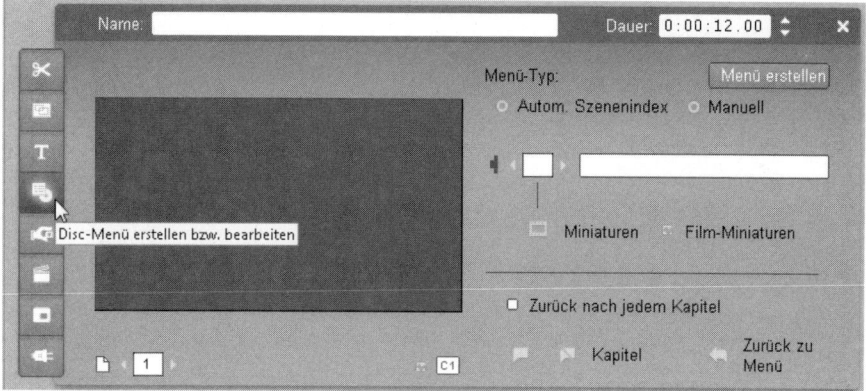

Abbildung 12.34: Erstellen Sie ein Disc-Menü von Grund auf neu

3. Klicken Sie auf *Menü erstellen*.

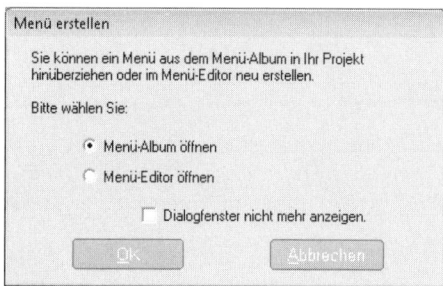

*Abbildung 12.35:
Pinnacle Studio HD fragt Sie noch einmal,
ob Sie wirklich ein Menü neu erstellen oder
ein Vorlagen-Menü aus dem Album öffnen
möchten*

4. Setzen Sie die Option *Menü-Editor öffnen* und wählen Sie *OK*.

Der Menü-Editor wird geladen. Wie Sie sehen werden, öffnet sich der Ihnen bekannte Titelgenerator.

13

Film erstellen

Sobald Sie mit dem Bearbeiten eines Films fertig sind, können Sie ihn auf verschiedene Weise exportieren, also ausgeben lassen. Zum Beispiel können Sie Ihr fertiges Video auf CD, DVD oder Blu-ray Disc brennen, Ihren Film als Datei auf Ihrem PC speichern oder diesen direkt ins Internet laden. Sie können das fertige Videomaterial aber auch auf eine VHS-Kassette oder ein MiniDV-Band zurückspielen. Genauso können Sie den gleichen Film in verschiedene Videoformate exportieren, solange alle Rohdaten des Films und das Projekt auf der Festplatte bleiben.

Sinnvoll ist es, einen Film immer in voller Qualität zu exportieren. Diesen können Sie dann von Ihrem PC abspielen oder präsentieren. Falls Sie Ihre Videoaufnahmen mit einem digitalen Camcorder erstellt haben, ist es empfehlenswert, den ganzen Film einmal auf ein neues digitales Band zurückzuspielen. Bei digitaler Übertragung haben Sie so gut wie keinen Qualitätsverlust und können den Film jederzeit wieder einlesen und in ein anderes Format umwandeln bzw. exportieren. Wie Sie sehen werden, sind Filme auf einer DVD sehr stark komprimiert und entsprechen nicht mehr der Originalqualität. Eine DVD eignet sich aus diesen Gründen kaum für das Erstellen von unkomprimierten Sicherheitskopien, besser wäre schon, eine Blu-ray Disc zu brennen, allerdings nur, wenn das Videoprojekt im High Definition Format vorliegt.

Um mit dem Exportieren oder Erstellen des Films zu beginnen, wechseln Sie zum Schritt 3 *Film erstellen*.

Abbildung 13.1: Film erstellen-Modus für das Exportieren des Films

Ausgabe auf CD, DVD oder Blu-ray Disc

Diese Option bietet Ihnen die Möglichkeit, Ihren Film auf CD, DVD oder Blu-ray Disc auszugeben. Bei diesem Vorgang wird der Film zuerst berechnet, in das entsprechende Format umgewandelt und dann direkt auf die Disc gebrannt.

Wie Sie bereits beim Aufnehmen von Video in *Kapitel 2 „Importieren"* gesehen haben, benötigt eine Stunde Video bis ca. 13 GByte auf der Festplatte. Eine normale CD speichert ca. 700 MByte (0,7 GByte), eine DVD 4,7 GByte (bzw. 8,5 GByte für eine doppelschichtige), eine Blu-ray Disc 25 GByte (bzw. 50 GByte für eine doppelschichtige).

Angenommen, ein Film dauert eine Stunde. Wie ist es nun möglich, dass ein solcher Film, der bis 13 GByte beanspruchen würde, auf einer dieser Discs Platz hat?

Das geht, wenn die Daten sehr stark komprimiert werden.

Hinweis

MPEG-Kompression

Um ein Video zu komprimieren, müssen die benötigten Videodaten reduziert werden. Das kann erreicht werden, indem Pinnacle Studio HD

- die Anzahl Bilder pro Sekunde verringert,
- das Videobild verkleinert (Pixelgröße kleiner darstellt),
- gewisse Farb- und Helligkeitsinformationen weglässt.

Alle diese Veränderungen würden zu einem sehr schlechten Resultat führen – darum wurde der Kompressionsstandard MPEG-2 entwickelt.

Beim Umrechnen in das MPEG-2-Format werden redundante Bildinformationen weggelassen, ohne die Bildrate und Bildgröße zu verändern.

Der Kompressor analysiert das erste Bild des Videos und speichert lediglich die Veränderungen zum nächsten Bild. Danach werden die Veränderungen vom zweiten zum dritten Bild gespeichert usw. Nach 12 Bildern speichert der Kompressor ein neues, volles Bild und beginnt von vorne. Wenn ein Standbild in MPEG-2 umgerechnet wird, müssen sehr viel weniger Daten gespeichert werden, als wenn im Film eine detailreiche Aufnahme gezoomt wird.

Der MPEG-2-Kompressor unterscheidet zwischen variabler und konstanter Bitrate.

- *Variable Bitrate*: Die Kompression wird dem Inhalt des Videos angepasst. Bei Standbildern und wenigen Bildinformationen werden weniger Daten, bei vielen Bildinformationen mehr Daten gespeichert. Sie können also vor dem Komprimieren nicht sicher sagen, wie groß die MPEG-2-Dateien werden.

- *Konstante Bitrate*: Die Kompression verläuft vom Anfang bis zum Ende des Films mit der gleichen Datenrate, egal ob viele oder wenige Bildinformationen gespeichert werden müssen.

Es empfiehlt sich also, die variable Bitrate zu wählen, da damit eine bessere Qualität erzeugt werden kann.

Bevor Sie mit dem Brennen fortfahren, sollten Sie sich überlegen, ob eine CD oder DVD erzeugt werden soll. Das Erstellen einer Blu-ray Disc macht nur dann Sinn, wenn Sie ein High Definition Video bearbeitet haben und dieses in der vollen Auflösung brennen möchten.

Auf eine CD kann Video im Format MPEG-1 und MPEG-2 für jeweils eine Video-CD (VCD) oder Supervideo-CD (S-VCD) gebrannt werden. Denken Sie daran, dass nicht alle DVD-Abspielgeräte Video- und Supervideo-CDs lesen und abspielen können. Da eine CD lediglich ca. 700 MByte fasst, ist die Qualität gegenüber einer DVD auch wesentlich schlechter. Nachfolgende Tabelle zeigt Ihnen die Unterschiede der verschiedenen Disctypen, die mit Pinnacle Studio HD erstellt werden können.

	Video-CD	S-Video-CD	DVD	AVCHD	Blu-ray	HD-DVD
Speicher- medium	CD	CD	DVD	DVD	BD (Blu-ray Disc)	DVD
Speicher- größe	ca. 700 MByte	ca. 700 MByte	4,7 oder 8,5 GByte	4,7 oder 8,5 GByte	25 oder 50 GByte	4,7 oder 8,5 GByte
Kompres- sion	MPEG-1	MPEG-2	MPEG-2	AVCHD MPEG-4	AVCHD- MPEG-4	HD-DVD
Spiellänge in bester Qualität	bis ca. 60 Min.	bis ca. 30 Min.	bis ca. 60 bzw. 120 Min.	bis ca. 40 bzw. 80 Min.	bis ca. 3 Stunden	ca. 20 bzw. 40 Min.

Tabelle 13.1: Vergleich der Formate Video-CD, Supervideo-CD, DVD, HD-DVD, AVCHD und Blu-ray Disc, die mit Studio HD erstellt werden können

Auf eine DVD mit 4,7 GByte Speicherplatz können auch mehr als 60 Minuten aufgenommen werden, allerdings muss dann das Video stärker komprimiert werden. Für eine möglichst hohe Qualität sollte gemäß der Tabelle für Standard Definition Videos das DVD-Format gewählt werden und die Filme sollten nicht länger als 60 Minuten sein.

Um eine Disc zu brennen, gehen Sie wie folgt vor:

1. Legen Sie eine leere Disc (CD, DVD oder Blu-ray Disc) in Ihren Brenner.

2. Wählen Sie in Pinnacle Studio HD die Registerkarte *Film erstellen*.

3. Wählen Sie unter *Disc-Typ*, welche Art von Disc Sie brennen möchten, z.B. VCD für Video-CD, SVCD für Supervideo-CD, DVD.

4. Setzen Sie unter *Videoqualität* den Eintrag auf *Automatisch*, damit Pinnacle Studio HD ermitteln kann, mit welcher Kompression das Video auf dem Rohling gespeichert wird.

5. Um den Rechen- und Brennvorgang zu starten, klicken Sie auf die Schaltfläche *Disc erstellen*. Pinnacle Studio HD wird das Projekt zuerst rendern, dann in das gewählte Videoformat umrechnen und als letzten Schritt auf die Disc brennen. Die Dauer dieses Vorgangs ist davon abhängig, wie schnell Ihr PC ist.

Es ist egal, in welcher Qualität der Film auf der Timeline vorliegt, ob Standard oder   Hinweis
High Definition. Beim Brennen auf eine CD oder DVD wird der Film immer in das
Standard Definition Format gewandelt.

Einstellungen für das Brennen einer DVD

Sie können die Qualität Ihrer Videos und weitere Einstellungen manuell festlegen. Klicken Sie dafür auf die Schaltfläche *Einstellungen*.

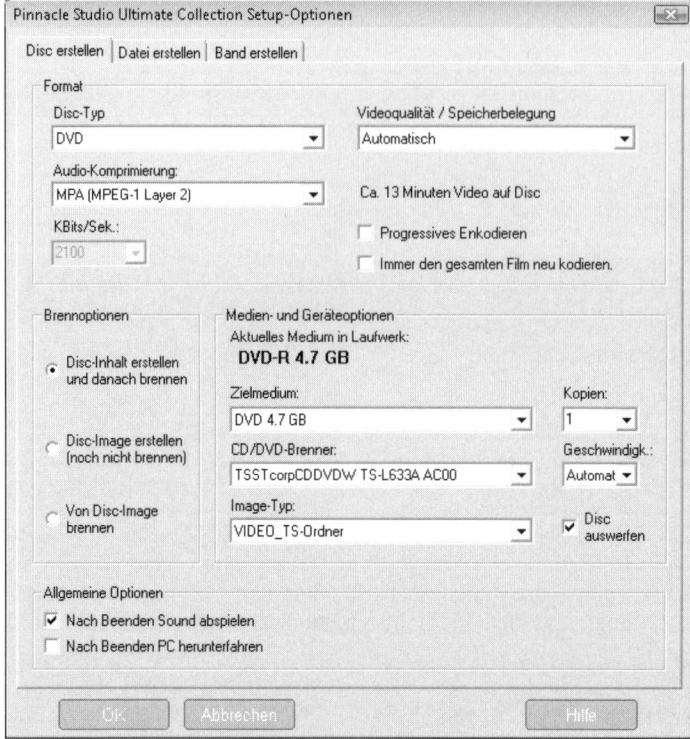

Abbildung 13.2: Einstellungen für das Erstellen einer DVD

Unter *Audio-Komprimierung* können Sie das Audioformat für die DVD auswählen. Entscheidend ist hier, wie Sie auf der Timeline das Audio bearbeitet haben. Wenn Sie das Audio im Surround-Modus bearbeitet haben, sollten Sie hier gegebenenfalls die Audioeinstellungen anpassen.

Die Datenrate kann dann verändert werden, wenn unter *Videoqualität/Speicherbelegung* die Einstellung *Benutzerdefiniert* gewählt ist. Die Datenrate zeigt an, wie viele Daten pro Zeiteinheit verarbeitet werden. Je höher die Zahl, desto besser die Qualität. Hier sind Werte zwischen 3000 bis 8500 KBits/Sekunde möglich. Übliche Datenraten sind 4000 bis 6000 KBits/Sekunde. Eine zu hohe Abweichung kann beim Abspielen zu Problemen führen. DVD-Abspielgeräte haben zum Teil Mühe, selbst gebrannte DVDs wiederzugeben.

Unter *Brennoptionen* können Sie einstellen, ob die Daten direkt auf eine Disc gebrannt oder zuerst in einer sogenannten Image-Datei auf der Festplatte gespeichert werden sollen. Speichern Sie das Image auf Ihrer Festplatte ab, am besten dort, wo Sie Ihre Projektdaten gespeichert haben.

Disc-Inhalt erstellen und danach brennen

Tipp

Bei diesem Modus werden die Daten zuerst auf der Festplatte gespeichert und danach auf das Medium geschrieben bzw. gebrannt.

Disc-Image erstellen (noch nicht brennen)

Ein Disc-Image dient dazu, den gesamten Film in einer Datei auf dem PC zwischenzuspeichern, um ihn später oder auf einem anderen PC zu brennen. So können Sie z.B. mit Pinnacle Studio HD ein Disc-Image erstellen, falls auf dem PC kein Brenner verfügbar ist. Ein anderer Vorteil eines Images ist, dass der ganze Inhalt einer Disc in einer Datei gespeichert wird, sodass nicht einzelne Elemente verloren gehen können. Im Image wird sogar die Menüverknüpfung mitgespeichert.

Ein Disc-Image können Sie an einen beliebigen Ort auf der Festplatte speichern und in einem zweiten Schritt auf die Disc brennen. Das Brennen kann auch mit einem anderen Brennprogramm erfolgen, z.B. mit Nero. Sobald ein Image gebrannt wurde, befinden sich auf der DVD genau die gleichen Daten, wie wenn diese direkt auf Disk gebrannt würden.

Von Disc-Image brennen

Dieser Modus dient dazu, ein zuvor erstelltes Image von der Festplatte auf eine Disc zu brennen. Dabei wird nicht der aktuelle Film auf der Timeline gebrannt, sondern von einer Image-Datei auf der Festplatte.

Blu-ray Disc

Diese Funktion ist nur in Pinnacle Studio Ultimate und Pinnacle Studio Ultimate Collection Version 14 verfügbar.

Pinnacle Studio Ultimate & Pinnacle Studio Ultimate Collection

Bei der Blu-ray Disc handelt es sich um die Nachfolge der DVD. Eine Blu-ray Disc kann viel mehr Daten speichern als eine CD bzw. DVD und eignet sich darum eher für das Erstellen von Filmen in High Definition-Qualität. High Definition-Filme können in High Definition nur auf Blu-ray gebrannt werden. Auf eine CD oder DVD ist dies nicht möglich. Es ist zwar möglich, einen High Definition-Film auf CD oder DVD zu brennen, dabei wird der Film aber in das Standard Definition Format umgewandelt.

Wenn Sie eine Blu-ray Disc brennen möchten, müssen Sie einen entsprechenden Brenner und Rohlinge besitzen. Beides ist derzeit noch relativ teuer, aber wie stets bei Computerprodukten darf man davon ausgehen, dass die Preise fallen werden, sobald sich das Blu-ray-Format weiter etabliert.

Auf eine Blu-ray Disc können bis zu 3 Stunden in bester High Definition-Qualität mit einer Datenrate von bis zu 15 MBit/s gebrannt werden. Blu-ray Discs können später nur auf einem Blu-ray-Abspielgerät (Player) wiedergegeben werden.

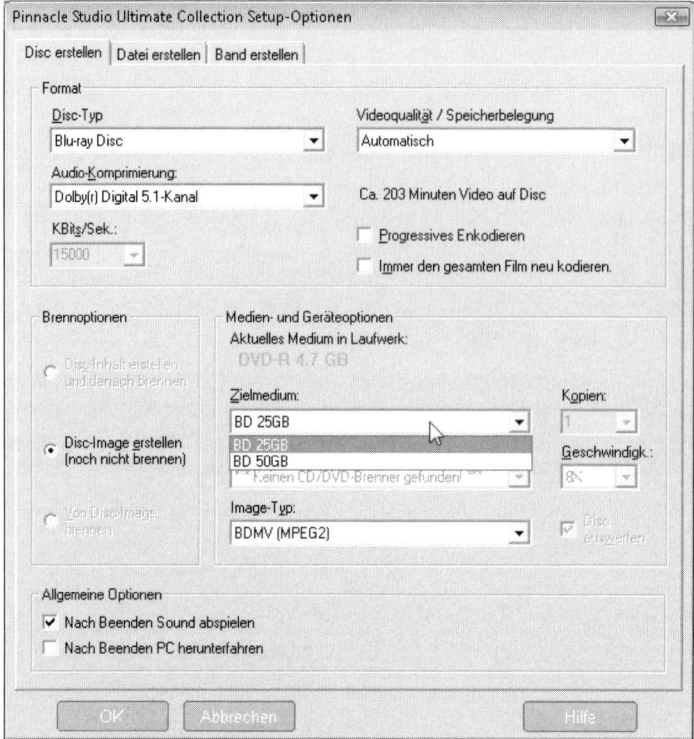

Abbildung 13.3: Brennen auf eine Blu-ray Disc

HD-DVD

Bei der HD-DVD, High Density Digital Versatile Disc, handelt es sich um ein Format, das Ende 2007 noch als möglicher Nachfolger der DVD galt. Der Markt hat sich aber für Blu-ray entschieden. HD-DVD verschwindet immer mehr vom Markt. PCs mit HDHDVD-Laufwerken kann man heutzutage nicht mehr kaufen. Falls Sie aber trotzdem ein HD-DVD-fähiges Abspielgerät besitzen, können Sie mit Pinnacle Studio HD DVD-Rohlinge in diesem Format brennen.

Sie können mit dieser Einstellung High Definition Video-Inhalt im HD-DVD-Format auf eine DVD (bis zu 24 Minuten) mit einem DVD-Brenner brennen.

Eine DVD mit HD-DVD-Inhalt kann später auf folgenden Abspielgeräten wiedergegeben werden:

- auf jedem HD-DVD-Player einschließlich einer Microsoft Xbox 360 mit integriertem Laufwerk

- auf einem Computer mit HD-DVD-Laufwerk und einer geeigneten Wiedergabesoftware

Beim HD-DVD-Format können die Daten bis zu einer Datenrate von 25 MBit/s gespeichert werden.

Pinnacle Studio Ultimate Collection Setup-Optionen

Disc erstellen | Datei erstellen | Band erstellen

Format

Disc-Typ
HD DVD

Audio-Komprimierung:
MPA (MPEG-1 Layer 2)

KBits/Sek.:
20000
21000
22000
23000
24000
25000

Videoqualität / Speicherbelegung
Benutzerdefiniert

Ca. 30 Minuten Video auf Disc

☐ Progressives Enkodieren

☐ Immer den gesamten Film neu kodieren.

⊙ Disc-Inhalt erstellen und danach brennen

○ Disc-Image erstellen (noch nicht brennen)

○ Von Disc-Image brennen

Medien- und Geräteoptionen

Aktuelles Medium in Laufwerk:
DVD-R 4.7 GB

Zielmedium:
DVD 4.7 GB

CD/DVD-Brenner:
TSSTcorpCDDVDW TS-L633A AC00

Image-Typ:
HVDVD_TS

Kopien:
1

Geschwindigk.:
8X

☑ Disc auswerfen

Allgemeine Optionen

☑ Nach Beenden Sound abspielen

☐ Nach Beenden PC herunterfahren

OK   Abbrechen   Hilfe

Abbildung 13.4: Disc mit HD-DVD-Inhalt auf einer DVD

Ausgabe in eine Datei

Mit Pinnacle Studio HD haben Sie die Möglichkeit, Ihren Film in eine Datei zu exportieren, die Sie dann später z.B. ins Internet laden, auf dem PC speichern oder auf Daten-CD, -DVD und -Blu-ray weitergeben können. Bevor Sie eine Datei erstellen, müssen Sie sich überlegen, wer diese Datei später ansehen wird. Nicht jeder Dateityp kann von jedem Computer wiedergegeben werden. Oft fehlt auf einem PC die nötige Abspielsoftware, um den Film anzuschauen, oder ein PC ist zu langsam, um sehr große Datenmengen anzuzeigen. Wenn Sie sichergehen wollen, dass die Datei auf jedem PC abspielbar ist, wählen Sie das MPEG-1-Format. Dieses Format bietet nicht die beste Qualität, ist aber mit allen PCs kompatibel, da der Windows Media Player dieses Format immer abspielen kann.

Weitere Informationen zu den einzelnen Videoformaten entnehmen Sie *Kapitel 14 „Videoformate"*.

1. Wählen Sie unter *Film erstellen* das Symbol für *Datei*.

2. Wählen Sie aus der Dropdown-Liste das gewünschte Format aus.

3. Je nach gewähltem Format haben Sie verschiedene Einstellungsmöglichkeiten, die nachfolgend kurz erläutert werden.

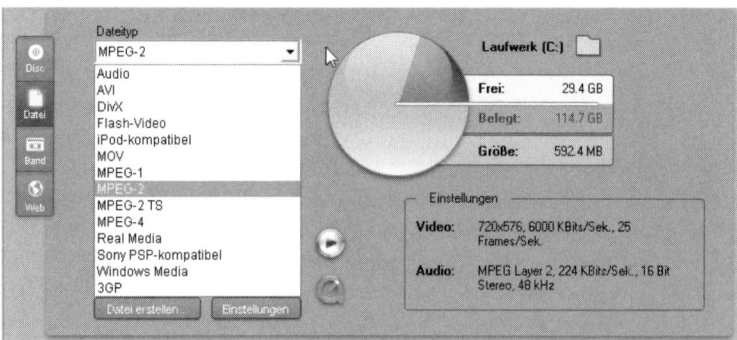

Abbildung 13.5: Mit Pinnacle Studio HD können Sie verschiedene Formate exportieren

Der große Kreis zeigt Ihnen an, wie viel Platz auf der gewählten Festplatte noch zur Verfügung steht. Im Beispiel wurde die Festplatte C: gewählt, auf der noch 29,4 GByte Speicherplatz frei sind.

Sie können für jedes der vorgegebenen Formate weitere Einstellungen vornehmen, indem Sie auf den Knopf *Einstellungen* klicken.

In *Kapitel 14 „Videoformate"* finden Sie weitere Ausführungen zu den einzelnen Formaten.

Audio

Mit dieser Option können Sie nur das Audio Ihres Films exportieren, und zwar im MP3- oder WAV-Format. Wenn Sie also eine oder mehrere Audiospuren exportieren möchten, dann wählen Sie die Option *Audio*.

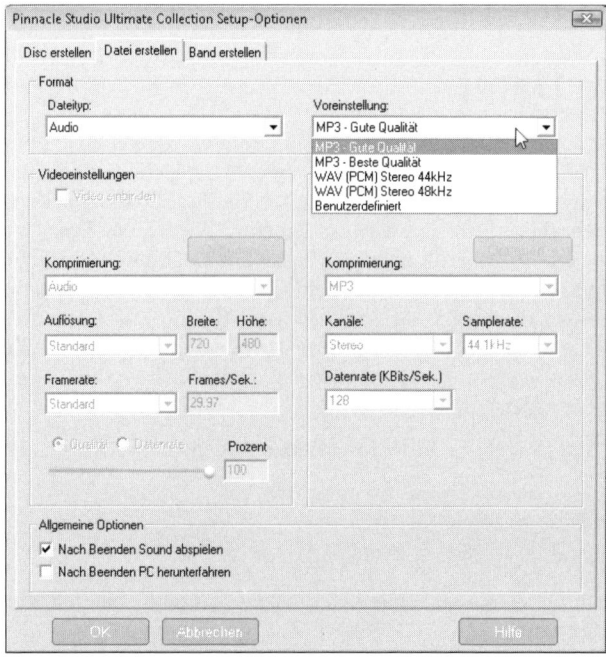

Abbildung 13.6: Audioexport-Einstellungen

Wählen Sie unter *Voreinstellung*, in welchem Format das Audio exportiert werden soll, und starten Sie dann die Ausgabe mit *Datei erstellen*. Wenn Sie *Benutzerdefiniert* wählen, können Sie die einzelnen Einstellungen manuell noch verändern.

AVI

Wählen Sie unter *Format AVI* aus und klicken Sie auf *Einstellungen*, um diese anzupassen.

Das AVI-Format wird meistens dazu verwendet, Dateien in sehr guter Qualität zu speichern. Das AVI-Format ist kein streng definiertes Format, sondern lediglich ein sogenanntes Containerformat. Es muss noch angegeben werden, mit welchem Codec die Datei erstellt wird. Codecs sind Algorithmen, die ein Video komprimieren und speichern. Das große Problem dabei ist, dass eine AVI-Datei später nicht mehr abgespielt werden kann, wenn der entsprechende Codec auf dem PC nicht zur Verfügung steht.

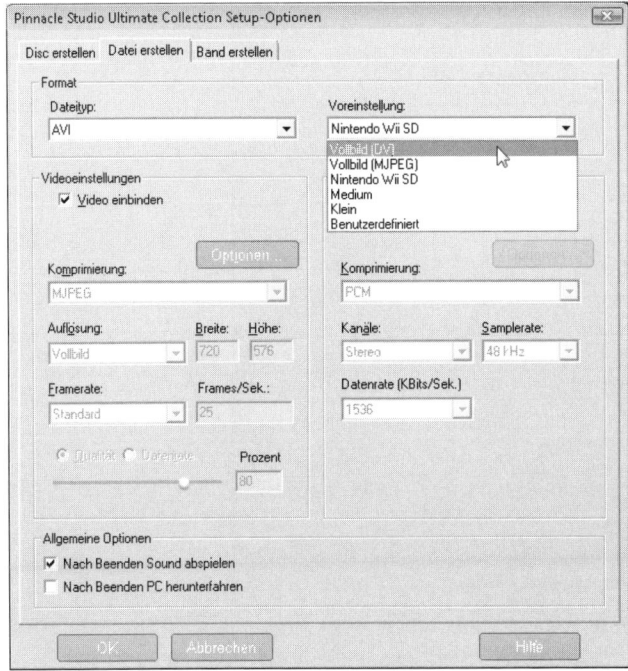

Abbildung 13.7: Einstellungen für das AVI-Format

Das lässt sich umgehen, wenn man die Einstellung *Vollbild (DV)* wählt. Wie Sie sehen, können keine Einstellungen vorgenommen und verändert werden. Eine solche AVI-Datei kann auf jedem PC ohne Probleme abgespielt werden, weil der Codec Bestandteil von Windows ist. AVI (DV) ist das Format, welches auf Ihrer Festplatte erstellt wird, wenn Sie einen Videoclip von einer MiniDV-Kamera auf den PC laden. Da diese Übertragung ohne zusätzliche Komprimierung erfolgt, wird eine Datei ohne Qualitätsverlust geschrieben.

Wenn Sie nun eine AVI-(DV)-Datei von Ihrem Film erstellen möchten, benötigen Sie 13 GByte Festplattenspeicher für einen einstündigen Film in Standard Definition.

DivX

Eine DivX-Datei ist im Prinzip eine AVI-Datei mit dem DivX-Codec. Diese Art Datei wurde entwickelt, um möglichst lange Filme in relativ hoher Qualität zu speichern und dabei nicht allzu große Daten zu erzeugen.

Unter *Voreinstellung* können Sie eine vordefinierte Qualität auswählen. Achten Sie bei den verschiedenen Voreinstellungen auf die Auflösung des Bildes. Wenn Sie alles individuell anpassen möchten, wählen Sie *Benutzerdefiniert*.

Abbildung 13.8: Einstellungen für das DivX-Format

Je nachdem, welche Einstellung Sie gewählt haben, zeigt Ihnen Pinnacle Studio HD mit dem Tortendiagramm an, wie groß die Videodatei nach dem Export sein wird.

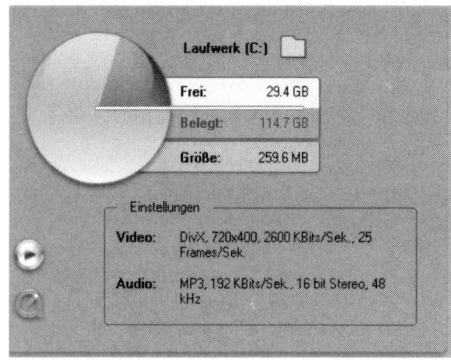

Abbildung 13.9:
Unter Größe können Sie die Dateigröße des gewählten Formats überprüfen

Flash-Video

Flash-Video-Filme eignen sich vor allem für das Hochladen ins Internet. Filme auf Videoplattformen wie *youtube.com* sind ebenfalls in diesem Format gespeichert.

Damit Flash-Filme später angezeigt werden können, muss der Flash Player, ein spezielles Abspielprogramm, auf dem PC installiert sein. Sie können den Flash Player kostenlos bei Adobe unter *www.adobe.de* herunterladen.

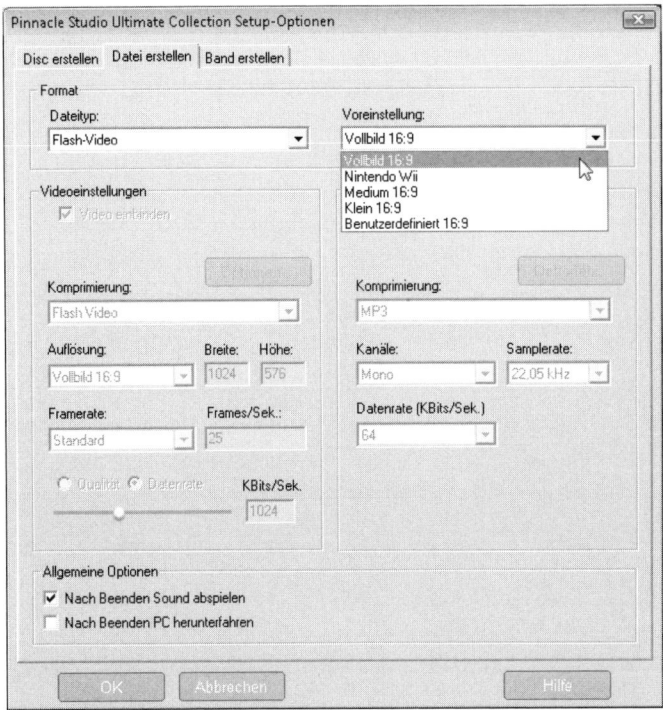

Abbildung 13.10: Flash-Video-Export

Unter *Voreinstellung* können Sie die Kompression auswählen. Eventuell müssen Sie unterschiedliche Einstellungen ausprobieren, um zu sehen, welche die besten Ergebnisse liefert.

MPEG-1 und MPEG-2

Das MPEG-1-Format wird verwendet, wenn man einen Videoclip ohne Probleme auf jedem PC abspielen möchte. Die MPEG-1-Dateien entsprechen der Qualität einer Video-CD.

MPEG-1 ist ein Standard-Videocodec im MPEG-Videoformat. Die Einstellungen können nicht verändert werden, abgesehen von einer, und zwar der Datenrate, d.h., wie viele Informationen pro Zeiteinheit gespeichert werden.

Das MPEG-2-Format wird im Allgemeinen für DVDs verwendet. Eine MPEG-2-Datei kann auf einem PC mit einer DVD-Abspielsoftware wiedergegeben werden. MPEG-2-Dateien sind High Definition-kompatibel. Je höher die Datenrate gewählt wird, desto größer wird eine Datei auf der Festplatte und desto besser ist die Qualität der Videodatei.

Wenn ein Film im High Definition Format exportiert werden soll, dann wählen Sie unter Voreinstellung das gewünschte HD-Format aus. Weitere Infos zur MPEG-2-Kompression lesen Sie ebenfalls in *Kapitel 14 „Videoformate"*. In *Tabelle 13.2* sind alle Standardeinstellungen aufgelistet, die mit Studio HD direkt exportiert werden können. Selbstverständlich können alle Voreinstellungen noch individuell angepasst werden.

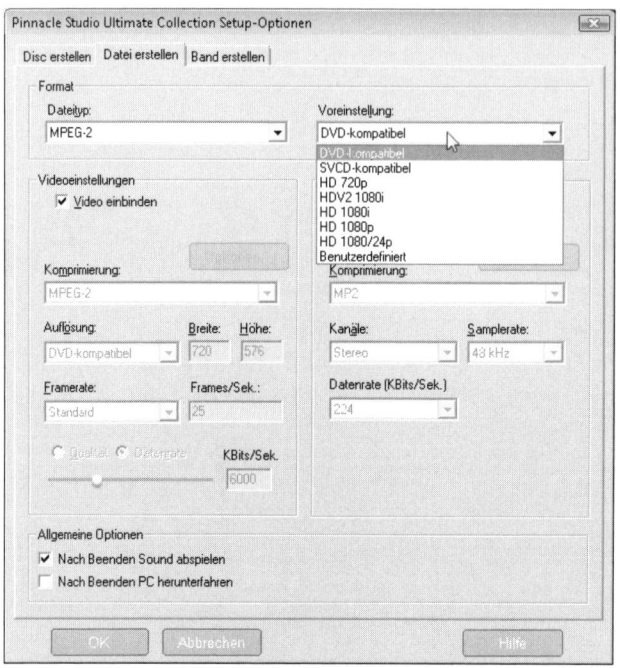

Abbildung 13.11: Einstellungen für das MPEG-2-Format

Voreinstellung	Auflösung	Datenrate	
DVD-Kompatibel	720 x 576	6 Mbit/s	Interlaced 50 Halbbilder
SVCD-Kompatibel	480 x 576	2,4 Mbit/s	Interlaced 50 Halbbilder
HD 720p	1280 x 720	15 MBit/s	Progressive 25 Vollbilder
HDV 1080i	1440 x 1080	25 MBit/s	Interlaced 50 Halbbilder
HD 1080i	1920 x 1080	30 MBit/s	Interlaced 50 Halbbilder
HD 1080p	1920 x 1080	30 MBit/s	Progressive 25 Vollbilder
HD 1080/24p	1920 x 1080	30 MBit/s	Progressive 24 Vollbilder

Tabelle 13.2: Die unterschiedlichen MPEG-2-Exporteinstellungen

Sobald Sie eine Voreinstellung gewählt haben, sehen Sie eine Zusammenfassung der Einstellungen.

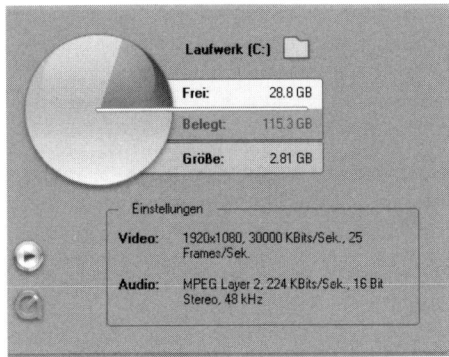

Abbildung 13.12:
Zusammenfassung der Einstellungen

MPEG-2 TS

Mit der Option *MPEG-2 TS* kann eine MPEG-2-Datei erstellt werden, die wieder auf eine Kamera zurückgespielt werden kann, die auf Flashspeicher oder Festplatte aufzeichnet. Somit können Sie fertig geschnittene Videos in High Definition-Qualität später von Ihrer Videokamera am Fernseher präsentieren. ohne dass Sie einen Blu-ray-Player benötigen.

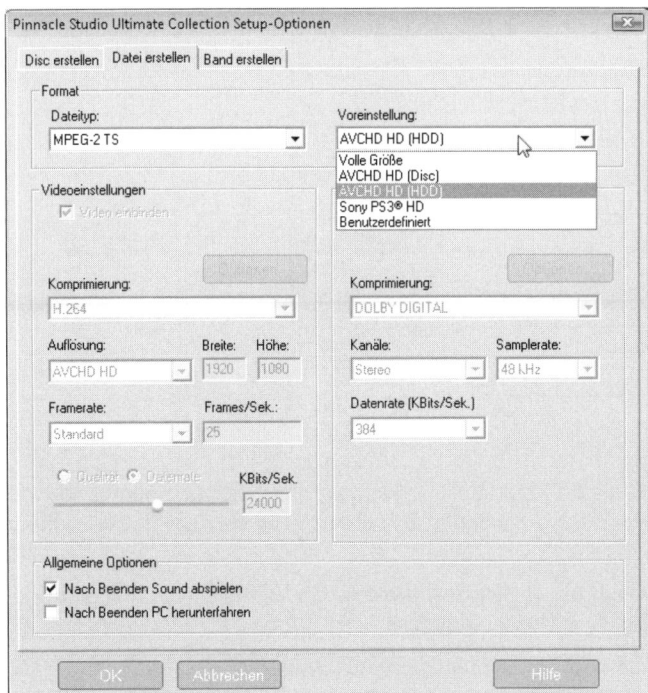

Abbildung 13.13: Einstellungen für MPEG-2 TS

Die Datei können Sie dann mit dem Windows-Explorer über USB zurück auf Ihre Kamera kopieren.

MPEG-4

Das MPEG-4-Format ist ein Containerformat und wurde ursprünglich zur Übertragung von Videos bei geringen Übertragungsraten entwickelt. Es eignet sich vor allem für Videodateien mit relativ kleinen Datenraten, die sehr stark komprimiert sind. So können z.B. MPEG-4-Filme auf manchen Handys abgespielt werden. High Definition-Filme können auch in MPEG-4 exportiert werden, allerdings lediglich bis 12 MBit/s. In MPEG-2 mit bis zu 30MBit/s könnten weitaus bessere Qualitäten erreicht werden.

Unter *Voreinstellungen* fällt auf, dass einige Einstellungen zur Verfügung stehen, um wirklich sehr kleine Filme erstellen zu können. Diese Funktion muss über das Internet freigeschaltet werden, außer Sie besitzen eine Pinnacle Studio Ultimate Version, in der sie bereits im Lieferumfang enthalten ist.

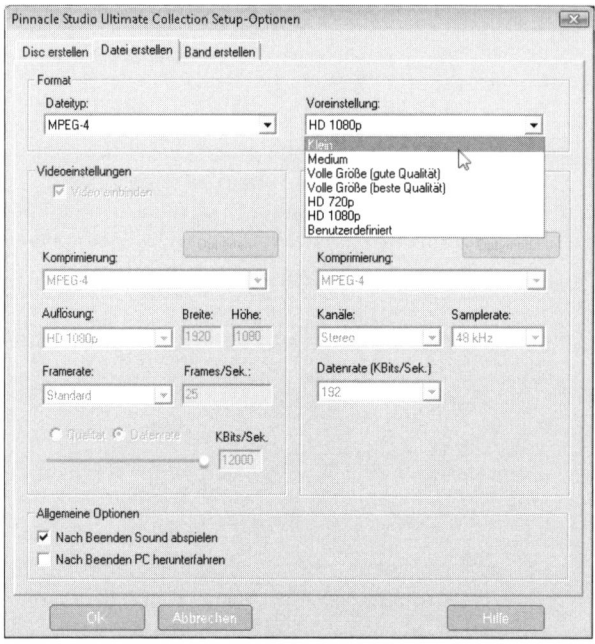

Abbildung 13.14: Einstellungen für das MPEG-4-Format

iPod-kompatibel

Mit dieser Einstellung können Videodateien erstellt werden, die auf einem iPod oder iPhone von Apple betrachtet werden können. Der iPod, besser bekannt als MP3-Player, spielt nämlich auch Videos ab.

Beim iPod-Videoformat handelt es sich um spezielle MPEG-4-Dateien, die in unterschiedlicher Qualität exportiert werden können.

Sobald die Dateien erstellt wurden, können diese mit iTunes auf das Gerät übertragen werden.

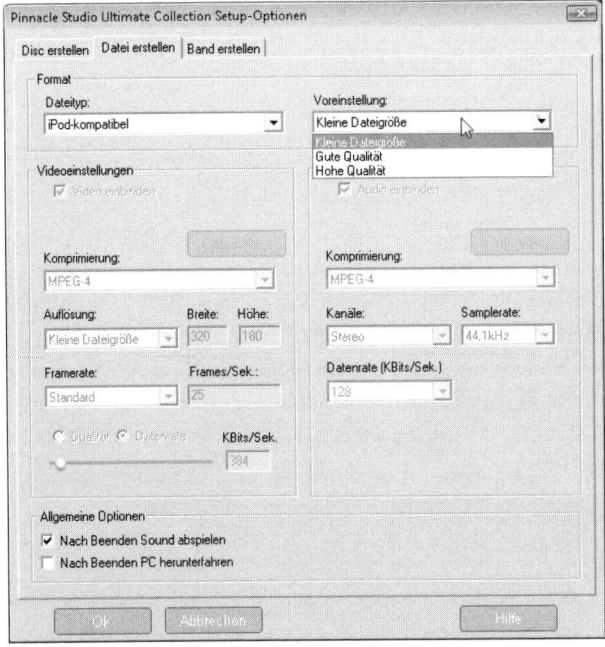

Abbildung 13.15: Einstellungen für das iPod-kompatible Videoformat

QuickTime MOV

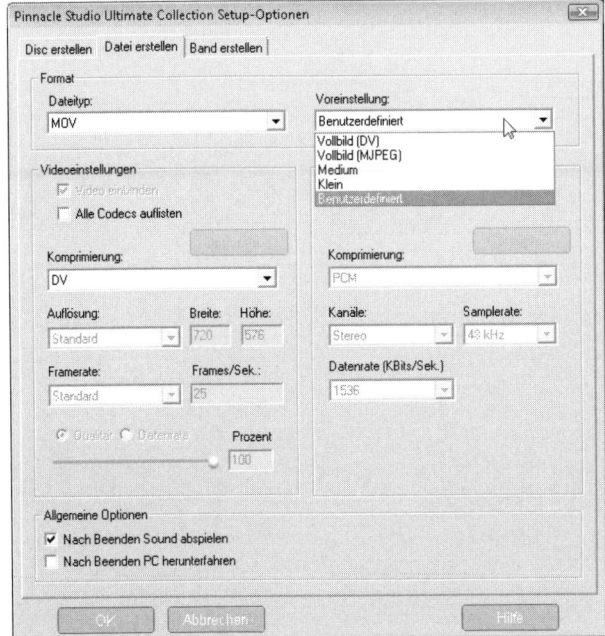

Abbildung 13.16: Exporteinstellungen für das QuickTime-Format

Das QuickTime-Format wurde von der Firma Apple entwickelt, kann aber sowohl auf MAC- als auch auf Windows-Computern abgespielt werden, z.B. mit dem kostenlosen QuickTime Player von Apple (*http://www.apple.com/quicktime/*).

Das QuickTime-Format kann mit unterschiedlichen Codecs erstellt werden, je nachdem, ob eine qualitativ hochstehende Datei für die Verwendung am PC oder eine komprimierte Version für das Web eingesetzt wird.

Real Media

Real-Media-Dateien eignen sich vor allem für Filme, die später übers Internet angeschaut werden können. Die Videodateien werden sehr stark komprimiert, damit die Datenleitung zum Internet mit solchen Filmen nicht überfordert wird.

Unter *Daten* können Sie Informationen eingeben, die der Betrachter sehen soll, wenn er das Video übers Internet abspielt. Rechts daneben können Sie angeben, wie schnell die Internetverbindung Ihrer Zielgruppe sein wird. Dadurch lässt sich das Video in verschiedenen Qualitäten abspeichern.

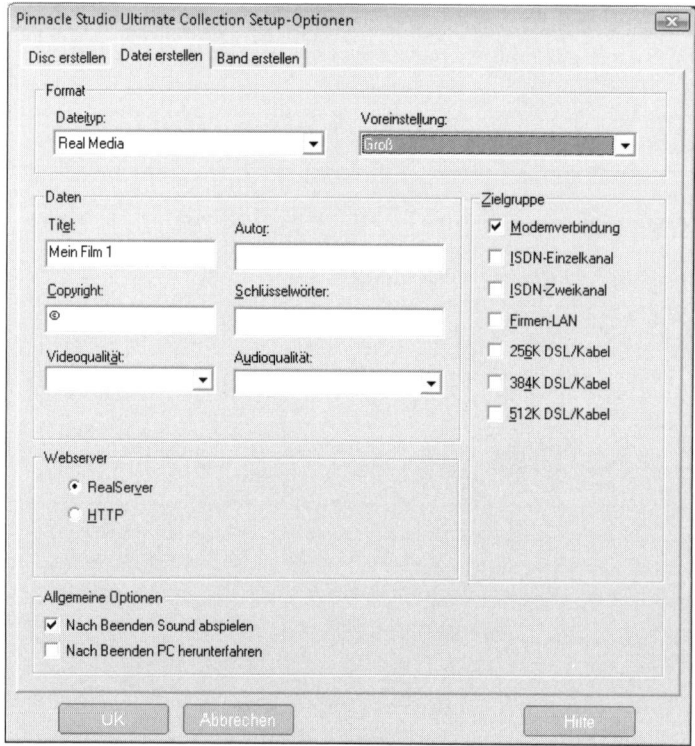

Abbildung 13.17: Einstellungen für Real Media

Sony PSP-kompatibel

Die Sony PlayStation Portable ist ein mobiles Spielgerät, das auch zur Betrachtung von Videodateien verwendet werden kann. Mit dieser Einstellung können Videoclips in das Sony PSP-kompatible MPEG-4-Format konvertiert werden.

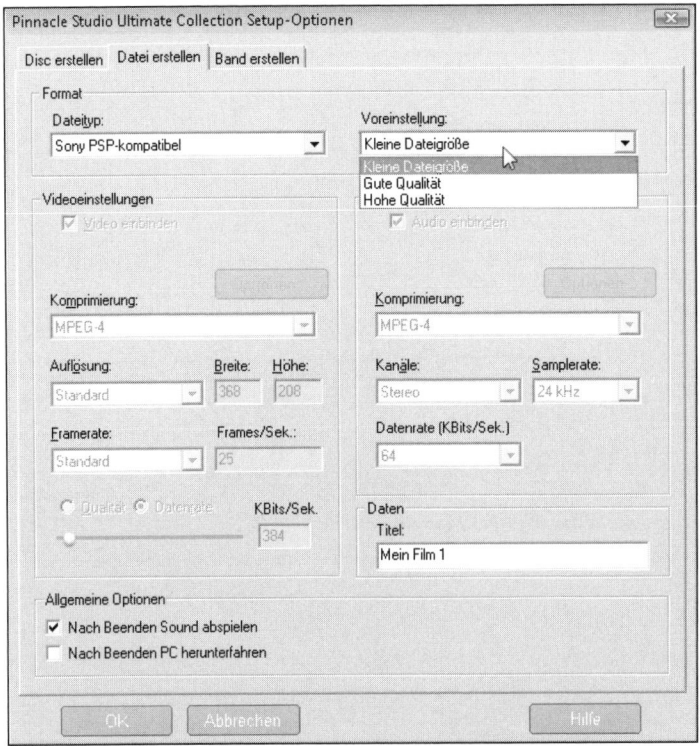

Abbildung 13.18: Einstellungen für das Sony PSP-kompatible Format

Sobald die Videodatei konvertiert und auf die Festplatte gespeichert wurde, kann diese auf eine Sony PlayStation Portable übertragen werden.

Windows Media

Das Windows Media-Format eignet sich ebenfalls für das Verteilen von Videos über das Internet. Windows Media-Videos können standardmäßig auf jedem PC abgespielt werden, da grundsätzlich auf jedem PC der Windows Media Player installiert ist.

Wählen Sie unter *Voreinstellung* eine Vorlage für Ihren Film aus. Wenn Sie einen Film für das Internet erstellen möchten, sollten Sie darauf achten, dass die Datei möglichst klein wird.

Unter *Daten* können Sie Ihre Angaben eintragen. Diese werden beim Abspielen des Films in der Fußleiste des Windows Media Players angezeigt.

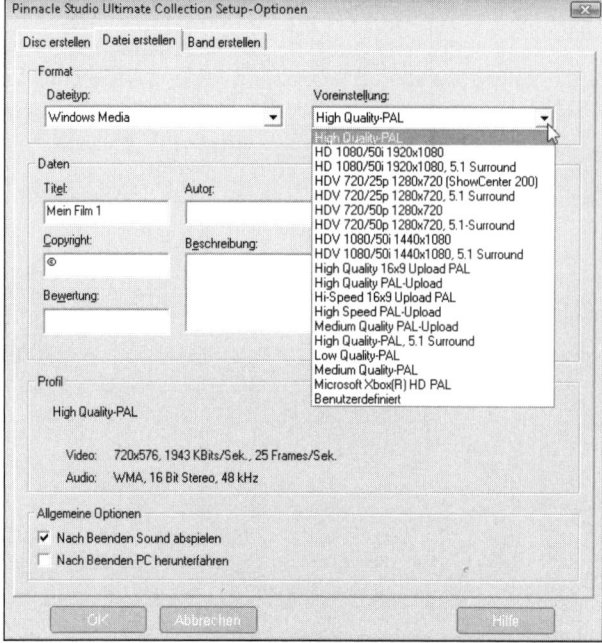

Abbildung 13.19: Einstellungen für das Windows Media-Format

3GP

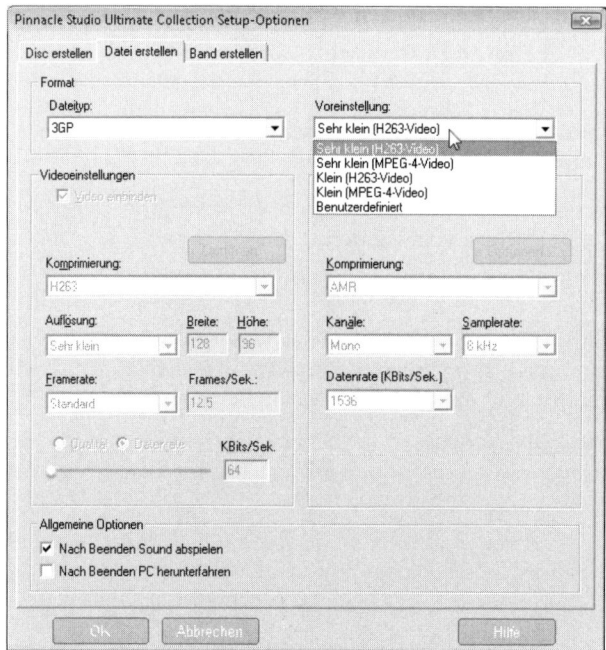

Abbildung 13.20: Einstellungen für das 3GP-Format

Beim Videoformat 3GP handelt es sich um ein Format, das von Mobiltelefonen wieder-gegeben werden kann. Sie können also Ihre Filme in das 3GP-Format exportieren, wenn Sie die Filme später auf einem Mobiltelefon anschauen oder per MMS versenden möchten.

Datei exportieren

Neu in Pinnacle Studio HD Version 14 ist, dass Sie angeben können, welchen Bereich vom Film Sie exportieren möchten. Dazu müssen Sie auf der Timeline mit der Taste [M] mindestens einen Marker erstellen. Nun können Sie angeben, ob der Film vom Anfang bis zu einem Marker, von einem Marker zu einem anderen oder von einem Marker bis zum Schluss exportiert werden soll. Wenn Sie nichts angeben, dann wird der Film immer von Anfang bis zum Schluss exportiert.

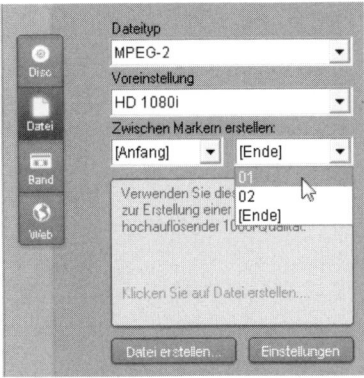

Abbildung 13.21:
Der Film kann stückweise exportiert werden,
wenn Marker auf der Timeline verwendet wurden

Starten Sie nun den Export des Films wie folgt.

1. Klicken Sie auf *Datei erstellen*.

2. Wählen Sie einen Speicherort für die Videodatei auf der Festplatte und geben Sie einen Dateinamen an. Klicken Sie danach auf *OK*, um den Export zu starten.

    Pinnacle Studio HD beginnt nun mit dem Rendern des Projekts. Dabei werden alle Übergänge, Effekte usw. auf die Festplatte gerechnet. Sobald dieser Vorgang been-det ist, konvertiert Pinnacle Studio HD den Film in das angegebene Format. Das kann je nach Filmlänge und PC-Geschwindigkeit sehr stark variieren.

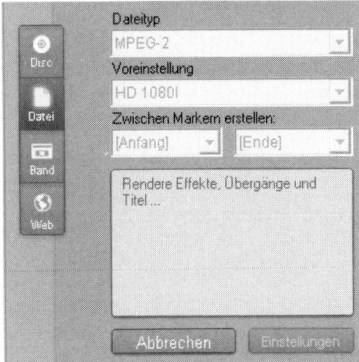

Abbildung 13.22:
Pinnacle Studio HD berechnet, rendert,
die Übergänge, Effekte usw.

Pinnacle Studio HD zeigt Ihnen an, wie viele Bilder noch zu bearbeiten sind und wie viele schon umgerechnet wurden. Der Timeline Scrubber bewegt sich auf der Timeline, und im Vorschaufenster wird das Bild angezeigt, das gerade berechnet wird. Am Statusbalken unterhalb des Vorschaufensters kann ebenfalls der Fortschritt des Vorgangs beobachtet werden.

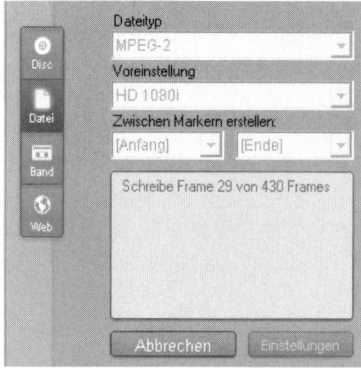

Abbildung 13.23:
Die einzelnen Bilder werden in das gewählte
Format exportiert

3. Sie können den Vorgang jederzeit mit *Abbrechen* unterbrechen.

Ausgabe auf ein Band

Die Ausgabe auf ein Band scheint vielleicht im ersten Moment als veraltet und nicht sinnvoll. Viele Menschen verfügen aber immer noch über ein VHS-Abspielgerät und können noch keine DVDs anschauen. Die Ausgabe auf ein MiniDV-Band ist von Vorteil, wenn ein Film ohne Qualitätsverlust gespeichert werden soll. Ein MiniDV-Band mit einem Film in digitaler Form eignet sich zudem als optimales Speichermedium. Ein solcher Film kann jederzeit wieder digital in den PC eingespielt werden, ohne dass es zu merklichen Qualitätsverlusten kommt.

So gibt es grundsätzlich zwei verschiedene Vorteile für den Export bzw. die Ausgabe auf ein Band.

▦ Analog: Erstellen eines Bands für Besitzer eines analogen Abspielgeräts wie VHS, Super-VHS oder Hi8.

Tipp Falls Sie planen, mehrere VHS-Kassetten zu produzieren, sollten Sie zuerst ein digitales Masterband und dann mehrere Kopien davon erstellen. Das spart Zeit, da Sie nicht immer am PC sitzen und die Aufnahme kontrollieren müssen. Schließen Sie dazu den analogen Ausgang der Kamera an den Eingang des VHS-Rekorders.

▦ Digital: Erstellen eines Masterbands für das eigene Filmarchiv. Gerade wenn die Originalaufnahmen digital erstellt wurden, empfiehlt es sich, vom Film ein sogenanntes Masterband oder Archivband anzufertigen. Der Film wird unkomprimiert, in voller Qualität, auf ein digitales Band gespielt, sodass er für weitere Verwendungen ohne Qualitätseinbußen zur Verfügung steht. Der Originalfilm kann auf der Festplatte gelöscht werden. Im Prinzip kann ein digitales Band auch für Präsentationen eingesetzt werden, da der Film nicht komprimiert wurde. So erzielen Sie gegenüber einer DVD eine bessere Qualität.

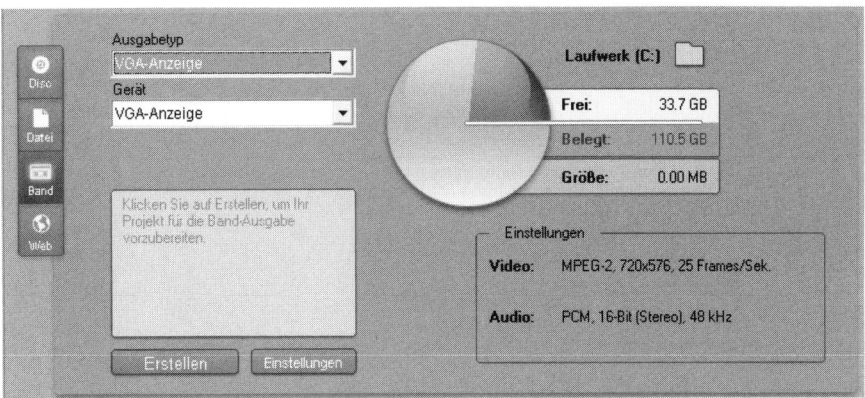

Abbildung 13.24: Modus für das Erstellen eines Bands

Beim Ausgeben auf ein Band ist wieder der Diskometer zu sehen, der Ihnen anzeigt, wie viel Platz auf der Festplatte vorhanden ist. Da der Film beim Ausgeben auf Band nicht auf die Festplatte gespeichert werden muss, wird auf der Festplatte bedeutend weniger Platz gebraucht. Der einzige Platz, der benötigt wird, ist der für die temporären Dateien, falls diese nicht bereits während der Arbeit erstellt wurden.

Beim Ausgeben auf Band ist es wichtig, dass das Aufnahmegerät von Pinnacle Studio HD und Windows erkannt wurde und dass vor allem eine Ausgabe möglich ist. Noch immer haben z.B. nicht alle DV-Kameras einen digitalen Eingang, da dieser vom Hersteller nicht freigegeben wurde. Bei einem VHS-Recorder müssen Sie darauf achten, dass die Kabel am Eingang angeschlossen sind und der richtige Kanal für die Aufnahme eingestellt ist. Sie können bei beiden Varianten, also digital über FireWire oder analog über ein VHS- oder S-VHS-Signal, überprüfen, ob das Bild und das Audio ankommen, indem Sie eine kurze Testaufnahme machen. Spielen Sie einige Minuten auf das Band und kontrollieren Sie die Aufnahme.

Digitale Ausgabe

Um den Film auf ein digitales Aufnahmegerät aufzunehmen, muss dieses korrekt mit dem PC verbunden sein. Dies geschieht über das FireWire-Kabel. Dieser Prozess wird auch Mastern genannt, da am Schluss ein Band in bester Qualität und ohne Verlust entsteht. Studios und TV-Anstalten erstellen für jeden Film ein sogenanntes Masterband.

1. Öffnen Sie die Einstellungen, um zu überprüfen, ob alles richtig eingestellt ist.

2. Unter *Format* und der Kategorie *Ausgabe* stellen Sie *DV-Camcorder* ein. Unter *Gerät* erscheint dann gleich der Name des angeschlossenen Geräts.

3. Damit das digitale Aufnahmegerät automatisch mit der Aufnahme beginnt, sollten Sie in den Einstellungen unter *Ausgabe-Optionen* die Option *Aufnahme automatisch starten/anhalten* wählen. Pinnacle Studio HD startet dann die Aufnahmefunktion am Aufnahmegerät automatisch.

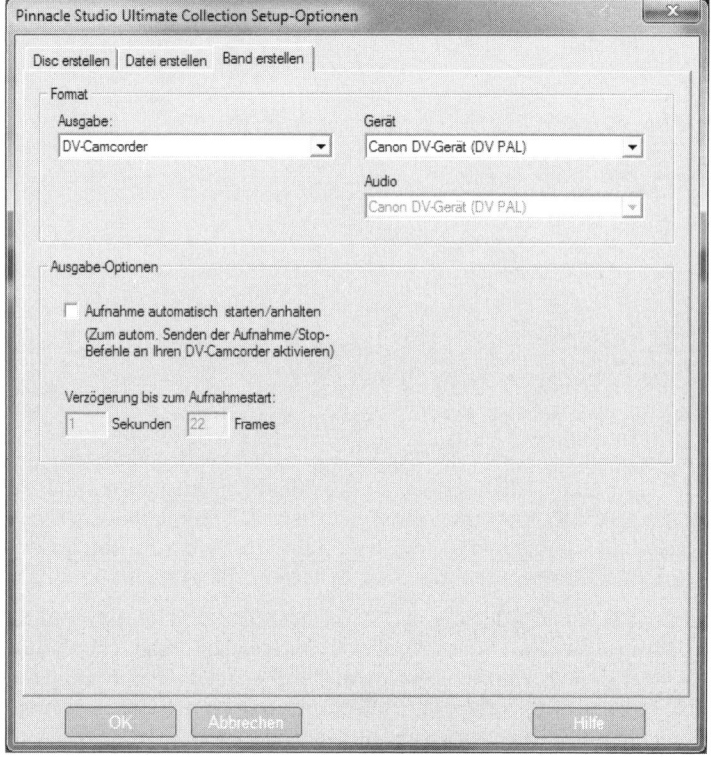

Abbildung 13.25: Einstellungen für den Export über FireWire

Achtung Falls die Option *DV-Camcorder* nicht anwählbar ist, dann wurde das Aufnahmegerät, Rekorder oder Kamera, nicht richtig mit dem PC verbunden bzw. erkannt. Überprüfen Sie, ob sich das Aufnahmegerät im Aufnahmemodus befindet und ob das Kabel richtig angeschlossen ist.

Für die Ausgabe auf Band gehen Sie wie folgt vor:

1. Verbinden Sie das Aufnahmegerät (Kamera, DV-Rekorder oder Ähnliches) über das entsprechende Kabel mit dem PC (meist geschieht das mit einem FireWire-Kabel).

2. Legen Sie ein leeres Band ein, das nicht schreibgeschützt ist, und schalten Sie das Aufnahmegerät in den Aufnahmemodus (VCR).

3. Wählen Sie *Film auf Band ausgeben*.

4. Bei *Gerät* wählen Sie das digitale Aufnahmegerät. Falls es nicht vorhanden ist, öffnen Sie die Einstellungen und legen das Gerät fest, wie oben beschrieben.

5. Klicken Sie auf *erstellen*, damit die Effekte, Übergänge usw. gerechnet werden können.

6. Sobald der Film gerendert wurde, starten Sie die Ausgabe mit einem Klick auf das Symbol *Wiedergabe* unterhalb des Vorschaufensters.

7. Der Film wird auf das Band ausgegeben, und sobald der Film zu Ende ist, wird die Aufnahme wieder gestoppt.

8. Versehen Sie das Band mit dem Schreibschutz am Bandrücken, damit es nicht aus Versehen überspielt wird.

Analoge Ausgabe

Mit der analogen Ausgabe können Sie ein Video über ein VHS- oder Super-VHS-Signal ausgeben. Dafür können Sie z.B. die 700-USB- oder 700-PCI-Hardwarelösung von Pinnacle verwenden. Ebenso ist eine Grafikkarte mit analogen Ausgängen benutzbar, die Direct-Show-kompatibel ist. Bevor eine analoge Ausgabe möglich ist, muss die Hardware korrekt am PC installiert und angeschlossen sein. Schließen Sie die Ausgänge der Konverterhardware am PC mit den Eingängen des Rekorders zusammen. Falls Sie einen TV-Monitor an den Rekorder angeschlossen haben, sollten Sie einen kurzen Test durchführen, um das Bild zu kontrollieren.

Für die Ausgabe auf ein Band gehen Sie wie folgt vor:

1. Schließen Sie einen Videorekorder über eine der oben erwähnten Hardwarekomponenten an.

2. Wechseln Sie in den Schritt *3 Film erstellen* und wählen Sie aus dem Album den Eintrag *Band*.

3. Als *Ausgabetyp* wählen Sie *Analoger Videoausgang*.

4. Unter *Gerät* wählen Sie die entsprechende Hardwarelösung aus. Im Beispiel wurde eine 700-USB-Box an den PC angeschlossen.

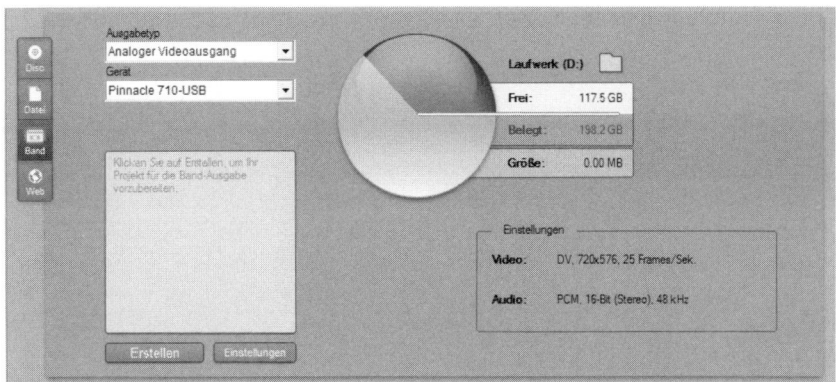

Abbildung 13.26: Für eine analoge Ausgabe müssen Sie über eine Konverterhardware verfügen

5. Um sicherzugehen, dass alles richtig verkabelt wurde, führen Sie am besten einen kurzen Test mit einer Versuchskassette durch.

6. Starten Sie das Rendern des Films, indem Sie auf *Erstellen* klicken.

Abbildung 13.27:
Sobald der Film komplett gerechnet wurde, kann die Ausgabe gestartet werden

7. Legen Sie ein neues Band in den Rekorder, falls dies noch nicht geschehen ist.

8. Starten Sie die Aufnahme auf Ihrem Rekorder.

9. Starten Sie die Ausgabe, indem Sie auf dem PC auf den *Wiedergabeknopf* unterhalb des Vorschaufensters klicken. Der Film wird auf das Band geschrieben.

Ausgabe und Upload ins Internet

Mit der Funktion *Web* können Sie Ihre Videos direkt ins Internet uploaden. Dazu benötigen Sie aber einen Zugang beim entsprechenden Anbieter von Onlinespeicherplatz und müssen über den PC mit dem Internet verbunden sein. Führen Sie die folgenden Schritte durch, um einen solchen Zugang einzurichten und Ihre Filme hochzuladen.

Upload auf YouTube

Die folgende Beschreibung bezieht sich auf das Hochladen nach YouTube und kann bei anderen Anbietern abweichen.

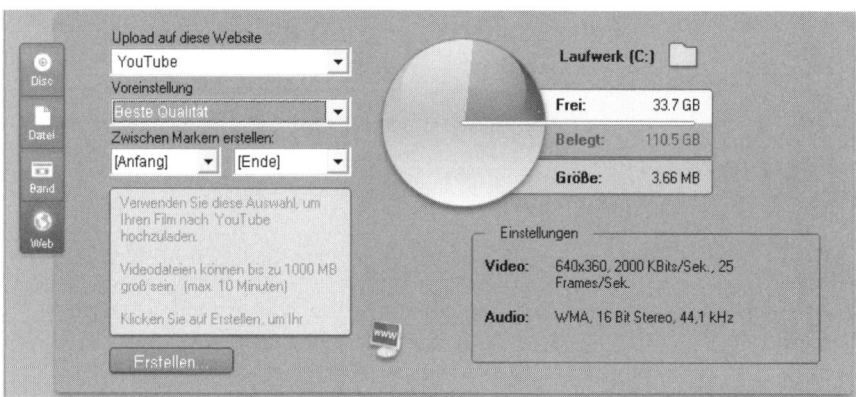

Abbildung 13.28: Upload eines Videos nach YouTube

1. Wählen Sie unter *Upload auf diese Webseite YouTube* aus und klicken Sie dann auf *Erstellen*.

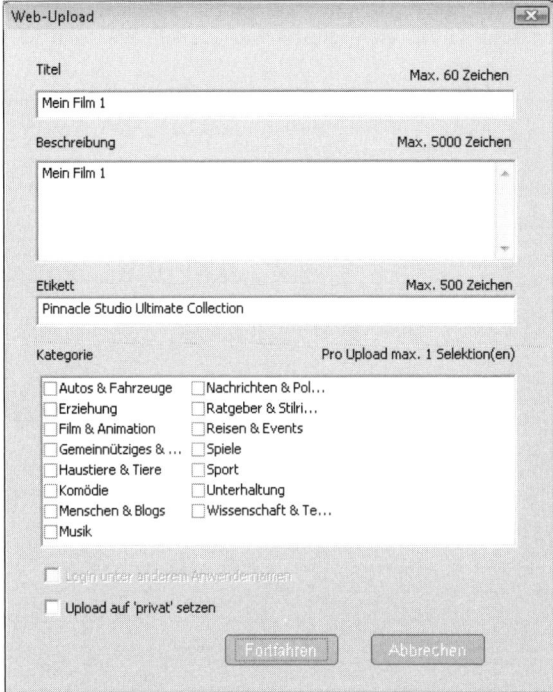

Abbildung 13.29: Füllen Sie hier die Felder aus, damit der Film später in der richtigen Kategorie zu sehen ist

2. Füllen Sie die Felder aus und klicken Sie auf *Fortfahren*.

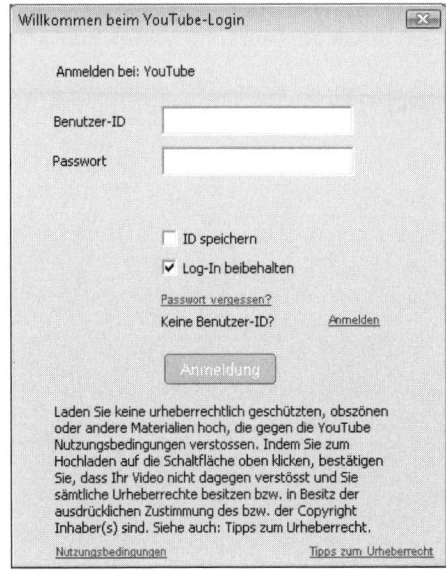

Abbildung 13.30: Melden Sie sich bei YouTube an

3. Melden Sie sich bei YouTube mit Benutzer-ID und Passwort an. Wenn Sie noch keinen Zugang zu YouTube haben, können Sie sich registrieren. Klicken Sie dazu auf den Link *Anmelden*.

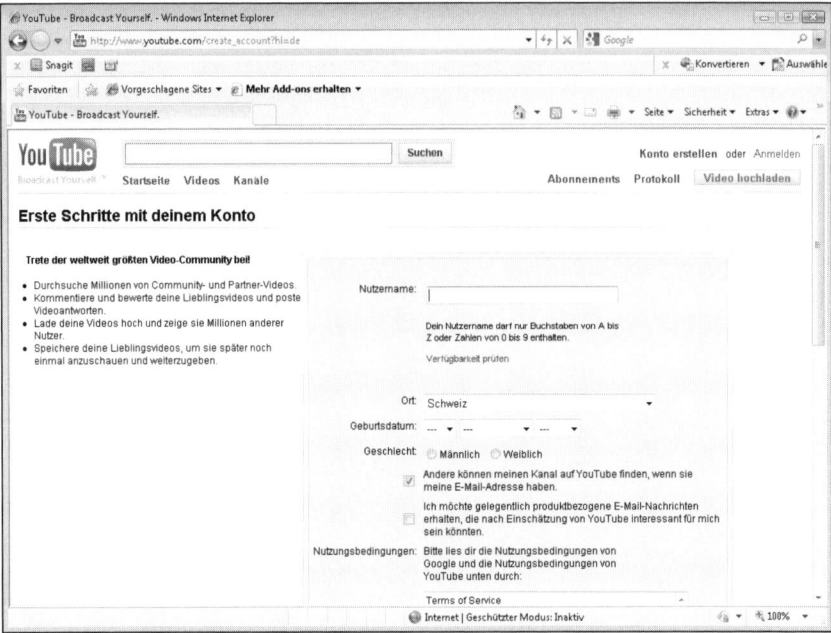

Abbildung 13.31: Anmeldung bei YouTube

4. Füllen Sie die Felder aus und klicken Sie dann auf *Ich stimme zu*.

5. Schließen Sie die Internetseite und geben Sie in das YouTube-Anmeldefenster von Pinnacle Studio HD Ihre Benutzer-ID und das Passwort ein, klicken Sie dann auf *Anmeldung*.

6. Das Video wird nun auf YouTube geladen und kann dort in Ihrem Verzeichnis wiedergegeben werden.

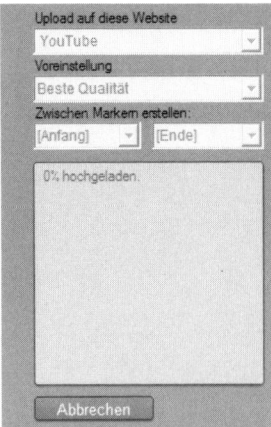

Abbildung 13.32:
Der Film wird auf YouTube geladen

Upload auf Yahoo! Video

Die folgende Beschreibung bezieht sich auf das Hochladen nach Yahoo! Video und kann bei anderen Anbietern abweichen.

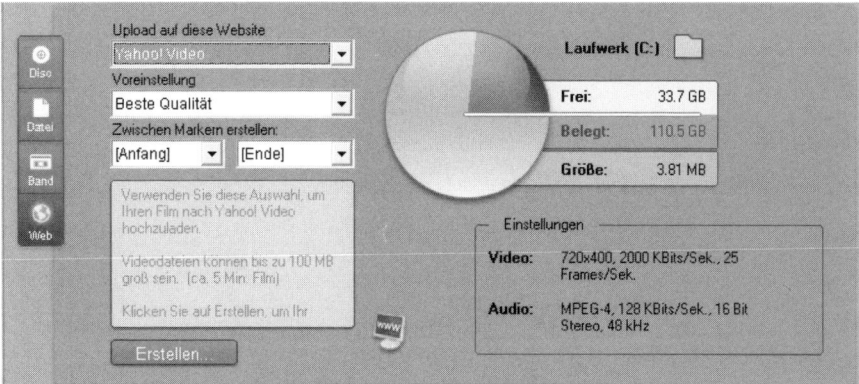

Abbildung 13.33: Laden Sie Ihre Filme direkt auf ein Internetvideoportal wie Yahoo! Video

1. Wählen Sie zuerst den Anbieter aus, auf dessen Seite Sie das Video hochladen möchten. Unter *Voreinstellung* können Sie die Qualität auswählen.

2. Klicken Sie auf *Erstellen*, um fortzufahren.

3. Falls Sie bereits einen Zugang zu Yahoo! Video besitzen, können Sie Ihre ID und das Passwort eingeben. Ansonsten folgen Sie den weiteren Schritten.

Abbildung 13.34: Geben Sie Ihre Daten ein, falls Sie bereits eine ID und ein Passwort besitzen

4. Falls Sie noch keine ID und kein Passwort haben, klicken Sie auf *Registrieren* am unteren Rand des Fensters.

5. Ergänzen Sie das Registrierungsformular mit Ihren Daten.

Abbildung 13.35: Das Registrierungsformular von Yahoo!

6. Klicken Sie auf *Account erstellen*, um die Registrierung abzuschließen.

7. Tragen Sie Ihre soeben registrierten Daten in das Anmeldefenster ein und klicken Sie auf *Anmelden*.

Abbildung 13.36: Mit Benutzernamen und Passwort einloggen

8. Tragen Sie die Details zu Ihrem Film ein. Anhand dieser Daten wird der Film in die entsprechende Kategorie bei Yahoo! Video eingeordnet.

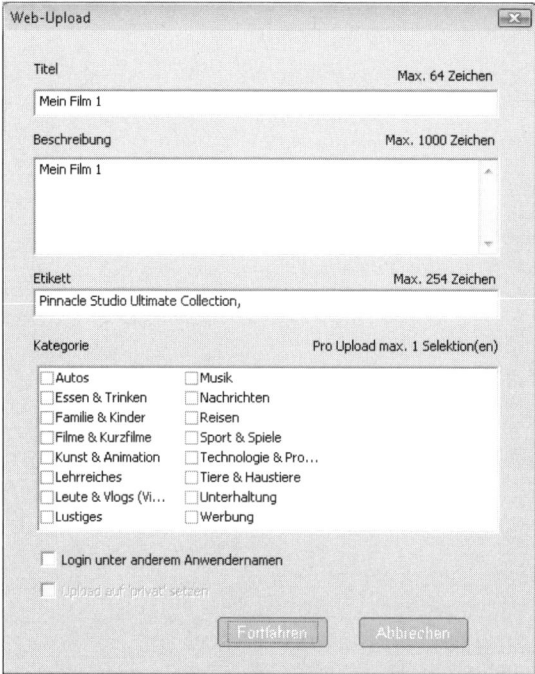

Abbildung 13.37: Füllen Sie die Felder aus, damit der Film in der richtigen Kategorie zu sehen ist

9. Klicken Sie auf *Fortfahren*, um ins nächste Fenster zu gelangen.

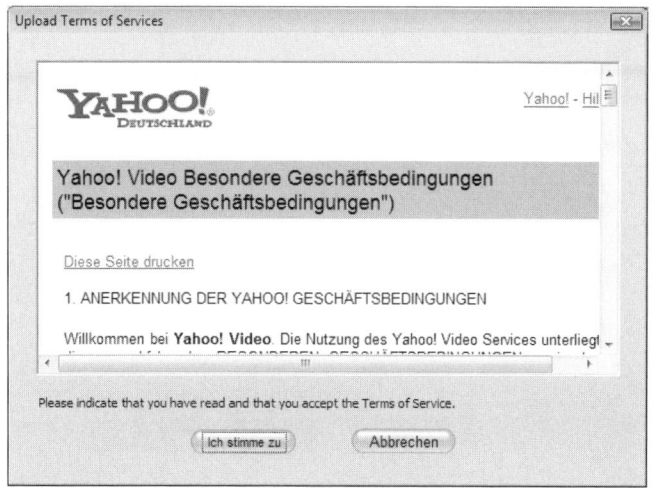

Abbildung 13.38: Lesen Sie die Geschäftsbedingungen durch, bevor Sie fortfahren

10. Lesen Sie die *Besonderen Geschäftsbedingungen* von Yahoo! Video und klicken Sie auf *Ich stimme zu*, falls Sie damit einverstanden sind.

    Der Film wird nun gerendert, in das entsprechende Format umgewandelt und danach automatisch auf die Yahoo!-Seite hochgeladen.

11. Sobald der Film fertig hochgeladen wurde, können Sie auf das WWW-Symbol klicken, um den Film online zu betrachten.

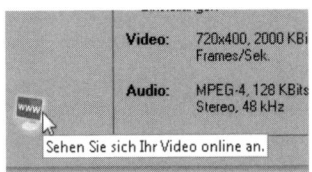

Abbildung 13.39:
Klicken Sie hier, um Ihren soeben hochgeladenen Film online zu sehen

Nicht mehr gebrauchte Projekte löschen

Wenn Sie ein Projekt komplett abgeschlossen haben und es auch später nicht mehr benötigen, können Sie es direkt über Pinnacle Studio HD löschen. Gehen Sie dazu wie folgt vor:

1. Klicken Sie im Menü *Datei* auf *Projekte löschen*.

Projekt	Projekt	Größe	Datei a...
Mein Film 1	C:\Users\Public\Documents\My Projects\	599,194 Kb	09/13/09
Mein Film 2	C:\Users\Public\Documents\My Projects\	8,003 Kb	10/06/09
Mein Film	C:\Users\Public\Documents\My Projects\	103,989 Kb	09/13/09
OurFunVacation (2)	C:\Users\Public\Documents\My Projects\	2,191 Kb	10/08/08
OurFunVacation	C:\Users\Public\Documents\My Projects\	3,213 Kb	10/08/08
OurNatureAdventure	C:\Users\Public\Documents\My Projects\	174,488 Kb	07/18/09
Beispiel Projekt	D:\Online Lernvideo\	19,900 Kb	09/24/09
Projekt 1 Album	D:\Online Lernvideo\	712,791 Kb	09/24/09

Abbildung 13.40: Sie können Ihre Projekte direkt in Pinnacle Studio HD löschen

2. Klicken Sie eines der Projekte in der Liste an.

3. Löschen Sie das Projekt mit einem Klick auf *Löschen*.

Achten Sie darauf, dass ein Projekt, das von Ihnen manuell auf der Festplatte verschoben wird, nicht mehr in dieser Liste erscheint. Sie sollten mit Projekten sehr vorsichtig umgehen.

Temporäre Daten und Hilfsdateien löschen

Sie können die temporären Render- und Hilfsdateien in Pinnacle Studio HD löschen, falls Sie Platz auf der Festplatte benötigen oder ein Projekt abgeschlossen wurde.

1. Wählen Sie aus dem Menü *Datei* den Eintrag *Hilfsdateien löschen*.

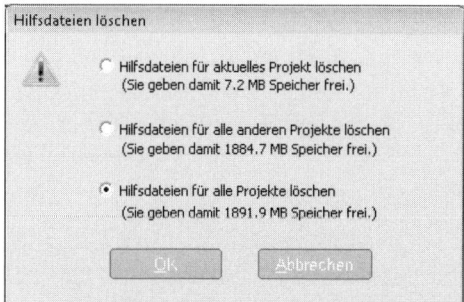

Abbildung 13.41: Entscheiden Sie, welche temporären Dateien gelöscht werden sollen

2. Aktivieren Sie eine der drei Optionen und klicken Sie auf *OK*, um die entsprechenden Dateien zu löschen.

14

Videoformate

In diesem Kapitel beschreibe ich einige Unterschiede der verschiedenen Dateiformate, die mit Pinnacle Studio HD erstellt werden können. Die folgenden Tabellen sollen Ihnen dazu eine Übersicht geben.

Filme können auch in andere Formate als in die hier angegebenen exportiert werden. So können Sie z.B. Codecs aus dem Internet auf Ihren PC laden. Allerdings können diese Filme nicht wieder zu hundert Prozent in Pinnacle Studio HD bearbeitet oder auf einem PC abgespielt werden, der nicht über eine entsprechende Abspielsoftware verfügt. Nachfolgender Screenshot zeigt die Warnung von Pinnacle Studio HD an, wenn alle Codecs, die auf dem PC installiert sind, angezeigt werden sollen.

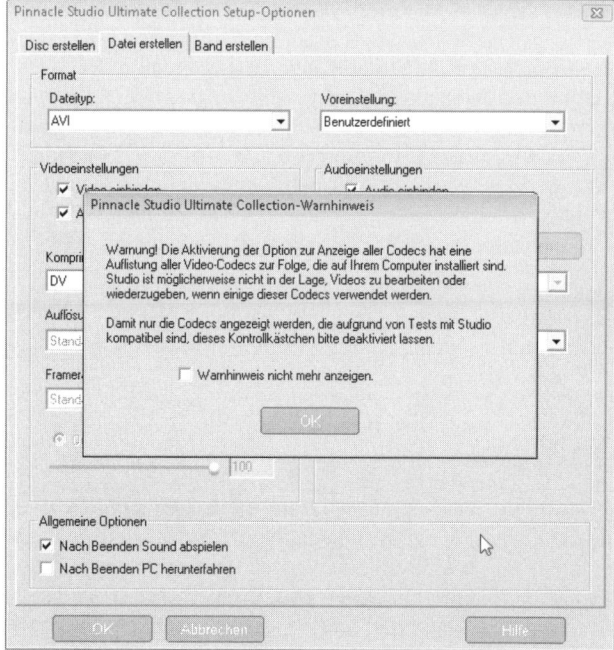

Abbildung 14.1: Codec-Warnung

Sie können von den installierten Codecs Gebrauch machen, wenn Sie in den Einstellungen *Benutzerdefiniert* wählen und dann die Option *Alle Codecs auflisten* aktivieren.

DV (AVI)

Wenn Sie Videos mit einer DV-Kamera auf den PC überspielen, werden sie als soge-nannte AVI-Dateien abgelegt. AVI ist ein Containerformat, das mit verschiedenen Videocodecs verwendet werden kann. AVI ist also kein eigentlicher Standard und muss nicht immer das Gleiche bedeuten. Eine AVI-Datei kann z.B. mit dem DivX- oder MPEG-4-Codec erstellt worden sein. Die Endung der Datei ist aber immer AVI. Beim Filmen mit einer MiniDV-Kamera werden die auf den PC übertragenen Daten im AVI-Format gespeichert. Diese Daten lassen sich digital über ein FireWire-Kabel auf den PC übertragen.

Andere Videoschnittprogramme verwenden evtl. eigene Codecs, was oft dazu führt, dass AVI-Dateien nicht auf jedem PC gelesen und weiterverarbeitet werden können.

MPEG-Videoformat

Bei diesem Format handelt es sich um stark komprimierte Daten. Es eignet sich beson-ders für das Verteilen von Videos als MPEG-1-Dateien oder im MPEG-2-Format auf DVDs.

MPEG-1-Dateien sind auf jedem PC abspielbar, aber gegenüber MPEG-2 noch stärker komprimiert und ergeben ein etwas schlechteres Resultat.

Eine Video-CD wird im MPEG-1-Format abgespeichert, eine Supervideo-CD und eine DVD im MPEG-2-Format.

Eine Dual Layer DVD bietet doppelt so viel Platz wie eine herkömmliche DVD. Das heißt aber nicht, dass die Qualität doppelt so gut ist, sondern nur, dass doppelt so viel Video in DVD-Qualität aufgenommen werden kann. In Pinnacle Studio HD liegt die Standardqualität bei 720 x 576 Pixel mit einer Datenrate von 6000 KBits/s. Je nachdem, welche Kompression gewählt wird, hat auf einer DVD mehr oder weniger Video Platz. Die Kompression für eine DVD ist in jedem Fall gegenüber DV-Videomaterial 2,7-mal so hoch. DVD-Qualität ist also nie besser als eine Videoaufnahme von einem DV-Band.

Die DVD-Qualität ist abhängig von der eingestellten Datenrate, d.h. davon, wie viel Informationen pro Sekunde verarbeitet bzw. gespeichert werden. Wie Sie gesehen haben, können Sie diesen Wert unter *Datenrate* beim DVD- oder MPEG-2-Export ein-stellen.

HDV, High Definition

Seit Erfindung des Fernsehens und der Videokamera hat sich in Sachen Qualität zwar viel getan, aber im Prinzip ist die Videogröße, in Pixel oder Bildzeilen ausgedrückt, bis heute nicht verbessert worden. Auf einer Mattscheibe werden viele kleine rote, grüne und blaue Punkte zu einem Bild zusammengefasst und diese Bilder, von denen 25 Stück pro Sekunde gezeigt werden, erzeugen im menschlichen Auge den Eindruck von Bewegung. Wenn Sie die Entwicklung der digitalen Fotokameras verfolgt haben, wissen Sie vielleicht, dass die Bildqualität mit der Anzahl einzelner Bildpunkte, die

aufgenommen werden können, steigt. Je höher die Auflösung ist, also je mehr Bildpunkte angezeigt werden, desto besser ist die Qualität. Eine MiniDV-Kamera zeichnet 576 Linien und 720 Pixel in der Breite auf, was 0,414 Megapixel entspricht. Dies wird Standardauflösung oder Standard Definition genannt.

Nun liegt es doch auf der Hand, die Qualität zu verbessern, indem man diese Standardauflösung von 720 x 576 Pixeln einfach vergrößert und damit mehr Pixel für ein Fernsehbild bzw. eine Videoaufnahme erhält. Es entstand die High Definition Video-Auflösung. Die volle Auflösung von High Definition beträgt 1080 Linien mit 1920 Pixeln in der Breite.

Was so einfach klingt, ist offenbar gar nicht so einfach zu realisieren, denn den High Definition-Standard gibt es nicht erst seit Kurzem, vielmehr wurde er bereits im Jahr 1964 definiert, wobei man damals allerdings noch keine Möglichkeit hatte, Bilder in High Definition zu übertragen und auszustrahlen, da dies eine viel schnellere Hardware vorausgesetzt hätte, wie wir sie erst heute haben. So wurden die ersten Übertragungstests für Satelliten erst 32 Jahre später, anno 1996, unternommen. Zwei Jahre später wurden dann in Nordamerika und Asien die ersten Satelliten aufgeschaltet.

Im Herbst 2004 hat Sony die erste Videokamera mit einer Auflösung von 1080 Linien mit 1440 Bildpunkten in der Breite auf den Markt gebracht. Folgende Grafik zeigt Ihnen die Größenverhältnisse von Standard Definition und High Definition.

Standard Definition ist heute nach wie vor aktuell, da die große Masse immer noch mit dieser Auflösung filmt. Der Trend geht aber eindeutig in Richtung High Definition. Stehen Sie vor der Neuanschaffung einer Videokamera, dann lohnt es sich auf jeden Fall, die Preise der High Definition-Modelle zu vergleichen.

Abbildung 14.2: Größenverhältnisse von SDV mit 720 x 576 und HDV mit 1440 x 1080 Pixeln

Für High Definition haben sich bislang drei Formate durchgesetzt, die auch für Kameras gelten.

■ 720/25p: Dieses Format zeichnet Video mit einer Auflösung von 720 Linien und 1280 Pixeln in der Breite auf. 25 steht für 25 Bilder pro Sekunde. P steht für progressive und bedeutet, dass pro Sekunde 25 Vollbilder aufgezeichnet werden.

■ 1080i/50i: Dieses Format zeichnet Video mit einer Auflösung von 1080 Linien und 1440 Pixeln in der Breite auf. 50 steht für 50 Halbbilder pro Sekunde, wie sie ein normales TV-Gerät anzeigt. I steht für interlaced, was eben Halbbilder bedeutet.

■ Full HD: Dieses Format zeichnet Video mit einer Auflösung von 1080 Linien und 1920 Pixeln in der Breite auf.

High Definition stellt von der Anzahl Pixel gegenüber SDV ein ca. fünfmal größeres Bild dar.

Sie werden sich nun fragen, auf welches Medium High Definition aufgezeichnet wird. Es sind dies zum einen ganz normale MiniDV-Bänder wie für Standard Definition sowie Festplatten, Memory Sticks und Flashspeicher.

Als Nächstes stellt sich die Frage, wie viele Minuten auf ein solches Band aufgezeichnet werden können. Es sind ebenfalls 60 Minuten für ein einstündiges Band. High Definition Video wird im MPEG-2-Format aufgezeichnet und während der Aufnahme entsprechend komprimiert. Nur so ist es möglich, gleich viel Video auf ein MiniDV-Band aufzuzeichnen. Obwohl High Definition während der Aufzeichnung im MPEG-2-Format gespeichert wird, ist die Qualität gegenüber SDV viel besser. Die Bilder sind schärfer.

Für das Bearbeiten von High Definition ist ein leistungsstarker PC notwendig. In Pinnacle Studio HD ist sogar eine Grafikkarte mit mindestens 256 MByte RAM erforderlich.

AVCHD

AVCHD ist ein neues High Definition-Format, das von Panasonic und Sony entwickelt wurde. AVCHD ist die Abkürzung für Advanced Video Codec High Definition, was auf Deutsch *fortschrittliche Videocodierung mit hoher Auflösung* bedeutet. Beim AVCHD werden die Videodaten im MPEG-4/H.264-Format codiert und von den entsprechenden Kameras auf DVDs, Memory Sticks, SD-Karten oder Festplatten gespeichert. Blu-ray-Abspielgeräte unterstützen das Format in der Regel.

Die Bearbeitung von AVCHD-Video mit Studio HD Version 14 ist möglich, setzt aber voraus, dass der PC über entsprechende Ressourcen verfügt.

Vergleich der Formate

Folgende Tabelle zeigt die Unterschiede der verschiedenen Formate im Vergleich zum Original (DV) und die entsprechende Dateigröße sowie die Abspielmöglichkeiten in einer Übersicht.

Format	AVI (DV)	DivX	MPEG-1	MPEG-2	MPEG-2 HDV 720p
Pixelgröße	720 x 576	1024 x 576	352 x 288	720 x 576	1280 x 720
Datenrate MBit/s	25	0,1–8	1,15–4	6	15
Speicherbedarf/h	13 GByte	0,1–3,5 GByte	0,6–1,8 GByte	4,7 GByte	2,6 GByte
Speicherbedarf gegenüber DV	100 %	0,01–28 %	4,6–14 %	36 %	20 %
Abspieler	WMP	DivX	WMP	DVD	DVD

Format	MPEG-2 HDV 1080i	MPEG-4	MPEG-4	MPEG-4 HDV 720p
Pixelgröße	1440 x 720	128 x 96	704 x 576	1280 x 720
Datenrate MBit/s	25	0,1–6	0,1–6	0,1–6
Speicherbedarf/h	2,9 GByte	0,1 GByte	2,6 GByte	2,6 GByte
Speicherbedarf gegenüber DV	22 %	0,8 %	20 %	20 %
Abspieler	DVD	DVD	DVD	DVD

Format	Real Media	Windows Media	Windows Media HDV 1080i	3GPP
Pixelgröße	320 x 240	360 x 288	1440 x 1080	176 x 144
Datenrate MBit/s	0,05–0,5	2	5	0,064
Speicherbedarf/h	0,02–0,2	0,37	2,2	0,03
Speicherbedarf gegenüber DV	0,15–1,5 %	2,8 %	17 %	0,23 %
Abspieler	Real Player	WMP	WMP	Handys/PDA

WMP: Windows Media Player, DVD: DVD-Abspielsoftware wie z.B. Power DVD, DivX: DivX-Player

Eine definitive Aussage über die Qualität kann hier nicht gemacht werden, da sie von Ursprungsqualität, Kompressionsart und Abspielgerät abhängt. Viel über die Qualität sagt die Dateigröße nach der Kompression aus. Das ist aber auch das wichtigste Argument bei einer Kompression, möglichst gute Qualität bei niedriger Dateigröße zu erzielen. Halten Sie sich immer diese Tabelle vor Augen, bevor Sie ein Format für Ihre Filme auswählen.

Folgende Tabelle erläutert die Anwendung der verschiedenen Formate.

AVI (DV)	Volle Qualität, zum Archivieren von Material
DivX	Möglichst langes Video bei sehr guter Qualität
MPEG-1	Kann auf jedem PC und DVD-Player abgespielt werden, aber mangelhafte Qualität
MPEG-2	DVD und Filme in sehr guter Qualität, die auf DVD-Playern wiedergegeben werden können; auf PCs bietet DivX dieselbe Qualität bei geringerer Dateigröße
MPEG-4	Gutes Verhältnis von Dateigröße; DivX ist MPEG-4-kompatibel und normalerweise wird DivX wegen seiner Verbreitung eingesetzt
Real Media	Internetstreaming und Web
Flash Video	Internetstreaming und Web
Windows Media	Internetstreaming und Web
3GP	Handys und PDAs

15

Tipps & Tricks

Miniatur-Vorschaubild ändern

Videoclips, die in die Timeline eingefügt sind, erhalten ein Miniatur-Vorschaubild, damit Sie während des Bearbeitens schneller sehen, was sich hinter einem Videoclip verbirgt. Unter Umständen kann es aber sein, dass das Vorschaubild auf der Timeline nicht das zeigt, was später im Clip zu sehen ist, wie in *Abbildung 15.1*.

Abbildung 15.1: Die Miniatur-Ansicht auf der Timeline entspricht nicht dem Videoclipinhalt

Sie können das Miniaturbild jedes Clips auf der Timeline oder im Album ändern, indem Sie wie folgt vorgehen.

1. Markieren Sie einen Videoclip mit der Maus im Album oder auf der Timeline.

2. Platzieren Sie den Timeline Scrubber im Videoclip an die Stelle, von der Sie das Vorschaubild übernehmen möchten.

3. Klicken Sie mit der rechten Maustaste auf den Clip und wählen Sie *Miniatur einrichten*.

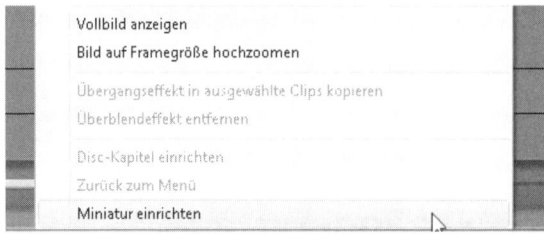

Abbildung 15.2: Mit Miniatur einrichten können Sie das Miniaturbild eines Clips ändern

Szene und Bilder im Album suchen

Bilder und Videos, die Sie auf der Timeline verwendet haben, müssen nicht mehr unbedingt im Album angezeigt werden. Sobald Sie andere Clips ins Album laden, sind die verwendeten im Album nicht mehr ersichtlich. Sie können aber die Clips und Fotos mit einem Mausklick wieder automatisch ins Album laden, ohne dass Sie wissen müssen, wo diese auf der Festplatte gespeichert sind. Gehen Sie dazu wie folgt vor:

1. Wählen Sie einen Clip oder ein Foto auf der Timeline an.

2. Klicken Sie mit der rechten Maustaste auf den Clip.

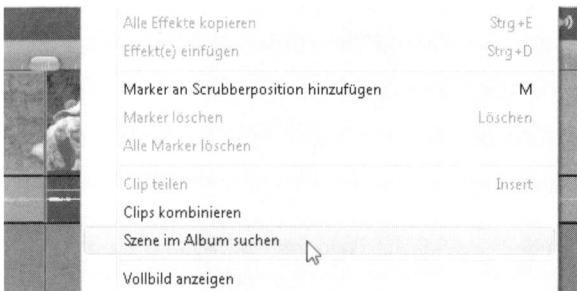

Abbildung 15.3: Clips oder Bilder können mit Szene im Album suchen ins Album geladen und markiert werden

3. Wählen Sie für Videos *Szene im Album suchen* und für Fotos *Bild im Album suchen*.

Danach wird die gesuchte Szene oder das gesuchte Bild ins Album geladen und markiert.

Szene und Bilder im Projekt suchen

Für jeden Videoclip oder für jedes Foto, das Sie aus dem Album in die Timeline gezogen haben, erhält der Clip oder das Foto ein kleines Häkchen, um darzustellen, dass dieser Clip bereits im Film verwendet wurde. Wenn Sie wissen möchten, wo auf der Timeline ein Videoclip oder ein Foto verwendet wurde, können Sie dieses wie folgt auf der Timeline markieren lassen.

1. Wählen Sie im Album einen Videoclip oder ein Foto aus, das Sie in der Timeline suchen.

2. Klicken Sie mit der rechten Maustaste auf den Clip oder das Foto.

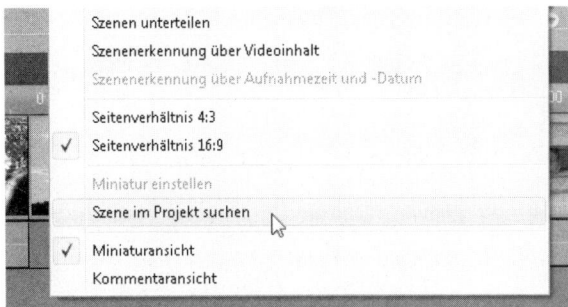

Abbildung 15.4: Wählen Sie Szene im Projekt suchen, um einen Clip oder ein Foto in der Timeline zu finden

3. Wählen Sie *Szene im Projekt suchen*, um das Video oder das Foto in der Timeline zu markieren.

Der gesuchte Clip wird auf der Timeline von Pinnacle Studio HD markiert.

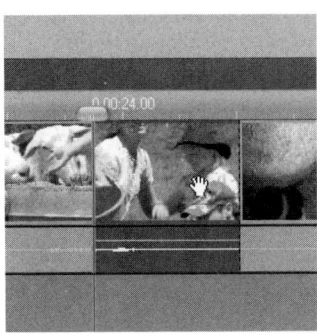

Abbildung 15.5:
Der gewählte Clip wird auf der Timeline ausgewählt

Content-Ordner öffnen

Wenn Sie Videos oder Fotos in Ihrem Projekt verwendet haben und nicht mehr wissen, wo diese auf der Festplatte gespeichert sind, können Sie den Ordner mit den Clips direkt aus Pinnacle Studio HD öffnen. Gehen Sie dazu wie folgt vor:

1. Klicken Sie mit der rechten Maustaste auf einen Clip oder ein Bild im Album.

2. Wählen Sie aus der Liste *Content-Ordner öffnen* aus.

Abbildung 15.6: Mit Content-Ordner öffnen können die Daten im Windows-Explorer angezeigt werden

Der Windows-Explorer startet und öffnet den Ordner, in welchem das zuvor gewählte Bild oder Video angezeigt wird.

Bild drehen

Bilder oder Grafiken können direkt im Album von Pinnacle Studio HD gedreht werden, falls diese falsch dargestellt werden. Gehen Sie dazu wie folgt vor:

1. Klicken Sie mit der rechten Maustaste im Album auf das Bild, das Sie drehen möchten.

2. Wählen Sie im Kontextmenü *Original drehen*.

Abbildung 15.7: Bilder können direkt im Album gedreht werden

3. Wählen Sie nun *Im Uhrzeigersinn* oder *Gegen Uhrzeigersinn* aus.

Effekte in Pinnacle Studio HD übernehmen

Wenn Sie eine Vorgängerversion von Pinnacle Studio HD besitzen und zusätzliche Effekte installiert haben, kann Pinnacle Studio HD diese Bibliotheken bzw. Effekte übernehmen. Wenn die Effekte auf dem PC installiert sind, auf dem Sie auch Pinnacle Studio HD installiert haben, gehen Sie wie folgt vor:

1. Starten Sie das Tool *Content-Transfer*, indem Sie in Windows *Start/Programme/Pinnacle Studio 14/Tools/Übertrage Content* wählen.

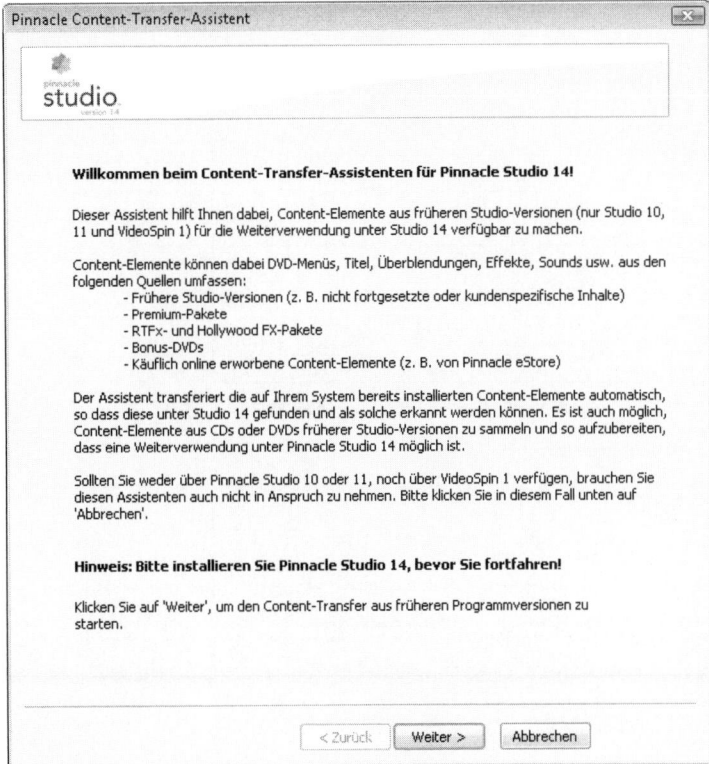

Abbildung 15.8: Der Pinnacle Content-Transfer-Assistent

2. Klicken Sie auf *Weiter*, um die Effekte in Pinnacle Studio HD zu übernehmen.

   Wenn Sie zusätzliche Effekte usw. für Pinnacle Studio HD installieren möchten, von denen Sie Installations-CDs oder -DVDs besitzen, müssen Sie den Computer zuerst mit dem Content-Transfer einrichten, damit diese installiert werden können.

3. Starten Sie also nochmals den Pinnacle Content-Transfer-Assistent mit *Start/Programme/Pinnacle Studio 14/Tools/Übertrage Content*.

4. Klicken Sie auf *Weiter*.

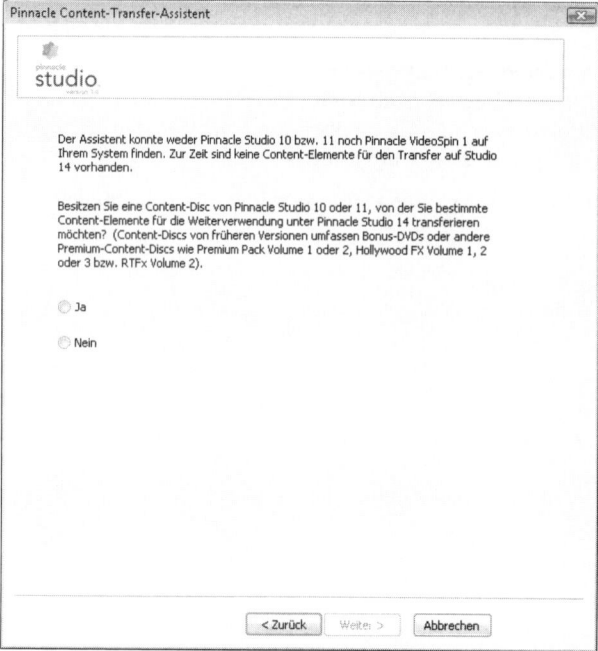

Abbildung 15.9: Content-Transfer aus früheren Studio-Versionen

5. Wählen Sie die Option *Ja*.

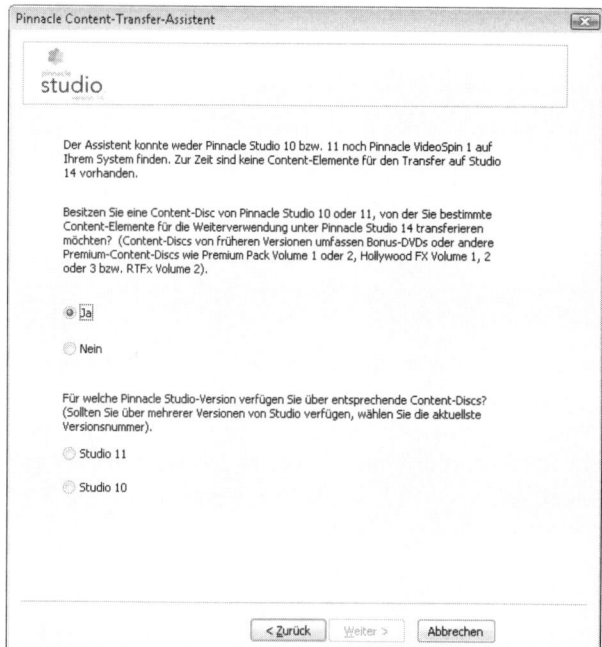

Abbildung 15.10: Wählen Sie, von welcher Studio-Version Sie Inhalte installieren möchten

6. Wählen Sie nun die Vorgängerversion von Pinnacle Studio HD, für welche Sie Inhalte haben, und klicken Sie dann auf *Weiter.*

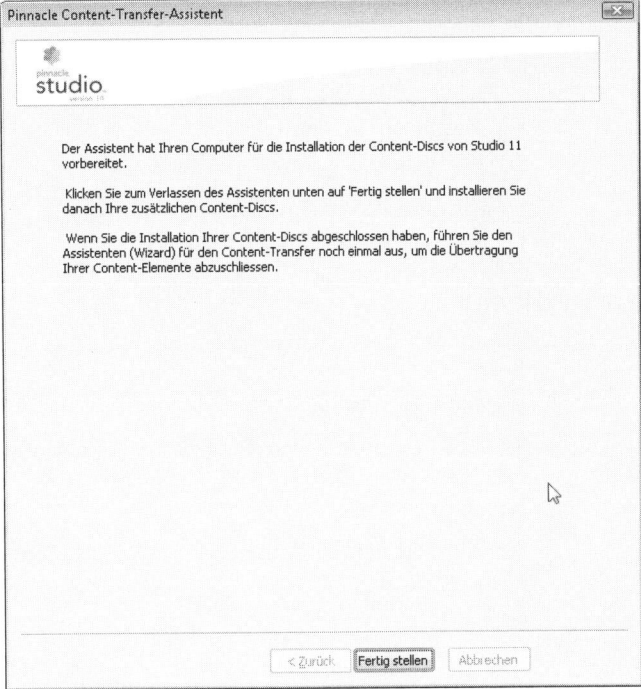

Abbildung 15.11: Der Assistent hat nun den PC für die Installation eingerichtet

7. Installieren Sie alle Effekte und Bonus-CDs bzw. -DVDs.

8. Starten Sie erneut den Pinnacle Content-Transfer-Assistent mit *Start/Programme/ Pinnacle Studio 14/Tools/Übertrage Content,* um die Effekte in Pinnacle Studio HD zu übernehmen.

Tastenkürzel

Die folgenden Tastenkürzel sollen Ihnen helfen, gewisse Befehle direkt über die Tastatur auszuführen, ohne dass Sie das Menü öffnen oder mit der Maustaste klicken müssen.

Allgemeine Tastenkürzel

Tastenkombination	Befehl
Strg + N	Neues Projekt (Hauptoberfläche) oder Titel
Strg + O	Projekt oder Titel öffnen
Strg + S	Projekt oder Titel speichern
Strg + Z	Rückgängig
Strg + Y	Wiederholen

Tastenkombination	Befehl
Strg + A	Alles auswählen
Strg + C	In die Zwischenablage kopieren
Strg + V	Aus der Zwischenablage einfügen
Strg + X	In die Zwischenablage ausschneiden
Strg + B	Fett / Nicht fett
Strg + I	Kursiv / Nicht kursiv
Strg + U	Unterstrichen / Nicht unterstrichen
Entf	Löschen ohne Kopie in die Zwischenablage

Studio Benutzeroberfläche

Tastenkombination	Befehl
Leertaste	Wiedergabe und Stopp
J	Schneller Rücklauf (Wiederholtes Drücken beschleunigt den Rücklauf)
K	Wiedergabe anhalten
L	Schneller Vorlauf (mehrmaliges Drücken für schnellere Wiedergabe)
X oder Strg + Pfeil ↑	ein Bild vor
Y oder Strg + Pfeil ↓	ein Bild zurück
A oder I	Eingangsmarkierung
S oder O	Ausgangsmarkierung
Strg + Pfeil ←	Trimmpunkt (Anfang) - ein Bild
Strg + Pfeil →	Trimmpunkt (Anfang) + ein Bild
Alt + Pfeil ←	Trimmpunkt (Ende) - ein Bild
Alt + Pfeil →	Trimmpunkt (Ende) + ein Bild
Alt + Strg + Pfeil ←	Roll-Trimmpunkt (Ende) - ein Bild (nächsten Clip ebenfalls trimmen)
Alt + Strg + Pfeil →	Roll-Trimmpunkt (Ende) + ein Bild
G	Eingangs- und Ausgangsmarke löschen
D	Gehe zu Eingangsmarke (im Trimm-Tool)
F	Gehe zu Ausgangsmarke (im Trimm-Tool)
E oder Pos1	Zurück an den Anfang
R oder Ende	Gehe ans Ende
Pfeil ←	Vorherigen Clip auswählen
Pfeil →	Nächsten Clip auswählen
Entf	Ausgewählte(n) Clip(s) löschen
Einf	Clip an Schiebereglerposition teilen

Tastenkombination	Befehl
Strg + Entf	Clip löschen und Lücke in der Timeline (Videospur) schließen; Lücke in der Timeline (andere Spuren) beibehalten
Bild ↑	Zur nächsten Seite im Filmfenster
Bild ↓	Zur vorherigen Seite im Filmfenster
Nummernfeld +	Timeline vergrößern (Zoom in)
Nummernfeld -	Timeline verkleinern (Zoom out)
C	Menükapitel festlegen
V	Menükapitel löschen
M	Zurück zum Menü festlegen
Strg + Bild ↑	Zurück zum vorherigen Menükapitel
Strg + Bild ↓	Gehe zum nächsten Menükapitel
Strg + E	Alle Effekte im Timeline-Clip kopieren
Strg + D	Effekte in Timeline-Clip einfügen
Strg + F	Effekte-Tool öffnen

Motion-Titeleditor

Tastenkombination	Befehl
F11	Abbrechen (Editor für Titel beenden)
F12	Bestätigen (Editor für Titel beenden)
Alt + +	In den Vordergrund
Alt + -	In den Hintergrund
Strg + +	Eine Ebene nach vorne
Strg + -	Eine Ebene nach hinten
Strg + .	Größere Schrift
Strg + ,	Kleinere Schrift
Strg + D	Alles abwählen
Leertaste	Mit dem Mauszeiger im Timeline-Bereich: Wiedergabe starten und anhalten

Titelgenerator

Tastenkombination	Befehl
F11	Abbrechen (Editor für Titel beenden)
F12	Bestätigen (Editor für Titel beenden)
Alt + +	In den Vordergrund
Alt + -	In den Hintergrund
Strg + +	Eine Ebene vor
Strg + -	Eine Ebene zurück

Tastenkombination	Befehl
Strg + 0	Textausrichtung aus
Strg + 1	Textausrichtung: unten links
Strg + 2	Textausrichtung: unten Mitte
Strg + 3	Textausrichtung: unten rechts
Strg + 4	Textausrichtung: Mitte links
Strg + 5	Textausrichtung: Mitte Mitte
Strg + 6	Textausrichtung: Mitte rechts
Strg + 7	Textausrichtung: oben links
Strg + 8	Textausrichtung: oben Mitte
Strg + 9	Textausrichtung: oben rechts
Strg + K	Unterschneiden, Abstand ändern, Schrägstellen
Strg + M	Verschieben, Skalieren und Drehen
⇧ + Pfeil←	Zeichenauswahl nach links erweitern
⇧ + Pfeil→	Zeichenauswahl nach rechts erweitern
Strg + Pfeil←	Textauswahl horizontal stauchen oder quetschen (unterschneiden), je nach aktuellem Bearbeitungs-Modus (Verschieben/Skalieren/Rotieren oder Unterschneiden/Schrägstellen/Abstand ändern)
Strg + Pfeil→	Textauswahl horizontal strecken oder unterschneiden
Strg + Pfeil↓	Größe oder Abstand der Textauswahl reduzieren, je nach aktuellem Bearbeitungs-Modus
Strg + Pfeil↑	Größe oder Abstand der Textauswahl erhöhen
⇧ + Strg + Pfeil←	Wie Strg + Pfeil← in größeren Schritten
⇧ + Strg + Pfeil→	Wie Strg + Pfeil→ in größeren Schritten
⇧ + Strg + Pfeil↓	Wie Strg + Pfeil↓ in größeren Schritten
⇧ + Strg + Pfeil↑	Wie Strg + Pfeil↑ in größeren Schritten
Alt + Pfeil←	**In Textauswahl:** Zeichen nach links verschieben. **Keine Auswahl:** Text zwischen Einfügemarke und Zeilenende nach links verschieben.
Alt + Pfeil→	**In Textauswahl:** Zeichen nach rechts verschieben. **Keine Auswahl:** Text zwischen Einfügemarke und Zeilenende nach rechts verschieben.
⇧ + Alt + Pfeil←	Wie Alt + Pfeil← in größeren Schritten
⇧ + Alt + Pfeil→	Wie Alt + Pfeil→ in größeren Schritten

Mehrere Fotos miteinander verlängern/ verkürzen

Wenn Sie mit Pinnacle Studio HD eine Diashow erstellen, kann es sein, dass Sie viele Fotos auf die Timeline gelegt haben und zu einem späteren Zeitpunkt alle Clips verlängern möchten. Wenn jedes Bild einzeln verlängert werden müsste, wäre dies sehr viel Arbeit. Gehen Sie also wie folgt vor, um mehrere Fotos gleichzeitig zu verlängern:

1. Doppelklicken Sie mit der Maus auf eines der Fotos, das verlängert oder verkürzt werden soll. Dabei öffnet sich die Video-Toolbox in den Clipeigenschaften.

Abbildung 15.12: Clipeigenschaften in der Video-Toolbox

2. Selektieren Sie alle Fotos auf der Timeline, die verlängert werden sollen, indem Sie das erste Foto mit der Maus anklicken, ⬆ drücken und gedrückt halten und dann mit der rechten Maustaste das letzte Foto auswählen.

3. Verändern Sie nun mit der Maus die Länge aller Clips, indem Sie auf die kleinen Pfeilsymbole klicken: Pfeil nach oben verlängert die Fotos und Pfeil nach unten verkürzt sie.

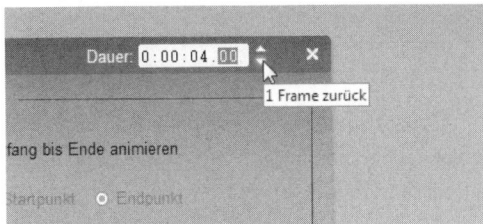

Abbildung 15.13: Verändern Sie die Länge, indem Sie mit den Pfeilen die Dauer anpassen

Video rückwärts laufen lassen

1. Wählen Sie den Videoclip mit der Maus auf der Timeline an, den Sie rückwärts laufen lassen möchten.

2. Wählen Sie aus dem Menü *Toolbox* den Eintrag *Videoeffekte hinzufügen*.

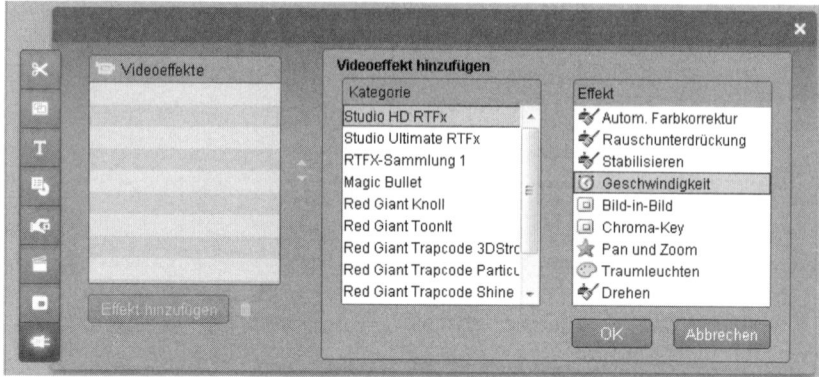

Abbildung 15.14: Wählen Sie den Effekt Geschwindigkeit aus

3. Klicken Sie auf *OK*, um den gewählten Effekt anzuwenden.

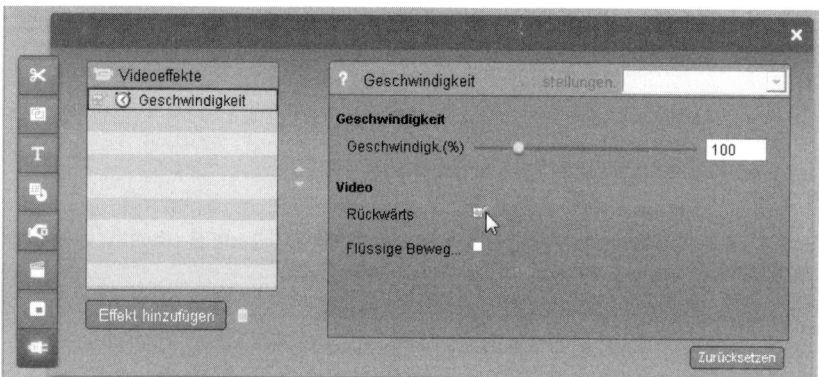

Abbildung 15.15: Den Effekt Geschwindigkeit anpassen

4. Wählen Sie die Option *Rückwärts*.

Der Videoclip wird nun rückwärts wiedergegeben.

Grafiken mit Transparenz

Wenn Sie z.B. im Film ein Logo eingeblendet haben möchten, das gewisse Teile transparent darstellt, ist es am sinnvollsten, Sie erstellen diese Grafik in einem Grafikbearbeitungsprogramm und definieren dort die Transparenzen als Alphakanal oder füllen den transparenten Bereich mit einer neutralen Farbe, die sonst im Bild nicht vorkommt. Speichern Sie dann das Bild im *Targa*- oder *Tiff*-Format ab.

Erstellen Sie als Erstes in einem Grafikprogramm wie z.B. Adobe Photoshop das Logo oder die Grafik, die im Video eingeblendet werden soll.

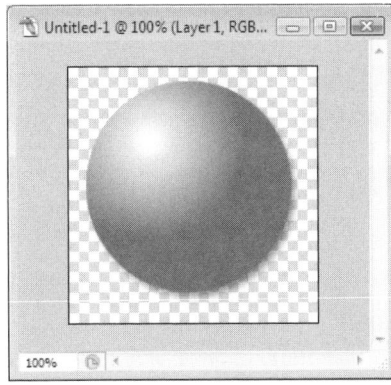

Abbildung 15.16:
Logo oder Grafik mit Transparenz

Das Schachbrettmuster im Hintergrund bedeutet, dass dieser Bereich transparent bzw. durchsichtig angezeigt wird. Sie können den transparenten Bereich mit einer neutralen Farbe füllen, die in der Grafik nicht vorkommt. Im Beispiel ist das runde Logo rot, der Hintergrund grün:

Abbildung 15.17:
Logo mit neutralem Farbhintergrund

1. Laden Sie die Grafik in Pinnacle Studio HD und legen Sie sie auf die gewünschte Spur, z.B. die Titelspur.

Abbildung 15.18: Logo oder Grafik auf der Titelspur

2. Selektieren Sie die Logo-Grafik mit grünem Hintergrund und öffnen Sie die Video-Toolbox und dann *Videoeffekte*.

3. Wählen Sie unter *Kategorie Studio HD-RTFx* und dann unter *Effekt Chroma-Key* aus und klicken Sie auf *OK*.

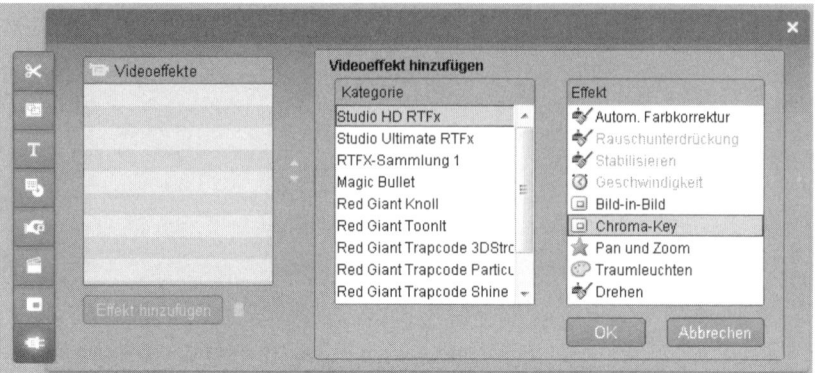

Abbildung 15.19: Wählen Sie den Effekt Chroma-Key aus

4. Klicken Sie mit der Maus auf das kleine Pipettensymbol und wählen Sie im Vorschaufenster die neutrale Farbe aus. Im Beispiel ist es Grün.

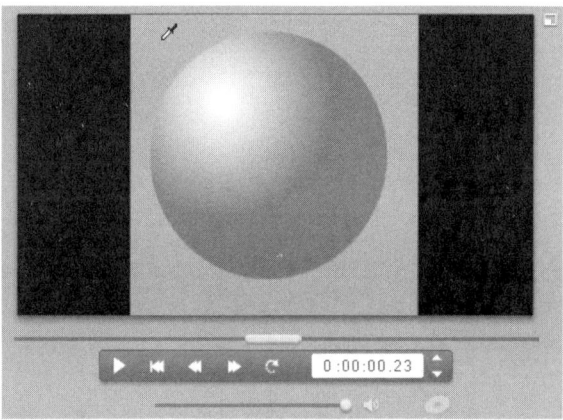

Abbildung 15.20: Wählen Sie mit der Pipette die Farbe aus,
die transparent dargestellt werden soll

5. Klicken Sie auf *Effekt hinzufügen*, um die Logo-Grafik zu verkleinern und zu positionieren.

6. Wählen Sie den *Bild-in-Bild*-Effekt aus und klicken Sie auf *OK*.

Grafiken mit Transparenz

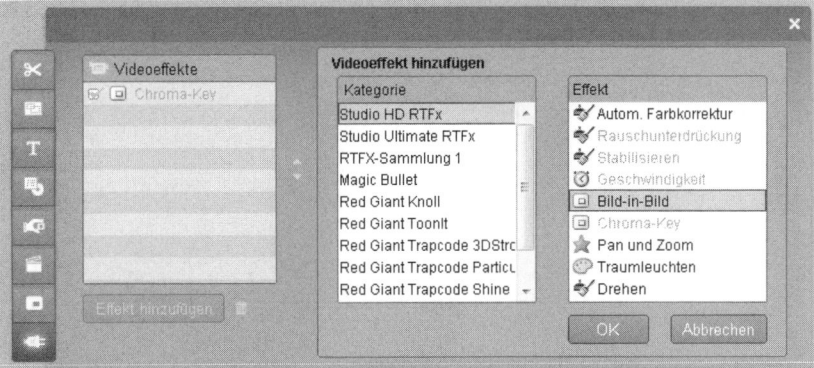

Abbildung 15.21: Wählen Sie den Effekt Bild-in-Bild aus, um die Logo-Grafik zu positionieren

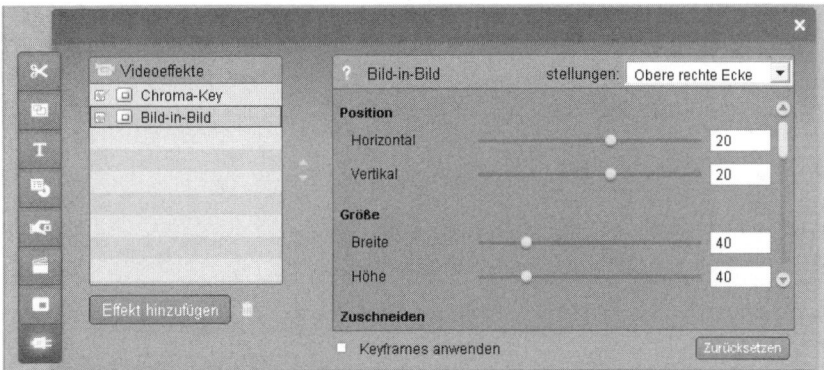

Abbildung 15.22: Verschieben Sie die Grafik durch Verändern der Parameter

7. Positionieren Sie die Grafik, indem Sie die horizontale und vertikale Ausrichtung anpassen.

Abbildung 15.23: Falls Bereiche im Bild stören, können diese mit Cropping entfernt werden

8. Falls Bereiche im Bild stören, können diese mit den Zuschneiden-Einstellungen entfernt werden. Verändern Sie also die Werte unter *Zuschneiden*, bis nur noch das Logo zu sehen ist.

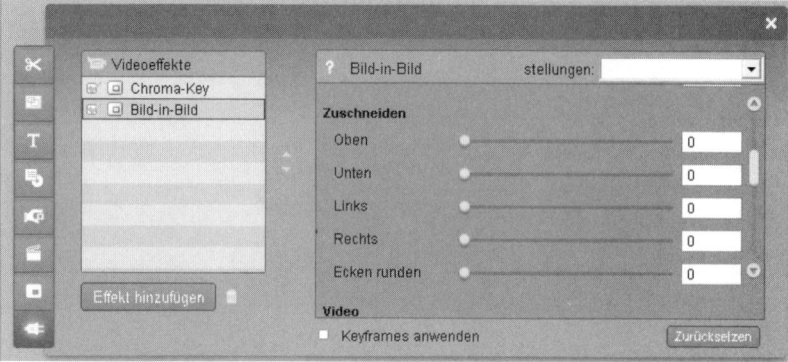

Abbildung 15.24: Mit Zuschneiden können Bereiche rund um das Logo entfernt werden

Texte ausrichten im Titelgenerator und Disc-Menü-Editor

Wenn Sie mehrere Texte oder Grafikobjekte in einem Titel oder DVD-Menü miteinander ausrichten möchten, bietet Studio HD ein Werkzeug, mit dem dies sehr einfach erledigt werden kann.

1. Öffnen Sie den Titelgenerator oder DVD-Menü-Editor und erstellen Sie Ihre Textzeilen. Da diese dann meistens nicht genau oder schön ausgerichtet sind, müssen sie manuell nachbearbeitet werden.

Abbildung 15.25: Die Textzeilen sollen alle ausgerichtet werden

2. Wählen Sie alle Textelemente mit der Maus aus und halten Sie dabei [Strg] gedrückt.

3. Klicken Sie das Symbol *Ausrichten* an, um sich alle Möglichkeiten anzeigen zu lassen.

   Die oberen drei Optionen richten die Textelemente horizontal linksbündig, zentriert und rechtsbündig aus. Die nächsten drei richten die Elemente vertikal oben, mittig und unten aus. In unserem Beispiel sollen die Textelemente horizontal linksbündig ausgerichtet werden.

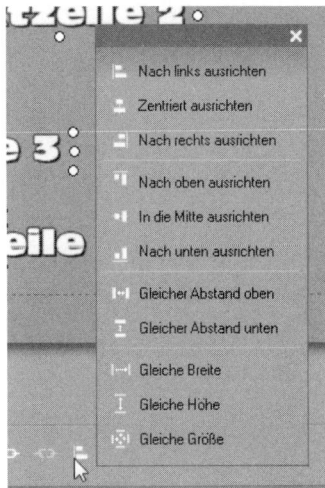

Abbildung 15.26:
Hinter dem Symbol Ausrichten verbergen sich sämtliche
Ausrichtungsoptionen

4. Wählen Sie nun die Ausrichtung aus, damit die Elemente schön dargestellt werden. Im Beispiel wird die oberste Ausrichtung, *Nach links ausrichten*, gewählt.

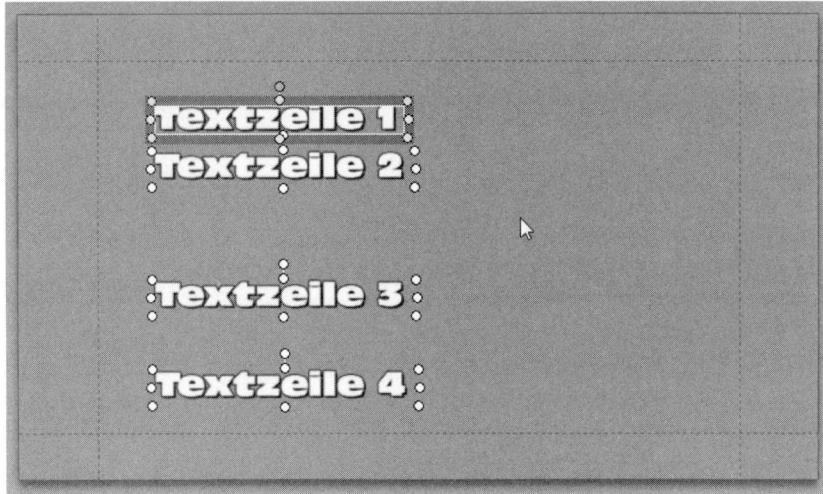

Abbildung 15.27: Die Textelemente sind nun linksbündig ausgerichtet

5. Die vertikalen Abstände der Textelemente sollen auch noch angepasst werden. Klicken Sie dazu erneut auf den *Ausrichten*-Button und wählen Sie für das Beispiel *Gleicher Abstand unten*, um die Elemente gleichmäßig im Abstand auszurichten.

Abbildung 15.28: Die Textelemente sind nun schön ausgerichtet

Abbildung 15.29: Nach der Wahl der Ausrichten-Option werden die Bilder alle gleich groß dargestellt

Die untersten drei Einstellungen des *Ausrichten*-Werkzeugs dienen dazu, Elemente gleich breit, hoch oder groß zu machen. Dies ist bei Grafiken am ehesten sinnvoll. Wählen Sie einfach die Grafiken aus, die die gleiche Größe erhalten sollen, und aktivieren Sie dann die entsprechende Einstellung im *Ausrichten*-Werkzeug.

Stand- und Rolltitel gleichzeitig

Mit der zweiten Videospur können Sie zwei Titel gleichzeitig anzeigen lassen, wobei der eine sich bewegt und der zweite stehen bleibt. Dazu wird die zweite Videospur benötigt.

1. Setzen Sie als Erstes einen Videoclip oder ein Foto auf die erste Videospur, die als Hintergrund für die Titel zu sehen sein soll.

2. Erstellen Sie den ersten Titel, indem Sie im Menü *Toolbox* den Eintrag *Titel erstellen* wählen. Klicken Sie dann auf *Overlaytitel*, um den Titeleditor zu öffnen. Hier spielt es keine Rolle, ob Sie einen Standard- oder Motion-Titel erstellen.

3. Erstellen Sie Ihren Titel und schließen Sie den Titelgenerator wieder mit einem Klick auf *OK*.

4. Erstellen Sie einen zweiten Titel und wählen Sie als Titeltyp *Vollbildtitel*. Auch hier spielt es keine Rolle, ob Sie einen Standard- oder Motion-Titel erstellen. Schreiben Sie Ihren Text in den Titel und beenden Sie den Titelgenerator wieder mit einem Klick auf *OK*.

Nun haben Sie einen Titel auf der ersten Videospur und einen zweiten auf der Titelspur.

Abbildung 15.30: Die beiden Titel auf der ersten und zweiten Videospur

5. Platzieren Sie einen beliebigen Videoclip auf die Titelspur, damit die zweite Videospur zu sehen ist. Nun können Sie die beiden Titel auf der zweiten Videospur und auf der Titelspur so platzieren, wie Sie möchten. Falls Sie den Videoclip nicht mehr benötigen, können Sie ihn auf der zweiten Videospur wieder löschen.

Abbildung 15.31: Nun sind beide Titel übereinander

Nun könnten die Titel so animiert werden, dass der eine von unten nach oben und der andere von oben nach unten rollt. Dazu müssen Sie wie folgt vorgehen:

1. Wählen Sie den ersten Titel aus und öffnen Sie in der Video-Toolbox die Videoeffekte, indem Sie im Menü *Toolbox* den Eintrag *Videoeffekt hinzufügen* wählen.

2. Wählen Sie unter *Kategorie Studio Ultimate RTFx* und dann unter *Effekt 2D-Editor* aus.

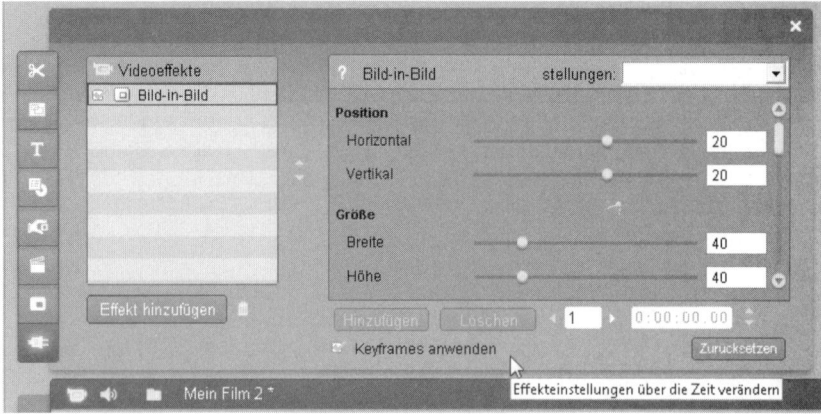

Abbildung 15.32: Die Option Keyframes verwenden wählen und den Timeline-Schieberegler zum ersten Keyframe bewegen

3. Aktivieren Sie die Option *Keyframes verwenden* und setzen Sie den Timeline Scrubber an die Position des ersten Keyframes.

4. Verändern Sie den vertikalen Wert so, dass der Titel entweder nach oben oder nach unten aus dem Bild verschwindet.

5. Springen Sie mit dem Timeline-Schieberegler zum zweiten Keyframe und verschieben Sie die vertikale Position entsprechend nach unten bzw. nach oben, sodass der Titel wieder aus dem Bild verschwindet.

6. Wenden Sie diesen Effekt gegengleich für den zweiten Titel an, wenn Sie wünschen. Nach dem Abspielen des Videos bewegen sich die Titel gegeneinander.

16

Inhalt der DVD zum Buch

Auf beiliegender DVD finden Sie eine uneingeschränkte Demoversion von Pinnacle Studio Ultimate, die 30 Tage lang genutzt werden kann, und ein kurzes Einführungsvideo als Übersicht über das Programm. Weiterhin enthält sie die kostenlose Videoschnittanwendung VideoSpin, Bonus-Inhalte für Studio sowie ein PDF (eBook) dieses Buches komplett in Farbe. Die DVD ist in verschiedene Verzeichnisse aufgeteilt.

Software

In diesem Verzeichnis finden Sie eine Demoversion der Pinnacle Studio Ultimate Version. Diese Version können Sie 30 Tage ohne Einschränkung testen. Um die Demo zu installieren, doppelklicken Sie einfach auf die Datei *PinnacleStudio14Trial.exe* und folgen den Bildschirmanweisungen.

VideoSpin

VideoSpin ist eine kostenlose Version von Pinnacle Studio mit sehr eingeschränktem Funktionsumfang. Es lassen sich allerdings mit dieser Software einfache Videos bearbeiten. Weitere Infos dazu lesen Sie im *Kapitel 17 „VideoSpin"*. Um VideoSpin zu installieren, doppelklicken Sie einfach auf die Datei *VideoSpin_2_0_Setup.exe*.

Lernvideos

Starten Sie die Datei *Studio_HD_Lernvideo.exe*, um die Lernvideos zu betrachten. Diese kurzen Videos geben Ihnen eine Übersicht über Pinnacle Studio HD.

Weitere solche Videos können Sie unter *www.online-lernvideo.com* ansehen oder auf DVD unter *www.godiz.ch* bestellen.

Im Ordner *Media* befinden sich die temporären Daten zu den Lernvideos. Diesen Ordner können Sie ignorieren

Disc-Menü-Vorlagen

In diesem Unterordner befinden sich einige Hintergründe bzw. Fotos, Miniaturschaltflächen und Schaltflächen, die Sie für Ihre eigenen DVD-Menüs benutzen können. Platzieren Sie die Schaltflächen in Ihre DVD-Menüs und verknüpfen Sie diese wie in *Kapitel 12*

„*Disc-Menü*" beschrieben. Die Hintergrundbilder bzw. Fotos können Sie entweder als Titelhintergründe oder als DVD-Menü-Hintergründe anwenden. Diese Vorlagen sind nur ein Auszug aus der DVD-Menü-Collection, einer Sammlung vieler Grafiken als Vorlage für Ihre Filme. Die komplette Sammlung können Sie unter *www.godiz.ch* bestellen.

Videodateien

In diesem Ordner befinden sich Videodateien, die entweder im Buch verwendet wurden, oder Videodaten zum Testen. Bevor Sie diese Dateien verwenden, müssen Sie sie auf Ihren PC kopieren; laden Sie sie nicht direkt von der DVD ins Programm.

OurNatureAdventure.mpg: Diese Datei enthält das Video, das im Buch verwendet wurde. Sie können ein Beispielprojekt laden, das bereits in Pinnacle Studio HD mitgeliefert wurde, indem Sie in Pinnacle Studio HD im Menü *Hilfe/Beispiel-Projekt laden* wählen.

AVCHD.m2ts: Dies ist eine AVCHD Full High Definition-Videodatei im Format *.m2ts*. Mit dieser Datei können Sie die Qualität von HD-Dateien sehen und testen, ob Ihr PC zusammen mit Pinnacle Studio HD fähig ist, AVCHD-Dateien zu bearbeiten. Laden Sie die Datei in das Album von Studio HD und legen Sie sie dann auf die Timeline.

17

VideoSpin

VideoSpin ist eine kostenlose Version von Pinnacle Studio mit einem reduzierten Funktionsumfang. Wenn Sie aber schnell einfache Videos erstellen möchten, können Sie mit VideoSpin gleich loslegen. Das Programm ist auf der beiliegenden DVD enthalten.

Projekte, die mit VideoSpin erstellt wurden, können mit Pinnacle Studio HD ohne Probleme weiterverarbeitet werden. Öffnen Sie einfach das Videoprojekt in Studio.

Weitere Informationen zu VideoSpin finden Sie auf folgender Internetseite: *www.videospin.com/de*. Weitere Hilfe finden Sie unter diesem Link: *www.videospin.com/de/support.asp*.

Abbildung 17.1: VideoSpin von Pinnacle

Installation

Sollten Sie im Besitz einer Pinnacle Studio HD-Vollversion sein, müssen Sie VideoSpin nicht auf Ihrem PC installieren. Ansonsten gehen Sie wie folgt vor.

1. Doppelklicken Sie mit der Maus auf die Datei *VideoSpin_2_0_Setup.exe* auf der beiliegenden DVD dieses Buches, um die Installation zu starten.

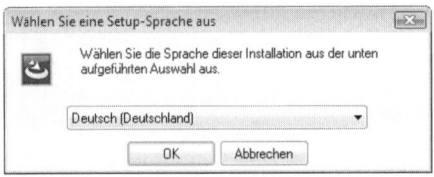

Abbildung 17.2:
Wählen Sie die Sprache

2. Wählen Sie die Sprache für die Installation aus und klicken dann auf *OK*.

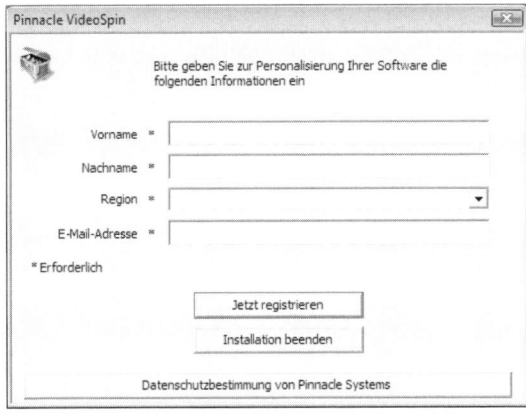

Abbildung 17.3: Füllen Sie die Felder aus und klicken auf Jetzt registrieren

3. Geben Sie Ihre Informationen ein. Sie müssen sich bei Pinnacle registrieren, wenn Sie VideoSpin benutzen möchten.

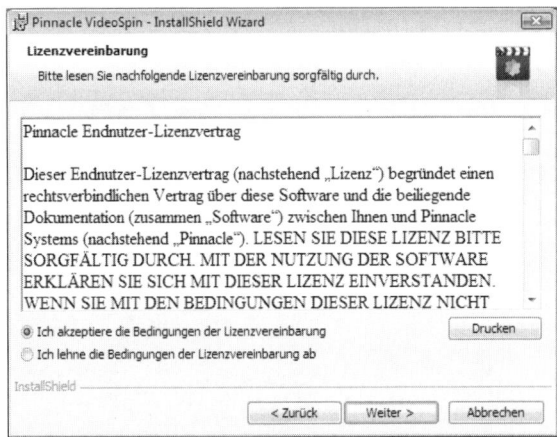

Abbildung 17.4: Sie müssen die Lizenzvereinbarung akzeptieren, um VideoSpin zu installieren

4. Wählen Sie *Ich akzeptiere die Bedingungen der Lizenzvereinbarung* und klicken Sie auf *Weiter*.

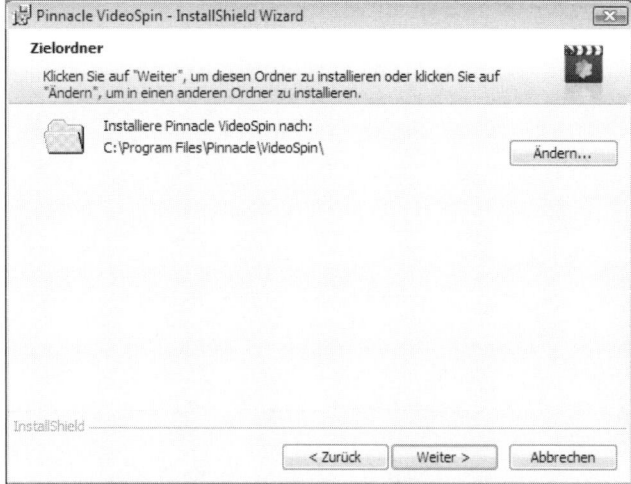

Abbildung 17.5: Bestätigen Sie den Installationsordner

5. Klicken Sie auf *Weiter*, um VideoSpin im Standardordner für Programme zu installieren. Bestätigen Sie erneut mit einem Klick auf *Weiter*.

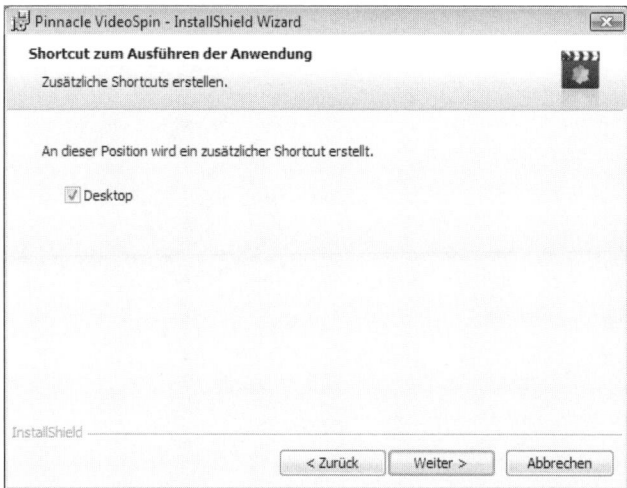

Abbildung 17.6: Erstellen Sie eine Verknüpfung auf dem Desktop

6. Wenn Sie nach der Installation eine Verknüpfung auf dem Desktop für VideoSpin haben möchten, wählen Sie die Option *Desktop* und klicken auf *Weiter*.

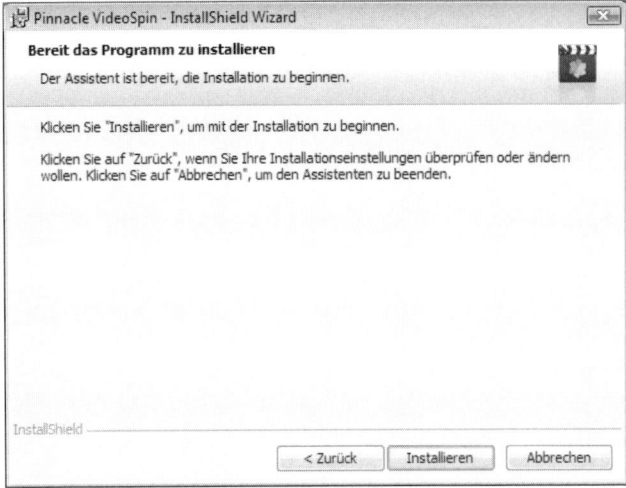

Abbildung 17.7: Die Installation starten

7. Wählen Sie *Installieren*, um mit der Installation zu beginnen.

Abbildung 17.8: Die Installation ist abgeschlossen

8. Klicken Sie auf *Fertigstellen*, um die Installation zu beenden.

Abbildung 17.9:
Doppelklicken Sie auf das Icon, um VideoSpin zu starten

9. Klicken Sie auf das VideoSpin-Icon auf dem Desktop, um das Programm zu starten.

Abbildung 17.10: Wählen Sie, ob Sie die Codecs erwerben möchten oder nicht

10. Klicken Sie auf *Später kaufen*, um die Software zu starten. Wählen Sie *Jetzt kaufen*, wenn Sie die Codecs aktivieren möchten. Die Webseite von Pinnacle, auf der Sie die Codecs erwerben können, öffnet sich.

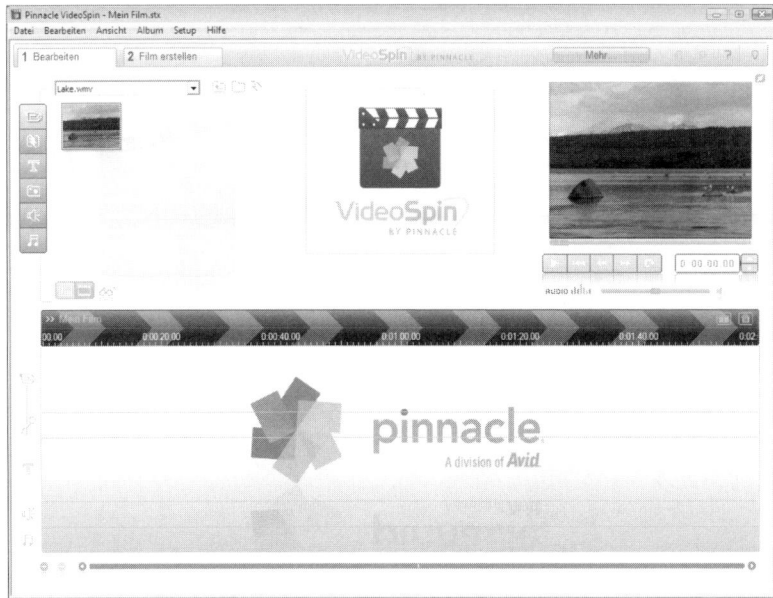

Abbildung 17.11: Die Oberfläche von VideoSpin

VideoSpin sieht Pinnacle Studio sehr ähnlich. Die verfügbaren Funktionen sind wie bei Studio zu verwenden.

321

Einführung in VideoSpin

In VideoSpin haben Sie die Möglichkeit, Videos, Fotos und Musik zu bearbeiten, diese mit Übergangseffekten zu versehen und Titel zu erstellen. Ihr Videomaterial muss bereits auf dem Computer vorliegen. VideoSpin unterstützt nicht das Einlesen (*Capturen*) von analogem oder digitalem Band. Ebenfalls fehlen die Video- und die Audio-Toolbox mit erweiterten Funktionen und Effekten.

Detaillierte Informationen zu den einzelnen Funktionen entnehmen Sie den vorangehenden Kapiteln.

Videos ins Album laden

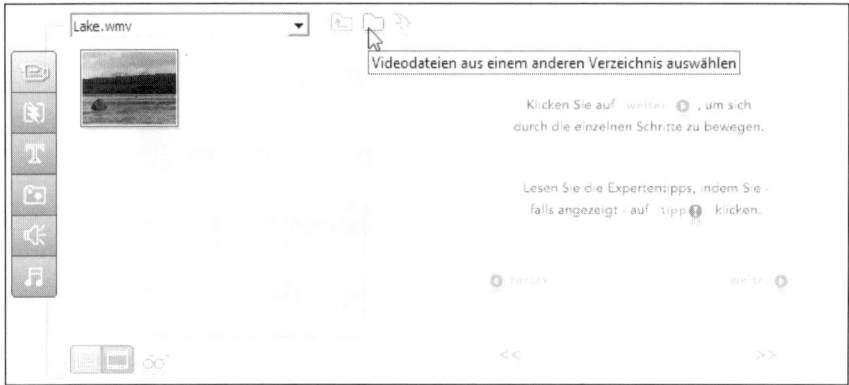

Abbildung 17.12: Klicken Sie im Album auf das Ordnersymbol, um Videos zu laden

1. Klicken Sie mit der linken Maustaste auf das Symbol *Videodateien aus einem anderen Verzeichnis auswählen*.

2. Wählen Sie eine Videodatei auf Ihrem PC aus und klicken Sie auf *Öffnen*, um die Datei ins Album zu laden.

Abbildung 17.13: Videodatei im Album, in Szenen unterteilt

Die einzelnen Clips bzw. Szenen können nun mit der Maus per Drag&Drop auf die Timeline gelegt werden.

3. Ziehen Sie mit der Maus einen oder mehrere Clips auf die Timeline in der Reihenfolge, wie die Clips im Film erscheinen sollen.

Abbildung 17.14: Ziehen Sie die Clips per Drag&Drop auf die Timeline

4. Ziehen Sie mit der Maus den Timeline Scrubber über die Videoclips, um die aktuelle Position zu verschieben.

Abbildung 17.15: Verschieben Sie den Timeline Scrubber, um im Film zu navigieren

5. Sie können die Ansicht der Timeline vergrößern, damit Sie die einzelnen Clips genauer bearbeiten können. Positionieren Sie die Maus in die Zeitleiste, drücken Sie die linke Maustaste und bewegen Sie die Maus nach rechts oder nach links.

Abbildung 17.16: Vergrößern bzw. Verkleinern der Timeline-Ansicht

Schneiden, Trimmen und Löschen

Sie können die einzelnen Szenen auf der Timeline schneiden, um überflüssiges Material zu entfernen bzw. zusätzliche Szenen zwischen einem bestehenden Clip zu schneiden.

1. Positionieren Sie den Timeline Scrubber mit der Maus an die gewünschte Stelle, an der geschnitten werden soll.

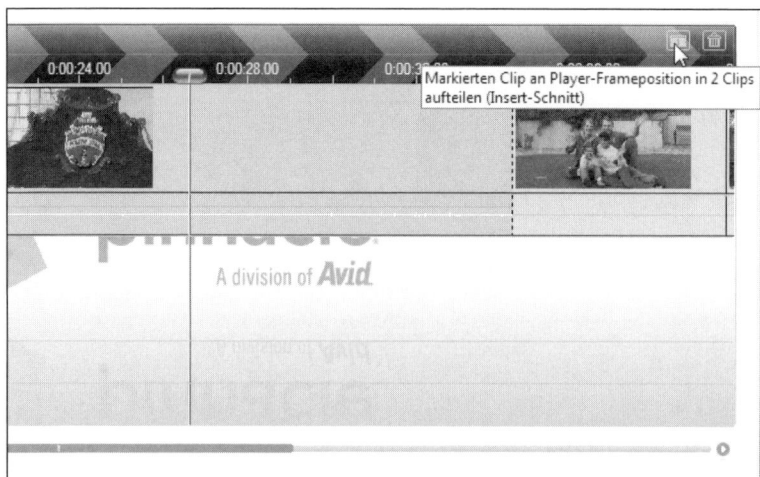

Abbildung 17.17: Schneiden Sie einen Clip durch Klicken auf die Rasierklinge

2. Klicken Sie mit der Maus auf die Rasierklinge am rechten Rand.

   Der Clip wurde nun getrennt. Sie können sich nun entscheiden, welches Stück weggeschnitten werden soll, bzw. Sie können einen anderen Clip dazwischen legen.

3. Um ein Stück zu löschen, wählen Sie es mit der Maus an.

4. Klicken Sie mit der Maus auf das Papierkorbsymbol.

Abbildung 17.18: Zum Löschen eines Clips klicken Sie auf das Papierkorbsymbol

Der Clip wird nur auf der Timeline gelöscht, nicht aber auf Ihrer Festplatte. Sie können den Clip jederzeit wieder aus dem Album auf die Timeline legen.

Sie können einen Clip mit der sogenannten Trimm-Funktion verkürzen oder einen bereits geschnittenen Clip wieder verlängern. Gehen Sie dazu wie folgt vor.

5. Wählen Sie einen Clip auf der Timeline aus und klicken Sie mit der linken Maustaste darauf.

6. Bewegen Sie die Maus an den Anfang bzw. das Ende des Clips, bis ein blaues Pfeilsymbol erscheint.

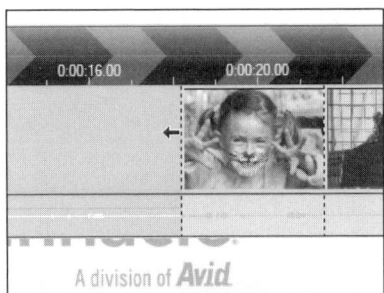

Abbildung 17.19: Der blaue Pfeil zeigt an, dass getrimmt werden kann

7. Klicken Sie mit der linken Maustaste und bewegen Sie die Maus nach rechts oder nach links, um den Clip zu verkürzen bzw. zu verlängern.

Übergangseffekte

1. Wählen Sie im Album die Übergangseffekte aus, um die verfügbaren Effekte anzuzeigen.

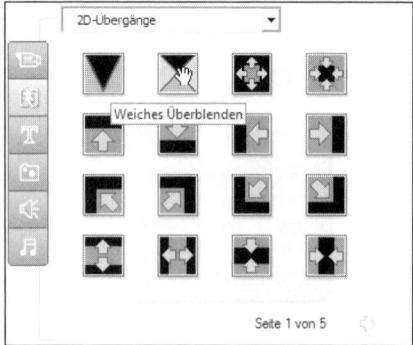

Abbildung 17.20: Übergangseffekte in VideoSpin

2. Ziehen Sie einen gewünschten Effekt mit der Maus zwischen zwei Clips auf die Timeline.

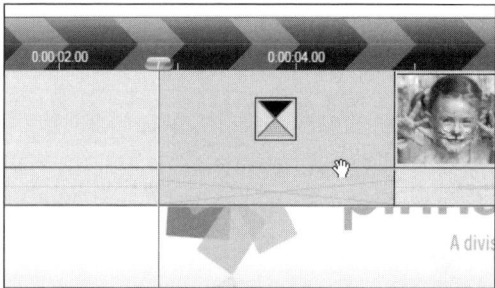

Abbildung 17.21: Übergangseffekt zwischen zwei Clips

3. Der Übergangseffekt überblendet nun den rechten Clip in den linken Clip. Positionieren Sie die Playline an den Anfang des Films und spielen Sie diesen ab, indem Sie auf die Wiedergabe-Taste unterhalb des Vorschaufensters klicken, oder drücken Sie die ⌊Leertaste⌋.

Abbildung 17.22: Spielen Sie den Clip ab, um den Effekt zu beurteilen

Titel

Wechseln Sie im Album in das Titelmenü, um die Titelvorlagen anzuzeigen.

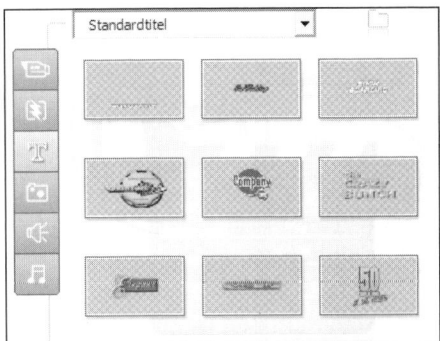

Abbildung 17.23: Titelvorlagen in VideoSpin

1. Wählen Sie eine Titelvorlage aus und ziehen Sie diese per Drag&Drop auf die Timeline, entweder auf die Videospur oder auf die Titelspur weiter unten.

    Befindet sich der Titel auf der Videospur, wird dieser neben einem Videoclip ange-zeigt. Befindet sich der Titel aber eine Spur darunter, dann wird er gleichzeitig mit dem Videoclip wiedergegeben.

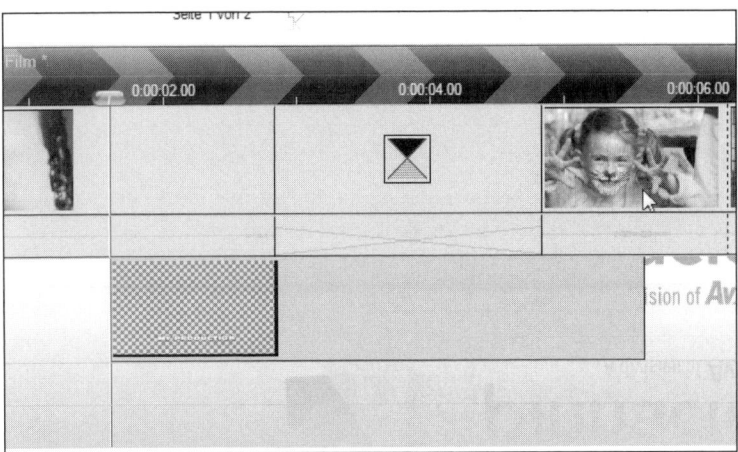

Abbildung 17.24: Titel auf der Titelspur

Wenn Sie den Titel verändern möchten, gehen Sie wie folgt vor:

1. Doppelklicken Sie mit der linken Maustaste auf den Titel, um den Titelgenerator zu öffnen.
2. Klicken Sie in das Textfeld und ändern Sie den Text.
3. Sie können auch die Schriftart, Größe, Farbe usw. verändern.

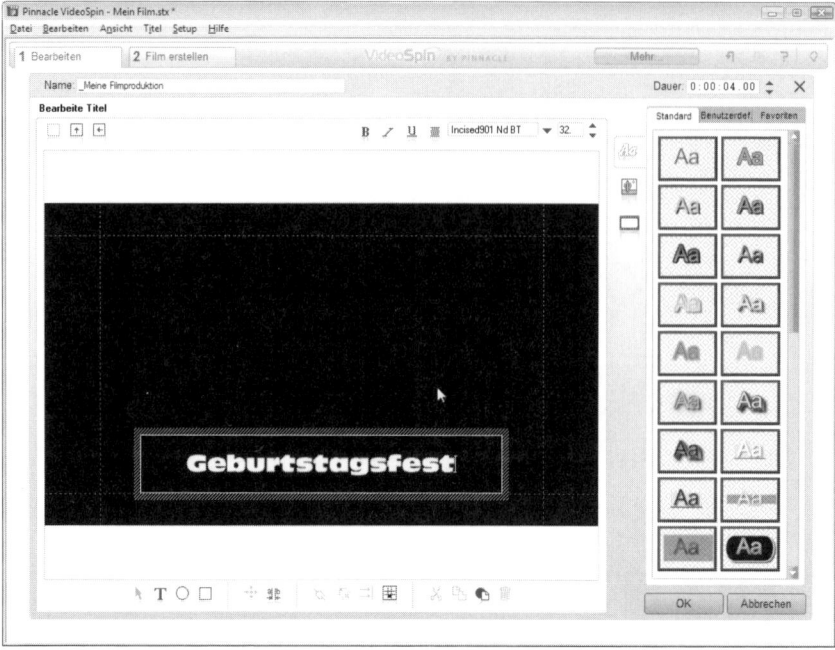

Abbildung 17.25: Titelgenerator von VideoSpin

4. Um die Änderungen zu übernehmen, klicken Sie auf *OK*.

Weitere Informationen über den Titelgenerator entnehmen Sie *Kapitel 7 „Titel"*.

Standbilder und Fotos

Mit VideoSpin können Sie auch Fotos und Standbilder, die Sie auf dem PC gespeichert haben, in einem Film verwenden. Gehen Sie dazu wie folgt vor:

1. Wählen Sie die Standbilder im Album.

Abbildung 17.26: Fotos und Standbilder in VideoSpin

2. Wählen Sie das Ordnersymbol, um in das Verzeichnis zu navigieren, in dem Sie Fotos gespeichert haben.

3. Wählen Sie ein Foto aus und klicken Sie auf *Öffnen*. Alle Bilder im selben Ordner werden in das Album geladen.

Nun können Sie die Bilder genau wie die Videos per Drag&Drop auf die Timeline legen, schneiden und trimmen. Übergangseffekte funktionieren genauso wie bei Videoclips.

Die Länge bzw. Anzeigedauer der einzelnen Bilder können Sie verändern, indem Sie die Fotos trimmen.

Audio und Musik

Mit den beiden letzten Symbolen im Album können Sie Audioclips und Musikstücke, die Sie auf dem PC gespeichert haben, in das Album laden.

Abbildung 17.27: Audio und Musik

Laden Sie die Musikstücke wiederum über das Ordnersymbol in das Album. Per Drag&Drop können Sie die Musikstücke auf der Timeline auf den unteren beiden Spuren positionieren.

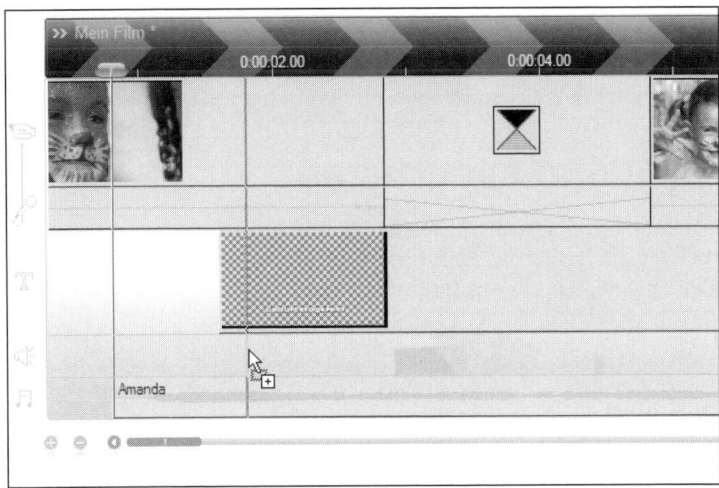

Abbildung 17.28: Positionieren Sie die Musikstücke auf der Timeline per Drag&Drop aus dem Album

Die Musikstücke können ebenso wie Videoclips und Fotos geschnitten, getrimmt und wieder gelöscht werden.

Die Lautstärke eines Audioclips können Sie wie folgt verändern:

1. Klicken Sie mit der Maus einen Audioclip auf der Timeline an.

2. Bewegen Sie die Maus auf die horizontale Linie auf dem Audioclip, bis das Symbol eines Lautsprechers erscheint.

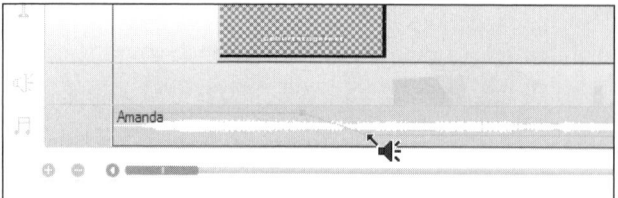

Abbildung 17.29: Verändern der Audiolautstärke auf der Timeline

3. Klicken Sie mit der linken Maustaste und bewegen Sie die Maus nach oben oder unten, um einen sogenannten Ziehpunkt zu erzeugen. Nach oben bedeutet, das Audio wird lauter eingestellt, nach unten bedeutet leiser.

4. Erstellen Sie mehrere solcher Ziehpunkte an jeder Position, an der sich die Lautstärke verändern soll.

5. Um einen Ziehpunkt zu löschen, ziehen Sie ihn nach oben oder nach unten, bis er verschwindet.

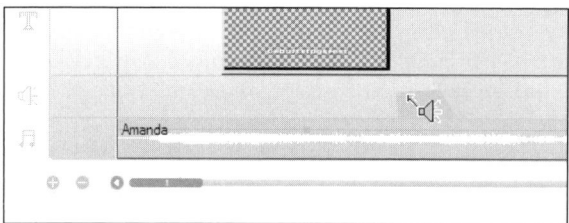

Abbildung 17.30: Ziehen Sie den Ziehpunkt nach oben oder nach unten, um ihn zu löschen

Film erstellen und exportieren

Unter *Film erstellen* können Sie den geschnittenen Film in eine Datei exportieren oder direkt ins Internet laden, z.B. auf die Plattform *YouTube.com*. Weitere Informationen zum Exportieren und eine Beschreibung der Dateiformate finden Sie in den *Kapiteln 13 „Film erstellen"* und *14 „Videoformate"*.

Ein direktes Brennen auf CD, DVD oder Blu-ray ist mit dieser Version von Studio nicht möglich. Sie können den Film aber in ein entsprechendes Format exportieren und den Film dann mit einem Brennprogramm auf Disc schreiben.

Exportieren in eine Datei

1. Wählen Sie im Register 2 *Film erstellen* ein Dateiformat aus, in dem der geschnittene Film auf der Timeline exportiert werden soll.

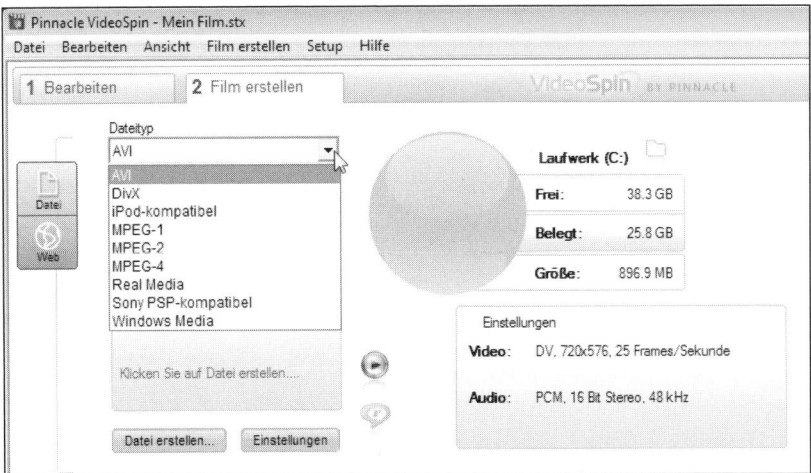

Abbildung 17.31: Register 2 Film erstellen

2. Wählen Sie die gewünschte Voreinstellung aus und klicken Sie dann auf *Datei erstellen...* um den Export zu starten.

Abbildung 17.32: Wählen Sie unter Voreinstellung die gewünschten Einstellungen aus

3. Wenn Sie die Exporteinstellungen ändern möchten, klicken Sie auf *Einstellungen*. Ein Dialog erscheint, in dem sämtliche Einstellungen vorgenommen werden können. Wenn Sie nicht sicher sind, welche Einstellungen Sie vornehmen sollen, wählen Sie eine Voreinstellung aus der Liste aus.

4. Klicken Sie auf *OK*, um die Änderungen zu übernehmen, und dann auf *Datei erstellen...* um den Film in den veränderten Einstellungen zu exportieren.

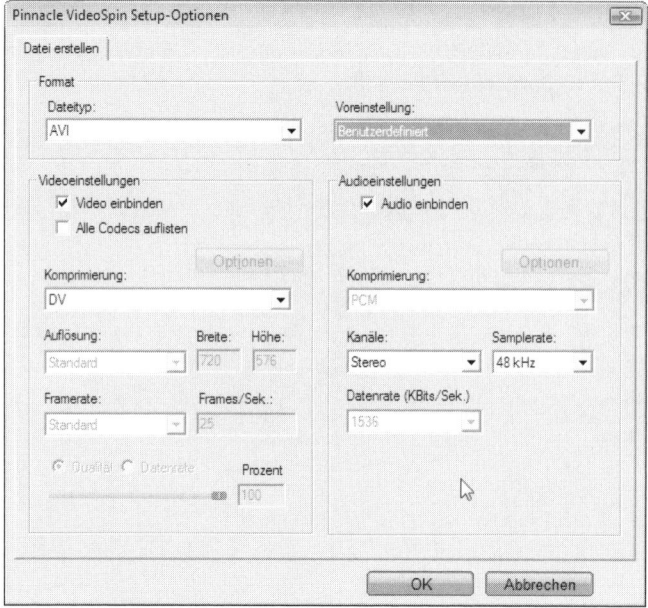

Abbildung 17.33: Individuelle Einstellungen für den Dateiexport

Internet Upload

Mit dieser Funktion können Sie Ihren Film direkt auf Yahoo! Video oder YouTube laden. Der Film wird in das entsprechende Format konvertiert und danach hochgeladen. Damit Sie Filme zu diesen Anbietern hochladen können, müssen Sie sich vorher registrieren. Sie erhalten dann einen Benutzernamen und ein Passwort, mit dem Sie sich einloggen können. Die Registrierung können Sie direkt vornehmen, wenn der Export gestartet wurde.

1. Klicken Sie auf der linken Seite auf das Websymbol, um den Dialog zu öffnen.

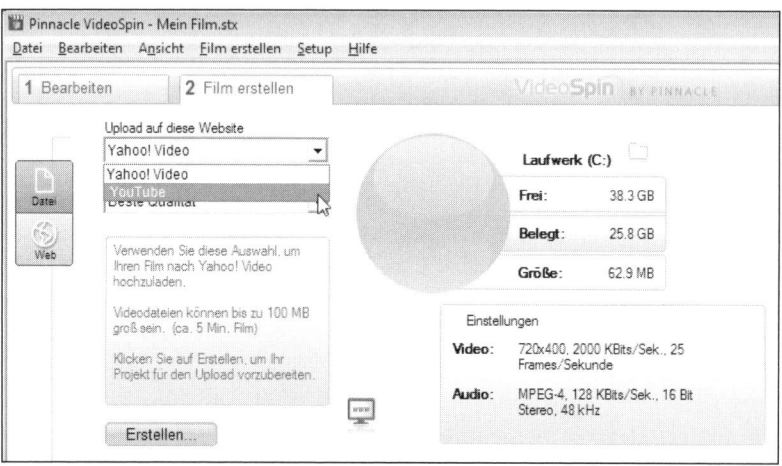

Abbildung 17.34: Wählen Sie die Plattform für Ihren Film

Film erstellen und exportieren

2. Wählen Sie, ob Sie den Film auf Yahoo! Video oder YouTube laden möchten.

   Ein Film darf maximal 100 MByte groß sein. Das entspricht bei Yahoo! Video ca. 5 Minuten und bei YouTube ca. 10 Minuten.

3. Klicken Sie auf *Erstellen*, um den Film hochzuladen.

Weitere Informationen zum Hochladen und Registrieren bei den Plattformen finden Sie in *Kapitel 13 „Film erstellen"*.

Anhang

Pinnacle Studio Ultimate- und Pinnacle Studio Ultimate Collection-Plug-ins

In der Version Pinnacle Studio Ultimate und Pinnacle Studio Ultimate Collection werden im Lieferumfang weitere Plug-ins von Drittherstellern mitgeliefert, mit denen Sie weitere Effekte, Farbkorrekturen und Logos animieren können. Im Folgenden sind die Plug-ins jeweils kurz erklärt. Auf der beiliegenden DVD ist ein Video enthalten, das die einzelnen Effekte kurz veranschaulicht.

Die Plug-ins befinden sich alle in der Video-Toolbox unter *Videoeffekte*. Zum Anwenden der Plug-ins gehen Sie immer wie folgt vor:

1. Platzieren Sie einen Videoclip, ein Foto oder einen Titel auf die Timeline.

2. Wählen Sie mit der Maus den oder die Clips aus, auf die Sie einen Effekt anwenden möchten.

3. Öffnen Sie die Videoeffekte über das Menü *Toolbox/Videoeffekte hinzufügen*.

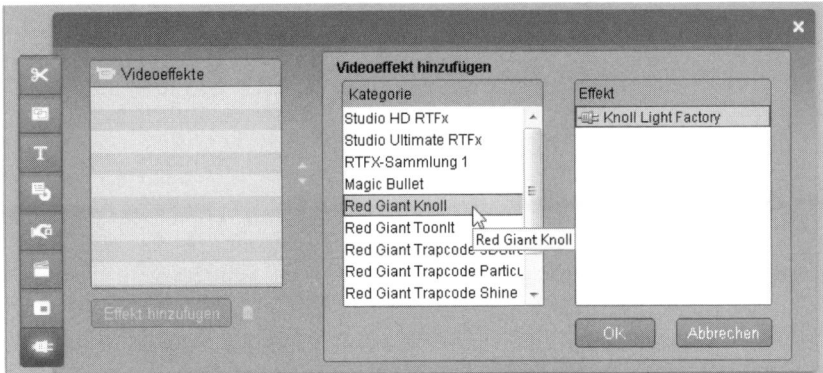

Abbildung A.1: Videoeffekte in der Video-Toolbox

4. Wählen Sie nun eine Kategorie und den gewünschten Effekt aus.

5. Klicken Sie auf *OK*, um den Effekt anzuwenden.

Weitere Infos zu den einzelnen Effekten finden Sie, wenn Sie auf das Fragezeichensymbol klicken.

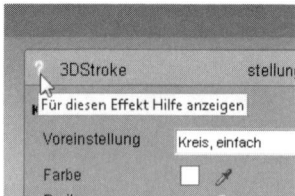

Abbildung A.2:
Für weitere Hilfen zu den einzelnen Plug-ins klicken Sie auf das Fragezeichen

Red Giant Knoll Light Factory

Pinnacle
Studio
Ultimate &
Pinnacle
Studio
Ultimate
Collection

Diese Funktion ist nur in Pinnacle Studio Ultimate und Pinnacle Studio Ultimate Collection Version 14 verfügbar.

Mit dem Plug-in Knoll Light Factory können Sie Lichtreflexe und Linsenspiegelungen auf einen Clip anwenden. Sobald Sie den Effekt auf einen Clip angewandt haben, sehen Sie im Vorschaufenster sofort das Resultat.

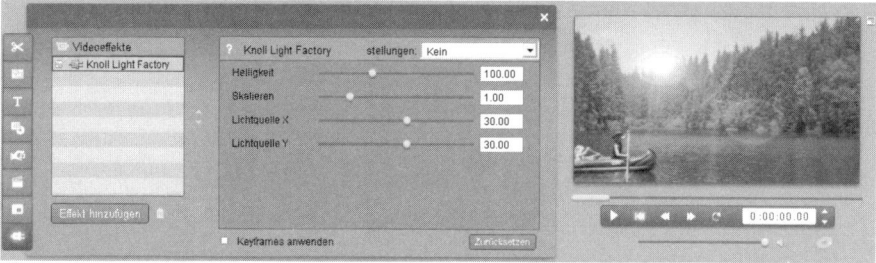

Abbildung A.3: Der Knoll Light Factory-Effekt fügt dem Clip einen Lichtreflex hinzu

Sie können nun die Einstellungsparameter mit der Maus beeinflussen, um z.B. die Position des Reflexes oder die Intensität zu verändern. Der Knoll Light Factory-Effekt kann zudem mit den Keyframes animiert werden, sodass sich der Lichtreflex über einen Clip bewegt. Wählen Sie dazu unter *Voreinstellungen* einen vordefinierten Effekt aus.

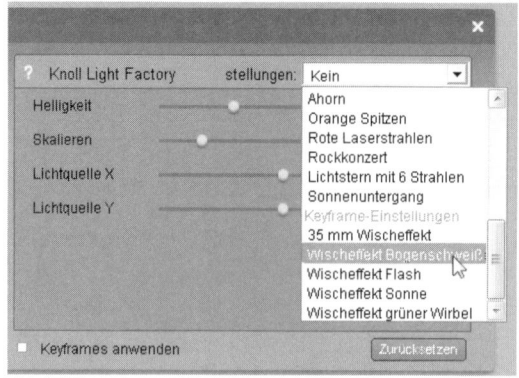

Abbildung A.4:
Unter Einstellungen sind vordefinierte Effekte abgelegt

Der Effekt enthält bereits vordefinierte Keyframe-Positionen, die nachträglich individuell angepasst werden können.

Abbildung A.5: Vordefinierte Keyframe-Effekte der Knoll Light Factory

Weitere Informationen über die Keyframe-Animation finden Sie im *Kapitel 11, Keyframe-Animation.*

Red Giant ToonIt Roto

Diese Funktion ist nur in Pinnacle Studio Ultimate und Pinnacle Studio Ultimate Collection Version 14 verfügbar.

Pinnacle Studio Ultimate & Pinnacle Studio Ultimate Collection

Mit der Red Giant ToonIt Roto Effekte-Bibliothek können Sie aus einem Bild oder einem Videoclip einen Zeichentrickfilm erstellen. Dabei wird das Video oder ein Foto dargestellt, als sei dies mit einem Farbstift oder Pinsel gemalt.

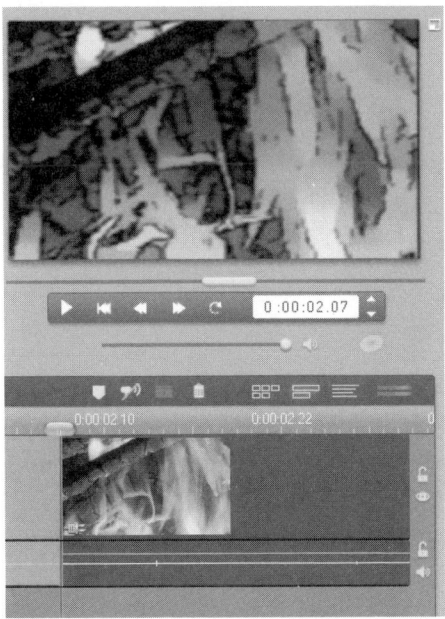

Abbildung A.6:
ToonIt Roto-Effekt

Auf der Timeline sehen Sie das Original als gefilmte Szene, im Vorschaufenster das veränderte Video im Comic-Stil.

Der Effekt hat unterschiedliche Einstellungen wie Comic, Kinderbuch, Plakat, Wasserfarbe, Ölfarbe usw.

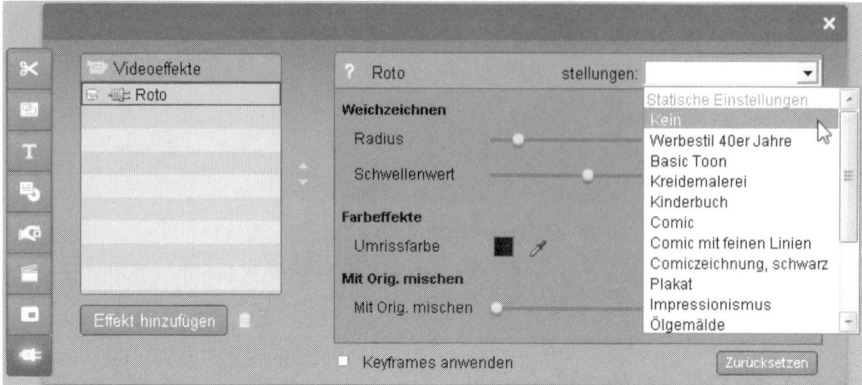

Abbildung A.7: Unter Voreinstellungen wählen Sie vordefinierte Effekte aus

Wählen Sie im Dropdown-Feld bei *Voreinstellungen* einen gewünschten Effekt aus. Diesen können Sie später mit den Parametereinstellungen individuell anpassen.

Ziehen Sie einfach mit der Maus an den Schiebereglern, das Resultat sehen Sie sofort im Vorschaufenster. Wenn Sie weiter nach unten scrollen, sehen Sie die Optionen, um die Qualität der Effekte zusätzlich zu verbessern.

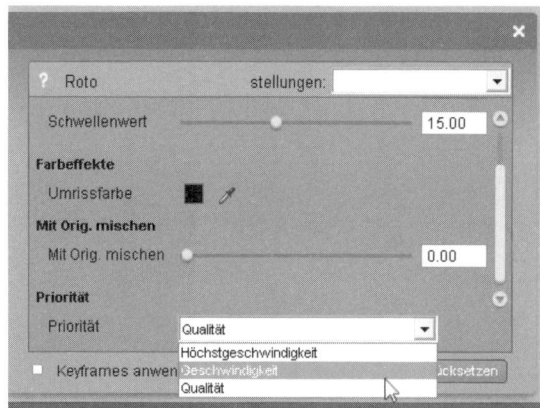

Abbildung A.8: Unter Priorität kann die Qualität des Effekts verbessert werden

Für eine optimale Qualität wählen Sie unter *Priorität*, *Qualität* aus. Die Berechnung dauert zwar länger, der Effekt sieht aber um einiges besser aus.

Wiederum lassen sich bei diesem Effekt die Keyframes nutzen. Aktivieren Sie dazu die Option *Keyframes anwenden*.

Red Giant Trapcode Shine-Leuchten

Diese Funktion ist nur in Pinnacle Studio Ultimate Collection Version 14 verfügbar.

Mit dem Shine-Effekt von Red Giant Trapcode können Sie z.B. eine Logo-Animation erstellen, die einen Leuchteffekt über die Schrift anzeigt. Ebenso kann der Effekt auf einen Videoclip oder auf ein Foto angewendet werden.

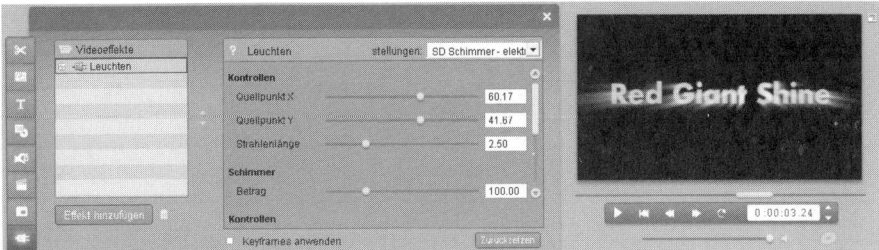

Abbildung A.9: Shine-Effekt von Red Giant

Grundsätzlich können Sie bei diesem Effekt unter *Voreinstellungen* eine Vorlage aus-wählen. Dabei handelt es sich um Effekte für Standard Definition(SD)-Videomaterial oder High Definition(HD)-Videomaterial. Zudem sind die Effekte in statische oder dynamische Effekte eingeteilt.

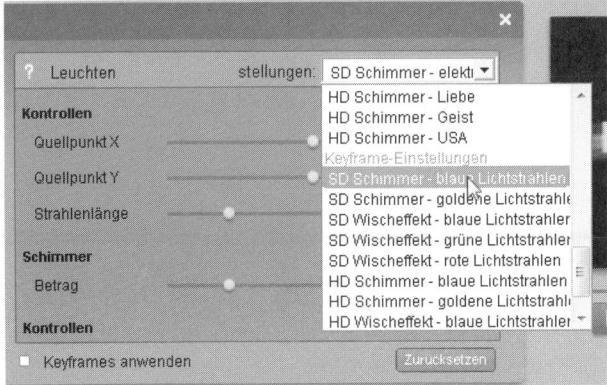

Abbildung A.10: Die unterschiedlichen Voreinstellungen des Shine-Effekts

Unter der Rubrik *Keyframe-Einstellungen* befinden sich die dynamischen Shine-Vorein-stellungen, alle anderen oberhalb sind statisch. Dabei wird jeweils der Effekt mittels Keyframes animiert. Wählen Sie einfach eine gewünschte Vorlage aus, im Vorschau-fenster sehen Sie sofort eine Voransicht des Effekts.

Verändern Sie nun in der Parameterliste die einzelnen Effekte. Unter *Kontrollen* können Sie die Lage und Strahlenlänge des Shine-Effekts beeinflussen. *Quellpunkt X* verschiebt den Effekt horizontal nach links oder nach rechts, *Quellpunkt Y* verschiebt die Strahlen vertikal nach oben oder unten. Mit *Strahlenlänge* können Sie die Länge der Strahlen verändern.

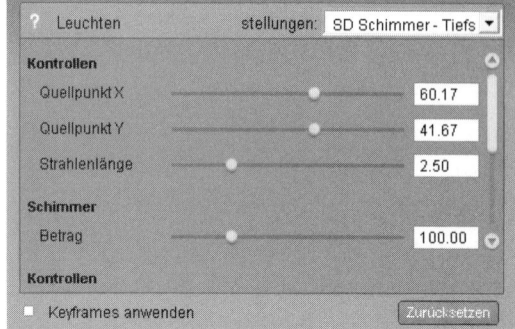

Abbildung A.11: Mit den Schiebereglern wird der Shine-Effekt verändert

Mit der Einstellung *Schimmer* können Sie ein Flimmern bzw. einen Schimmer-Effekt hinzufügen.

Scrollen Sie in der Parameterliste nach unten, um weitere Einstellungen anzeigen zu lassen.

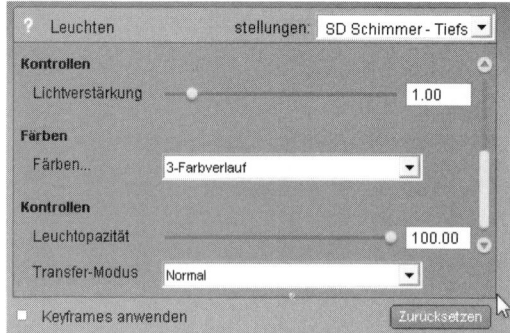

Abbildung A.12: Weitere Einstellungsmöglichkeiten des Shine-Effekts

Mit *Lichtverstärkung* können Sie die Helligkeit der Lichtstrahlen intensivieren.

Unter *Färben* können Sie angeben, wie viele Farben im Effekt zu sehen sein sollen. Die *Leuchtopazität* beeinflusst die Transparenz des Effekts bzw. die Intensität. Der Wert Null würde den Effekt komplett ausblenden.

Unter *Transfer-Modus* beeinflussen Sie die Art, wie der Effekt mit einem Foto oder Videoclip berechnet werden soll.

Abbildung A.13:
Transfer-Modus: Kein

Abbildung A.14:
Transfer-Modus: Normal

Dynamische Voreinstellungen wenden Keyframes auf den Clip an und lassen den Shine-Effekt über die Anzeigedauer eines Clips bewegen.

Abbildung A.15:
Keyframe-Einstellungen auf einen
Shine-Effekt

Weitere Informationen zur Keyframe-Animation finden Sie im *Kapitel 11, Keyframe-Animation.*

Red Giant Trapcode 3DStroke

Diese Funktion ist nur in Pinnacle Studio Ultimate Collection Version 14 verfügbar.

Pinnacle
Studio
Ultimate
Collection

Mit 3DStroke von Red Giant können Sie animierte Elemente über einen Titel oder einen Video- oder Fotoclip bewegen lassen. Diese Effekte eignen sich sehr gut als Logo-Animation oder zur Erstellung eines animierten Hintergrunds für einen Titel oder ein Disc-Menü.

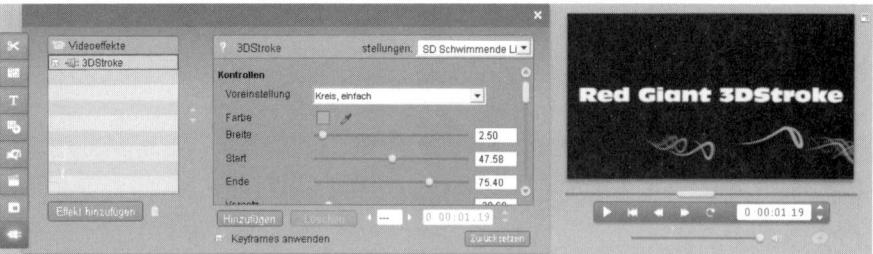

Abbildung A.16: Red Giant 3DStroke

Wählen Sie unter *Voreinstellungen* eine Vorlage aus. Beim 3DStroke-Effekt gibt es keine statischen Vorlagen. Lassen Sie den Clip im Vorschaufenster abspielen, um sofort das Resultat zu sehen.

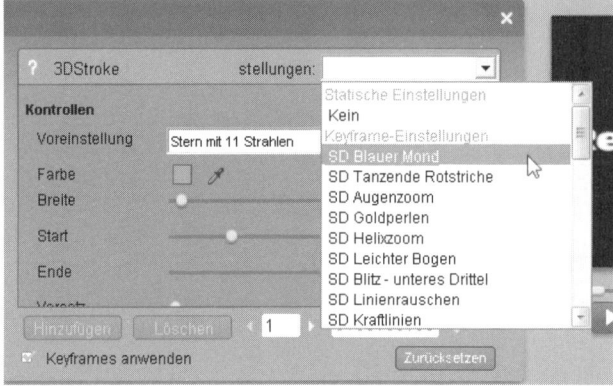

Abbildung A.17: Wählen Sie unter Stellungen einen Vorlagen-Effekt aus

Die Effekte sind unterteilt in SD(Standard Definition)- und HD(High Definition)-Vorlagen. Sobald Sie eine Vorlage angewandt haben, können Sie nun in den Parametern die Einstellungen des Effekts verändern und anpassen. Ändern Sie unter *Voreinstellung* die Art der Animation und mit den weiteren Schiebereglern, wie der Effekt dargestellt wird.

Red Giant Trapcode Particular

Pinnacle
Studio
Ultimate
Collection

> Diese Funktion ist nur in Pinnacle Studio Ultimate Collection Version 14 verfügbar.

Mit dem Particular-Effekt von Red Giant können Partikel wie Flammen, Sterne, Bogen usw. über ein Video-, Foto-, oder Titelclip gelegt werden.

Wählen Sie unter *Voreinstellungen* einen gewünschten Vorlagen-Effekt aus. In der Dropdown-Liste sind unterschiedliche Voreinstellungen für SD (Standard Definition) und HD (High Definition) optimiert. Zudem gibt es statische Effekte ohne Keyframe-Animationen. Im Gegensatz zu den Keyframe-animierten Voreinstellungen bewegt sich nicht nur der Effekt, sondern er wechselt auch die Position im Bild.

Abbildung A.18: Particular-Effekt von Red Giant

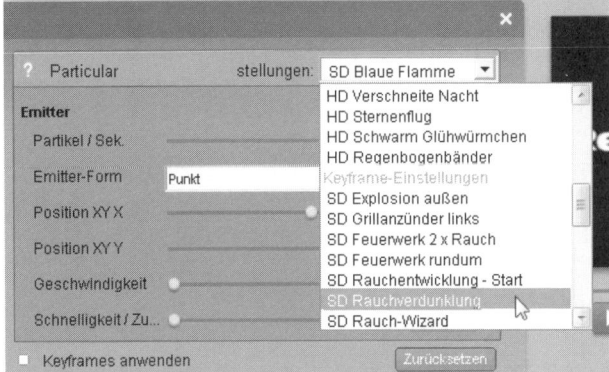

Abbildung A.19: Unter Keyframe-Einstellungen befinden sich die dynamischen Voreinstellungen

Wählen Sie einfach eine gewünschte Voreinstellung aus und spielen Sie dann den Film im Vorschaufenster ab, um das Resultat sofort zu sehen.

Passen Sie im Fenster der einzelnen Parameter die gewünschten Einstellungen an.

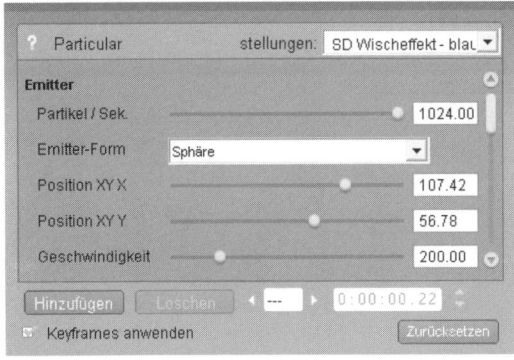

Abbildung A.20: Mit den Parametern können die einzelnen Einstellungen angepasst werden

Weitere Infos zu Keyframe-Animation lesen Sie im *Kapitel 11, Keyframe-Animation.*

Magic Bullet Looks

Diese Funktion ist nur in Pinnacle Studio Ultimate Collection Version 14 verfügbar.

Mit Magic Bullet Looks können Sie Farbkorrekturen und Farbfilter auf Ihre Videos in höchster Qualität und mit unendlichen Einstellungsmöglichkeiten anwenden. Was aber sehr kompliziert klingt, ist in Wirklichkeit ganz einfach.

Das Looks-Plug-in von Magic Bullet funktioniert nur mit einer Grafikkarte, die über mindestens 256 MByte RAM, Pixelshader 2 und die aktuellsten Treiber verfügt. Empfohlen werden sogar 512 MByte RAM. Intel GMA-integrierte Grafikkarten werden nicht unterstützt. Falls Ihr PC diese Voraussetzungen nicht erfüllt, ist das Plug-in in Pinnacle Studio Ultimate Collection nicht sichtbar und kann nicht verwendet werden. Eine Meldung, ob das Plug-in gestartet werden kann oder nicht, erscheint nach dem Start von Pinnacle Studio HD.

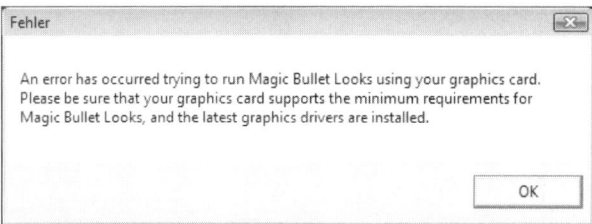

Abbildung A.21: Fehlermeldung beim Starten von Pinnacle Studio Ultimate Collection, falls das Plug-in Looks nicht verwendet werden kann

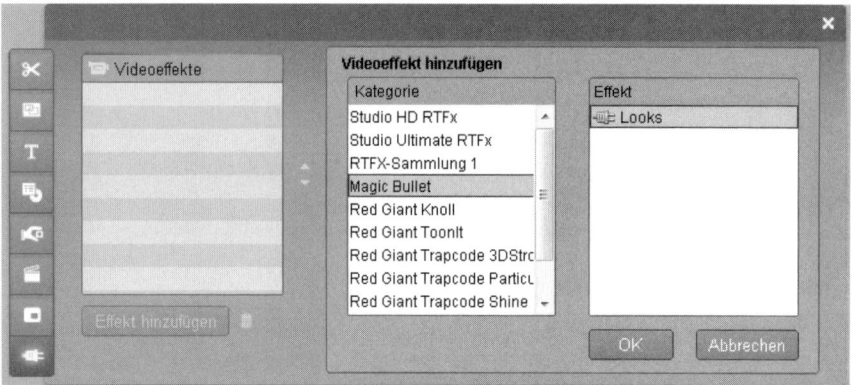

Abbildung A.22: Videoeffekt Looks von Magic Bullet

1. Wählen Sie unter *Kategorie Magic Bullet* und dann den Effekt *Looks* und klicken Sie auf *OK*.

2. Klicken Sie mit der Maus auf das runde Symbol, um das Plug-in zu starten.

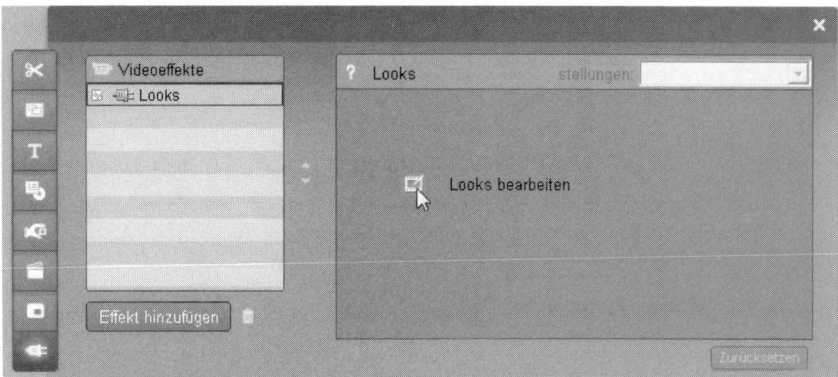

Abbildung A.23: Das Plug-in Looks starten

Das Plug-in wird gestartet und der aktuelle Videoclip geladen.

Abbildung A.24: Looks von Magic Bullet lädt den aktuellen Videoclip

3. Der geladene Clip ist jetzt unverändert. Sie können vordefinierte Farbkorrekturen verwenden und diese nach Ihren Wünschen anpassen. Damit Sie die Vorlagen sehen können, bewegen Sie die Maus an den linken Bildschirmrand und klicken auf das vertikal geschriebene Wort *Looks*.

Abbildung A.25:
Klicken Sie auf Looks, um die Vorlagen anzuzeigen

4. Die Vorlagen sind in unterschiedliche Kapitel aufgeteilt. Öffnen Sie die einzelnen Kapitel durch einen Klick auf das kleine Dreieckssymbol.

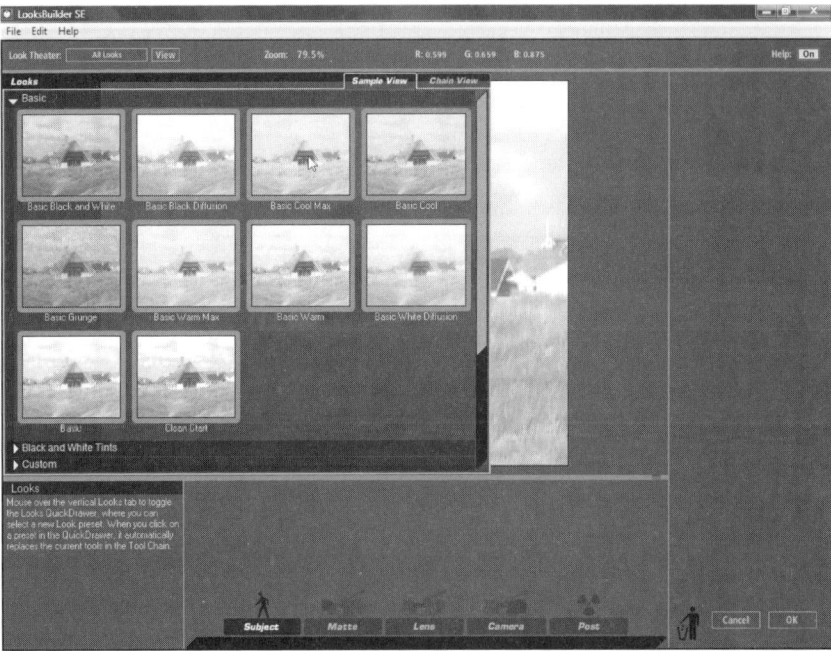

Abbildung A.26: Die Effektvorlagen von Looks

5. Sie können nun einen beliebigen Effekt auswählen, um den Film farblich zu korrigieren. Doppelklicken Sie mit der linken Maustaste auf ein kleines Vorschaubild. Falls Ihnen der Effekt nicht gefällt, können Sie jederzeit einen anderen wählen.

6. Sie können jede Vorlage anpassen, indem Sie die einzelnen Parameter auf der rechten Seite verändern. Klicken Sie dazu einfach im unteren Bereich auf eines der Symbole. Im Beispiel wäre das *Warm/Cool*, *Ranged Saturation* oder *Diffusion.* Am rechten Rand erscheinen je nachdem, welches Symbol gewählt wurde, unterschiedliche Einstellungsmöglichkeiten.

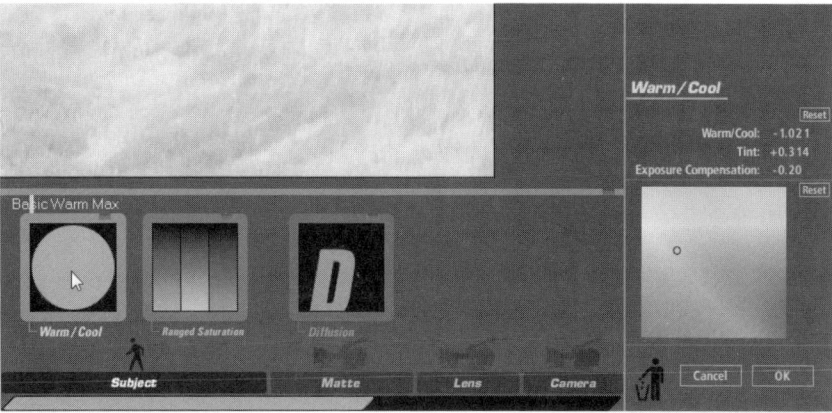

Abbildung A.27: Effekt anpassen

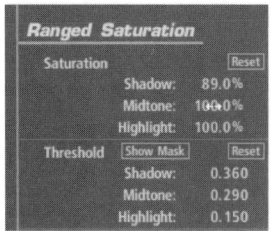

Abbildung A.28:
Verändern der Parameter durch Ziehen der Zahlen

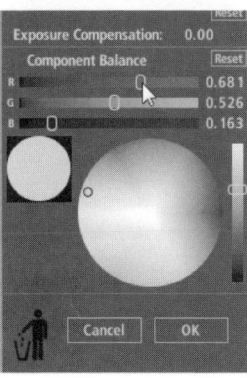

Abbildung A.29:
Verändern der Parameter durch Ziehen mit der Maus

7. Verändern Sie nun die Parameter, wenn Sie den Effekt individuell anpassen möchten.

8. Sobald Sie mit den Einstellungen zufrieden sind, klicken Sie auf *OK*, um die Anpassungen zu übernehmen. Wenn Sie auf *Cancel* klicken, verlassen Sie das Plug-in, ohne die Einstellungen zu übernehmen.

Effekte-Vorschau

Sie können von allen Vorlagen eine Effekte-Vorschau anzeigen lassen, um alle Effekte der Reihe nach auszuprobieren. Klicken Sie dazu im Plug-in Looks auf *View*.

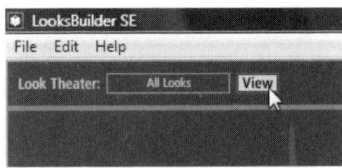

Abbildung A.30:
Starten Sie die Effekte-Vorschau mit Klick auf View

Looks zeigt Ihnen nun alle Effekte der Reihe nach an.

Stichwort-verzeichnis